海纳百川 取则行远

中国海洋大学史

现象卷

主　编　魏世江

副主编　王明舜　梁纯生

中国海洋大学出版社

·青岛·

图书在版编目（CIP）数据

中国海洋大学史. 现象卷 / 魏世江主编. —青岛：中国
海洋大学出版社，2024.8

ISBN 978-7-5670-3859-2

Ⅰ. ①中…　Ⅱ. ①魏…　Ⅲ. ①中国海洋大学 – 校史
Ⅳ. ①G649.285.23

中国国家版本馆CIP数据核字（2024）第097180号

ZHONGGUO HAIYANG DAXUE SHI　XIANXIANG JUAN

中国海洋大学史　现象卷

出版发行	中国海洋大学出版社
社　　址	青岛市香港东路 23 号　　邮政编码　266071
网　　址	http://pub.ouc.edu.cn
出 版 人	刘文菁
责任编辑	张　华　　　　　　　　电　话　0532-85902342
电子信箱	zhanghua@ouc-press.com
印　　制	青岛海蓝印刷有限责任公司
版　　次	2024年8月第1版
印　　次	2024年8月第1次印刷
成品尺寸	185 mm × 260 mm
印　　张	20.25
字　　数	323千
印　　数	1 ~ 1400
定　　价	168.00元
订购电话	0532-82032573（传真）

发现印装质量问题，请致电 0532-88786655，由印刷厂负责调换。

总　序

世纪海大　谋海济国

中国海洋大学是一所具有鲜明红色基因、优良革命传统、执着蓝色梦想的国家重点建设的综合性研究型大学，是国家"世界一流大学建设高校"（A类）。民国时期，学校筚路蓝缕，于艰难之中图存图兴；新中国成立后，学校坚持把党的全面领导作为根本保证，坚持把服务国家作为最高追求，坚持把改革创新作为强大动力，坚持把特色一流作为必由之路，奋力建设特色显著的世界一流大学，在科教兴国、海洋强国建设中勇立潮头、走在前列，引领推动着我国海洋高等教育创新发展，为国家海洋事业作出了应有的历史贡献，谱写了一曲不懈奋斗、向海图强的蓝色华章。

为了铭本记源，资政育人，让大家更好地了解中国海大，也让明天的中国海大人能够立足百年基业，持续树人立新、谋海济国，我们编修了这部校史。

一、坚持把党的全面领导作为根本保证

红色基因贯通了世纪海大。新中国成立后，坚持和加强党的全面领导，始终给学校以正确的方向和强大的精神与组织力量。

1. 红色基因与生俱来

从首届学生中走出的中华人民共和国元帅罗荣桓、革命英烈彭明晶（罗荣桓的入党介绍人）、中共第一本无线电通信密码编制者张沈川等中国共产党早期优秀分子，到1932年成立的山东省最早红色学生社团"海鸥剧社"，到1937年在此成立、由在校学生李欣任书记的中共青岛特别支部，到抗战期间由中共青岛特别支部改组成立、由学生陈振麓任书记的中共青岛市委，到解放战争时期爆发的师生反对美国士兵暴行和"六二"反

饥饿、反内战、反迫害运动。旧中国暗夜中，红色基因不断激发师生团结奋进，救亡图存，追寻光明。

2. 党的领导把握方向

新中国成立后，学校坚持党的领导，全面贯彻党的教育方针，把牢社会主义办学方向，坚持马克思主义指导地位，落实立德树人根本任务。靠党的领导强化制度建设，建立健全党委领导下的校长负责制、民主集中制等各项制度，确保党管办学方向、党管干部、党管人才，全面落实党的教育方针；靠党的领导擘画事业蓝图，坚持将党建与事业发展深度融合，凝聚师生智慧，始终把服务国家作为最高追求，做好战略规划；靠党的领导汇聚发展动能，坚持党的宗旨和群众路线，始终把广大师生作为坚强依靠，汇聚团结奋斗的强大合力，推进科学发展。

3. 党建领航争创一流

进入新时代，学校第十一次党代会深入贯彻落实习近平新时代中国特色社会主义思想，提出实施新时代党建领航工程、新时代奋进海大工程、新时代卓越海大工程、新时代创新海大工程、新时代幸福海大工程，着力发展提速、着力改革突破、着力建设攻坚、着力防范风险，全面开创特色显著的世界一流大学建设新局面，为以中国式现代化全面推进强国建设、民族复兴伟业作出新的历史贡献。

二、坚持把服务国家作为最高追求

坚持把服务国家作为最高追求，是世纪海大始终坚守的价值取向。

1. 救国之需，应时而生

1924年10月，私立青岛大学在今中国海洋大学鱼山校区创立，是国人在齐鲁大地上创立的第一所本科起点的现代高等学府。校纲办学宗旨对接《大学令》："教授高深学术，养成硕学宏材，应国家需要。"开办当年就开设了工科和商科，次年增设铁路管理科，学科设置和培养要求与当时经济社会发展需求高度契合。齐鲁大地、黄海之滨，一所大学以现代高等教育之光和革命星火点亮了神州一隅，与19世纪末20世纪初应教育救国之需而诞生的一批中国现代大学遥相辉映，联袂担当起教育救国的责任。

2. 兴国之需，与时偕行

新中国成立后，1951年学校与华东大学合并，定名为山东大学，实施"文史见长，加强理科，发展生物，开拓海洋"的办学方针，既保持了一定的综合实力，也孕育了鲜明的特色优势。以"中国克隆之父"童第周为代表的一大批理工科名家巨匠带动学校理科水平处于国内前列；1951年《文史哲》创刊，学校呈现人文兴盛之势。1952年全国高校进行院系调整，厦门大学海洋系理化组部分师生北迁青岛，与学校海洋物理研究所一起组建成立了海洋系；1953年9月，河北水产专科学校部分师生和仪器并入学校水产系，水产学科力量进一步增强，成为学校重点发展系科，为最终发展成为一所综合性海洋大学夯实了基础。

1958年秋，遵山东省委指令，山东大学大部迁至济南，时称山东大学（济南）。海洋系、水产系、地质系以及生物系的海洋生物专业、物理系和化学系的部分教研室及直属教研室部分人员留在青岛，时称山东大学（青岛）。1959年3月，经中共中央批准，以山东大学（青岛）为基础成立了山东海洋学院，中国第一所海洋高等学府由此诞生。

3. 强国之需，谋海济国

学校不断应国家经济社会发展，特别是海洋事业和高等教育发展之需，强化特色，加快发展，成为海洋强国建设的中流砥柱。学校师生作为主力参与新中国首次大规模海洋综合调查，制定我国海洋调查规范，摸清我国近海资源家底；赫崇本教授牵头联合海洋界同仁倡建国家海洋局，完善国家海洋治理体系；文圣常院士提出"普遍风浪谱"理论（文氏风浪谱），新型海浪计算方法被纳入我国《海港水文规范》，结束了我国建港规范长期依赖国外海浪谱的历史；管华诗院士及其团队研制上市我国第一个现代海洋药物藻酸双酯钠（PSS），获得了我国海洋和水产领域迄今为止唯一的国家技术发明一等奖，开辟了我国海洋药物研究新领域；海大人引领和推动了藻、虾、贝、鱼、海珍品海水养殖业的"五次浪潮"，为推进深远海立体养殖新领域、推动我国成为世界第一水产大国、推进国家海洋经济繁荣，作出了不可替代的贡献；自20世纪80年代初期中国极地科学考察起步开始，中国海大人作为主力积极参与，为我国成为南北极科考大国作出了积极贡献；进入新时代，学校先后提出"透明海洋""蓝色药库""蓝色粮仓"等重大科技计划,成为我国海洋领域重大科技项目的重要发起和承担单位,为我国挺进深蓝,引领国际海洋科技进步展开了新的时代画卷。

建校百年来,学校先后为国家培养了36万余栋梁之材。他们遍及神州,远及海外,成为各行各业特别是我国海洋、水产行业的骨干和中坚。其中16人成长为中国科学院或中国工程院院士、4人先后担任国家海洋局局长,我国海洋领域、水产领域1/3以上的博士从这里毕业。"神舟"飞天、"嫦娥"奔月、"蛟龙"探海、极地科考、巡洋护航、守礁戍边、观风测云、海浪预报、架桥通隧、乡村振兴、探究"透明海洋"、建设"蓝色粮仓"……无不有中国海大人的身影。

三、坚持把改革创新作为强大动力

坚持把改革创新作为强大动力,是世纪海大不断前进的制胜法宝。

1. 不断推进立德树人

学校始终遵循党的教育方针,以培养德智体美劳全面发展、具有民族精神和社会责任感、具有国际视野和合作竞争意识、具有科学精神和人文素养、具有创新意识和实践能力的高素质创新型人才为目标,以造就国家海洋事业的领军人才和骨干力量为特殊使命,形成了"五育并举"的人才培养格局。德育方面,坚持以立德树人为根本,以社会主义核心价值观为指导,突出"海味"特色,充分发挥课堂主渠道、社会实践和校园文化等的综合育人功能,构建思政工作体系。长期坚持学生思政工作考核评估,实施"时代新人铸魂工程"和"海之子成长计划",深化"三全育人"综合改革,培育学生对党忠实、为人诚实、学识扎实、干事踏实、作风朴实、进取求实的"六实"特质,教育引导学生厚植家国情怀、矢志谋海济国。智育方面,学校提出"通识为体,专业为用"的本科教育理念,建立"有限条件下的自主选课制"和"学业与毕业专业识别确认制"为核心的本科教育运行体系,帮助学生形成通专结合的知识构架和自我培养、自主学习的能力,促进学生适应经济社会的快速发展。学校实施以"3+1+1+4"本硕博贯通培养为核心的研究生教育综合改革,实现了博士生思政课实践教学的全覆盖,构建了以一级学科硕博贯通培养方案为统领、以高水平科学研究为支撑、以提升科研创新和实践创新能力为重点的研究生分类培养体系,打造以培养海洋特色拔尖创新人才为导向的人才培养的海大模式。体育、美育、劳育方面，学校均出台了专门的工作方案，着力提升学生的综合素质，赢得了学习在海大、创新在海大、成才在海大的美誉。

2. 不断完善治理体系

新中国成立初期，党的坚强领导和以华岗校长的政治大课为代表的马克思主义教育，较好地促进了红与专的统一，学校很快步入社会主义大学正轨。改革开放之后，学校以改革为动力，以发展为目的，以稳定为前提，很好地处理了三者之间的关系，确保学校行稳致远。世纪之交，学校坚持"重特色、求质量，先做强、再做大"的发展策略，稳慎扩展办学规模，率先举起高水平特色大学旗帜，较好地处理了内涵与外延的关系。学校始终重视教学，通过质量保障机制、职称评审制度、改革分配制度等多方面引导促进教学工作，积极推动科研与教学相结合，让科研最新成果进课堂，较好地处理了教学与科研的关系，促进了研究型大学的建设。在世纪之交中国高等教育大改革、大发展的背景下，学校科学研判国家经济社会发展战略需求和自身特点，提出并实施"强化发展特色、协调发展综合，以特色带动综合、以综合强化特色"的学科发展思路，科学处理了特色与综合的辩证关系。积极推进以《中国海洋大学章程》为代表的管理制度体系建设，探索以分配制度改革为核心的人事制度改革，探索适应时代要求的教育教学改革、破除"五唯"的教育评价改革、科研体制改革，探索大部制改革、校院两级管理体制改革，因地制宜地推进综合改革、优化多校区运行管理机制，不断完善中国特色的现代大学制度。

3. 不断弘扬崇尚学术

创校之始，《私立青岛大学暂行大纲》开宗明义，教授高深学术。此后，国立青岛大学筹委会确定学校的定位与目标时强调"大学是造成最高学术的机构"。1963年9月，山东海洋学院成立学术委员会并制定了工作条例。新世纪，学校明确提出了"崇尚学术，谋海济国"的价值追求，"治学严谨、执教严明、要求严格"的教风，"求是、求博、求精、求新"的学风。学校的"大先生"们以崇高的境界、丰厚的学识、执着的精神，引领着一代代海大人孜孜以求。弘扬崇尚学术的治学执教之道，成就严谨而又活泼的学术风气，日久而弥坚。

4. 不断拓展开放合作

学校始终与青岛市、山东省和国家海洋局系统密切合作。特别是世纪之交，学校积极推进办学体制改革，在全国高校中率先开启省部共建，开启教育部、山东省人民政府、国家海洋局和青岛市人民政府四家共建。新世纪，学校积极开展行业合作，牵头集成青岛海洋科教力量建设青岛海洋科学与技术试点国家实验室（现崂山实验室），推进学校与实验室融合发展。积极开展校地合作，与海南、云南、黑龙江、广西等省（自治区）和山东沿海各市签署合作协议，在海南三亚、广东深圳等地共建海洋研究院。积极开展校企合作，与华为、海尔、海信、山东港口集团、58同城等大型企业签署战略合作协议，开展深度科研和人才培养合作。实施国际化战略，发起成立国际涉海大学联盟、中国-挪威海洋大学联盟，开展中美、中澳、中英、中德、中法等务实合作，与来自50多个国家和地区的300余个合作伙伴共建全球海洋科教合作协同创新平台与网络，积极助力国家对外开放战略实施和"一带一路"及海洋命运共同体建设。

四、坚持把特色一流作为必由之路

坚持把特色一流作为必由之路，是世纪海大追求卓越的战略选择。

1. 建成综合性海洋学科体系

学校的海洋学科体系，以海洋为线索，贯通了理、工、农、医、文、经、管、法、历史、教育等学科，涵盖了物理海洋、海洋化学、海洋地质、海洋生物、水产、海洋食品、海洋医药、海洋工程、海洋技术、海洋环境、海洋管理、海洋法学、海洋经济、海洋文化等方面，对复合型海洋人才培养和大跨度重大海洋科研与社会服务，都能提供强力支撑。

2. 打造高水平人才队伍

学校目前有全职两院院士8人，国家杰青等国家级人才164人，泰山学者等省部级人才446人，学校"筑峰""繁荣""名师""英才"等高层次人才和优秀青年人才436人。正是这一大批涉海高层次人才的强力支撑，学校海洋、水产两个学科在国家历次学科评估中始终位列第一，迈进世界一流学科前列，若干研究方向处于世界领跑地位。

3. 建成高层次人才培养体系

学校以培养国家海洋事业的领军人才和骨干力量为特殊使命，建成了覆盖我国所有涉海本科专业、硕博士点和博士后流动站，发挥海洋科技优势，加强科教融汇、产教融合，系统性、整体性、协调性地建设有组织人才培养的海洋人才培养体系。有涉海本科专业24个，国家基础学科拔尖学生培养计划2.0基地2个，国家基础科学研究和教学人才培养基地2个，国家生命科学与技术人才培养基地1个，国家级人才培养模式创新试验区2个，国家级特色专业12个，国家级一流专业38个。制定了海洋科学类专业教学质量国家标准（2016）、海洋科学类专业实践教学标准（2017），成为50多所高校近百个海洋科学类专业办学的重要依据。

4. 建成一系列高水平科技平台和新型研发机构

学校建立起自近岸、近海至深远海的海洋调查船队平台。其中5000吨级"东方红3"是世界上同类科考船中最先进、科考功能最完备的静音科考船。构建了国际上规模最大的区域海洋观测系统——"南海–西太潜标观测网"、全球首个西北太平洋黑潮延伸体定点观测系统和马里亚纳海沟万米深渊综合观测阵列。建有青岛海洋生物医药研究院、三亚海洋研究院和深圳研究院等高水平新型研发机构。

5. 建成服务海洋强国建设的高端"蓝色智库"

学校充分发挥海洋综合学科优势，成立海洋发展研究院，中国海洋发展研究中心落户学校，积极服务海洋强国和"一带一路"建设，为我国制定海洋战略、立法、规划、标准及参与全球治理提供全方位智力支持。

2022年4月10日，习近平总书记在视察学校三亚海洋研究院时强调："建设海洋强国是实现中华民族伟大复兴的重大战略任务。"党的二十大报告强调要加快建设教育强国、科技强国、人才强国、文化强国和海洋强国。习近平总书记的重要讲话和党的二十大赋予海洋强国建设新的更高的历史地位，赋予科教事业新的更重的时代责任，赋予中国海大新的更大的光荣使命。站在历史新起点，面向百年新跨越，学校正面临着前所未有的发展期待、前所未有的发展机遇和前所未有的发展挑战。我们必须深入学习贯彻习近平新时代中国特色社会主义思想，勇担使命，踔厉奋发，以前所未有的责任担当精神、干事创业精神、改革创新精神、勇于斗争精神和自我革命精神，着力打造人才培养的海大模式、科学研究的海大学派、服务社会的海大经验、文化传承的海大精神、开放合作的海大格局，奋力谱写高质量发展新篇章，确保实现到2030年建成世界一流的综合性海洋大学、到本世纪中叶建成特色显著的世界一流大学的"两步走"战略，为强国建设和民族复兴伟业作出中国海大新的历史贡献。

　　世纪海大，谋海济国。

　　世纪海大，再创辉煌。

2024年6月

前　言

2024年10月，中国海洋大学将迎来百年华诞。

近百年来，中国海洋大学与中华民族兴衰相伴，与祖国命运休戚与共。民国时期，艰难图存，尽其在我；新中国成立后，图兴图强，谋海济国。学校在中华民族追求复兴、建设海洋强国的征程上，责任担当与特殊使命挑于一肩，为各行各业培养出众多栋梁之材，尤其是海洋事业领军人才与骨干力量，奉献了大量自然科学和人文社会科学成果，建立起较为完备的治校制度体系，形成了独特的精神文化，在中国大学发展史上留下了深刻的印迹，也为研究中国现代高等教育史提供了一个有着鲜明特征的案例。

为了总结百年办学经验，弘扬优良办学传统，鉴往知来，启迪后人，学校于2018年正式启动《中国海洋大学史》编撰工作。全书共六卷，本书为《现象卷》。

"海大现象"作为一个概念，是与"海大精神"同时提出的。2000年10月，山东省委高校工委、山东省教育厅组织专家组对学校的校园文明建设进行检查评估。专家组组长、山东工程学院（山东理工大学前身）院长许万敬教授，山东省委高校工委副书记兼省教育厅副厅长田建国同志，在与学校师生、领导交流过程中，数次说起，进了海大园，接触到师生，就会感觉到一种积极向上的精神，海大人表现出的只争朝夕、干事创业的精气神，让人印象深刻。田建国对海大校园精神文明建设所取得的成绩给予很高评价，并将其概括为"海大精神"和"海大现象"。

2001年初，学校党委借开展"21世纪大学精神"大讨论的机会，要求对"海大精神"进行研讨。党委宣传部部长魏世江教授在吸收众人见解的基础上，对"海大精神"进行了凝练，形成了规范性表述（详见《中国海洋大学形象识别系统（UIS）》），使其成为海大文化的一部分；而对"海大现象"则未能及时研究，直到2018年学校启动校史编纂工作。这期间，海大人抓住机遇，锐意改革，圆满完成高水平特色大学建设任务，扎实推进"985工程"建设，学校入选国家"双一流"建设高校（A类），成就了校史上名副其实的黄金发展时期。所获得的巨大成就和新鲜经验，赋予"海大现象"新的时代特征和丰富内涵。

怎样认识"海大现象",答案可能见仁见智。我们认为,"海大现象"是由一个或多个主体、经过长时间不间断实践所形成的校内外普遍认同且影响深远的办学经验或重大成就。简而言之,"海大现象"就是主题鲜明的"海大故事"。这个认识基于实践和理论两个维度。前者诸如文圣常院士之《风浪谱》,引领、主导我国历次海水养殖浪潮的水产群英,20世纪50年代的人文之盛,90年代的"学在海大"之誉,高水平特色大学建设之"海大方案",以及海大园涌现出的一大批杰出人才及其贡献;后者则是源于"现象"一词的释义,现象与本体相对,属于哲学范畴,指本体即自在之物作用于人的感官,形成经验材料,再加上人的感性与知性的先天形式而产生的东西,是人们认识的对象。基于以上理解,本卷主编魏世江走访老领导、老教授,请教学校领导和专家,与几位同事探讨,吸收大家智慧,拟定了符合"海大现象"内涵的十几个主题。2019年10月,《现象卷》编写计划经校史编委会审定,执笔者开始撰稿。

本卷属于单篇式结构,每篇一个主题,体裁属于报告文学。所谓"报告",是指所记事迹必须是史实,凡人物、事件均不得虚构;所谓"文学",则是指在创作中可适当运用文学语言以增强文稿的感染力和可读性。

本卷执笔者在学校都有各自的本职工作,平时较忙,但他们凭着高度的责任感和对学校的感情,克服了很多困难,广泛搜集、认真考订史料,充分利用节假日、寒暑假和业余时间进行写作。文稿初成后,又请相关领域专家学者和当事人审阅、修改,并经反复打磨,始成定稿,可谓"三年磨一剑"。

在校史丛书中设置《现象卷》,是中国海洋大学此次修史的一个特点,带有尝试意味。尽管我们着力在文稿质量上下功夫,但限于水平,尤其是对报告文学体裁少有创作实践,文稿的质量很难尽如人意。但此举毕竟为学校治史辟出一方天地,也为后来人拓展、深化校史研究提供了借鉴。

中国海洋大学即将开启历史新征程,中国海大人必将创造出无愧于时代、无愧于祖国、无愧于人民的新成就、新经验,"海大现象"也会获得更显著、更丰富的内涵,续写更辉煌的篇章。对此,我们笃信不疑。

目 录 | CONTENTS

001 | 耕海踏浪谱华章

——中国科学院院士文圣常的海浪研究与精神传承 ◎ 冯文波

036 | 蓝色药库 共同梦想

——管华诗院士与中国现代海洋药物研究 ◎ 梁纯生 曾洁

060 | "海大方案"见智慧

——高水平特色大学建设记 ◎ 曾洁 孟凡

082 | "学在海大"人称道 ◎ 宋宇然

113 | 重振人文谱新篇 ◎ 纪丽真 戴羽彤

141 | 耕海牧渔立潮头

——我国水产养殖事业中的"海大贡献" ◎ 李华昌 冯文波

176 | 海洋科普助力海洋强国建设

——中国海洋大学海洋科普撷英 ◎ 张华

200 | 筚路蓝缕 向海图强

——中国海洋大学工科发展记 ◎ 王俊玲

232 南征北战探极地
——我国极地科考研究事业中的"海大贡献" ◎ 李华昌

251 赓续"中国克隆"
——海洋生物遗传学研究传奇 ◎ 冯文波

269 勤勉致新 行稳致远
——中国海洋大学会计学学科成长记 ◎ 王明舜

303 参考文献

306 后 记

耕海踏浪谱华章

——中国科学院院士文圣常的海浪研究与精神传承

冯文波

一、光山少年

光山县,位于河南省东南部,北临淮河,南依大别山,处鄂豫皖三省交界之地。在距县城20多公里远的地方有一座小镇——砖桥镇,位于江淮之间,连着大别山余脉,透着淮河水的灵气,景色秀美,物产丰饶,民风淳朴。1921年11月1日,文圣常就出生在这个小镇上。

文圣常自幼好静、不喜动,身上少有同龄儿童的活泼、调皮。母亲做针线活时,他就乖乖地坐在旁边。没什么玩具可玩,母亲就给他一块碎布头,穿上针线,末端不系疙瘩,文圣常会自己在那儿反复玩上很久也不觉得厌烦。

在文圣常的记忆中,他从未见过祖父文希闵,更多的是从父辈的讲述中,了解到祖父的仁厚宽怀和振兴家业的故事;对于祖母他也只是有少许的印象。在文圣常成长成才的道路上,父亲文古瑜、母亲文苗氏和伯父文古范是他文化启蒙的引路人,文氏大家族传承的"耕读传家""诗书继世""仁义礼智信"等思想,使年幼的文圣常认识到读书的重要性,令他自幼就对学习产生了浓厚的兴趣。

在子女教育方面,文古瑜秉承父辈的教导,时常叮嘱文圣常兄妹要老老实实做人、勤勤恳恳做事,要与人为善,兄弟姊妹要相互团结。在文圣常两三岁时,文古瑜就教他学习《三字经》《百家姓》,为他讲解其中的小故事。尽管有些故事听不懂,但文圣常依然很认真地背诵、学习。

文圣常的母亲文苗氏贤惠善良，淳朴仁厚，勤俭持家，虽然识字不多，但是积极鼓励子女读书学习，追求上进。文圣常记得，有时母亲给父亲写信，遇到不会写的字，就从《三字经》《百家姓》中找出相应的字来对一对再写上去，文圣常也会在一旁帮着母亲找字、认字。

在砖桥镇有一个著名的红色旅游景点——王大湾会议会址纪念馆，因1947年9月刘伯承、邓小平率领的中原野战军在此召开具有重大转折意义的"王大湾会议"而得名，该会址的前身便是文氏祠堂。文圣常幼时便在这里跟着伯父文古范学习《论语》等儒家经典，接受启蒙教育。随着时代变迁，文古范发现单纯的私塾教育已不能适应社会的发展，应实行全民教育，而不是仅有几个人的私塾教育，加之当时国家也提倡在教育模式上借鉴西方的经验，于是他创办了砖桥镇完全小学。

文圣常六岁时，父亲把他送到了县城的国立光山县第一完全小学（现光山县第一高级中学）读书。

2015年，当文圣常回忆起读小学的情景时，有几位老师的事迹令他印象深刻。四年级时有一位教地理的甘老师，课讲得很棒，地图也画得好。他是光山县的教学里手，从来不照本宣科地讲解，而是旁征博引，潜移默化中让学生学到知识，并逐步培养学生的爱国意识。文圣常依然记得，甘老师在课堂上给他们讲述我国东北地区时，"当讲到日本人占领沈阳这一段内容时，他在地图上标出了沈阳的位置，当时我们班的同学们都流下了眼泪"。还有一位学贯古今的语文老师，无论是以孔孟之道为代表的旧学，还是以科学、民主为内容的新学，他都懂一些，而且教学严格，对学生认真负责。学生的作文他会逐一进行指导修改，文圣常就是在他的引导下认识到了学好语文的重要性，这也是他日后一直重视语文学习的缘故。还有他当时的音乐老师，虽然没有接受过正规的训练，只是懂一点简谱，但是老师每天带领学生唱爱国歌曲、革命歌曲，以及学生们爱听的童谣、民歌等。在老师们的教育和感染下，文圣常和同学们的爱国情怀潜滋暗长，一方面对日本侵略者的暴行感到憎恨，另一方面也懂得唯有学好知识，才能为国家作贡献，让祖国更强大，免受外敌的欺凌。

二、流亡之路

在距离文圣常老家砖桥镇50公里的潢川县城，有一所历史悠久的学校——河南省潢川高级中学。这所位于大别山下、淮河之畔的百年名校，在革命战争年代就享有"豫南文化和革命的摇篮"的盛誉。1933年至1936年，文圣常就是在这所学校的前身——河南省立潢川初级中学度过了他的初中时代。

1933年9月，文圣常有幸成为这所学校新录取的100名学生中的一员。据文圣常回忆，当时砖桥镇的经济发展比较落后，教育教学水平也不高，连一所初级中学都没有，学生只能跑到距离砖桥镇50公里的潢川县城去读初中。当时交通不便，只能步行，父亲帮他把学习用品和衣服、被褥等行李打成一个包袱，他自己背着去河南省立潢川初级中学报到。因为离家太远，只得住校，待到放假的时候再走回家。

对于初中开设的课程，文圣常在94岁高龄时依然印象深刻的是英语。因之前从没学过音标，在初中一年级时，文圣常他们学英文就采用很原始的办法，老师教英文的单词，学生就用汉语注明发音，如book，就写上"布克"，以至于学生的英语发音都不太标准。初中二年级的时候，学校来了一位武汉大学毕业的蔡大钧老师，他不仅英文讲得好，而且发音标准。为了纠正学生的发音，蔡老师教大家学习音标，逐个纠正发音，慢慢地文圣常也喜欢上了英语，发音也好起来。

为了鼓励学生好好学习，潢川初级中学设有奖学金，分为甲、乙、丙三等，文圣常每次总能拿到乙等奖学金，会有十几块钱，靠着这些钱，他解决了自己的吃饭问题。

1936年，文圣常初中毕业，并以优异成绩考取了湖北省立宜昌中学。当时，他的哥哥文圣纲也考上了高中。面对兄弟俩的学费开支，文家捉襟见肘，难以负担。鉴于文圣常的成绩更优秀，大哥文圣纲主动提出把读高中的机会让给弟弟，自己去读免费的师范类学校。于是

文圣常湖北省立联合中学恩施高级中学分校的毕业证书

父亲把家中的积蓄，加上从文氏祠堂公田收入中得到的部分资助共计三十多块银圆，交给了文圣常作为学费和路费，送他前往宜昌读书。

据文圣常回忆，当时之所以报考湖北省立宜昌中学，主要出于两方面的考虑：一是日本侵略者来势汹汹，国民政府不予抵抗，家人担心敌人很快就会打到河南来，为了安全起见，父母希望他去外地读书；二是当时湖北省的高中教育水平比河南省的高一些。

1937年7月7日，发生了震惊中外的卢沟桥事变，全民族抗日战争爆发。刚刚读了一年高中的文圣常每天提心吊胆，害怕一旦宜昌沦陷，自己就回不了家，因此无法集中精力学习。1938年初，他办理了休学手续后，匆匆赶回砖桥镇老家，准备和家人一起逃难。在家乡住了一段时间后，经亲戚引荐，他在光山县的白雀园国民小学谋得一个教书的差事。

在白雀园国民小学，文圣常负责除了体育、音乐以外所有课程的教学，如语文、数学。据文圣常同族的弟弟文圣朝介绍，当时文圣常个子不高，上课时需要踩着凳子在黑板上写字，碰巧有村民路过看见了，误以为他是调皮捣蛋的学生，就说"小学生，老师马上就来了"，那时大家都习惯称呼他"文小先生"。

1938年，日军占领光山县之后，文圣常的家乡砖桥镇也出现了日军的身影。老百姓每天生活在恐惧之中，父母觉得在家乡很危险，文圣常也有继续求学的念头，就决定回宜昌中学继续读书。听说学校已经迁到了武汉，他就只身一人辗转奔赴武汉。抵达武汉之后，当地人告诉他，为避战乱，学校已经迁移到相对安全的恩施县，文圣常循着学校迁移的足迹又马不停蹄地赶往恩施。

1938年底，文圣常到达恩施学校所在地，经过登记之后，进入湖北省立联合中学恩施分校就读，继续他的高中学业，直至1940年1月毕业。

在那战火纷飞的岁月里，在相对偏僻的恩施县，对于高中毕业的文圣常来说，既没有升学的机会，也没有适合的工作可做，于是他和同学李汝良、李宗海决定结伴步行前往重庆。从湖北步行到四川，中间要翻越很多山，当时山里的土匪比较多，而且杀人抢劫的事情时有发生。有一次，他们一行三人要翻越的山实在太高了，当晚只能在半山腰的旅店过夜，出于安全考虑，他们把仅有的一点路费藏在书本里。

一路上跋山涉水、走走停停，历时一个多月，1940年2月，文圣常三人抵达重庆。

此时的文圣常已经由一个勤奋刻苦的光山少年，成长为独立、上进、爱国的进步青年。在美丽富饶但时逢战乱的巴蜀大地上，他开始书写新的人生篇章。

三、乐山求学

1940年初，文圣常一行抵达重庆时正值冬天，各学校都尚在寒假之中，他们原计划报考大学的愿望只好暂时搁置。行走在街头，正当他们一筹莫展的时候，发现当地邮政局正在招工，便报名参加了川康藏邮电训练班的招工考试。时隔多年，文圣常忆起当时的这一决定时说，在那兵荒马乱的年代里，能在邮政局谋一份工作，是很不错的，而且比较稳定。经过选拔考试，三人全部被录取，并获得了专业的邮电知识培训。这时，又有一个机会摆在他们面前，同年3月，设在四川乐山的国立中央技艺专科学校招生，文圣常等人在报纸上看到招生公告，遂决定报考。

1940年4月，文圣常进入国立中央技艺专科学校农产制造科就读。随着学习的深入，他发现自己的兴趣不在农产制造，勉强学习了三个月，待到暑假之后，他便退学了。此时，武汉大学已由湖北迁往乐山，并与一同迁往西南地区避难的中央大学、西南联合大学进行联合招生。闻此消息，文圣常内心深处又有了新的前进方向，他决定报考武汉大学。

当时的武汉大学设有文、法、理、工四个学院，共有15个系，文圣常第一志愿填报了工学院的机械工程系。

当时的机械工程系名师荟萃、人才济济，工学院院长邵逸周、机械工程系系主任郭霖、钢铁冶金学家邵象华、结构力学专家俞忽、电机工程师赵师梅，以及后来的系主任张宝龄等皆在此教学。94岁时，文圣常依然记得张宝龄教授为人为学的点滴："尽管张教授的住所距离上课的教室很远，但他从不迟到和缺课，理论和实践都很丰富，待人也比较和气，深受学生的喜爱。"此外，还有教热工学的笪远伦教授，虽然年龄大了，但是坚持给学生上课，对学生也是严格要求，没有丝毫的松懈。

正是在这些名师的悉心教导下，文圣常渐渐喜欢上了机械工程这一专业。同时，安静沉稳的性格使得他即使生逢乱世，也依然可以潜心读书，不为外界所干扰。凭着刻苦与执着，文圣常在大学期间打下了坚实的数理基础，并具备了扎实的专业技能。

　　大学期间，文圣常不仅掌握了深厚的机械专业知识，还在武汉大学这所文理兼备、学科门类齐全的综合性大学里受到了文学、哲学等人文学科的滋养，逐渐成长为一个集科学精神和人文素养于一身的复合型人才。受舍友岳从风影响，文圣常也喜欢阅读新闻、文艺、哲学、逻辑学之类的书籍，对于世界经典名著，他通常读原著或者英译本。对于这段经历，文圣常觉得颇有"无心插柳柳成荫"的意味。"和我同寝室的有一位土木系的同学，他喜欢读一些文学、历史等方面的课外读物。我受他的影响，也读了一些课外书籍，其中包括文学、艺术、哲学、历史等。没怎么选择，碰到什么书就读什么书，当时还想借这个机会学习英语，所以读外文书的习惯那时候就养成了。"多年来，文圣常一直觉得，那段时间的阅读使他开阔了视野，拓展了知识面，提升了人文素养。

　　在那动荡的年代，武汉大学师生生活过得十分窘迫和艰难。为了填饱肚子继续学业，许多学生迫不得已设法在校外谋份差事，当时称之为"兼差"。文圣常和几位同学一起在一个名为"育英"的补习夜校兼差，主要是教授高中生英语、会计、数学等课程，辅导他们考大学。当时文圣常每周都会抽出一个晚上去讲数学课，一个月下来可以赚几块钱，补贴生活之需。

　　岁月匆匆，不知不觉间，四年的大学时光即将结束。1944年7月，文圣常不仅顺利通过学校规定的各科考试，还撰写了题为"流体边界及研究的远景"的毕业论文并获通过，成为当年机械工程系76名毕业生中的一员。

　　当时正值国民党中央航空委员会到武汉大学征召员工，学校就推荐了文圣常等人前去应聘。文圣常被分配到了航空委员会下属的第八飞机修理厂，成为一名试用技术附员。

　　当他接过由王星拱校长亲自签发的毕业证书之后，这名23岁的青年，从此离开熟悉的乐山校园、授业的恩师、深情的朋友，抱持知识与技能、理想与情怀，义无反顾地投身于救亡图存的时代洪流之中。

四、沉默的飞机修理工

　　1944年夏，文圣常来到位于成都的第八飞机修理厂任试用技术附员。据他回忆，附员不是正式员工，属于辅佐人员。等到试用期满，觉得还可以的，才能转成正式员工。当时，根据岗位分工，文圣常的任务是修理飞机，但是他却被安排去统计每月全厂完成的修理任务，填写报表。所以他的工作并不是很累，而且有很多的空闲时间，这为他进一步读书学习提供了机会。闲暇时，文圣常偶尔也会去附近的集市走一走、散散心，更多时候他还是一个人静静地看书、学习，特别是对于英语的学习。他说，在战火纷飞的年代里，在走出大学校门之后，很幸运还能有那么一段相对安静的时光用来学习，"很多课外书都是在那时候读的"。

战乱年代，各地都生活困难、民不聊生，文圣常所在的第八飞机修理厂也不例外。根据规定，每人每月五斗米，衣服由厂里配发。谈起文圣常当年在厂的情况，他的同事刘侯周回忆，他生活俭朴，面对生活困难，他没有发牢骚，当时也不准发牢骚，他主要还是埋头读书。据文圣常回忆，当时上下级关系明确，等级森严，他与中央大学毕业的谢焕章关系比较密切，两人都是学机械出身，十分谈得来。此人对文圣常有一定影响，因为"他比较喜欢科学，喜欢发明，特别是喜欢一些新的东西"。当他人疲于应付日常的飞机维修工作，感叹生不逢时、前途渺茫之时，文圣常却充分利用业余时间潜心学习，开阔视野，拓展知识面。他在武汉大学期间打下的良好英语基础，使他在厂里进行出国培训人员选拔时，又一次抓住了人生的机遇。

1944年秋，文圣常所在的第八飞机修理厂接到航空委员会的命令，要选拔一批地勤技术人员（机械士）前往美国培训。1945年10月，文圣常参加了选拔考试，年底录取结果公布，他成功入选。得知自己通过了选拔考试，文圣常感到十分喜悦，他觉得这是一次难得的出国学习的机会，意义十分重大。但是他并没有过度地耽于兴奋，而是一方面继续做好本职工作，一方面积极准备接下来的复试。1945年2月，工作满半年的文圣常通过了试用期考察，成为正式员工，并被调到航委会下属的第十一飞机修理厂担任考工股员。

担任考工股员期间，文圣常的主要职责是统计工人的出勤天数和工时等，但因为他是待命出国人员，厂里也没过多地给他安排实际工作。文圣常每天除了做好本职工作外，抓紧一切时间看书学习，特别是对英语的练习。他深知这次出国机会来之不易，而且责任重大，战后国家重建需要先进的航空技术支撑，唯有打牢外语基础，才能更好地领会和掌握国外的先进技术和知识，进而为祖国航空事业的强盛以及为航空救国贡献智慧和力量。

五、"荒唐"的选择

1945年8月15日，日本投降，中国人民经过旷日持久的抗日战争，终于迎来了胜利。

此时，在成都凤凰山机场等待启程赴美的文圣常，听到日本侵略者投降的消息，和全国人民一样沉浸在无比的喜悦之中。多年后，忆及当时的情景，文圣常写道："多年战乱，人人盼望胜利。从广播听到日本无条件投降，举国狂欢，我和全厂每个员工一样，兴奋到极点。"

抗战胜利之初，处在重庆的国民政府一方面忙着战略转移、运送物资，另一方面加紧抢夺胜利果实。所以，一时之间，飞机、汽车、轮船等交通运输工具显得极其紧张，迟迟派不出飞机送文圣常等人出国，以至于文圣常在成都附近的多个机场兜兜转转，等了近半年时间也没有成行。

1945年底，文圣常接到上级指令，改走水路，前往上海的外滩码头等船，准备赴美。好事多磨，几经协调，1946年2月，文圣常终于登上了开往美国的运兵船。

船驶出长江口便进入了东海。初次见到大海，文圣常十分兴奋和激动。他说："虽然在内地看不到海，但是从一些书或图片上看到过，对海洋非常向往。""船离开码头后，我一直留在甲板上，期待那个由江进入大海的时刻。实际上，混浊的江水是逐渐变成浅黄、浅绿、浅蓝、深蓝的。就是这样，我第一次见到思慕已久的大海。"带着这份对海洋的热爱与向往，面对船舶的摇摆与颠簸，尽管文圣常也开始晕船，但他依然喜欢站在甲板上看风景，感受大海的辽阔与壮美。

怀着初见大海的喜悦与激动，文圣常在观察中发现了一个令他感到惊讶的现象："海上的风浪很大，我们坐的船比较大，一万多吨，但是一万多吨的船在海上，就像一片树叶一样漂浮。我注意到船这样摆动是因为浪大。我是学机械的，本身就对力学方面的事感兴趣，我当时就觉得浪可以把船抛来抛去，它的能量一定很大，如果能把这些能量利用起来，一定是件非常有意义的工作。"在之后的航程里，甚至到了美国之后，文圣常一直在思索这个问题：如何把海浪蕴含的能量收集起来加以利用呢？

文圣常懂得动力机械，也熟悉各种能量间的转换，在赴美的旅途中，他几乎已构思出海洋能量利用的蓝图，他决心设计出一种利用海浪能量的装置，去打开海洋世界的大门。这次乘船的意外发现成为他学术生涯的一大转折点。从此，这位生长于内陆、求学于西南的青年人开始与海洋结缘，这也成为他日后在我国海浪科学研究领域开拓创新、屡有建树的开端和源头。

经过40多天的航行，文圣常一行在美国旧金山靠岸，然后辗转抵达位于美国得克萨斯州圣安东尼奥市的航空机械学校。根据南京国民政府航空委员会与美方协商确定的培训课程，文圣常等主要学习飞机的维修知识，其中关于飞机液压系统的知识占大部分。这在与他一同前往美国的刘侯周那里得到了印证："他在美国主要是学习，我们曾与他一起到芝加哥等地方玩过，他与别人关系不很密切，后来知道他翻译了一本书。"

闲暇之余，他充分利用美国丰富的图书资料进行学习，努力提升自己的英语读写水平。一天，他无意中读到了加拿大女王大学物理系教授罗伯生的著作《原子轰击与原子弹》，并被这本书的内容以及作者的语言深深吸引。

仔细阅读完这本书，掩卷而思，文圣常有感于作者渊博的学识和流畅的语言，联想到在祖国大地上，由于军阀割据、外敌入侵、连年战争，同胞们对于原子弹的知识知之甚少，将来要想发展这一领域的技术，就必须对民众进行这方面知识的普及。他觉得把这本书介绍到中国很有必要，于是他产生了一个大胆的想法，决心翻译这本书，把它引进国内，而且这项工作对提升他的英语水平也大有帮助。他在该书的"译者序"中写道：

> 原子弹的使用，将人类文明带入一个新的时代。做个现代国民，似乎应具一些原子方面的常识。所以在美国，除了广泛的通俗读物，电影、广播中也有讲述原子的节目。这本小书的译出，对读物贫乏的祖国的读者，谅不无些微帮助吧。

文圣常用156天的时间完成了该书的翻译工作。1947年初回国之后，为了让国民早些了解原子弹方面的知识，他积极奔走联系出版事宜。在当时的情况下，出版书籍一般都要有熟人推荐，还要请知名人士撰写序言，这些对于25岁的文圣常来说实现起来比较困难。于是，文圣常拿着书稿主动找到了上海的世界书局，问对方有没有兴趣出版。出乎他意料，"过了几天出版社回信说准备接收这份书稿。那时候我无权无势，没有什么后台，靠自己就把这个书稿出版了。那时候的书稿都是自己手抄的，还好，出版社一个字都没修改。这件事对我之后的工作有一定的帮助，让我比较认真，比较自信，凡事都亲自动手"。

在美国期间，文圣常除了学习规定的飞机修理课程外，还关心着脑海中刚刚萌生的开发利用海浪能的问题。在翻译《原子轰击与原子弹》的间歇，他一直坚持搜集和查阅这方面资料来印证自己的想法。他一边阅读相关的资料，一边结合自己的机械工程学科知识进行思考，甚至在脑海中设计出了一种对波浪能进行开发利用的简单装置，梦想着一旦回到国内就开始付诸实践，在海浪研究领域开拓出一片崭新天地。

1947年2月，经过一年的学习后，文圣常回到了祖国。当他怀着一腔热血，希望在战后重建家园时，发现国内形势有了新的变化，已勾画好的美丽蓝图实现起来面临着极大的困难与阻力。

回国后，文圣常被分配到驻守北京的国民党空运第一大队103中队。当时的103中队，人心涣散，等级分明，官僚作风盛行。文圣常对中队内部不专心钻研航空维修业务，时常搞一些溜须拍马、巴结上级的宴会或文娱活动的做法十分看不惯，于是萌生了离开的念头。他设想着找一个相对清静安宁的场所，最好是学校，既可以潜心教书，又能从事一直令他牵肠挂肚的海浪科学的研究。他在后来的回忆文章中写道："波浪利用的念头的确是幼稚的，因为我并不理解海上严酷的条件下工作难度的分量；这念头也的确是冒险的，因为我舍弃唾手可得的工程师职位而去追寻一个可能成为笑柄的目标。但决心还是暗暗地下定了，并构想出实现目标的方案：先谋求一个有较多自由支配时间的'职业'，然后利用业余时间从事所倾心的研究作为'事业'。"于是，1947年10月，去意已决的文圣常离开国民党空运第一大队103中队，去寻找新的落脚点，开启人生的新航程。

文圣常设法与武汉大学的机械系主任刘颖教授取得联系，并表达了想去学校教书的愿望。刘颖教授十分支持文圣常的志向和选择，并为他写了推荐信，推荐他前往位于重庆的中央工业专科学校任教。

随后，文圣常抵达中央工业专科学校，并在航空机械科担任讲师，主要讲述飞机学和汽车学方面的课程。这期间，受重庆大学的邀请，他还兼职为重庆大学的学生讲授航空发动机之类的课程,弥补了该校师资匮乏的缺憾。

至此,文圣常彻底摆脱了"政治"束缚,得以在动荡的社会中暂时安定下来,潜心教书育人,研究学问。静下来的日子里,他开始系统思考一年多来一直萦绕在他脑海中的海浪能利用问题,并着手设计制造相关设备进行试验。他的科学研究之路也由此徐徐展开。

六、痴迷波浪

大学期间,文圣常就读于机械工程学科,对于各类机械工具、仪器设备的工作原理了然于心,加上毕业后又在飞机修理厂工作,还有美国进修的经历,所以他的动手能力特别强。根据他的观察和思考,结合前期对相关海浪知识资料的查阅,他很快设计制造出了一种利用海浪能量的动力装置。该装置利用海浪的垂直运动压缩空气透平,进而获得电力输出,依靠这一电力来带动航标灯发亮、闪烁,达到在海面上为过往船只导航的目的。

当时文圣常的宿舍就在嘉陵江边,他发现每当有船只经过,水面上都会激起几厘米高的浪,而且历时几分钟,这为他提供了比较简单的试验条件,于是他就把自己设计的试验装置放在嘉陵江边进行检验。文圣常说,"每次去江边试验,那套奇形怪状的模型是引人注目的,有人猜它是种玩具,有人猜它是滑翔机之类的东西,而我自己呢,似乎是拿着堂·吉诃德的长矛和盾牌向风车挑战"。结合试验的效果,他又阅读了许多文献,把利用波浪的方案调整为通过浮子来驱动小水泵。但是,毕竟嘉陵江不比浩瀚的大海,风、浪、流的条件都不够,所以他的试验一直没有达到理想的效果。于是,他萌生了前往海边做试验的念头。

1949年11月30日,重庆解放。文圣常和中央工校的师生一样,怀着喜悦的心情欢迎解放军入城。1950年,中央工业专科学校改名为西南工业专科学校。

新中国成立了,人民当家作主,文圣常关于海浪研究的想法具备了变为现实的可能性。前期在嘉陵江的试验,因为浪太小未能达到理想的效果,于是他就想去海边继续试验。他向学校的军管会申请调往华东地区工作,军管会十分支持,并给他写了推荐信,介绍他与上海的华东文教委员会联系。1950年底,文圣常谢绝了西南工业专科学校的挽留，在嘉陵江畔与前来送行的师生挥手告别。

回忆起自己的选择，他在后来的文章中写道："我带着介绍信搭船东下。在船上我一直陷入沉思，感到自己的前途似乎系在一张调动工作的介绍信上，它是那样单薄；前途又似乎堕入上船时碰到的浓雾，一切是那样的不明朗。走回头路吧，也许像逆三峡激流一样的艰险，更无颜面对码头上师生们的热情相送，因此只能义无反顾了。我的精神支柱是堂·吉诃德的心态，还是青年人可贵的勇气？"抵达上海后，他在海边进行了相关的试验，但是依然没有达到预期的效果。于是，华东文教委员会的同志又帮他与青岛观象台联系，并写信推荐他前往那边工作。但是，因为当时上海到青岛的道路还没有完全畅通，跨地区、跨部门调动工作手续繁杂，所以迟迟未得到青岛方面的回复。文圣常积攒了几年的生活费很快用完，面临着生活的压力。他不得不临时接受同学陈道南的建议，先去湖南大学任教，然后再从容地与青岛方面联系。

1951年1月，文圣常接受朋友的建议，受聘于湖南大学机械系，担任副教授，主要讲授发动机动力学、材料力学等课程。教学之余，文圣常依然放不下波浪能开发利用的试验，他一边搜集阅读各类文献资料，一边寻找机会进行试验。1951年8月，文圣常应邀去北京参加某教材讨论会，他想到北京距离北戴河不是很远，于是决定带着那套设备去北戴河海边检验一番。为了自己挚爱的海浪科研事业，他不辞辛苦地把试验装置从长沙携带到北京，路上甚至遇到了许多令人感到尴尬的情况。他在多年后的回忆性文章中记述了这段令人啼笑皆非的经历："携带的那个浮子，外壳是白铁皮包成的，局部涂有红漆。这个外形奇特而又娇嫩的东西，上下车需要手提。当时北京车站很注意治安保卫，旅客下车后排队出站，警卫人员审查可疑的迹象。我提的'怪物'自然引起注意，可能被误解为定时炸弹之类的危险物品，因此我被叫出队伍，接受检查。他们看过证件，认为我的解释可信，所以放行了。"会议结束后，文圣常便乘车前往北戴河海边，因为人生地不熟，经过多方打听、换乘，他才最终抵达海边。他带来的试验模型吸引了当地人好奇的目光，有两个工科的大学生还热心地协助他进行试验。直到他踏上返回北京的火车时，仔细梳理自己一路的经历，仿佛是经历了一场探险。

北戴河试验后，文圣常获得了一些成果，验证了他之前的一些想法。这时，文圣常向湖南大学递交了辞职信，他表示此次离职，主要还是为了继续从事海浪科学研究,而且是经历了一番思想斗争并仔细考虑了各种因素后作出的决定。虽然机械系领导极力挽留,但他去意已决。经友人介绍,他又前往位于桂林的广西大学机械系执教,并被聘为教授。

文圣常抵达广西大学之后,设法与青岛观象台联系。几经周转,1952年夏,他终于和青岛观象台的高哲生联系上了,对方邀他到青岛见面。于是,当年9月,文圣常怀着对海浪科学的热爱和对青岛的向往,从广西途经衡阳、南昌、九江、南京,最终抵达青岛。一起到达的,当然还有那套与他形影不离的试验装置。文圣常被青岛优美的环境吸引,而且青岛作为海滨城市,具备开展海洋科学研究的优越条件。他与高哲生一见如故。高哲生是学校动物学系的教师,他考虑到当时赫崇本教授正在为物理海洋学科的发展招揽人才,就把文圣常引荐给了赫崇本。听闻文圣常醉心于海洋科学研究,特别是对海浪研究尤为痴迷,五年来持之以恒,并且还制造了开发利用海浪能的试验模型,赫崇本对他既敬佩又欣赏,于是真诚地邀请他到学校工作,参与新建海洋学系,为新中国的海洋科学研究事业贡献智慧和力量。

多年后,谈起与赫崇本教授初次见面的情景,文圣常依然记忆犹新:"我当时住在中山路的一个招待所里,赫教授亲自到招待所来看我,他说希望我能到青岛来。这个愿望真正是两方面结合起来,我一心一意地想到青岛来,他又非常需要人来帮助他建设山东大学的海洋系。"收到赫崇本教授的真诚邀请之后,文圣常甚是高兴,多年来寻找一个合适的单位潜心海浪学研究的愿望终于要实现了。

1953年10月5日,文圣常顺利抵达青岛,再次走进了位于鱼山路5号的校园,见到了分别一年有余的赫崇本教授。历经多年求索,文圣常终于实现了自己的梦想,投入了海洋的怀抱,如同鱼儿入海,正式开启了他挚爱的海洋科学研究事业。

七、"文氏"风浪谱

1953年10月,文圣常正式加盟成立不久的山东大学海洋系。在这里,他终于找到了停靠的港湾,遇到了与他志趣相投的赫崇本教授等人,终于可以心无旁骛地探索他魂牵梦萦的海浪能利用的课题。但是,等到真正研究起来,他才发现这条路没有之前想的那么顺利,尚有许多困难需要克服。文圣常之前是从事机械工程教学和研究的,如今转向海洋科学这一偏理科的领域，在知识储备方面稍显不足。为此，他给自己制订了严格的自学和补习计划，数学、物理等方面的基础知识是他补习的重点。他购买了许多书籍，既有俄文的，也有英文的。他说："那时候很年轻，一方面希望有一个职业，另一方面的确是对于自己喜欢的领域愿意付出一些努力。"所以，在那个时期，他读书甚至比读大学时还要努力。

在搜集资料、编写教材、培养人才的同时，文圣常依然没有放下他挚爱的海浪能利用试验。通过对国外文献资料的阅读分析并结合自己长期以来的试验论证，1953年12月，他在《机械工程学报》上发表了论文《利用海洋动力的一个建议》，这是我国学者最早探讨海浪能量利用的学术文章。文圣常指出："海洋浪涛汹涌，蕴蓄着无限动力，若能加以控制，意义是非常重大的。工程史上，虽有不少这样的尝试，其中或利用潮汐，或利用波浪，但一直还没有满意的结果。"他对波浪性质以及可以利用的方式进行了评述，并提出了自己的改进意见。

20世纪50年代初，文圣常在做好教学工作的同时，搜集资料、查阅文献，继续进行波浪能利用试验。随着知识面的拓展和试验的推进，他发现这个问题要比他想象的复杂得多，从当时的工作条件考虑，研究如何在工程领域利用海浪能是不现实的。他开始冷静而又理性地看待这一问题，"海洋中的波浪具有类似天文数字的能量，可供开发的约有1亿千瓦，是很诱人的，许多国家在研究，但技术上的困难，使得有效的工业上的利用可能还是遥远的事。""以前没有深入接触海洋的时候，对大海存有一些浪漫的想法，觉得它是那么引人入胜，但真正与大海接触时间长了之后，发现它的自然面貌其实没有那么浪漫了。平常我们在陆地上完成一件事，实现一个想法比较简单，拿到海洋中后，就变得困难和复杂了。所以，我逐渐意识到，要想真正研究海洋，适应海上环境，我还需要一个团队，海洋科研工作不是一个人关在房子里就可以开展的，可是当时不具备组建团队的条件，因此，我只好把研究的方向进行调整，原来我是希望研究海浪能量的开发利用，因为海上工作的困难不好克服，所以我就转向了理论方面的研究工作。"

20世纪60年代，文圣常的研究首先从描述海浪内部结构和展示对外表现特征的海浪谱着手。当时，国际上存在两种比较盛行的海浪研究方法——"能量平衡法"和"谱法"，但是这两种方法在研究中存在明显的不足，即研究者推测和假设的成分较多。当时国际上还有劳曼谱、达尔谱和菲力普斯平衡理论,文圣常认为这些理论没有考虑波浪在成长过程中的谱型形式。于是,他把当时国际上主流的两种海浪计算方法结合起来,从能量平衡的观点出发,导出了可用以描述风浪随风时或风区成长的普遍风浪谱,撰写了《普遍风浪谱及其应用》一文,1960年发表于《山东海洋学院学报》。在涌浪的研究中,文圣常考虑到H. U. 斯韦尔德鲁普和W. H. 蒙克的能量平衡、P-N-J概念都是以半经验的方法来计算涌浪的波高和周期的,他对两位学者以空气阻力解释能量消耗而没有考虑涡动影响的做法持保留意见。于是,文圣常基于涡动和绕射的作用,提出了一种实为充分成长的涌浪谱,并考虑了台风区的圆形特点,给出了对应的计算方法。基于这一研究成果,文圣常于1960年撰写了《涌浪谱》一文,在《山东海洋学院学报》上刊发。此外,这两篇论文还经地球物理学家赵九章和海洋学家赫崇本两位教授联名推荐,在《中国科学》上以英文发表。其中普遍风浪谱的成果,还被译成俄文,并被全文收录于苏联著名海洋学家克累洛夫的论文集《风浪》中。他的这一创新成果在世界海洋学研究领域产生了重要影响,曾在1960年有关国际海洋科学进展评论中被评为重要研究成果。为铭记文圣常的卓越贡献,业内称之为"文氏"风浪谱。

海浪科学探索的道路,文圣常一向认为是没有尽头的,也不应该有停下来歇一歇的念头,而是要乘风破浪,勇往直前。

20世纪80年代,文圣常发现,自海浪科学诞生起,国际海浪学界在风浪谱理论研究中,主要通过观测和科学家的个人经验得出有关数据和成果,这种单纯依靠经验的做法具有一定的主观性和不确定性。为了弥补这一缺憾,在前期研究的基础上,他又采用解析的方法导出了风浪频谱和方向谱。他首先通过在谱型中引入一个参量"尖度因子",推导出了理论形式的风浪频谱。这种"理论风浪谱"既适用于深海,也可应用于浅水区,不仅能够对风浪随风速、风时、风区和水域的变化进行比较系统的描述,还可以用有效的参量描述谱型。文圣常提出的这一理论风浪谱,不仅与我国各海区的观测结果十分吻合,而且与1973年K. 哈泽曼等人基于"联合北海波浪观测计划"(JONSWAP)所获得的风浪观测资料而提出的适用于成长状态的风浪谱——JONSWAP谱相当接近。此谱的简化形式最终以有效波高、有效周期为参量,因方便应用,被收录进交通部1998年的《海港水文规范》中。

为便于应用,20世纪90年代初,文圣常又用拟合方法得到一个方向函数,将其与上述频谱相乘即得方向谱。在世界海洋学领域研究海浪方向谱的人比较少,中国亦是如此,所以文圣常当之无愧地成为我国海浪方向谱研究的开创者。他的这一成果很快在我国海浪预报业务中得到应用,并获得国家自然科学奖四等奖和国家教委科技进步奖。

八、海浪预报方法

兴起于第二次世界大战期间的现代海浪科学,其研究的初衷主要是为了对海浪情况进行科学合理的预报,使人类的各项涉海生产活动避免海浪灾害,或者把损失降到最低。海浪学研究的内容主要是为了摸清海浪生成、成长、消衰及传播的规律,而这需要构建一定的海浪模型,通过给定的海面风场计算海浪场中各点的海浪要素,进而达到对海浪进行模拟、预报和后报的目的。

文圣常最大的心愿就是把理论应用于实践,解决现实生活生产中的问题,为经济社会发展和人民群众服务,而不仅仅是把相关理论放在实验室或书本中。科学准确地对我国的海浪情况进行预报,无疑是当时经济社会发展和人们的生产生活中最迫切需要解决的难题之一。鉴于此,文圣常开始了海浪预报方法的研究工作。

新中国成立之初,沿海城市在进行港口、码头等海洋工程建设时,所参考执行的规范资料主要来自苏联和美国。这些规范资料并不完全符合我国海域的特点,在海洋工程建设过程中时常出现问题和麻烦,轻则延误工期,重则影响工程质量,甚至带来财产损失和人员伤亡。适应我国海域特点的港口工程技术施工规范迟迟不能问世,这严重制约了新中国沿海城市的发展建设。

为急国家之所需,把海浪理论转化为现实生产力,文圣常尝试把海浪理论中能量和谱的概念结合起来进行研究。1965—1966年,他主持和领导了国家科委海洋组海浪预报方法研究组的技术工作,因为他的研究充分结合了我国海域的特点,适合我国海洋生产的实际,因此他提出的海浪计算方法很快在国内得到广泛应用,在国民经济发展中产生了巨大的社会效益和经济效益。

20世纪70年代末,山东海洋学院恢复了正常的教学和科研秩序。为适应我国沿海城市改革开放的需要，文圣常制定出了近岸工程设计和管理的技术标准。该项研究成果经多次改进后，作为国家级规范列入中华人民共和国交通部《港口工程技术规范》第二篇《水文》的第一册《海港水文》中，并于1978年1月出版试行本，从而打破了我国在建设港口的有关规范中长期依赖苏联和美国的局面。鉴于该成果的学术水平和应用价值，1985年荣获国家科技进步奖二等奖。经过十年的试行，1988年交通部在充分吸收各方意见的基础上，对《港口工程技术规范》做了进一步的修订完善，并正式出版。1988年11月，交通部水运规划设计院还专门给文圣常寄了一套样书，除表示感谢外，还希望他今后在该规范的修订与完善中继续给予支持。

对于海浪预报方法的研究，文圣常没有止步，而是随着时代发展和国家经济建设的需要不断推陈出新，与时俱进。在他的努力下，我国的海浪预报从统计经验预报和图解预报，迈入了数值预报的新阶段。

20世纪80年代，伴随着我国沿海城市改革开放步伐的加快，在海港建设、货物运输、渔业生产等方面对海浪预报的要求越来越高，也越来越迫切。但是，当时我国的海浪预报还是以经验预报为主，即根据天气图绘制出等压线，再据此判断风的大小，然后由预报员结合自己的经验来预测浪的大小，这种预报主观性较强，对预报员的知识储备和工作阅历要求很高，存在不精确、易出错等缺点。在这一背景下，国家在"七五"期间启动了重点科技攻关项目——海洋环境数值预报产品的研究，文圣常领命承担了其中的重点课题"海浪数值预报方法研究"。

区别于西方海浪研究中把影响海浪成长、消衰过程的因素划分成若干份，并且每一份都需要研究者经验的配合的做法，文圣常独辟蹊径，把整个过程综合起来考虑，把所有的影响因素归结为一个整体，通过观测或者经验来判断。有学者比喻说，这就好比西医和中医的差别，西医讲究"头疼医头、脚疼医脚"，划分为不同的部分解决问题；中医则把人体看作一个有机的整体，注重调理，综合施治。在海浪学研究领域，文圣常这一新颖的思维方式被外国海洋学家誉为"东方思想体系的结晶"。依靠这一独特的科研思维，文圣常提出了一种新型的"混合型海浪数值模式"。该模式除了具有构思新颖、精度高、使用方便等特点外，还存在两大优势：一是可靠性强。由于以可靠的风浪成长经验关系得到的源函数取代通常的逐项计算源函数，避免了复杂的、难以精确的计算手续，使模式的精度得到根本的保证。二是节约机时。由于综合性源函数避免了直接计算波-波相互作用，节省了大量的计算量，在相同条件下所用机时仅约为WAM模式的1/60。同时，这一模式还设定了一系列必要的参数以确保计算的稳定，对经验预报中存在的缺陷与不足，作出了比较恰当的处理。

混合型海浪数值模式的提出，不仅避免了当时我国计算机运行水平不高的局限，而且使我国的海浪预报模式从传统的经验预报迈向了数值预报，在这一领域实现了质的飞跃。该模式经过大量各种天气过程的试报、预报和后报检验后，稳定性好、精确度高、适用性强，很快便在国家和地区性海洋预报中心投入业务化应用。文圣常的这一创新性成果在国际上引发反响，苏联功勋科学家Davidon评价说："此方法给予我们的工作很大启发，会使我们少走弯路。"这一领域的另一位苏联研究者认为，它与苏联的方法同出于一种基本思想，但又有大的发展，有极强的实用价值。这一方法被苏联远东水文气象研究所用于日本海风浪预报研究工作，并在苏联远东水文气象预报中心应用。

基于这一成果的重要价值和领先水平，此项工作分别获得1989年国家计委、国家科委和财政部联合颁发的国家"七五"重点攻关阶段成果奖、1991年国家"七五"科技攻关重大成果奖、联合国技术信息促进系统中国国家分部"发明创新科技之星奖"、国家教委科技进步奖一等奖和国家科技进步奖三等奖，文圣常本人获得国家"七五"科技攻关突出贡献者、"八五"科技攻关先进个人等荣誉称号。经国务院批准，文圣常自1990年7月起终身享受政府特殊津贴，并于1993年当选中国科学院院士。

文圣常在实验室工作

对于海浪数值模式的研究，文圣常没有就此止步，而是想方设法使其不断完善，以达到适应我国海洋事业不断发展的需要。他考虑到新型混合型海浪模式是为了弥补第三代海浪模式中存在的不足和缺陷而提出的，但是在处理风浪与涌浪的转换时，尽管方式较为科学合理，但依然具有一定的主观任意性。鉴于此，

1999年前后，文圣常带领团队在选定的风浪方向谱的基础上，提出了一种用新途径构建海浪数值预报的模式。他们所建立的模式是一个二维谱模式，该模式后报的数据与现场观测值契合较好，并且与第三代模式相比，这一新型二维谱模式更易于改进和节省时间。

1987年，联合国大会通过169号决议案，决定1990—1999年开展"国际减轻自然灾害十年"活动，这与文圣常一直以来倡导的从我国海洋事业的实情出发，研究海洋灾害、减少损失、造福人类的想法不谋而合。尽管已迈入古稀之年，但他依然觉得有责任、有义务开展这方面的研究工作。基于此种考虑，他又承担了"灾害性海浪客观分析、四维同化和数值预报产品的研制"工作。在研究过程中，他十分注重学科间的交叉与融合，吸收不同学科、不同方向的学者参与进来，一起把工作做好。项目结题验收时，评审专家认为他的研究成果已达到国际先进水平。依托此成果开发的相关产品已在国家海洋环境预报中心应用于风浪预报，并进入当时中央电视台灾害海浪预报。

1996年前后，他又承担了新的科研项目——"近岸带灾害性动力环境的数值模拟和优化评估技术研究"，并亲自参与该项目子课题"近岸带浪、流、水位联合计算方法研究"工作，以"无须扬鞭自奋蹄"的精神出色地完成了研究任务，令人敬佩不已。在2000年12月26日举行的项目验收会上，国家海洋局科技司的有关负责人表示："文院士在子课题中提出的新的谱方法研究，其谱结构的可靠性、模式性能覆盖范围、改进的可行性、所需计算机时间等方面都优于当前世界上盛行的第三代海浪模式。此外，有关地形及流场所致折射的计算结果也较前人有大的改进。"此外，在这期间，文圣常还发表了多篇涉及深、浅水风浪方向谱的学术论文，并据此提出了"浅水风浪谱""基于选定风浪方向谱的海浪模拟方法"等系列创新性观点。

九、著书立言以济世

"浩海求索、立言济世"是文圣常给中国海洋大学海洋环境学院（现海洋与大气学院）题写的院训，用这八个字来形容文圣常在我国乃至世界海浪科学研究领域走过的历程、作出的贡献亦十分贴切。

20世纪50年代末，经过一段时间的潜心研究和积累，文圣常对于海浪学科有了更加深入的了解和掌握。作为一个新兴学科，海浪学科虽然很年轻，但是密切关系着人类的社会活动，远洋运输、港口建设、海洋石油开采、海洋环境监测等都需要海浪预报。但是，当时国际上对于海浪科学的研究却是分散的，而且不同的科研人员提出的理论甚至是矛盾的，大家自说自话、各自为战，毫无系统性和逻辑性可言。为了使刚刚起步的我国海浪科学研究成系统、有规律地发展，给国内学者查阅文献提供便利和指导，文圣常结合自己"波浪学""海浪原理及预报"课程的讲义，撰写了《海浪原理》一书，成为世界海洋领域第一本海浪理论专著。

"文革"十年，我国的海浪科学研究停滞不前。西方发达国家则陆续涌现出一大批新理论、新算法。为了使我国的海浪科学研究跟上世界的步伐，自20世纪80年代初起，文圣常和他的同事余宙文开始搜集、整理国外关于海浪科学研究的相关资料，历时四年，编著了《海浪理论与计算原理》，于1984年出版。时值我国改革开放初期，沿海城市发展日新月异，各类涉海工程和活动密集开展，该书为各类海洋工程实践和海洋环境预报提供了一定的理论与技术指导，同时，也成为广大海洋科技工作者和高等学校师生进行研究与学习的重要参考书。

迄今为止，国际上共有五大海浪研究名著，分别是美国学者撰写的《风浪》、加拿大学者撰写的《大洋波动》、日本学者富永政英撰写的《海洋波动》、文圣常的《海浪原理》以及文圣常和同事余宙文编著的《海浪理论与计算原理》。他的这两本著作在国际海洋界影响很大，不少学者将其作为研究生培养的参考书目。

作为一名大学教授，在开展海浪科学研究、不断推出创新理论成果的同时，文圣常也积极研究和推动教学改革与创新工作。他陆续编写了《海浪学》《液体波动原理》《图解与近似计算》《海洋近岸工程》等教材，并积极参与学校的教学活动，为本科生、研究生授课，并培养出了我国海洋学界国内第一位博士孙孚。

数十年来，文圣常在我国海浪科学研究领域辛勤耕耘、不懈求索，攻克了一个又一个难题，攀上了一座又一座高峰，使我国的海浪科学研究始终引领时代潮流，并且做到了理论和实践相统一，极大地助推了我国海洋科技人才培养工作的进步和国民经济建设事业的发展。

十、奖学金与教学楼

在历史悠久的中国海洋大学,有一个全校闻名的奖学金,叫文苑奖学金。至2023年,该奖学金已经设立了24年。

"文苑奖学金"被誉为"万字号"奖学金,即指全校一万余名本科生中每年仅有三人获此殊荣,所以这一奖项尤为珍贵。在中国海大求学期间,学生只有足够优秀才能获得这一奖项,并视其为人生荣耀。关于这一奖学金的来历,还要从2000年说起。

2000年9月23日,何梁何利基金奖评选结果揭晓,文圣常获科学与技术进步奖,奖金为20万港币。对于这一奖励,文圣常觉得自己为国家、为社会做的贡献还不够,即便取得了一些科研成果,也是大家一起协同努力的结果。既然荣誉给了他,他决定把20万港币全部捐给国家的教育事业。其中的10万港币捐献给学校,设立奖学金,用以奖励品学兼优、富有创造精神和实践能力的本科生,每年评选三人。关于奖学金的名称,学校建议以捐助者的名字命名,文圣常坚辞不受,最后采取折中的办法,以他的姓开头,定名为"文苑奖学金"。

2006年,文圣常给学校领导写信,表示要从自己的工资收入中拿出一部分补充到文苑奖学金中去,学校婉拒了他的提议。2006年11月16日下午,中国海洋大学第七届文苑奖学金颁奖仪式如期举行,文圣常穿着夹克衫,随手拎着一个黑色塑料袋走进了颁奖现场。因为平时每当有人提出帮他拎包的时候,他都拒绝,所以,这次谁也没太在意他拿的是什么。颁奖仪式结束后,文圣常拦住了校长吴德星和副校长于志刚,打开了那个黑色的塑料袋,里面放着10万元现金。他说,自己算了一笔账,以每年评选三名获奖学生,每人5000元奖金计,之前捐的那10万港币基本用完了,所以他从自己的工资里取了10万块钱,希望学校收下,作为后续的奖学金。此情此景,在场的每一个人都为之动容!吴校长说:"即使钱用完了,这项奖学金我们也会一直评下去,不可能钱用完了,我们就不评了,这是一种精神的传承。"但文圣常此意坚决,不容商量,学校领导尊重了他的意见。

2009年5月,文圣常荣获青岛市最高科学技术奖,所获奖金50万元,他又全部捐给了学校。2009年12月18日,他在写给海洋环境学院领导的信中表示:"一方面我的科研成果水平不高；另一方面，这些成果是通过集体力量取得的；特别是它们对青岛当前迅猛发展的建设并无直接的贡献。因此，我决定将奖金全部捐献给学校。"其中的20万元捐给了文苑奖学金，另外30万元依照《中国海洋大学本科生研究发展计划实施办法》，捐供本科生研究发展使用。2018年11月，文圣常再次向学校捐款20万元，用于文苑奖学金的发放。

截至2023年，文苑奖学金已颁发了24届，共有72人获奖。2016年之前，每年他都会给获奖学生颁奖，听他们介绍学习的收获和成长的感悟。文圣常也会以自己求学、做科研的经历勉励大家好好学习、不断创新，成为对国家和社会有用的人。他还曾多次联系学校相关部门，希望不要再提这个奖学金是他倡导设立的。他说，从班级到院系再到各个职能部处以及学校领导，在奖学金设立和评选过程中都付出了大量的时间和精力。这项奖学金只是学校培养人才的一个手段，不是他一个人所能设立的。自2017年起，因年事已高、行动不便，文圣常不再出席颁奖典礼，但他依然心系人才培养，并通过赠书和书写寄语等方式鼓励获奖学生再接再厉，勇攀高峰。

2012年11月16日，河南省光山县首届"感动光山人物"颁奖晚会举行。文圣常荣膺"十大情系光山人物"首位。颁奖词中说：

> 作为一个学者、教授，文圣常一生的研究成果和获得的殊荣不胜枚举。作为一个光山人，2000年获得了何梁何利基金科学与技术进步奖，获得奖金20万港币。获奖后，他一分不留，将20万港币全部捐给了祖国的教育事业，其中10万港币捐给了家乡的学校。文老，是学界泰斗，是大别山骄子，是我们光山人的骄傲。他对家乡的殷殷情、拳拳心，怎能不让家乡人民为之感动！

文圣常将2000年所获"何梁何利基金科学与技术进步奖"奖金的另外一半捐给家乡的砖桥镇初级中学，用以建设教学楼。

2000年11月，79岁的文圣常回到了阔别半个世纪的故乡——河南省光山县，亲手把10万港币的汇票交到时任光山县委书记张国晖手中。他表示，几十年来总想报效家乡，但一生教书，没有积蓄，这次将获得的何梁何利奖的一半捐给家乡，多少也算是尽点对家乡的报答之情。当地政府用这笔善款在砖桥镇初级中学建造了一座四层的教学楼，大楼落成之后，为表纪念，本想用文圣常的名字命名，被他婉言谢绝。因建筑的设计风格形似起伏的波浪，最后将其命名为"海洋希望教学楼"，寓意这栋地处中原地带的教学楼与文圣常的渊源。

十一、一盏烛光映海洋

文圣常一生栽培桃李，诲人不倦，是一位令人敬仰的教育家。自1938年在家乡的白雀园小学教书时算起，他的一生大部分时间都在教书育人。特别是到青岛后，他更是为国家和社会培养了大批的优秀海洋人才，我国第一位在国内获得博士学位

1986年，文圣常参加物理海洋学与海洋气象学系博士论文答辩会时与学生孙孚合影

的海洋学研究生孙孚、获得具有大气科学界诺贝尔奖之誉的"罗斯贝奖"的国际气象学家王斌等都是他的学生。在育人的道路上，文圣常犹如一盏红烛，燃烧了自己，照亮了一片海洋。

在文圣常的执教生涯中，他育人无数，既有本科生，也有硕士生，还有博士生。学生们除了津津乐道于他精益求精的科研精神和娓娓道来的讲课方式以外，还对他优雅的风度、豁达的胸襟以及严以修身、躬亲示范的师者风范印象深刻。他们认为，这些才是自己受益终生的宝贵财富。

中国海洋大学海洋与大气学院教授吴克俭是文圣常的博士研究生，他记得导师时常说的一句话就是，"我要为年轻人做一个榜样"。日久天长，在导师潜移默化的影响下，学生也和他一样勤奋、努力。另外，文圣常喜欢给学生自由发挥的空间，秉持"天高任鸟飞，海阔凭鱼跃"的人才培养理念，不去干预和束缚他们的思想，而是让他们在科学的天地里自由翱翔，任意驰骋。吴克俭说，"在科研方面，先生从来都不以自己的喜好来影响我们，总是鼓励我们做跟他不一样的事情。他做过的，往往不希望我们再继续做"。吴克俭感受到的是导师的榜样力量，而同样也是中国海洋大学教

授的赵栋梁,体会到的却是文圣常治学方面的严谨和精益求精。

1992年4月,在一家乡镇企业工作的赵栋梁想读博士,翻遍了《光明日报》刊登的招生简章,发现大部分都过了报名的时间,只有青岛海洋大学还可以报名。学物理出身的他,对于海洋科学完全没概念,不知道如何备考,就抱着试试看的心态给文圣常写了一封信。没多久,他收到了文圣常的回信。在信中文圣常不仅给他讲解了物理海洋学科的情况,还对他应该看哪些书、如何准备等提出了建议。后来,他如愿以偿,成为文圣常的学生。时间久了,在学习和科研中,他感受到了文圣常的严谨。有一次,赵栋梁做一个数字模拟,在调用参数时,他随便选了一个,得出的结果非常好,就迫不及待地跑去告诉导师。文圣常听了之后,反问他,既然有很多参数可以调用,为什么只调用这一个参数,而不去试试其他的参数呢?赵栋梁说,因为这个得出的结果好。文圣常说:"那不行,你可能是偶然选对了这个参数,但是可能还有更好的参数。"后来,赵栋梁按照文圣常的建议,在允许的范围内不断调试参数,尽管花费了不少时间,却获得了更好的结果。

在科学研究中,文圣常鼓励学生独立思考,发表自己的看法和观点,一起探讨问题,而不是跟着他的思路走。他说,有不同的意见是正常的。他从来不强迫别人接受他的意见,也十分尊重别人的意见。文圣常习惯于用谦和的、商量的语气与学生探讨科学问题,即使有的学生一时转不过弯来,他也不会去批评他们,他相信时间会解决分歧。有时候,为学生的长远发展考虑,他也会保护自己的学生。21世纪初,文圣常发表了关于海浪模式的文章,提出了新的观点和思路,学者对于这种模式是第三代还是2.5代争论很大,他尽量避免学生参与其中、受到牵连,所有的压力由他一个人扛。

为人师者有三种,即业师、经师和人师。在文圣常的从教生涯中,三者是浑然天成、密不可分的。他既向学生传授海浪科学研究的专业知识,又引导他们触类旁通,广泛涉猎,树立对国家和社会的责任感与使命感。此外,他还用自己的言传身教感化、引导学生,让他们既脚踏实地,又志存高远,养成淡泊名利、高洁优雅的君子之风。文圣常的学生、海洋与大气学院原院长管长龙说,文先生一直是我们做人的导师。"作为'人师',这种教育是潜移默化的,不是说他怎么来教导你,而是说他怎么做,被你看到了,默默地影响你。"

文圣常一向严以律己,不希望别人因为他是院士就区别对待。无论是在工作上还是在生活中，他希望别人将他和其他人一样看待。学生陪他去医院看病，他再三叮嘱，不要称呼他文院士，叫他文先生就可以。他的学生吴克俭把他为人为学的作风，比喻为京剧流派中的梅派，"他非常平和、低调，但在低调中见真功夫，最后发展成桃李满天下"。文圣常的这种品格，不仅影响了他的学生和同事，而且在中国海洋大学乃至我国海洋界也是有口皆碑。

在70多年的从教生涯中，文圣常牢记教书育人的责任，践行良好的师德师风，成为深受学生敬仰与爱戴的品行之师、学问之师。鉴于此，党和政府先后授予他全国教育系统劳动模范、人民教师奖章、全国五一劳动奖章、"感动青岛"十佳人物、山东省道德模范等诸多荣誉。

2014年12月12日，由中国互联网新闻中心（中国网）主办的2014年中国教育家年会暨"中国好教育"盛典在北京举行。大会把本年度的特别奖——"烛光奖"授予了为中国海洋科技人才培养作出重大贡献的文圣常。"春蚕到死丝方尽，蜡炬成灰泪始干。"回望文圣常的职业生涯，他何尝不是一支长燃不熄的蜡烛，其生命之光分外明亮，映照着浩瀚的海洋，也指引着一代又一代海洋学子进取的方向。

十二、永远的文主编

岁月不饶人，盛年不重来。这位长年生活在海边，沐浴着习习海风、聆听着阵阵涛声的海洋人，耳朵有些背了，视力也开始下降，行动也不比从前了。是时候把海浪科研的接力棒放心交给年轻人了。2000年以后，文圣常从科研一线退下来之后，尽管凝聚着他无数心血和汗水的物理海洋实验室不常去了，但他却时刻关注着这一领域的进展变化，并思考着如何尽己所能为学校、为国家和社会做点什么。

当时，《青岛海洋大学学报（自然科学版）》编辑工作依然由文圣常负责，考虑到要想提升学校的影响力和知名度，仅仅面向国内办刊是不够的，还要走出国门，与国际接轨。既要把其他国家优秀的科研成果介绍进来，也要把国内的重大海洋科技进展推介出去，互通有无，加强交流，这样才能不断进步，早日实现高水平特色大学建设的目标。出于这样的考虑，在20世纪90年代末，他和学报的同事们商议，决定创办一本英文刊物，以管华诗校长为代表的校领导给予全力支持。

当时国内高校学报创办英文版的很少，仅有两三家。在海洋领域比较专业的英文刊物有《中国海洋湖沼学报》《海洋学报（英文版）》《中国海洋工程》等。当时国家对于新办刊物的审批比较严格，特别是校办英文刊物已多年未批，但是大门并没有完全关闭，仍然可以申报。历经三年多锲而不舍的努力，2001年4月，经教育部、科技部和新闻出版总署批准，同意青岛海洋大学创办学报英文版。一同获批的中文科技期刊有30多家，而英文版仅此一家。面对来之不易的机会，文圣常等人分外珍惜，立即着手创刊工作，注册登记、申请刊号、筹措经费、发布征稿启事、组建编委会等工作紧锣密鼓地开展起来。

为提高效率，争取早日出刊，学校领导和文圣常先后两次主持召开编委会，明确了办刊宗旨和方向：充分发挥学校的海洋和水产学科优势，由沿海向海洋进而向全球大洋进军。创办一本高起点、高标准、高要求的与国际接轨的国际性刊物。历经一年的筹备，2002年4月，《青岛海洋大学学报（英文版）》创刊号与读者见面了。尽管每年仅出版两期，但毕竟成功地迈出了第一步，我国海洋学界和教育界的专家学者对这个刊物寄予厚望。担任主编的文圣常说，创刊的英文版，是学校的"新生儿"，要细心爱护她，使她茁壮成长。为了把这个新刊物办出水平、办出特色，文圣常与编委们在认真总结创刊经验的基础上，积极探索，勇于实践，开始谋划中期办刊目标。通过横向比较，他们充分借鉴国内《海洋学报（英文版）》和《中国海洋工程》等成熟刊物的办刊思路与发展理念，决定以开放包容的姿态，加强国内外学术交流，积极与国际接轨，争取早日被SCI收录，为成为国际知名期刊而努力。

刊物初创，组稿困难，文圣常和编辑部的同事们充分挖掘校内资源，努力拓展稿源。身为主编，文圣常坚持质量第一、宁缺毋滥的原则，绝不会因为稿源不足而以次充好，敷衍了事。每一篇稿件刊发之前，他都仔细审读，除把关专业知识外，还对文章的遣词造句、语法等进行严格审查。他提倡科技论文也要语言通俗流畅，不必追求华丽的辞藻。办刊早期，文圣常除了对所发稿件的学科方向进行调整和把握之外，还坚持终审每篇待刊稿件，对于创新性较强但结构不太合理、语言表述欠佳的文章他会在审稿单上一一列出修改意见，请作者进行修改，修改后反馈回来，他还要逐一核实。

创刊初期，因为是半年刊，文圣常审稿的压力不是特别大。但从2005年始，《中国海洋大学学报（英文版）》改成了季刊，工作量较之前翻了一番，他的工作压力也随之上升。即便如此，文圣常依然坚持审读、修改每篇稿件。他的工作量一般保持在每周2～3篇，编辑每周一把需要审读的稿件送过去，把他审过的取走。据负责送稿的编辑介绍，一年365天，文圣常没有周末，也没有节假日，如果没有什么特殊的安排，都按照自己的作息规律在审稿。多年来，他从未耽误过审稿工作。有时因为体检或者生病住院，他会提前和编辑部的同事们沟通好，把需要他审读的稿子提前审完。在文圣常的带领下，在编辑部同事的努力和各方的关心与支持下，《中国海洋大学学报（英文版）》步入稳定发展时期。2006年，《中国海洋大学学报（英文版）》签署加盟科学出版社的协议，还与德国的Springer公司签署了代理发行协议。2007年入选"中国科技论文统计源期刊"，正式成为中国科技核心期刊。

文圣常在修改《中国海洋大学学报（英文版）》的稿件

在审稿过程中，文圣常十分注重与作者的沟通和交流，特别是对超出自己研究领域的论文，他在修改时会慎之又慎。对于把握不准的地方，他会随手查阅词典核实，也会请助手帮着在网上查询，或请编辑部的同事帮助找该领域的专家核实或者与作者联系。有时他也会写信或当面与作者探讨审稿时遇到的问题。文圣常的秘书臧小红老师依然记得，一个周末，当她走进文圣常办公室时，发现他正与一位老者探讨一篇文章，两个多小时过去了，他们的交谈才结束。文圣常把客人送到楼梯口后告诉臧小红，这是一位专程从天津赶过来的教师。前段时间，文圣常在审读一篇论文时发现，文章内容很好，只是英文表述稍显不足，影响了整篇论文的质量。针对论文中存疑的地方，文圣常专门写了一封信给作者，请他就其中的几个问题进行解释，没想到，这位作者竟然利用周末时间坐火车从天津赶到了青岛，希望面对面地与文圣常交流和探讨论文修改事宜。作者这种认真负责的态度让文圣常十分感动。在交谈中他得知，作者早年是学俄文的，后来才学的英文，所以写起来有些吃力。文圣常很耐心地给他指出论文写作中存在的不足，并提出了建设性的修改建议。

在审稿工作中，文圣常始终是谦虚好学的，对于知名学者投递来的论文，他时常在改完后附上"请恕我不恭敬"或"我这是班门弄斧"等类似的话。2012年，《中国海洋大学学报（英文版）》拟刊发国际著名物理海洋学家谢尚平教授的一篇文章，文圣常在审读时对此文章评价很高，但也不避讳其中存在的瑕疵，并请编辑人员把修改意见反馈给谢尚平。第二天编辑部就收到了谢尚平从美国发来的邮件，他在信中对文圣常提出的修改意见十分认同，并表示感谢，还对他一丝不苟、严谨治学的态度和精神表示敬仰。

尽管已经年迈，但在审稿工作中，文圣常还是严格要求自己，十分勤奋，完全把这份工作当事业来干。即使是在身体不适的情况下，他也尽量克服困难，坚持修改稿件。2007年，文圣常不小心被理疗仪烫伤了脚踝，后来伤口感染，在医院进行了植皮手术。术后医生建议他少运动并卧床休息，但他不听劝告，把腿搭在板凳上扭着身子坚持修改稿件。2013年暑假过后，他被检查出患有肺炎，经过一个月的住院治疗，病情有所好转。伴随着天气转凉，医生建议他尽量不要外出活动，于是他就把办公场所转移到了家里，每天花5～6个小时兢兢业业地审稿。他改稿时没有丝毫的马虎，一个介词也要反复推敲，仔细斟酌。"有时候可能不是一个生词，是作者的一个失误，他也要查清楚，实在查不出来的，他会在文章上标注清楚这个词他没看明白，究竟是笔误还是另有解释。"经他修改的稿件条理清晰，措辞严谨，表达流畅。

作为刊物主编，除了做好与作者的沟通交流之外，文圣常还注重对青年作者的培养。每年3月是高校研究生投稿最多的时间，因为要赶在6月毕业，学生们都比较着急，希望稿件尽快发出来。为了赶时间，部分学生会匆匆完稿后直接投递给《中国海洋大学学报（英文版）》，文稿往往存在许多不足或错误。一般来讲，许多刊物遇到这种情况会直接拒稿。但是，文圣常始终认为，大学的学报还承担着服务师生、培育人才的职责，特别是对科研品行正在养成中的青年学生应该给予指导和帮助，而不是直接"毙稿"。正是本着帮助学生成长进步的爱护之心，文圣常会像导师对待研究生一样,把论文中存在的问题一一标注出来,反馈给学生修改。学生改好之后,他还要再核查一遍,确认没有问题了,才同意刊发。

在文圣常的率先垂范下,历经十年的辛勤付出与不懈努力,自2012年起,《中国海洋大学学报（英文版）》成功被SCI收录。当学校领导和师生前来向他表示感谢和道贺时,他却谦虚地说:"总算没有给学校丢脸。"同年,《中国海洋大学学报（英文版）》还获得第四届中国高校优秀科技期刊奖,被评为2012中国国际影响力优秀学术期刊,并成为首批入选教育部高校科技期刊精品工程的14家期刊之一。伴随着办刊水平的提升、知名度的扩大,《中国海洋大学学报（英文版）》在2014年又由季刊改为双月刊,稿件数量逐年增多,90多岁的文圣常依然像往常一样坚持每天审稿,并保持每周2～3篇的工作量。尽管他的视力已大不如从前,换上了更高度数的眼镜,听力也严重下降,与人交流已产生影响,行动开始有些不方便,但他仍然坚持审稿。

2019年5月,因年事已高,文圣常不再担任《中国海洋大学学报（英文版）》主编,改任名誉主编。从2002年创刊至2019年,《中国海洋大学学报（英文版）》共出版70余期,文圣常终审了800余篇稿件。2019年11月,因身体不适住院治疗,文圣常此后不再从事学报的审稿工作。

十三、文理兼通的智者

文圣常还是一位极富人文情怀的科学家。中国工程院院士管华诗曾这样评价他:"文先生不仅学识渊博,而且为人谦逊,胸怀博大,淡泊名利,科学与人文两种精神完美结合于一身。"

2004年10月,在中国海洋大学建校80周年之际,学校举办首届"科学·人文·未来"论坛,邀请20多位科学家和人文学者共同探讨科学、人文这两条在人类文明发展进程中并行不悖的主脉关系,以及如何更好地服务于人类未来发展。当时,已83岁高龄的文圣常亦在邀请之列,并亲自准备了《一个非生物学家认识的达尔文》的演讲。他说:"达尔文强调艺术欣赏的力量,而没指出为什么有这种力量……我们要在这个科学巨人的后面看到巨大的人文力量……家庭、学校、社会自始至终都有责任来培养人们的人文素质，但更需要人们自觉地培养和发挥它的作用。达尔文是我们学习的典范。在当前，我们的科学园地正需要用人文素养来改造急功近利的土壤，然后科学才能真正开花、结果。"他的演讲触动了听众的心灵，赢得了热烈而持久的掌声，大家纷纷叹服于文圣常渊博的学识、高超的逻辑思考与哲学思辨能力，以及深厚的人文素养。论坛结束后，学校的海洋环境学院、海洋生命学院等分别邀请文圣常前去作报告，给学院的师生再讲一遍。

仔细研究便会发现，文圣常的文学才华，既不是偶然间的灵光一闪，也不是触景生情时的简单抒发，而是在长期有意识的学习与训练中积淀而成的。他自幼便在父亲的教导下背诵《三字经》《百家姓》等，稍微大些时，又在伯父开办的私塾里接受启蒙教育。小学时的语文老师，新学、旧学都懂一些，培养了文圣常的文学兴趣。大学期间，受舍友的感染，他阅读了大量的文学、哲学和文艺方面的著作。后来，为了更好地学习外语，他开始阅读外文原著，对莎士比亚、狄更斯、雨果、莫泊桑、罗曼·罗兰、高尔基、果戈理、普希金、屠格涅夫的著作皆爱不释手。为了培养自己的逻辑思维能力，他还有意识地找来柏拉图、亚里士多德、苏格拉底、黑格尔等哲学家的著作来读。幼时家庭的熏陶，加上后天的学习，使文圣常打下了坚实的文学功底，成为一个极富人文精神和思辨智慧的科学家。

阅读文圣常的著作，读者往往会被他质朴平缓的语言和娓娓道来的叙述方式吸引，进而产生深深的代入感。在1962年出版的经典著作《海浪原理》中，他对文字的驾驭和运用能力令人叹为观止：

> 海浪是种久被习知的现象，它密切地关系着许多海上的活动。这首先表现在波浪对船只的影响。由于波浪的颠簸，船身各部结构可引起种种变形和应力，有些在第二次世界大战期间建造的船只，因对海浪情况估计不足而遭到损坏；颠簸对乘客的舒适和货品的储放是不利的；颠簸可引起船只的共振，如从前有只俄国船经过中国东海的时候，由于船身的共振，船长被舱壁碰破头而死；海浪还影响船只航行的方向和速度……

阅读这样的文字，很难感觉到作者是在讲述复杂而艰涩的海浪科学原理知识，文字通俗易懂、深入浅出，更像是在讲述一则则有趣的故事，使人沉迷其中，在潜移默化中接受了科学知识。

　　文圣常还是一位富含才情的诗人，尽管他总是自嘲说"我写的诗连打油诗都算不上，顶多算是顺口溜"，但他心思缜密，情感丰富，对生活的观察细致入微，总能发现平凡岁月中别人不曾察觉的细节，进而有感而发，最终形成一篇篇佳作。在他办公桌的玻璃板下面压着一些纸片，上面是他写的许多诗歌，这些都是他在工作、生活中触景生情、率性而作。

　　2014年中国海洋大学建校90周年时，文圣常即兴写诗一首，以示庆祝：

　　　　鱼浮崂山①学脉延，

　　　　师严生勤奋致远。

　　　　九十年阔搏击勇，

　　　　更爱海深洋无边。

　　早年，文圣常经常随身携带一个笔记本，无论出差还是平时参加各种会议，每每有感而发，他都会记在本子上，日积月累，他竟然创作了120首诗歌。

　　2008年10月28日，中国海洋大学海洋环境学院（现海洋与大气学院）院训石揭幕，"浩海求索、立言济世"的院训便出自文圣常之手。

　　对于院训的释义，文圣常说，海洋环境学院主要从事海洋科学方面的研究，所以"浩海"体现其学科特色，这两个字不仅昭示着广阔的海洋和繁杂的科学难题，而且"浩"字当头，读起来，可以营造一种恢宏的气势。"求索"反映的是治学精神，蕴含了艰辛、深入和细致的意境。他还进一步指出，这四个字也与中国海洋大学的校训"海纳百川、取则行远"内涵一致。"浩海"对应"海纳百川"，正是因为海洋之浩瀚，才可以容纳百川之溪流；"求索"对应的是"取则行远"，因为求索大海蕴含的自然法则，其过程必有难度。考虑到"浩海求索"只是表达出了海洋环境学院的学科特色和治学精神，却没有展示其社会责任，于是，文圣常又补充了"立言济世"。他说，古人追求立德、立功、立言。"立德"是要树立博施济众的道德观，"立功"是要公济于世，"立言"是要"理足可传"。三者的实质就是要树立服务社会的思想（立德），创造各种业绩（立功），总结经验并使之代代传承下去（立言）。由于"济世"一词包含了立德、立功的内容，故拟题的"立言济世"中用词虽不同，但和"三立"的要求是一致的。

―――――――――

　　① 注："鱼浮崂山"分别代指中国海洋大学的鱼山校区、浮山校区和崂山校区。

文圣常还是一位文字高手，善于对一些看似普通的成语和句子进行拆分解读，使其更加通俗易懂，展现中华语言之精妙。前文提到中国海洋大学的校训是"海纳百川、取则行远"，在学校某一年的新春团拜会上，文圣常即兴发言，对这八个字进行了拆分解读，即"海大有容、纳贤礼士、百舸扬帆、川流不息，取经求法、则明理析、行云流水、远无不及"。典雅而富有内涵的校训，经他即兴拆解，不仅妙趣横生，而且充满了哲理与韵味。

十四、行走的风景

在鱼山校区，具有浓郁欧陆风情的建筑和拥有百年树龄的梧桐、银杏、水杉等随处可见。60年间，穿行在这如诗如画的校园中，文圣常与这里的一草一木、一砖一瓦彼此熟悉，甚至达成了一种心照不宣的默契。

文圣常的住处距离中国海洋大学鱼山校区很近，出家门，沿石阶而下，穿过鱼山路就是校园了。人们把他每天必经的这条路，亲切地称为"院士小路"。风雨沧桑中，这段路留下了文圣常行走的身影，印记着他或坚实或匆匆甚至蹒跚的步伐。在其妻子葛管彤的记忆中，文圣常一直是每天"上三班"：一早吃饭后就去学校；中午回家吃饭，饭后也不午休，接着去学校；晚饭依然回家吃，然后再去学校，工作到22点左右回来。有时一天下来，两个人连说话的机会都没有。

2000年以后，从科研一线岗位上退下来之后，文圣常依然保持着每天"上三班"的习惯，每天工作十几个小时，风雨无阻、雷打不动，甚至春节期间他也不愿休息。据他的同事介绍，文圣常不大喜欢过春节，他说："我真是希望一天都不休的。但考虑到如果有人看见我在春节的这三天还来工作，一定会认为我有精神病，我还是忍耐三天吧。"大年初四，文圣常会准时坐在办公室里。这一点在他1995年写的一首诗中可以得到佐证。

春节初四回办公室

半旬未临书斋门，开锁入室倍觉亲。

犹忆离时曾关窗，今日案头未积尘。

1995年2月3日

    岁月悠悠,日久天长,每天穿行校园的文圣常俨然成了一道特有的"风景",并成为众多中国海大人时常讨论的话题。有人因为某天没看到他经过而变得心神不宁,担心他的健康;有人对他提着的黑色手提包产生了兴趣,猜测他那看似有些分量的手提包里装有一块儿砖头,目的是做负重疾行锻炼;也有虚心好学的青年在路边守候,待他前来便趁机上前询问几个问题;还有人把他每天上班的过程,写成了文章,成为激励先进、鞭策后学的正能量。陈鷟在《松坡下的小径》中这样写道:"有时候,在这条小径上我会遇到一位白发老人。他身影瘦小,背略弯,一只手上总是提着一个深色的公文包……他是从家里走来的,或是正走在下班的路上。那份平和、那份硬朗,还有那偶尔略带倦意的神情,都给人一种莫名的力量。这位长者就是九十多岁高龄的文圣常院士……"王宣民在《背影》中写道:"那年春节,正月初三,人们走亲访友贺岁贺年,最是喜气洋洋的日子。我带小儿到鱼山校区操场,打算痛痛快快地踢足球。走到操场边的三角地,看到一位裹着羽绒服、手提公文包的老者,步履蹒跚地走来。仔细一瞧,那不是文先生嘛!忙上前向他拜年。……文先生蹒跚地继续向前走着。"

十五、精神灯塔引航程

    2021年,文圣常迎来了百岁诞辰。10月6日中午,于志刚校长赴青医附院德馨楼看望文先生,代表全校师生员工提前祝贺文先生100周岁生日。于校长一并带去了刚刚出版的《耕海踏浪谱华章:文圣常传》,请文先生签名留念。

    为向这位百岁老人表达崇高敬意,在广大师生中弘扬科学家精神,10月25日,"耕海踏浪谱华章 中国科学院院士文圣常成就展"在崂山校区图书馆举办,展出反映文圣常成长、求学、科研、育人、助学、生活等方面的图片300余幅,展板50余块。之后的一个多月里,有50余个党支部、团支部以及兄弟高校慕名而来的教师、学者等近千人次观展。文圣常爱国、创新、求实、奉献的科学家精神深深感染了观众,在师生中引发强烈反响。大家纷纷表示,要继承和弘扬老一辈科学家精神,勇攀高峰,不懈奋斗。

2021年10月，"耕海踏浪谱华章 中国科学院院士文圣常成就展"开展

　　教育部党史学习教育高校第八巡回指导组副组长、中国科学技术大学原副校长张淑林说："文院士的事迹太感人了，这样一位百岁科学家不仅是中国海洋大学的精神财富，也是中国教育界的宝贵精神财富，应该进一步拓展宣传，扩大影响，让更多的人得到教育和感染。"

　　物理海洋教育部重点实验室教授陈显尧说："我们要学习文圣常院士忠诚为党、矢志为民的奉献精神，学习他急国家之所急、勇于攻坚克难的创新精神，爱国奉献、勇攀高峰、淡泊名利，担负起建设海洋强国的神圣使命。"

　　海洋地球物理学专业博士研究生姜梁说："文院士的奋斗精神与奉献精神深深地感动并感染着我，作为海洋科学领域的博士研究生，我将把个人研究融入建设海洋强国的伟大事业中，在不断地锤炼过硬专业技能的同时，更要坚定理想信仰，树立远大目标，不断为我国海洋事业的开拓发展努力奋斗。"

　　崇本学院2020级学生郝宽说："我们被文院士的家国情怀、科研精神、高尚品德与执着追求深深触动。我们要学习文院士勤奋敬业、无私奉献、淡泊名利、质朴正直的精神品质。作为未来中国海洋科学领域的追梦人，我愿在学思践悟中坚定理想信念，在奋发有为中践行初心使命，逐梦蔚蓝！"

　　2022年3月20日15时37分是个令人悲痛的时刻！中国共产党优秀党员、"九三楷模"、著名物理海洋学家、我国海浪研究的开拓者、中国科学院院士、原山东海洋学院院长、中国海洋大学教授文圣常逝世，享年101岁。

依照先生遗愿,他的骨灰撒向他魂牵梦萦、为之奋斗了一生的大海。2023年10月23日,文圣常骨灰海葬仪式在黄海海域举行。仪式现场庄严肃穆、简朴厚重,簇簇鲜花点缀海葬船,深沉低回的音乐让悠悠思念萦绕在每个人心头。学校"天使1"船伴航,送文先生最后一程。亲属、好友、同事和师生代表带着对先生最深沉的追思,肃立、默哀、鞠躬,向文先生做最后的道别。

文圣常先生功高却不自居,德高却不自显,一生挚爱大海、探究大海,最终融入了大海。他是大海的儿子、风雅的大先生、学校师生的精神灯塔,指引着中国海人人浩海求索的方向。

蓝色药库　共同梦想

——管华诗院士与中国现代海洋药物研究

梁纯生　曾洁

　　2018年6月，习近平总书记视察青岛海洋科学与技术试点国家实验室。在海洋药物展区，习总书记听取了中国工程院院士管华诗关于海洋药物研发工作的汇报，并与他进行了亲切交流。管华诗告诉总书记，他们研发的用于治疗阿尔茨海默病的新药将在7月揭盲，公布三期临床结果，如果一切顺利，这将是全球第14个海洋药物。管华诗动情地告诉习总书记，他的梦想，是打造中国的"蓝色药库"。习总书记说："这是我们共同的梦想！"

　　其实，管华诗的梦想，不只是打造海洋"蓝色药库"，更是让我国整体海洋科学研究走向世界尖端水平的"中国梦"。他的梦想之旅始于山东海洋学院时期简陋的实验室，伴随着改革开放后国家对科技发展的日益重视与科技投入的逐步加大，管华诗的科学研究也逐步加速，取得了一系列令人瞩目的成果，从海洋药物、海洋寡糖研究到《中华海洋本草》的编纂，从青岛海洋生物医药研究院到青岛海洋科学与技术国家实验室的成立，每一步都是一个跨越，每一步都在朝着实现这个梦想靠近。

一、一个迈向医药的奇妙触发点

　　海洋是生命的摇篮。海洋中蕴藏着极其丰富的生物资源和化学资源，不仅是人类获取食品的重要来源，也是一个潜力巨大的医药宝库。20世纪50年代，有识之士把目光投向了浩瀚的大海，国际上掀起了研究海洋生物活性物质的第一次热潮。

　　1969年，为了应对中国的"碘危机"，刚从山东海洋学院毕业留校的管华诗，参加了国家海带提碘新工艺工程化开发工作，这成为他进入海洋药物研究领域的重要起点。1971年，山东省革委会对省内院校和专业进行布局调整，管华诗所在的水产系被迁到烟台与一所专科水产学校合并。那里科研基础差，缺乏设备和团队，科研工作难以开展。管华诗在青岛时已投入国家大力推进的制碘工作，去了烟台后，也不肯就此放弃。他四处奔走寻求支持，最终组建起科研团队，还把学校一个弃用的厕所改造成了实验室。随着制碘技术的形成，一个新问题出现了：每提取1吨碘会产生10吨甘露醇和60吨褐藻胶，这些副产品因为数量巨大而无法消化，制约了海藻提碘产业的发展。以这个新问题为出发点，管华诗于1972年申请了研究课题"褐藻胶、甘露醇再利用"，研制成功了农业乳化剂等四个新产品并相继投产，荣获1978年全国科学大会奖。之后，褐藻胶再利用的相关课题从农业、工业逐渐延伸到了医学行业。

1978年，水产系从烟台迁回青岛，回归山东海洋学院，管华诗也随之回到母校。1982年，他带领课题组以褐藻胶为基础原料，成功研制出糖尿病的辅助治疗剂——降糖素。他开始频繁接触医学知识，和医护人员的交流逐渐增多，对血液高黏滞综合征、动脉粥样硬化等心脑血管疾病有了初步了解。除了以褐藻胶为基础原料研制出降糖素之外，管华诗还应医院请求，同时研制出一种胃肠双重造影硫酸钡制剂。而他科研道路上的重要转折点就发生在这项制剂的研发过程中。

由于这类制剂黏度大，要想使其均匀地附着在胃壁上以达到造影效果，就需要找到合适的分散剂。在褐藻胶研究中浸润已久的管华诗首先想到了一种从海藻中提取的多糖类溶质。在研制石油破乳剂时，管华诗曾利用过这种物质的分散性。1979年的一天，管华诗正在做制剂工艺试验。为了降低硫酸钡制剂的黏稠度，他尝试添加了一点从海藻中提取的分散剂，随后黏结现象瞬间消失。这个化学现象极大地触动了管华诗：能解决硫酸钡的黏结现象，是否也可以解决心脑血管疾病中的血液黏稠问题？能不能把这种高效能的、来自海洋的生物活性物质研制成防治心脑血管病的新药？

这意外的发现和设想使管华诗兴奋不已。敬爱的周恩来总理曾经把灵感概括为"长期积累，偶然得之"。这一灵感的闪现，看似无意，实则有心，是管华诗几十年如一日孜孜以求的结晶。这是管华诗科学研究的重要分水岭，标志着他所从事的事业在基础科学与应用科学研究方面的重大突破。从此，管华诗就以海洋药物为研究方向进入了学术界，开始了海洋药物的研究。

天然药物之所以能够防病治病，其物质基础在于其所含的有效活性成分。人们很早就设想对自古以来应用的天然药物进行人工合成，以满足人类的需要。从天然药物中分离有机化合物在中国古代就有记载，如明代《医学入门》中记载了用发酵法从五倍子中得到没食子酸的过程。到18世纪，瑞典药师、化学家舍勒才从天然物中得到没食子酸、苹果酸、苯甲酸等有机酸类物质。因此，素有"医药化学来源于中国"之说。

管华诗认真考察了20世纪60年代以来的制药新技术。随着分离纯化技术及分析检测技术的长足发展，人们从海洋生物中获得结构清楚的化合物变得不那么困难了，如深水采集获取样品的技术，以及用生物技术直接培养低等海洋生物或细菌并从中获取样品的方法，使采集样品的范围增大。灌注色谱法、经向流动色谱法、亲和色谱法等近代高压液相层析技术与荧光检测、免疫化学检测相结合可以成功地分离、纯化并得到极微量的海洋生物活性物质。二维核磁共振、X射线衍射方法等技术又使得研究活性物质分子结构及立体结构较易进行，加之"回归大自然"的社会需求，使得海洋药物的研究无论是广度还是深度都步入了一个新的阶段。据统计，自1977年以来，已经从海藻、海绵、腔肠动物、软体动物、棘皮动物及微生物体内分离得到的化合物达6000余种。

"路漫漫其修远兮，吾将上下而求索"，管华诗深知，灵感的启迪是重要的，大胆的设想是可贵的。但为了证实一个科学假设，必将付出更多艰苦卓绝的努力。

二、开启海洋药物之门

由于曾经参加过褐藻酸钠代血浆的研制，管华诗对心脑血管方面的疾病和医疗知识已有所了解。于是他带着思考和疑问，找到当时青岛医学院附属医院血液病专家翁维权教授、神经病学教研室主任韩仲岩教授，以及中国人民解放军第四〇一医院药剂科郑玉彬、白兰等人，把自己的设想讲给这些医药学专家们听，他们听后也大受启发。

与此同时，管华诗又集中查阅了心脑血管疾病方面的大量资料，了解到当时世界上治疗心脑血管病的药物虽然种类繁多，但疗效均不理想。直至第15届普林斯顿国际脑血管会议召开,仍然没有发现理想的防治新药。20世纪初,瑞典、加拿大等国的科学家曾从动物体内提取肝素作为防治脑血管病的药源,这种药临床应用后虽然疗效明显,但是副作用大。然而肝素的作用和化学结构引起了管华诗的浓厚兴趣:能否将有同样分子骨架的褐藻酸改构为类肝素,将研究防治心脑血管病的药源由动物转向海洋植物?

渐渐地,一个新的攻关目标清晰地出现在他的视野内——研究新药PSS。所谓PSS,是藻酸双酯钠(Propylene glycol alginate Sodium Sulfate)的英文缩写。它以海藻提取物为基础原料,用化学方法引入有效基团,经过一系列化学修饰和化学改造合成而得。它是一种嵌段高分子化合物,沿链负电荷集中,是一种聚阴离子聚电介质,属类肝素海洋药物。

PSS的原材料主要来自海藻,其中的海带分布比较广泛,被《中国药用海洋生物》一书选入。这种物种在我国的渤海、黄海和东海都有分布,全身都可做药用,其藻身含有褐藻酸28.0%～29.2%、粗蛋白14.08%～20.91%、甘露醇10.94%、灰分30.16%～37.76%、钾6.63%～7.93%、碘0.0165%～0.024%,还含有维生素、叶酸、卤化物、硫酸盐、磷酸盐、氧化钙、镁、钠和其他微量元素。

在管华诗的积极联络和组织之下,一个由山东海洋学院海洋药物研究人员、青岛第三制药厂工程技术人员及青岛医学院附属医院等有关医疗单位专家自愿组成的课题组成立了。一开始,他们就用研制一类药物的标准来对待PSS。

从分子结构上讲,PSS属多糖类药物。多糖类药物的最大难题是结构确定、构效关系及代谢动力学研究,而且这是现代药物研究必须解决的课题。管华诗和同事们详细地检索了国内外专利和非专利文献,了解到国内外对藻酸丙酯的硫酸酯钠盐尚未进行过研究。在中国,这个方面的研究可以说是一大空白,意味着无限的空间。

1980年4月,管华诗在山东海洋学院建立了全国高校中的第一个海洋药物研究室。然而,其研究条件之简陋,与烟台的实验室倒是十分相似,而且还是由厕所改建而成。管华诗和同事又用少得可怜的科研费建造了两间平房。研究室被紧挨着的楼房和高大的院墙四面包围,又毗邻一间厕所,冬天还凑合,一到夏天,空气污浊,闷热难耐;仪器设备更是一般,只有化学实验所必需的一些瓶瓶罐罐,在以后几年中,虽有些许补充,但捉襟见肘仍是常态。

研制PSS的一个关键步骤是磺化，这一步骤不仅困难、复杂，而且充满危险。当时要用到有毒且易爆的氯磺酸，每次他们到青岛化工厂去买氯磺酸，在回来的路上，都是管华诗亲自抱着一个几十斤重的装满氯磺酸的大玻璃瓶，以免因车的震颤震裂了玻璃容器。在磺化实验的过程中，由于氯磺酸有毒易爆，取用时不可以倾倒，只能从容器中一滴一滴地放出来，这一过程急不得也慢不得，并且充满危险。每天的实验需要用大量氯磺酸，管华诗自己承担了这项危险麻烦的工作。每天清晨，他早早地来到实验室，开始慢慢滴放氯磺酸。等到了上班的时候，同事们都来了，氯磺酸也滴放好了。但是在那个"摸着石头过河"的实验时期，危险时刻伴随。在一次合成实验中，温度高达320℃的油浴反应釜意外爆炸，滚烫的油在巨大的压强下喷射而出。管华诗当时正在现场，所幸他站在爆炸扇面唯一的死角，这才躲过被烧伤的危险。

管华诗经历了无数的艰难困苦，然而不论多么艰苦复杂的工作也没能摧垮他的意志，而且身体也一直十分健康，用他自己的话说就是"真抗折腾"！就这样，通过日复一日的不懈努力，实验终于取得了成功。

实验室内的工作虽然完成了，但药物研究才进行了一半，还必须通过临床试验。

1983年11月，海洋药物研究室和青岛医学院附属医院神经病学教研室联合提出了"PSS对缺血性脑血管病血液高凝状态及临床疗效研究的临床标准"。PSS课题组在青岛医学院附属医院神经科及内科、山东医学院附属医院神经科、青海省人民医院神经科、山东省立医院神经科、中国人民解放军第四〇一医院神经科、济南军区总医院神经科、青岛市纺织医院神经科、中国煤矿工人泰安疗养院神经科、山东济宁市第二人民医院神经科、山东济南市中心医院神经科、青岛市第五人民医院神经科等十几家医疗单位进行了新药PSS的临床试验。

青岛医学院附属医院脑血管病研究报告：治疗缺血性脑血管病120例，其中急性脑梗死90例，总有效率97.78%，显效率61.11%，近期疗效优于对照组，康复情况优于对照组。

中国人民解放军第四〇一医院内五科报告：治疗缺血性脑血管病30例，总有效率99.99%，显效率63.63%，近期疗效显著优于对照组。

青海省人民医院神经内科报告：治疗缺血性中风28例，总有效率85.67%，显效率78.57%，对高海拔地区脑血管病及高山病的防治，都是较为理想的药物。

青岛医学院附属医院翁维权教授报告：配合免疫抑制剂治疗流行性出血热100例，越期率由53.90%提高到81.23%，死亡率由9.60%降到4.17%，对发热期患者，立即采用此药疗法，其效果更为显著。

山东省立医院、山东医学院附属医院以及安徽、北京等地的十多个医疗单位，也都相继传来令人满意的验证报告。

1985年7月，以青岛医学院附属医院韩仲岩教授为首的临床验证科研协作组提供了新药PSS二期临床验证总报告：治疗缺血性脑血管病270例，其中急性脑梗死233例，总有效率92.27%，显效率65.24%，在高海拔地区显效率高达78.57%，近期疗效优于对照组。长期临床试用，未发现毒副作用。

新药PSS问世了！

回顾管华诗及其团队的科研之路，他们在水产资源综合利用的研究上做了与时俱进的探索，甚至是超前的探索，最终使得我国现代海洋药物研发，在国际上占据了一席之地。

三、创建海洋药物研究与产业一体化新机制

1985年8月，青岛西湖宾馆。一个由山东省科委组织、40多位专家参与成果评审的鉴定会开始了。在场200多人的目光聚焦于台上的答辩人管华诗，他就PSS研究的情况和意义、关键和创造点，以及其先进性表现等内容进行了详尽的阐释。

鉴定委员会经过认真讨论，一致认为PSS系首创新药。其合成路线合理，工艺条件可行，原料易得，收率稳定，成本较低，无"三废"污染，便于组织工业生产；其原料及制剂的质量标准可行，所列项目较齐全，产品的质量符合临床质量标准；其毒理、药理的动物实验及对志愿者的抗凝药效和毒副反应的观察比较细致，可以作为临床静脉用药的依据；其临床考察设计较合理，实验室指标较完整，统计数据可靠。本品的基础研究和临床考察资料比较完整，建议尽快上报卫生主管部门审批，以期早日投入生产，满足人民卫生事业的需要。

组织鉴定单位审查结论：同意鉴定委员会意见。

1985年，PSS成为国家卫生部和山东的重点推广项目。1986年5月，PSS新药在

青岛第三制药厂正式投入生产，之后生产规模逐渐扩大，产量逐年提高，产品在全国20多个省市和自治区销售。自1990年藻酸双酯钠转为地方正式标准后，全国有近40家工厂生产制剂。据不完全统计，截至2023年，PSS已创造产值达数十亿元，服务了千千万万心脑血管疾病患者。如已故的著名评剧表演艺术家新凤霞，因患脑血栓偏瘫十余载，其间于海内外遍觅良药，一一尝服，终无起色，偶得新药PSS，连服数月，竟奇迹般地走下床来。

荣誉也随之而至：1986年获山东省科委科学技术进步奖一等奖，1987年在南斯拉夫萨格拉夫第十五届国际发明展览会上获得金奖和山东省优秀新产品一等奖，1988年获国家技术开发优秀成果奖和全国百病克星大赛金奖，1992年在美国加州世界发明会上荣获世界成就奖等，共计15项大奖。

首个海洋药物的研制成功，为我国现代海洋药物研发打开了大门。继PSS之后，管华诗靠着坚韧不拔的毅力和对事业执着的追求，带领课题组相继成功研制了系列海洋生物工程制品：

止血海绵（多功能医用材料），鉴定时间：1986年；

海洋保健食品降糖乐（糖尿病辅助治疗剂），鉴定时间：1986年；

刺参系列保健食品，鉴定时间：1987年；

古糖酯（尿路结石抑制剂），研制时间：1987年，类别：西药一类；

贻贝系列保健食品（妇幼保健制品），鉴定时间：1989年；

D-聚甘酯（抗脑缺血药），研制时间：1990年，类别：西药一类；

聚甘古酯（抗艾滋病药），研制时间：1990年，类别：西药一类；

海力特（防治乙型肝炎药），鉴定时间：1991年，类别：海洋中成药；

甘糖脂（降脂抗栓药），鉴定时间：1991年；

排铅乳精（防治铅中毒制剂），鉴定时间：1992年，类别：西药四类；

降糖宁（糖尿病辅助治疗药），鉴定时间：1994年，类别：海洋中成药。

他们相继投产了三个海洋新药和四个海洋保健食品：海洋新药有用于缺血性心脑血管疾病治疗的甘糖酯、保肝抗癌的海力特、降糖宁；海洋保健食品是四海回春、降糖乐、排铅奶粉、老人笑。

在短短十余年内，管华诗和他的科研团队取得了令学术界瞩目的巨大成就，管华诗进入了他学术上的辉煌时期。

20世纪80年代以后，医药生物技术是生物技术研究最活跃、产业发展最迅速、效益最显著的领域，运用高科技开发海洋药物已成为世人瞩目的重大课题，而工程化研究薄弱却限制了海洋药物产业化的进程。为了加快海洋新药的成果产业化和商品化转化过程，管华诗狠抓科研中试环节。

1994年，当时已任青岛海洋大学校长的管华诗筹建了我国第一个海洋药物专门生产企业——青岛华海制药厂，这是当时国内唯一集科研、开发、生产于一体的现代化医药企业。2001年，他又以此企业为基础，与内蒙古兰太实业有限公司合作组建了中国海洋大学兰太药业有限责任公司。公司拥有通过国家GMP（药品生产质量管理规范）认证的三个生产车间共六条自动化生产线，是我国海洋药物科研成果产业化的重要基地之一。

由于管华诗创新性的研究成果和产学研一体化的成功实践，在他和助手们的努力下，1996年1月，经科技部批准，以青岛海洋大学、华海制药厂和山东省海洋药物工程技术研究中心为技术依托，组建了我国第一个海洋药物工程化、产业化的中试基地——国家海洋药物工程技术研究中心，2000年正式通过科技部验收。管华诗亲自担任中心主任，成员既有在国内外有一定影响的学术带头人，也有年轻有为的中青年技术骨干，进而形成了合理的研究与开发学术梯队。中心建有三条现代化的中试体系：药用微藻生物培养、浓缩、收集的工程化技术体系，海洋生物活性物质提取分离的工程化技术体系，海洋天然产物化学改性及活性物质人工合成的工程化技术体系。经过多年的发展和完善，已经形成了国内唯一的从海洋生物药源到海洋生物活性物质提取、分离、化学改性及人工合成完整的海洋药物研究与开发的中试研究技术体系。该中心实行开放、流动、竞争、联合的运行机制，既是我国海洋药物研究开发和人才培养重要基地，又是国内医药行业的技术集散地和辐射源。中心持续不断地将具有重要应用前景的科研成果进行系统化、配套化和工程化开发，为适应医药企业规模生产提供成熟配套的技术工艺和技术装备，并不断地推出具有高质量的系列新产品，推动我国医药行业的科技进步与产业发展。

1999年6月，在青岛市技术创新大会上，管华诗说，生物技术是未来知识经济的主要技术体系之一，而从海洋生物中获取各种有特色的药物和活性物质又是生物技术的主要应用领域。青岛市是我国最早从事海洋药物研究的城市之一,研究成果与技术都有一定的积累。为使青岛乃至我国海洋药物的研究水平及海洋制药产业在国际上占有一席之地,站在本学科国际前沿迎接知识经济时代的到来,学校以国家海洋药物工程研究中心为技术依托,联合其他有关研究单位,积极工作,努力构建青岛市海洋药物创新体系。

管华诗的这一开拓性工作,得到了国家科委和国家教委领导的赞同,时任国家科委副主任邓楠同志在致华海制药厂庆典的贺信中写道:“海洋生物制药是科技兴海的重要内容之一,开发海洋、造福人类是海洋科技工作者的历史使命。”

其实,对于科技兴海,管华诗也有着一番思考。1996年6月,国务委员宋健来校考察,在调研座谈会上,管华诗说,采用海洋高新技术改造海洋传统产业,是科技兴海的重点任务。他在发言中列举了诸多“改造”的途径,例如以药源思路调整海水养殖产业结构,开发新型海水淡化装置,开发新型海洋监测和探测仪器。其中,采用生物技术和新型加工技术,强化生物化学活性物质提取、海洋创新药物开发及其他海洋生物工程制品开发也是途径之一。

1995年6月,中国工程院院长朱光亚致信管华诗:“我十分荣幸地通知您,您于1995年5月当选为中国工程院院士,当选名单已经国务院批准,特此通知,顺致祝贺。”

四、创办海洋药物学科

海洋新药的研制成功,为管华诗在药学科学领域赢得了一席之地,也为中国的创新药物研究开辟了一个崭新的空间,从而使得中国的海洋药物研究和海洋生物资源利用与国际先进水平缩短了距离。众所周知,科学研究本身不单单是一个自然科学的问题,同样有巨大的人文价值。否则,科学研究就会失去其前进的方向,失去科学研究本身应有的人性向度。

事实上,早在大学时代,管华诗就曾经思考过这样一个问题:水产品加工专业毕业的学生主要依靠传统方法加工鱼、虾、贝、藻等海产品,随着世界海洋科技的发展,各学科之间的相互渗透交叉已不可避免,水产品加工业完全可以也完全应该生长、拓展出更有潜力和应用价值的学科新领域,创出新的基础研究与工程开发相结合的学科体系,以适应国家和海洋开发的需要,造福亿万人民。

通过长期的海洋药物研究、开发、产业化的实践探索、积累和总结,1994年,管华诗创办了我国首个以海洋药物为特色的药学本科专业,1995年开始招生。专业以培养具有坚实的理论基础,能从事海洋药物研究、开发、生产与经营的高级专门人才为目标。学生主要学习药理学和分子生物学的基本原理与实验技术,天然药物提取分离、结构鉴定及药物合成的基本原理和技能,药物设计,药物生产、经营与管理的知识,并了解本学科的最新技术成就。开设的主要课程有:有机化学、生物化学、有机合成、药物化学、海洋天然产物化学、药理学、分子生物学、药剂学、药物分析等。自此,管华诗不仅为海洋药物的基础理论研究添加了飞翔的翅膀,奠定了好的基础,也为学校学科建设增加了医(药)学的学科门类。

2003年,学校获准设置药物化学博士点;2005年中国海洋大学医药学院成立,获准设置生药学博士点;2006年建成药学硕士学位授权一级学科;2007年获准设立药学博士后流动站;2010年获批并于次年建成药学博士学位授权一级学科,形成了我国以海洋药物研究为特色的相对完善的药学创新人才培养体系。药学本科专业2007年被确立为山东省品牌专业,2009年被批准为第四批高等学校特色专业建设点。药物化学学科先后被批准为山东省"十一五"强化建设重点学科、"十二五"特色重点学科。

根据美国ESI(基本科学指标)数据库2015年7月发布的国际论文统计数据显示,中国海洋大学在"药理学与毒理学"学科(领域)进入全球科研机构前1%行列。2015年,全球共有719家研究机构进入ESI"药理学与毒理学"学科(领域)前1%行列,中国大陆地区高校仅有北京大学、浙江

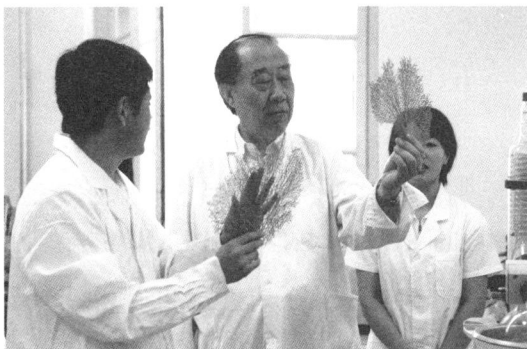

管华诗在实验室

大学、沈阳药科大学、复旦大学以及中国海洋大学等30所进入。此外,作为主要贡献的学科之一,它还支撑了学校的化学学科进入全球科研机构(ESI)前1%行列。

医药学院注重人才培养。在本科教学方面，突出以学生为中心的教育理念，紧跟时代要求，为深化信息技术与教育教学深度融合的趋势，于2018年启动筹建药学虚拟仿真实验教学中心。该中心按照"一个中心、两个实验室、四类平台"的整体规划思路，在硬件方面建成两个实验室，即数字化教学实验室和VR实验室；在软件方面建成四类平台，即虚拟仿真实验教学课程平台、虚拟仿真实习实训平台、虚拟仿真仪器培训平台和自主创新平台，涵盖人体解剖生理学、药理学、计算机辅助药物设计、药物化学、生药学、微生物学与免疫学、药剂学、生物化学、药物分析等多门实验课程。学生进入中心网站，以用户身份登录，就可以在逼真的实验场景中完成各类实验。在研究生培养方面，学院本着加大拔尖创新人才选拔力度的目的，出台《"本硕博"贯通式创新人才培养实施办法（试行）》，从2016级本科生和2019级研究生开始实施。按照该办法，学院从本科三年级学生中选拔30人左右，按照"3+1+1+4"模式进行本硕博贯通式培养，即本科生前三年为本科学习阶段，本科四年级一年为本科毕业论文撰写和研究生课程学习阶段，硕士研究生一年为研究生课程学习和科研训练阶段，博士研究生四年为科学研究阶段。就读期间，学生还有机会被派往境外一流实验室进行为期3～12个月的联合培养。

此外，学院还注重产教融合。截至2023年，学院建立的研究生联合培养基地已达28个，包括药业集团、食品药品检验研究院、医院药学部、生物科技公司等类型，地域上覆盖青岛、济南、苏州、武汉、长沙等地。

五、穷究"寡糖"之妙

地球上80%的物种栖息在海洋中，海洋生物不仅种类多样，而且有着独特的化学结构和高效的化学活性。我国的海藻养殖业就从提取褐藻胶、卡拉胶、琼胶等工业生产中获利，这些产品的出口量在国际上占重要比重。然而，海洋生物对人类的贡献不应仅限于此，而如何使我国海藻养殖业向高值化发展，现代海洋药物研发也提供了一个最佳答案——PSS的成功就是例证之一。

糖与蛋白质、核酸一起并称为生命三大物质。根据分子的构成，糖可以分为单糖、寡糖、多糖、结合糖和衍生糖。寡糖不是传统意义上作为能量物质和结构物质的糖,而是短的小分子糖链,具有信息传导功能。褐藻胶等便是海洋多糖。从多糖到寡糖,就是海洋生物由低值化向高值化"变身"的关键。海洋寡糖是大海赐予人类的礼物,结构特殊,生物活性广泛,与人类健康、重大疾病的发生发展关系密切。伴随着海洋药物研究的进一步发展,管华诗及其团队将研究触角伸向了寡糖。

20世纪50年代,随着糖及其复合物的分离纯化和结构分析技术的进步,糖的结构复杂性及其生物活性多样性引起人们极大的注意。20世纪60年代,国际上就曾掀起"向海要药"的热潮。但是,由于海洋生物体内的活性物质含量低微、结构复杂,分离和生物试验工序繁杂,且季节性、区域性差异明显,难以大量获取,导致许多研究工作停滞不前,有人甚至提出了"海洋药物是神话还是现实"的疑问。经过长期的探索和积累,管华诗提出了以天然资源丰富易得或可规模养殖的海洋生物为药源的思路。这一思路在一定程度上解决了海洋药物研究开发的瓶颈因素——药源问题,同时又催生了海水养殖结构调整及海洋农牧化发展的新方向。

"选择糖进行研究,是你们不同于他人发展的重要路径。因为,糖是生物医药领域一个沉睡的狮子,需要大家去唤醒。"管华诗经常这样鼓励他的学生。经过多年的研究,管华诗团队在海洋特征寡糖关键制备技术与方法及海洋药物开发方面,取得了众多重要突破。专项研究以褐藻胶、卡拉胶、琼胶等海洋动植物多糖为原料,制备出结构明确的海洋寡糖单体化合物,再以这些海洋寡糖单体化合物为原料,通过修饰获得系列衍生物。其中包含的寡糖定向规模化制备技术、寡糖降解与分离技术、寡糖定向分子修饰技术等均为史无前例的创新发明。

在上述技术的支持下,团队成功构建了国内外第一个海洋糖库,糖库中已有300多个海洋寡糖的化合物,内含21个系列164个结构明确的寡糖和145个糖缀合物,其中98个寡糖在国际上属首次报道。这些化合物不仅用于糖生物学的基础研究,也为糖药物的开发提供了物质和信息基础。2010年1月,由管华诗领衔完成的"海洋特征寡糖的制备技术(糖库构建)与应用开发"项目,获得了2009年度国家技术发明奖一等奖。在国家科学技术奖励体系中,国家技术发明奖一等奖奖励的是具有国际领先水平和巨大市场价值的原始性创新成果,体现了国家的原始创新能力,设奖以来曾出现过多年空缺。对于管华诗的这一成果,专家给予了高度评价,认为是"为我国海洋制药业的兴起与发展奠定了坚实的基础"。

依据海洋寡糖的研究，管华诗团队已经开发了四个上市的海洋新药，分别作用于抗病毒、抗心血管病等领域，还有四个一类海洋新药正处于不同临床阶段。其中，海洋一类创新药物GV-971（治疗阿尔茨海默病）已于2018年7月完成Ⅲ期临床，试验结果符合预期。2019年11月，国家药品监督管理局官网发布消息，甘露特钠获批上市。

除了对海洋药物产业的贡献，这些结构和功能独特的海洋寡糖在其他领域还具备广阔的开发空间，广泛应用于海水养殖、食品、日用化工以及军工领域等，在防辐射、止血、耐低温和防冻食品以及解毒食品等方面具有特殊用途。

管华诗认为，海洋孕育着丰富的药用资源，是一个巨大的"蓝色药库"，开发海洋药物，有望成为解决人类疑难病症的希望。海药人把构建海洋糖库的经验运用到"蓝色药库"开发计划中，构建更为宏大的海洋药用生物资源数据库。2016年，管华诗倡议并发起实施中国"蓝色药库"开发计划，除了海洋糖类，还将海洋小分子化合物、海洋微生物、海洋中药等纳入研发领域。

六、主持编撰《中华海洋本草》

从投身于海藻中提取碘的协作，到率先接触海洋药物，再到研发海洋生物工程制品、开创我国海洋药物学科，管华诗的毕生情感所系，都在"生命摇篮"的水域深处。

他把成功当作新的起点，又开始向着更高的目标迈进。鉴于21世纪人类疾病谱结构的变化及海洋生物区别于陆地生物的显著特点，管华诗提出以中医药理论为指导、以现代技术为手段研发现代海洋中成药的新思路，开拓了海洋药物研发的新领域。根据这一思想申请并获准建设了山东省海洋中药现代化工程技术研究中心，并在国家海洋局"908"专项的支持下，展开系统介绍海洋药物的专著——《中华海洋本草》的编撰工作。"908"专项指的是我国近海海洋综合调查与评价专项，是我国海洋发展史上较为重要的一次海洋环境基础调查和评价工作。学校主持和参与了50余项任务，其中包括海洋药用生物资源的调查、研究和评价。

2009年9月，海洋药物领域首部大型志书《中华海洋本草》首发仪式在北京京西宾馆隆重举行。全国人大常委会原副委员长、中国科学院院士周光召出席了首发仪式并为图书揭幕。管华诗介绍了该书的编纂过程和主要内容。

《中华海洋本草》是"908"专项"海洋药用生物资源调查与研究""海洋药用生物资源评价和《中华海洋本草》编纂"的成果结晶，历时五年完成。全书由《中华海洋本草》主篇与《海洋药源微生物》《海洋天然产物》两个副篇构成，共9卷，引用历代典籍500余部，现代期刊文献5万余条，合计约1400万字。其中，主篇收录海洋药物613味，涉及药用生物以及具有潜在药用开发价值的物种1479种，另有矿物15种，并详细记载了物种的化学成分和药理毒理作用。《海洋药源微生物》副篇收载了已研究的300余株典型海洋微生物及其次级代谢产物的生物学、化学、药理学等信息。《海洋天然产物》副篇汇集了20世纪初以来现代海洋天然产物研究已经获得的2万种化合物的来源、结构、生物活性等全部数据信息，堪称国内外首部海洋天然产物大型工具书。

《中华海洋本草》也是一部收录中国几千年来海洋药物发展文明史的当代海洋药物巨著，为海洋天然产物和海洋药物研究提供了翔实的数据信息，具有重要的历史价值和学术价值，将为海洋药物资源的保护和持续利用提供决策依据。此外，《中华海洋本草》对人们防病、治病、保健具有指导作用，对于我国进一步挖掘中国古代传统医药理论、指导临床用药、促进现代海洋药物的研究和开发，具有重大的科学意义和社会经济价值。

时任国家海洋局局长孙志辉、教育部副部长陈希、卫生部副部长王国强等都对《中华海洋本草》的编纂出版给予很高评价。他们认为，《中华海洋本草》的出版发行不仅敞开了一扇认识海洋药物资源的大门，也是我国第一次对历代海洋本草进行科学系统的梳理和总结，向全世界展示了我国当代海洋医药科学的显著成就，在中医药发展史和中华本草与海洋本草发展史上都具有重要的里程碑意义。

七、创建海洋生物医药研究院

统计显示，我国高校的科技成果转化率远低于10%，欧美国家在30%以上。在中国高教界，由于科研体制等问题，许多专利申请的目的并不是为了转化。在管华诗看来，很多好的成果和想法，如果不能转化为产品、不能造福社会，这对搞海洋生物医药的人来说，对不起人们的期待。研发出一个能治病的药并顺利投产、上市，从实验室递到老百姓手中，这才是海洋生物医药研究者夜以继日奋斗的价值体现。

早在2005年，管华诗就在学校高新技术产业化工作会议上提到，所有的科学家都要有完整的学术思想。他认为，学校从事应用学科的教授，或多或少地存在着成果产业化链条中学术思想不完整的现象。应用学科应该在经济建设、社会进步中发挥重要作用，这是应用学科设立的重要目的，我们不应仅仅满足和停留在争取项目、成果鉴定、申报奖励和发表论文的阶段，还要努力使技术成果产品化和商品化。在科技产业化问题上要更新观念，重要的就是建立一个完整的学术思想。

海洋生物资源是人类赖以健康持续发展的重要的依托性资源，海洋生物医药产业是海洋经济的重要组成部分，也是当代公认的战略性新兴产业。然而，与国家战略需求不相适应的是，海洋生物医药研究领域科学发现的基础研究，与能够形成新产品和新技术的技术、工程环节衔接不紧密，研发链不畅通，从而影响甚至制约了海洋生物医药产业的健康发展。通过长期实践，管华诗发现海洋生物医药在科技成果转化上主要存在两大症结：一是学科壁垒制约技术集成；二是制药周期长、投资大，令药企望而却步。对于第一个症结，水产品加工利用专业出身，却在医药领域作出成就的管华诗本身就是跨学科研究的成功案例。海洋药物在我国属于新兴学科，更需要有交叉学科研究的人才注入。对于第二个症结，管华诗更是深有体会。早在2001年，管华诗团队在国内申请了第一个化合物发明专利"褐藻胶寡糖作为制备预防因东莨菪碱所致痴呆药物的应用"。而在2009年，他们却以8100万美元的价格将其转让给美国Sinova公司，一度成为我国转让费最高的药物和第一个转让给国外的海洋药物。高昂的转让费暗示了这个专利的巨大价值。这么好的成果为什么转让给国外？因为只有非常有实力的大型药企才能承担高风险、高投入的研发费用，而这样的企业在国内很难找到。化解上述两大症结，需要一个能够整合技术、资本和人才的平台。管华诗以问题为导向，思考着这道难题的答案。

"成果转化在当下，无论从形式还是意义，都有了很大的变化。"管华诗说。按照一般的模式，高校等上游研究机构应该是完成临床前的成药性评价研究，由企业来承担临床的研发。但是，当时的高校院所与企业之间，产学研的路并没有完全打通，成果转化的链条缺失关键环节。因此，顺应海洋生物医药产业发展需求，通过创新体制、机制，疏通"发现→技术→工程→产业"链条中的瓶颈，打造海洋生物医药技术转移过程中的技术、工程熟化平台，提高成果转化率，推动海洋生物医药产业发展，就成为当时最紧迫的任务。

2013年，管华诗正式注册成立了青岛海洋生物医药研究院。本地没有资本，没有大企业，那就从外面引入；科研人员和高校的权益要得到保证；用现代企业管理模式而不是传统研究机构的模式来运营这些科研成果……在这种思路之下，青岛海洋生物医药研究院经过一年多的筹备，于2014年7月正式运行。

管华诗在院长寄语中写道："在青岛海洋生物医药研究院的建设过程中，我更深刻地体会到，完成相关技术、产品的工程化孵化，助推海洋生物医药产业的发展，不但需要科技支撑，更需要科技体制机制的创新。研究院承载着地区、行业乃至社会的期待，任重而道远，但我坚信，努力就有希望，坚持就能胜利。"

研究院位于中国海洋大学浮山校区，总面积约1.4万平方米，拥有海洋生物医药研发创新平台、技术公共服务平台、中试工程化平台，并建立了一支以高层次人才为核心的研发团队。研究院的目标是建设成为国内海洋生物医药新技术、新产品原创地与孵化器，同时打造成为我国海洋药物与生物制品研发基地、我国海洋药物领域发展协同创新中心、我国海洋生物医药行业创新驱动发展助推器和世界海洋生物医药高层次人才集聚地。

管华诗把青岛海洋生物医药研究院的核心理念定为"正德惟和，海济苍生"。所谓"正德惟和"，出自《尚书·大禹谟》篇，禹对舜说，"德惟善政，政在养民"，要实现"平治天下"的目标，就必须"正德，利用，厚生，惟和"。"正德"即正人之德，"惟和"即精诚团结、和谐与共。所谓"海济苍生"，则是终极目标。海洋不仅孕育了生命，人类的现实生活离不开海洋，人类的永续发展也离不开海洋。研究院以强烈的社会责任感与神圣的使命感，研发高科技的现代海洋药物、现代海洋中药及各种生物功能制品，惠及大众，造福全社会。

青岛海洋生物医药研究院是实现"蓝色药库"开发的重要载体。研究院与青岛本地药企开展深度合作、战略合作，在推动科技成果的市场化和资本化运作的同时，也助力青岛成为我国海洋生物医药开发的先行区。2018年，研究院与正大制药（青岛）有限公司正式签约，共同推进海洋特色糖类药物的研发上市。同年，研究院与青岛高创科技资本运营有限公司达成战略合作，共同设立"中国蓝色药库开发基金"，促进海洋生物医药科技成果转化。2019年，青岛海洋生物医药研究院又与青岛黄海制药有限责任公司、青岛源海众成生物科技有限公司合资成立青岛海济生物医药有限公司，专注于"蓝色药库"的开发利用。合资的三方共同承诺，设立海洋创新药物开发计划，每年同时部署、聚集开发、重点投入海洋创新药物开发项目。2022年，青岛海济生物医药有限公司顺利完成了首轮融资，为保证开发计划有序进行充实了"钱袋子"。2017年以来，青岛海洋生物医药研究院连续两次获得省级新型研发机构绩效评价优秀等次。

BG136项目是青岛海洋生物医药研究院开展熟化孵化的第一个海洋药物项目。该药物的原料是南极褐藻。2010年，科研团队发现了它天然的抗肿瘤药性。2015年，研究院对BG136项目开展成果转化，同时开展中试工作。2019年，研究院与正大制药（青岛）有限公司联合孵化这一项目。2022年，由学校、研究院和正大制药联合研发的BG136正式进入临床阶段。

2022年7月，研究院迎来建院九周年、正式运营八周年的重要节点。为了实现科技创新成果的高质量转化，经过酝酿研究，研究院于10月选举产生了第一届学术委员会。作为推动研究院科技工作发展的重要机构，学术委员会将在研究院的学术工作中履行咨询、指导和参谋职责，对研究院科技创新发展、科学技术体系建设、学术水平和科技能力提升产生积极作用。

八、牵头筹建海洋国家实验室

管华诗院士认为，海洋是一个复杂、开放的生态系统，海洋研究是多学科交叉的，任何一项关于海洋研究的大课题，都很难由一个单位独立完成。纵观国际上海洋领域越来越激烈的竞争，管华诗认为关键在于体制、机制和人才的竞争，要想避免低水平重复研究，更好地参与国际竞争，必须有一个国家级的综合性科学平台。而对于如何打破"行政界限"，使分属不同部门的海洋科教资源更有效地为海洋事业发展服务，他进行了坚持不懈的探索。

1995年以后，国家科教兴国战略实施力度加大，海洋科学研究的重要性日益凸显。尤其是从2000年开始，第一批国家试点实验室开始筹建，海洋国家实验室的规划也提上了管华诗院士的日程。

当时，中国工程院院士、青岛海洋大学校长管华诗，农业部水科院黄海水产研究所所长唐启升和国家海洋局第一海洋研究所所长袁业立便有意在青岛建设国家海洋科学研究中心。管华诗认为，海洋科学综合、立体、交叉研究的趋势，要求我国的海洋科学研究走优势联合、学科交叉、开拓创新的改革之路。青岛是我国著名的海洋科技城，设有中央和地方的十几个海洋科学研究与人才培养机构，在高层次教学、科研人员比重、学科配套、仪器设施、海洋调查手段的先进性，研究水平及成果、国际合作与交流的基础和环境方面，均处于国内领先地位。组建超越条块壁垒、代表国家最高水平、独立承担国内外重大科研项目的"国家海洋科学研究中心"和"青岛研究生培养基地"是一条有效的途径。

2000年，在管华诗的积极筹划和推动下，由青岛海洋大学牵头，中国科学院海洋研究所、国家海洋局第一海洋研究所、农业部水科院黄海水产研究所和国土资源部青岛海洋地质研究所五家单位正式筹划建立海洋科学与技术国家实验室，共同向科技部提出建设青岛国家海洋科学研究中心的建议。管华诗担任国家实验室（筹）理事长，着力整合五家单位的科研力量，探索科技管理体制破壁改革的新模式。他提出国家实验室应围绕国家海洋发展战略，开展基础研究和前沿技术研究，建设国际一流的综合性海洋科技研究中心和开放式协同创新平台；积极倡导并促成国家部委、山东省、青岛市和涉海科研单位共建；提出以功能实验室、公共科研平台和开放工作室为基础架构的协同创新网络等。

2004年，管华诗作为全国人大代表参加了第十届全国人民代表大会。在代表团讨论会上，管华诗就加强海洋科教力量整合力度、尽快建设国家海洋科技中心、促进海洋科技赶超世界一流水平问题作了专题发言，引起了代表们的关注。令人振奋的是，最后修订的《政府工作报告》采纳了管华诗等代表的建议，增加了关于加快海洋科技发展步伐的内容。回到学校后，管华诗在接受校报记者采访时再次表示，青岛是我国最重要的海洋科技研究基地，集中了我国50%以上的海洋科技人员，因此有必要以这些现有的国家海洋科研、教育机构为基础，通过体制和机制创新、资源整合，在青岛建立科技创新与高端人才培养密切相结合的国家海洋科学技术研究中心。对此，他还提出两点建议：一是由国家有关部门尽快建立组织机构，完善协调机制，如建立联席会议制度，加快青岛国家海洋科学研究中心的组建工作；二是将国家海洋科学研究中心的建立和建设列入国家中长期科学与技术发展规划。

2006年5月，国务委员陈至立到中国海洋大学"东方红2"船考察时提出："中心"建设内容太多，应该集中力量建设国家实验室。此后，筹建的管理体制等症结逐渐解除，筹建工作得以顺利推进。

2007年9月，由科技部、财政部组织的青岛海洋科学与技术国家实验室建设方案论证会议在青岛召开，管华诗作为国家实验室筹建办公室理事长，就国家实验室建设方案作了汇报。与会专家听取并审阅了国家实验室筹建办公室关于实验室建设方案的总报告、八个功能实验室的分报告以及公共实验平台和技术支撑体系的综合报告。经过广泛研讨和仔细论证，专家组同意国家实验室的建设方案，并建议尽快批准实施。

2012年7月，全国政协原副主席宋健院士来到青岛海洋科学与技术国家实验室建设现场进行调研。管华诗就海洋国家实验室筹建历程、建设方案和面临的关键问题及建议等情况进行了汇报。宋健指示："发展海洋科技事业，是国家的重大战略任务，应该加快筹划和组建国家实验室。"

经过近十年的不懈努力，科技部于2013年12月正式批复青岛海洋科学与技术国家实验室试点建设。

2015年1月，在俞正声主持召开的全国政协双周座谈会上，管华诗作了《海洋国家实验室是建设海洋强国的战略需求》的重点发言，系统阐述了建设海洋国家实验室是海洋科技发展的自身需求、是实施海洋强国战略的重要举措等观点，进一步推动了海洋国家实验室的建设。

2015年7月，科技部任命吴立新院士为第一届青岛海洋科学与技术国家试点实验室主任，管华诗为第一届学术委员会主任以及该国家实验室药物工程技术研究中心主任。这标志着青岛海洋国家试点实验室正式全面启动。

管华诗欣慰地说，多年以来，中国海洋大学、中国科学院海洋研究所、黄海水产研究所和国家海洋局一所、海洋地质研究所五家单位的科技人员一直梦想打破"行政界限",在共同的技术平台上进行海洋科学与技术等学科综合研究。如今这一梦想终于实现了。

海洋国家实验室下设八个功能实验室、六大技术平台。其最大的特点,一是在体制上协同创新,二是它的开放性。国内涉海的机构都可以进入这个平台,也欢迎国际科研机构参与进来。在这里,人员是流动的,学科是交叉的,资源充分整合,平台充分开放,不但面向全国,而且面向全球。国内外优秀的海洋科学人才都可以进入这个平台进行研究,这是一个国际性的科研创新平台。

在海洋国家实验室的八个功能实验室中,海洋药物与生物制品功能实验室是专门从事海洋创新药物与生物制品研究的功能实验室。这一功能实验室的主要研究方向有:糖科学与海洋糖工程药物研究、海洋药用生物资源的开拓与药物先导化合物的发现、海洋活性天然产物的合成与成药性优化、海洋药物作用机制与新靶标发现以及海洋生物制品的研究与开发。在六大技术平台中,海洋创新药物筛选与评价平台则是专门从事创新药物的活性筛选和研发的大型科研与技术服务平台。这一平台在青岛海洋科学与技术试点国家实验室的大力支持下,依托青岛海洋生物医药研究院,以肿瘤、免疫、心血管疾病、代谢性疾病、神经退行性疾病、感染性疾病六大疾病为药物研发与服务的主要方向,建成了生物医学实验室、分子生物学实验室、细胞生物学实验室、药物筛选实验室、蛋白工程药物实验室、病毒及病原微生物P2实验室、分子药理实验室、病理分析实验室、SPF级实验动物中心以及海洋与陆源小分子化合物库;构建了基于智能超算与生物实测耦合的计算机药物筛选以及基于疾病药物靶点的高通量药物筛选体系。平台目前保藏各种细胞系近百种,已围绕六大疾病方向建立了数十种基于细胞模型、动物疾病模型的药物筛选和评价体系药物筛选及评价模型,获得了生物检测领域中国合格评定国家认可委员会(CNAS)认证及国家计量认证(CMA)资质。

海洋国家实验室(2022年正式入列为国家实验室,定名为崂山实验室)是我国第一个国家海洋科学研究中心,是世界上第七个国家海洋科技中心,为高标准建设国家实验室提供了可资借鉴的范例,也为海洋强国建设和海洋科技事业发展提供了改革创新的范例。作为一个开放的科技创新平台,青岛海洋科学与技术国家实验室正源源不断地汇聚着国内外海洋科技领域的优秀人才,影响力将辐射全国乃至全世界。2018年6月，习近平总书记亲临视察，提出了"再接再厉，创造辉煌，为祖国、为民族立新功"的殷切期望。

九、"这是我们共同的梦想"

"蓝色药库"开发计划由中国工程院院士、中国海洋大学教授管华诗倡导发起，是在全球近80年海洋药物研发经验与成果的基础上，以海洋生物医药产业崛起为目标，以海洋新药产品创制为导向，汇聚国际一流水平的海洋药物研发队伍，旨在对海洋药用生物资源进行系统、全面、有序开发的海洋资源深度开发计划。"蓝色药库"开发计划在实施中有四大着力点：一是构建"蓝色药库"开发综合大平台；二是建立"蓝色药库"开发核心创新团队；三是探索"蓝色药库"开发的创新模式；四是构建"蓝色药库"开发的资源基础。

在科学研究环节，团队建设涵盖国家、省、市三级的海洋药物创新研发平台，为建设国家级"蓝色药库"综合大平台奠定基础。第一个"国家队"成员是获批于2003年的海洋药物教育部重点实验室。它是从有着40多年历史的海洋药物研究机构蜕变而来的，中国首个海洋药物PSS就诞生于此，近年来不断取得新成果，是我国海洋药物研究领域重大科技计划项目的主要承担者之一。另一个"国家队"成员则是上文提到的青岛海洋科学与技术试点国家实验室大型科研平台——海洋创新药物筛选与评价平台。2018年7月，管华诗代表团队在2018年全球海洋院所领导人会议上发布了含有精确三维结构的海洋天然产物数据库，构建了智能超算耦合生物实测的海洋创新药物筛选关键技术体系，形成了含有精确三维结构的海洋天然产物数据库MarinChem 3D并对外发布。该数据库可用于海洋天然产物的虚拟筛选与智能药物设计，显著加速了海洋先导化合物的发现速度。2020年新冠疫情发生初期，该平台向全球免费共享七个抗新冠病毒药物筛选模型，是国内外最早系统性发布抗新冠病毒药物虚拟筛选模型的平台之一。模型先后被罗氏制药、北京大学、美国宾夕法尼亚大学等180余家机构下载使用千余次。除了上述两大国家级开发平台，"蓝色药库"开发计划还得到了省、市的持续支持，获批建立了山东省海洋药物技术创新中心、山东省海洋药物制造业创新中心以及青岛市海洋药物公共研发平台。省、市级平台在创新资源集聚、组织运行开放、治理结构多元等方面做了诸多有益探索，为推动重大技术成果中试熟化与工程化产业化作出贡献。

在人才队伍建设方面，"蓝色药库"开发计划以中国海洋大学科研人才为基础，以立足国内、面向国际，机制灵活，引培并重、团队个人引进相结合为原则，着力打造一支学科交叉特征突出、专业互补性强、年轻学者汇聚的海洋药物研发优势团队。该计划获批省级人才改革特区，从青岛市到中国海洋大学均出台了配套的人才专项政策，帮助汇聚高层次人才。团队有教授45人、副教授23人，形成了结构合理的"蓝色药库"开发核心优势团队。

北京大学药物化学博士、美国密歇根大学博士后秦冲便是其中一员。2014年5月，习近平总书记到北京大学考察调研，当时正在医学部药学院读博的秦冲作为学生代表作了6分钟的发言。由于他是五四奖章获得者，于是习总书记还询问了他五四奖学金及五四奖章是如何设立和评选的。当时，秦冲就表达了自己毕业后打算出国做博士后，然后回国从事新药品研发的想法。2019年，从国外学成归来的他选择了位于青岛的中国海洋大学，从事抗肿瘤药物研发。2021年，央视《焦点访谈》专题报道了秦冲学成归来、研制新药、报效祖国的先进事迹，也展现了中国海洋大学广纳贤才的良好形象。2022年，党的二十大胜利召开，秦冲在接受《大众日报》采访时表示，学校和各级部门生动践行了党的二十大报告所提出的"坚持尊重劳动、尊重知识、尊重人才、尊重创造"新要求，科研工作获得学校大力支持，实验室设备配备水平已经达到国际标准，为科研工作提供了高水平保障。

在深化社会参与机制方面，"蓝色药库"开发计划针对新药研发周期长、投入大、风险高的特点，利用政府科技计划，大力引导企业合作，采取早期资助、社会资本早期投入、补助政策强力助推等方式，搭建"政产学研金服用"合作平台，探索出以技术转让为特点的"正大模式"，以技术入股为特点的"黄海模式"，以事业合伙人为特点的"百洋模式"，走出了一条海洋新药研发投资与转化的新路径，真正实现了海洋新药的多节点转化。

在发挥国际引领作用上，"蓝色药库"开发计划基于构建海洋糖库的经验，致力于促进资源库的扩容与升级。从海洋生物资源的采集、鉴定与保藏，到糖库、小分子化合物库、微生物库的构建，再到耦合超算技术进而创造性地推出海洋天然产物的虚拟筛选与智能药物设计技术，"蓝色药库"开发计划扎实建立了一套海洋药用生物资源研究与应用体系，为我国抢占海洋药物研发先机创造了条件。

截至2022年6月，"蓝色药库"开发计划呈现聚集开发、梯次产出的态势：已发现35000余个海洋天然产物，经过筛选确定了20个培育项目，其中有10个通过成药性评价跃升为重点培育项目，更有5个经过系统临床前研究确定为重点项目。目前有2个项目处于冲刺阶段，一个是BG136，另一个是抗HPV凝胶。2022年12月，由青岛海洋生物医药研究院、中国海洋大学、正大制药（青岛）有限公司联合开发的免疫抗肿瘤候选新药注射用BG136通过国家药品监督管理局审查，获得《药物临床试验批准通知书》。这意味着BG136可正式启动临床试验，它也是国内首个进入临床试验的抗肿瘤海洋药物。抗HPV凝胶则正在申请生产批件。"蓝色药库"开发计划的目标是："十四五"期间，力争获批5个以上新药临床批件和Ⅱ、Ⅲ类创新型医疗器械。

自2018年习近平总书记在青岛考察时发出打造中国"蓝色药库"共同梦想的时代强音后，"蓝色药库"开发计划团队分别于2021年和2022年举办"612蓝色药库共同梦想"学术研讨会，国内外相关学者、机构代表在此了解"蓝色药库"开发计划的最新进展，聚焦海洋药物创新、基础研究、应用研究等多个领域的前沿课题，面向世界科技前沿、面向经济主战场、面向国家重大需求、面向人民生命健康，共谋海洋药物未来。

2023年2月，学校第十一次党代会召开。在擘画未来五年发展蓝图时，学校党委工作报告中三次提到了"药"：一是推进实施"蓝色药库"等重大科技创新工程，加强基础研究，打好关键核心技术攻坚战；二是加强青岛海洋生物医药研究院等新型研发机构建设；三是推进"生命提升"，强化建设生物学、药学、食品科学与工程学科，辐射带动生态学水平提升，高起点谋划发展医学学科。可见，以"蓝色药库"为引领的中国海大医药研究与人才培养，是全方位服务国家战略和区域发展的重要组成部分。

习近平总书记在考察海洋国家实验室时指出，"发展海洋经济、海洋科研是推动我们强国战略很重要的一个方面，一定要抓好"。"蓝色药库"开发也是推动海洋科技实现高水平自立自强的重要路径。"蓝色药库"开发是一个典型的多学科交叉、多种技术嫁接的复杂系统工程，它需要社会各界一齐动员和共同参与，只有协同作战才可协力打通开发创新链上的各个环节，有效推动科技成果的转移转化，一步步把"蓝色药库"梦想变为现实，造福中国，造福世界。

　　"我能够体会到总书记那深沉的海洋情怀，我们一定不辜负总书记的期望，为实现我们共同的海洋梦想而奋斗。"管华诗说，"作为海药人，我们一定不忘初心，砥砺前行，坚持强化原创性、引领性的科技攻关，把关键核心技术牢牢抓在自己手中，加快实施'蓝色药库'科技创新工程，助力海洋强国建设"。

　　时至今日，已至耄耋之年的管华诗院士，仍然指导着他的团队，走在建设"蓝色药库"、追逐共同梦想的路上……

"海大方案"见智慧

——高水平特色大学建设记

曾洁　孟凡

世纪之交,我国的高等教育改革如火如荼,形势逼人。"海大如何建设、如何发展"成为当时青岛海大人面临的重大课题。学校以近80年建设所形成的显著特色和综合实力为基础,首倡创建高水平特色大学,全力促成教育部、山东省人民政府、国家海洋局和青岛市人民政府共同重点建设,使学校找准了位置,增强了自信,在激烈的竞争中脱颖而出,跻身国家"985工程"行列,为在21世纪初快速发展注入了强大动力。

高水平特色大学由中国工程院院士、时任校长管华诗在集中集体智慧基础上概括提出,不仅解决了学校在重要历史关头"走什么发展之路"的难题,也为国家高等教育改革中对高校的宏观管理提供了启示,史称"海大方案"。

一、世纪潮头:创建高水平特色大学的时代背景

我国高等教育经历过改革开放初期的恢复与发展后,自20世纪90年代开始进入快速发展时期。党中央一手促规模,一手抓质量,开展了高等教育管理体制改革和布局结构调整。

高等院校调整合并自1992年开始谋划,到1999年至2000年迎来高潮。国家教委在1992年工作要点中提出,"进一步调整高校布局,重点会同15省市做好调整方案"。1993年至1994年,《中国教育改革和发展纲要》及其实施意见均提出:逐步改变高等学校条块分割、"小而全"的状况,优化高等教育的结构与布局,提高办学效益,争取到2000年或稍长一点时间基本形成以省级政府为主办学与管理的条块结合的新体制

框架。2000年7月，国务院部门所属高等学校的合并调整基本完成，62所部委直属高校合并成24所，组建了一批新的综合性和多科性大学，极大地增强了这些大学的办学实力，高校布局结构趋于合理。

与此同时，建设世界一流大学的号角也在中国大地响起。1998年5月4日，中共中央总书记江泽民在北京大学百年校庆大会上宣布："为了实现现代化，我国要有若干所具有世界先进水平的一流大学。"1999年，"985工程"正式启动。当时，山东省教委制订了本省建设一流大学的两个备选方案，其中首选方案是合并山东大学和青岛海洋大学、并入山东工业大学和山东医科大学的优势学科，组建新的山东大学。这一方案取得了山东省委、省政府的同意。

对于这个方案，青岛海洋大学上下抱有积极意愿。1999年9月，校长管华诗在学校第七次党代会上作《抓住机遇 开拓创新 努力开创我校改革与发展的新局面》的报告，他说："认真贯彻'共建、调整、合作、合并'方针，努力建设一所学科结构合理、特色鲜明、有较高知名度的国内一流综合大学。坚持面向21世纪教育改革与发展方向，深化教育体制改革，重组优化教育资源，积极稳妥地推进与有关兄弟院校的合并、合作或联合办学的计划，争取进入山东省建设一所全国一流大学的计划。"

1999年12月，副省长邵桂芳带着两个方案向国务院副总理李岚清、全国政协副主席宋健、教育部长陈至立等作了汇报。李岚清副总理认为，山大与海大合并，属于异地办学，又是强强合并，难度较大。同意了山东省提出的第二方案，即山东大学、山东工业大学与山东医科大学合并。同时，李岚清指出，青岛海洋大学要保留发展它的特色，牵扯到海洋大学的事还要和国家海洋局沟通。青岛海洋大学是特色学校，还可以由教育部与山东省、青岛市共建。

得知学校未能进入山东省建设一所一流大学的计划，学校教职工尤其是教授和中层干部们不禁为学校前途忧虑：如果赶不上国家"985工程"这趟快车，学校有可能失去历史性的发展机遇。在这样的情形下，青岛海洋大学必须尽快明确发展方向以适应建设世界一流大学的要求。

二、擘画蓝图：确立建设高水平特色大学

2000年1月初，全国上下尚沉浸在新年的快乐气氛中。然而，在青岛海洋大学校园内，气氛却与往日有些不同，说有些沉闷也不过分。青岛海大向何处去，走什么样的发展之路？这成为摆在海大人面前的一个重要问题。

身为校长的管华诗不论处理公务还是走在校园里，脑海中也一直在思索着这个严峻的问题。他反复琢磨李岚清的指示精神：副总理看重的特色指的是什么？学校的发展与国家海洋局、教育部以及省市又有着怎样的关系？

随着思考的深入，管华诗的思路逐渐清晰：学校发展应该落在"特色"二字上！

2000年1月底，学校在寒假期间召开党政联席扩大会，也就是第二次"崂山会议"。在会上，管华诗讲明山东大学已与山工大、山医大合并进入山东省重点建设计划的现实，并把李岚清副总理关于学校发展的谈话要点传达给与会者，随后提出会议的核心议题：学校要办什么样的大学，走什么样的道路？

围绕这一涉及发展道路、发展定位的根本性问题，与会成员展开了坦诚、深入的讨论。通过合并来增强实力是当时国内高校的普遍选择。因此，会上有人提出青岛海大与驻青高校合并以增强综合实力，也会取得青岛市的支持。但是，青岛海大固有的特色又如何在合并调整中保留和发扬呢？也有与会者认为，特色比综合更重要，应该靠特色先"做强"，合并其他学校势必稀释特色，对学校发展不利。有人援引了美国以计算机科学为特色的高校——卡内基梅隆大学的发展经验，该校把计算机科学作为特色融入多个专业，在综合与特色之间找到了平衡。

经过几番激烈的碰撞，大家的认识逐渐趋于一致。学校党政领导特别是管华诗校长充分听取了各种看法，并在会议期间带队与青岛市主要领导进行沟通，最终经过集中、提炼，正式提出了"走独立发展之路，建设高水平特色大学"的思路，并讨论形成了建设全国特色高水平大学的基本框架和初步方案。

什么是高水平特色大学？高水平特色大学的本质是"特色"。"这是我们用了近半个世纪特色学科的建设，换来了国家和社会公认的特色，换来了今天高水平特色大学建设的机遇。国家所要求的也是在特色上形成较高的显示度，能代表国家此方面

的学术水平。"管华诗认为,对于青岛海洋大学而言,建设高水平特色大学,就是建设以海洋和水产为显著特色的高水平综合性大学。

学校在发展目标定位中提出"高水平"一词,可追溯到1984年。当时,学校提出要建成一所"高水平的理工为主的多科性重点大学"。据记载,学校计划在教学质量、科学研究和管理三个方面追求"高水平"。而到了2000年,学校再次提出"高水平",其含义有所拓展。管华诗在2000年8月举行的学校副处级以上干部会上指出,"高水平"是整体实力的体现,除了教学质量、科研水平、管理水平以外,还包括一流的学科、标志性的人才、在国内叫得响的科技产业这三个新指标。管华诗就为什么要建设高水平特色大学作出了阐述。

办特色大学是国家利益的需要。早在1995年10月,江泽民总书记就曾指出:"世界上有很多科学家预言,21世纪将是海洋世纪。我们一定要从战略高度认识海洋,增强全民族的海洋观念。"海洋科学在解决一些全球性科学问题中,扮演着越来越重要的角色。海洋是人类赖以生存的第二疆土。我国濒临西北太平洋,海岸线长达18000多千米,拥有300多万平方千米的管辖海域,沿海海域和大陆架面积约为41亿亩,超出我国陆地可耕种面积3倍多。我国海域不仅面积大,而且资源丰富,对于发展海洋牧场、海洋能源、海洋化工、海上运输等具有十分有利的条件。面对全球人口膨胀、陆地资源日益匮乏、生存环境日益恶化三大问题,开发"蓝色国土",促进"蓝色革命"和养护"蓝色家园",已成为我国可持续发展的重要议题。1996年以后,国家将海洋高新技术研发列入"863"计划,在国家重点基础研究发展规划中有4个海洋科研项目立项研究。可以断言,发展海洋事业、建设海洋强国将是中国全面迈向21世纪的必然选择。

办特色大学是促进区域经济发展,服务于地方(行业)建设的需要。"海上山东"、青岛海洋科技城的建设,是建设特色大学服务于区域经济发展的重要内容;而海洋权益、海洋开发、海洋保护的研究与人才培养将是特色大学服务于行业发展的重要内容。

办特色大学是青岛海洋大学自身发展的需要。青岛海洋大学是一所教育部直属的重点综合性大学。新中国成立后,党和国家对海洋科教事业给予高度重视和大力支持。数十年来,学校在综合性学科设置的基础上,发展形成了显著的海洋、水产学科特色。特色学科的人才梯队、学科设置、人才培养状况、教学科研支撑体系，以及学校地处青岛等优势在国内都是独一无二的。博士点设置覆盖了我国全部海洋、水产二级学科，本科专业设置包括了我国全部的海洋和水产专业。1996年，学校顺利通过国家"211工程"部门预审成为"211工程"项目重点建设院校。可见，青岛海洋大学具有建设高水平特色大学的良好基础。

回顾历史不难发现，青岛海洋大学承载着国家海洋事业对高等教育的期待。1959—1960年，正值国际形势风云变幻，国家下决心大力发展海洋事业，我国第一所聚焦海洋的高校——山东海洋学院成立，并被列为全国13所重点综合大学之一。而今，李岚清副总理明确指示"青岛海洋大学要保留发展它的特色"，不仅是对学校办学特色和成绩的肯定，更为学校面向21世纪的发展明确了方向和定位，提供了千载难逢的发展机遇。但这同时也是一个充满竞争和挑战、稍纵即逝的机遇。

自此，全校上下开始细化高水平特色大学建设的思路及措施。

2000年2月，学校召开年度工作会议，管华诗发表讲话。他指出："面对新世纪——海洋的世纪，把海大建设成高水平特色大学，我们有着义不容辞的责任。"学校发展定位为：以海洋、水产学科为显著特色的多学科研究型大学。其中，多学科是基础、研究型是核心、特色（优势）学科是标志。3月，学校部署年度工作，提出要认真落实李岚清指示精神，建设高水平特色大学。其中的要点如下。

一是我校建设高水平特色大学的定位是把我校建设成为海洋和水产学科为显著特色的多学科研究型大学。总体发展思路是强化特色，加强综合，以综合强化特色，以特色带动综合。发展规模是本科生8000人、研究生3000人、留学生500人的万余人规模。

二是抓住时机，加紧工作，创造条件，提出方案，积极推进教育部与山东省、青岛市和国家海洋局共建青岛海洋大学，这是建设高水平特色大学的首要工作。

三是加紧推动落实与驻青海洋科研院所进行紧密型或局部紧密型的合作。

四是深化校内管理体制改革，提高办学质量和办学效益。① 根据学校发展规律和新形势的需要，重新确定机关单位的工作职能，减员增效。② 加大人事分配制度改革力度，重点提高学科带头人、学术带头人和中青年骨干教师的待遇，稳定和吸引高层次优秀人才，教师实行聘任制、干部试行教育职员制、工人实行劳动合同制。③ 加快后勤社会化改革进程，为学校加快发展创造条件。按社会化的机制进行经营和管理，做到自负盈亏、自主经营，积极稳妥地开拓校内市场，逐步引进社会服务，实现以内养内向以外养内的转化。

三、高水平特色大学建设的方案

2000年7月，管华诗校长在学校第三届教职工代表大会第一次会议的工作报告中说："为了落实李岚清副总理的指示，我们在充分调查、认真分析、集思广益、严肃论证的基础上，制定了《关于把青岛海洋大学建设成高水平特色大学的初步方案》。目前，已得到教育部、山东省、青岛市和国家海洋局有关领导的肯定和支持。"11月，学校与教育部、山东省、青岛市和国家海洋局经过反复研究、商讨，最终形成共建高水平特色大学的方案。

这个方案与学校"十五"期间建设任务密切关联，明确了办学体制、学科建设、科学研究、人才培养、中心和实验室建设、海洋生物技术工程制品工业园建设以及师资队伍建设七大方面。其目标是：经过"十五"期间的建设，使海洋和水产等优势学科的主要研究方向达到世界先进水平，某些领域处于国际领先地位；其他学科达到国内先进水平，某些领域处于国内领先地位。充分发挥海洋和水产学科特色，使学校整体水平居于国内高校前列，并成为在国际上具有一定影响的高水平特色大学。逐步建设成为培养高层次人才的重要基地，成为海洋和水产学科专门人才培养的中心，成为海洋科学和水产科学基础性研究、高技术研究以及国内外学术交流的中心。

实现建设目标的主要措施如下。

一是在办学体制上，实行"四家共建"，科教联合，产学研结合，国际合作的办学体制。

二是在学科建设上，进一步加强重点学科建设，五年内重点建设现有11个国家和省级重点学科，加强海洋和水产学科相关学科的建设，加强人文学科、工科的建设，在人文学科中特别强化海洋法、海洋经济、海洋管理、海洋文化等方向的建设，使其在较短时间内，获得有国际影响力的研究成果。拓宽应用性研究领域，注重各种技术的整合集成，争取在高新技术成果转化为现实生产力方面取得突破性进展。

三是在科学研究上，聚焦基础研究、应用研究和文科类研究。基础研究方面重点研究资源、环境、灾害等与人类生存发展密切相关的海洋科学重大基础问题。应用研究方面重点研究开发海洋生物技术、水产养殖技术、海洋环境工程、海洋探测、监测高新技术等。

四是在人才培养上，以本科教育为基础，加速发展研究生教育。进一步强化学校特色学科的人才培养优势，使学校成为海洋和水产等学科高层次人才的培养中心。加强成人教育和职业教育，为地方经济建设培养各类急需人才。

五是在中心和实验室建设上，强化特色，加强合作，提高层次和水平，重点建设联合国教科文组织中国海洋生物工程中心等10余个中心和实验室。

六是联合青岛海洋科技力量，沿胶州湾建设我国唯一的海洋生物工程制品工业园。

七是在师资队伍建设上，调整结构，提升整体素质。学校将组成以10位院士为带头人，以100余名博士生导师、100名青年教授、15名国外青年客座教授为核心，以300名博士为基础的教学科研骨干力量，形成年龄结构和知识结构较为合理的专兼职结合的师资队伍。

2000年8月，管华诗在副处级以上干部会上指出，高水平特色大学建设要用五年时间打基础，前三年是关键。当前要重点抓好十件事：一是制订好新海大事业发展规划、学科建设计划、人才培养与引进计划及科技工作计划；二是加强教学基础设施建设；三是建立一支稳定的高水平的实验技术队伍；四是启动特色方向的重要建设；五是调整研究机构；六是加强网络信息技术建设；七是搞好海大工业园建设；八是继续推进后勤社会化改革；九是强化图书信息资料的建设；十是搞好校园环境的整治与建设。

2003年9月，学校第八次党代会召开。党委书记冯瑞龙代表党委向大会作《与时俱进，开拓创新，全面建设高水平特色大学》的工作报告。报告提出了2004年至2007年的高水平特色大学建设基本任务，包含高水平学科建设、高层次师资队伍建设、高质量人才培养、高水平科学研究与社会服务、高层次对外交流合作、高起点校园建设、高标准支撑体系建设七个方面。第八次党代会为高水平特色大学的建设，按下了快捷键。

四、辉光日新：全面建设高水平特色大学

建设高水平特色大学的提出，在中国高等教育大调整、大发展的浪潮中独树一帜。中国海大人经过艰苦努力，促成"四家共建"，在发展的关键时期使学校走上正确的发展道路。在高水平特色大学建设期间，学校完成"211工程"二期、三期建设，以及"985工程"一期、二期建设，取得了显著成效。

（一）改革办学体制

李岚清副总理在听取山东省建设一所一流大学的方案时指出，青岛海洋大学的事要和国家海洋局沟通，还可由教育部与山东省、青岛市共建。这无疑给学校办学体制改革打开了新思路，促成四家共建成为创建高水平特色大学的首要工作。

为此，学校抓住时机，加紧工作，创造条件，提出方案，积极推进教育部与山东省、青岛市和国家海洋局共建青岛海洋大学。

2000年3月，山东省委书记吴官正在北京参加全国人大九届三次会议期间，会见了管华诗，并就高水平特色大学的建设问题谈了意见。吴官正表示，非常重视和支持把青岛海洋大学建成高水平特色大学，青岛海洋大学基础好，通过重点建设可以实现投入少、见效快的效果。同时，山东省副省长邵桂芳一行向教育部副部长周远清汇报山东建设一流大学和特色高水平大学工作。周远清认为，青岛海洋大学在世界上是有特色的，中国要有这样一所有特色的大学。青岛海洋大学办学思路明确，要有地方政府和国家海洋局的支持，教育部是支持的。与驻青海洋科研机构合作，形成比较强的实体，或者把研究所并进一部分，路子是可行的。山东省把这件事办好，功德无量，造福子孙。

7月，教育部部长陈至立在山东省副省长邵桂芳、青岛市市长王家瑞陪同下考察调研青岛海洋大学。邵桂芳向陈至立介绍说："咱们下决心用5年左右的时间把青岛海洋大学建设成全国的、多学科、高水平特色大学。……投资5个亿左右，把现在的青岛海洋大学与21世纪接轨，适应21世纪向海进军的需要。"邵桂芳建议，每年的1个亿，教育部给3500万，青岛市给3000万，国家海洋局给3000万，山东省给500万。另

外，2000年山东省先给2000万，希望教育部8月初把共建的事敲定。对此，王家瑞说："海洋大学是青岛的明珠，是青岛的未来，在青岛的产业设计包括城市设计中，我们不把青岛海洋大学作为'驻青高校'，而认为它就是青岛的高校，从这个指导思想出发，我们几年来一直积极支持海大，我实实在在表态：市政府一定拿这3000万！"陈至立部长表示："关于青岛海洋大学的发展定位，应是一所有特色的高水平大学。海大发展特色，异峰突起，争取在峰上有水平，在这个特色领域不断有所突破，代表国家到世界上去竞争。这样需要投入，非常感谢山东省、青岛市对海大的支持。教育部从明年开始每年给3500万元。"

客观地说，在学校处于改革发展的历史关口，这些实实在在的支持，给青岛海大人增添了信心及底气，为学校领导高起点确立战略定位与目标提供了有力支撑，为学校的发展注入了强劲动力。

2001年2月，《教育部、山东省人民政府、国家海洋局、青岛市人民政府关于重点共建青岛海洋大学的决定》下发。根据文件，除对学校的正常经费安排和山东省承诺拨付的"211工程"建设经费外，在2001—2003年三年内，教育部、山东省、国家海洋局和青岛市将分别向学校投入建设经费1.05亿元、0.15亿元、0.9亿元和0.9亿元人民币。同月，教育部、山东省人民政府、国家海洋局、青岛市人民政府在青岛市级机关会议中心签署《关于共建青岛海洋大学的协议》。

2001年5月，国家"211工程"验收专家组对学校"211工程"一期重点项目建设情况进行检查验收时表示，青岛海洋大学"211工程"建设是中央部门与学校所在地方政府共建的一个成功的典范。

此后，2007年5月和2011年3月，教育部、山东省人民政府、国家海洋局、青岛市人民政府又分别签署了继续重点共建中国海洋大学的协议。由此，学校获得了持续的资金支持、科研项目支持和政策支持，发展定位更加明确，发展动力更足。

2006年12月，《教育部　山东省人民政府　国家海洋局　青岛市人民政府关于继续重点共建中国海洋大学的决定》下发。2007年5月，教育部、山东省人民政府、国家海洋局、青岛市人民政府继续重点共建中国海洋大学协议签字仪式在青岛市级机关会议中心举行。根据协议，共建方将在一期共建基础上，继续为学校提供3.78亿元资金，支持"985工程"二期建设。在巩固以往重点共建成果的基础上，此次共建进一步深化学校管理体制和运行机制的改革与创新,加快建设一支高水平的教师队伍、管理队伍和技术支撑队伍,并以学科建设规划为指导,紧密结合国家创新体系建设,通过科技创新平台和社科创新基地的建设,促进学校若干学科达成或接近国际一流学科水平,使之成为攀登世界科技高峰、解决重大理论和实践问题、带动相应学科领域发展的重要基地,努力实现学校的建设目标。

2011年3月,教育部、山东省人民政府、国家海洋局、青岛市人民政府共建中国海洋大学协议签字仪式在济南南郊宾馆举行。根据协议,共建四方在前两次共建的基础上,在2010年至2013年期间,教育部、山东省、青岛市继续为学校提供4.5亿元资金支持,国家海洋局鼓励和支持学校申请和承担各类海洋项目,项目数量和规模不低于前期。此次重点共建,旨在进一步加快学校创建国际知名高水平大学和世界一流大学的步伐,使学校人才培养质量、科学研究水平、自主创新能力、社会服务能力以及国际竞争能力显著提高,在造就学术领军人物和集聚创新团队、培养拔尖创新人才、产生国际领先的原创性成果、创新管理体制机制等方面取得新的突破,为建设创新型国家和人力资源强国作出更大贡献。

"四家共建"的办学新体制使学校成为我国第一所由中央部门、行业和地方政府重点共建的大学,学校也是唯一作为特色大学纳入国家高校体制改革重点建设计划的高校。

(二)形成学科建设新思路

学科建设是创建高水平特色大学的核心工作。早在1999年8月暑假的"崂山会议"上,管华诗在作总结发言时就提出,在处理"特色"与"综合"的关系上,要坚持"以特色带综合,以综合强化特色"的思路。学校在2000年3月发布的行政工作要点中指出,学校总体发展思路是"强化特色,加强综合,以综合强化特色,以特色带动综合"。

2000年7月,教育部部长陈至立在考察学校时曾说,如果将高水平综合性大学比作高原的话,青岛海洋大学就要在自己的优势领域形成高峰,要在海洋特色方面异峰突起,有所突破,要能够代表国家站到世界海洋领域教学科研的前沿。

对此,管华诗有着这样一番思考和解读:要"异峰突起",我们一要强化特色,想方设法提高特色学科的水平,二要围绕特色学科适度发展相关学科,使特色建立在综合的基础之上。没有综合作为基础,缺乏学科交叉渗透的条件,特色很难达到真正的高水平。发展相关学科,我们不搞白手起家,而是要看国家的需要和我们现有的基础。

学校2000年7月出台的《关于把青岛海洋大学建设成高水平特色大学的初步方案》(以下简称《方案》)虽未明确提出学科发展思路,但已体现了学校对"特色""综合"和"高水平"的思考与布局。《方案》既对积淀较为深厚的海洋和水产重点学科提出了新要求,也对工科、人文社会学科发展寄予期望,同时布局了应用学科建设,学科发展的思路愈加清晰。2001年5月,管华诗在发表的研究文章中,将"强化发展特色、协调发展综合,以综合促进特色、以特色带动综合"称为学科发展思路。

在2003年学校第八次党代会上,党委书记冯瑞龙在党委的工作报告中,将"强化发展特色、协调发展综合,以特色带动综合、以综合强化特色"确立为学科发展思路。依据这一学科发展思路,学校走上了强化发展重点学科,拓展应用和新兴学科、人文社会科学学科,推动基础支撑学科的建设道路。

重点学科是学校强化发展特色的主要建设对象,包括海洋科学、海洋生命科学与技术、海洋药物科学与工程等特色与优势学科,以及环境科学与工程、信息科学与工程等比较优势的学科。学校坚持走特色之路,采取了一系列创新做法,例如,促进水产学院和海洋生命学院学科融合创新发展,成立了生命科学与技术学部。

通过强化建设特色优势学科,学校在"十五"期间,使二级学科国家重点学科由两个增至五个,在"十一五"期间,学校拥有两个一级学科国家重点学科、10个二级学科国家重点学科。

学校根据国家需求和自身基础大力发展应用学科和工科,在组建信息科学与工程学院、环境科学与工程学院、材料科学与工程研究院的同时,又在其他学院增设地球信息科学与技术、航海技术、船舶与海洋工程、轮机工程、化学工程与工艺、工业设计等专业。为推动应用学科发展,学校建立"学科特区",即先建设研究机构,通过大力引进人才,使这个学科快速成长,在时机成熟时,再发展本科专业。其中材料科学与工程学科等应用学科在这样的创新举措下得到快速发展。

"十五"期间,学校的应用学科比重已达70%以上。"十一五"期间,适逢国家实施海洋强国建设,学校在巩固和发挥海洋与水产特色学科优势、继续提升其学科水平的同时,辐射带动其他学科的进一步交叉融合,催生适应国家海洋战略需求的学科方向。通过建设,学校的整体学科水平大幅上升。

作为一所长期以来以理科为主的高校,中国海大的人文社会学科基础比较薄弱。学校重点支持海洋经济、海洋管理、海洋法学、海洋文化等学科,使这些学科得以高起点、跨越式发展。其中,文学院的跨越式发展与大师级人物的加盟密不可分。学校于2002年聘请王蒙担任文学院院长,王蒙表示:"要为海大引进一些文艺专家,通过四至五年的努力,使海大文学院的整体水平达到新的高度。"

王蒙的加盟为学校带来了新气象,他提出并建立起"驻校作家"制度名家课程体系。2002年10月,毕淑敏、余华、迟子建、张炜、尤凤伟等五位作家从校长管华诗手中接过聘书,成为中国海洋大学首批"驻校作家"。这一现象得到《光明日报》的关注:"在海大特色学科优势明显的情况下发展人文社会科学,驻校作家这种制度显得非常必要,意义也会在几年后体现出来。这些作家在海大创作,他们的身影就会留在海大,学生们看到他们就有一份惊喜和感动,潜移默化中他们的精神世界就会受到影响。这种潜在的影响不能低估。"

同时,学校采取特殊政策,推动数学、物理、化学、生物等基础学科的建设和发展。通过一系列调整、布局,学校理、工、文本科专业比例分别为3:3:4。在教育部公布的2006年至2009年一级学科评估结果中,海洋科学和水产学科2个一级学科排名第一,6个一级学科进入全国前10位,10个一级学科进入全国前20位,13个一级学科进入全国前30位。

(三)推出人才强校新措施

高水平的学科需要高水平的人才队伍来建设和支撑,人才是最关键的因素。1999年,教育部明确提出要以改革用人和分配机制为突破口,大力加强高校教师队伍建设。2000年,学校建设高水平特色大学的方案已获得国家批准,进行校内分配制度改革,激活发展潜力势在必行。

至2000年,学校经过70多年的办学实践,已形成了独特的办学特色,在国内外已经有自己的风格和地位,比如有海洋、水产等国内外知名的学科优势,有一支学术水平高、治学严谨的师资骨干力量。管华诗将此称为"是当前乃至今后学校赖以生存、求得发展所必需的宝贵的存量资产"。但是,僵化的管理体制、落后的运行机制、缺乏活力的人事分配制度掩盖了存量资产的价值。因此,在校内分配制度改革中,岗位、任务、业绩、贡献等考评指标被提到了突出位置,分配制度发挥了盘活存量的杠杆作用,既有人才资源的潜力得到充分释放。

1999年8月,学校扩大的党政联席会即第一次崂山会议研讨了人事分配制度改革。会议提出,机构改革要先行,深化校部机关改革,按照学科发展的方向和科学与工程一体化的原则对院系设置进行重组。引入竞争机制,真正体现干多干少不一样、干好干坏不一样、干与不干不一样。重点加强学科带头人队伍建设,对博士点、硕士点、未设博硕点但有发展前途的本科专业,国家和教育部开放实验室学科带头人等岗位实行定岗位、定目标、定任务、定期考核。在分配上加大向中青年学术骨干的倾斜力度,使教职工的工资收入与岗位职责、工作业绩和贡献直接挂钩,真正实行按劳分配、优劳优酬。

这次校内人事分配制度改革的力度与北京大学、清华大学等高校的改革相当,以实行岗位聘任和岗位津贴制度为主要内容。坚持以"淡化身份、强化岗位,按需设岗、公开招聘,平等竞争、择优聘任,精干高效、满负荷工作量"等原则设置岗位。岗位设置分为A、B、C三类,每类三个级别。A类是校聘关键岗位,B类是院聘重点岗位,C类是基础岗位。学校按专业技术人员总数的15%设置校聘关键岗位、40%设置院聘重点岗位、35%设置基础岗位。岗位津贴遵循"效率优先、兼顾公平,按劳取酬、优劳优酬,以岗定薪、岗变薪变,存量不变、增量拉开"的原则设置。

2001年3月,学校共有144人获得首批校聘关键岗位上岗资格。5月,306位教师应聘学院重点岗位,其他序列也陆续上岗。10月,《青岛海洋大学专业技术岗位(教师系列)业绩津贴实施细则》公布实施。业绩津贴包括教育和科学研究项目及成果津贴、教学津贴、指导研究生论文津贴、其他工作津贴四部分。

2007年1月,学校施行《中国海洋大学工作人员收入分配制度改革实施办法》,明确了岗位绩效工资制度。岗位绩效工资由岗位工资、薪级工资、绩效工资、津贴补贴四部分组成。

在2004年至2009年之间，学校先后实施"筑峰""绿卡""繁荣""英才"四大人才工程，在高层次人才队伍和创新团队建设上取得成效。

2004年3月，学校公布《中国海洋大学"筑峰人才工程"实施办法（试行）》和《中国海洋大学"绿卡人才工程"实施办法（试行）》。这两个工程首次均在物理海洋、水产养殖、海洋生物、海洋药物、海洋化学、海洋地质和海洋遥感等特色优势学科设置岗位。

"筑峰人才工程"以学科建设为核心，吸引国内外著名学者加盟，造就有国际领先水平的学科带头人，带动相关学科赶超或保持国际先进水平，构筑学科高峰，从而提高学校在国际上的学术地位和竞争实力。该工程在上述特色优势学科分三个层次组织实施：第一层次着眼造就五名左右相当于院士层次的学科领军人才；第二层次着眼汇聚10名左右能带领本学科赶超国际先进水平的学科带头人；第三层次着眼吸引20名左右具有突出创新能力和发展潜力并能取得重大标志性成果的优秀学术带头人。

"绿卡人才工程"是在坚持"不为我有，但为我用"的原则上，将教师编制的20%设为流动编制，吸引国内外知名专家学者通过短期讲学、合作研究、主持科研项目等多种方式指导相关学科发展。

同年，学校公布了《中国海洋大学繁荣哲学社会科学人才工程实施办法》。这一人才工程在经济、管理、外国语、文学、法学等学科设置岗位，重点支持与海洋学科相交叉且有发展潜力的学科或学科方向引进高水平人才。

2009年，学校又推出《中国海洋大学"青年英才工程"实施办法》。这一工程主要针对具有较大发展潜力的优秀中青年人才。工程分三个年龄层次组织实施：第一层次年龄限制在40周岁以下，第二和第三层次年龄限制在35周岁以下。

在"十五"期间，学校初步建成一支以8位院士（其中双聘院士3人）、10位国家杰出青年基金获得者、9位国家有突出贡献中青年专家、11位"筑峰"和"绿卡"人才、20余位新世纪优秀人才支持计划等国家和部委高层次人才计划入选者、97位国务院政府特殊津贴享受者、200余位博士生导师为代表的固定编制与流动编制相结合的人才队伍，并在物理海洋、水产学、海洋化学、海洋药物等学科初步建立起了由国内外知名学者领衔的、中青年学术骨干为主体的、具有较强竞争力的学术团队。

"十一五"期间，学校初步建成一支固定编制与流动编制相结合的人才队伍，并在物理海洋、水产学、海洋化学、海洋药物等学科建立了11支优秀的科技创新团队。2010年，教师中具有博士学位的教师占比为54.2%，其中重点学科达到85%。由"杰出学科或学术带头人+国际知名学者+精干学术团队"组成的创新团队模式不断完善。

（四）建立人才培养新体系

在高水平特色大学建设期间，学校在教学改革与人才培养方面积极建立现代教学体系，稳步扩大招生规模，着力培养涉海高层次人才。

2000年12月，学校召开教学工作会议，校长助理于志刚代表学校作《深化教学改革，争创国优品牌，为建设高水平特色大学作贡献》的报告。他重点强调了办学特色以及教育思路和理念的革新。在此基础上，以于志刚为主，凝练并提出"通识为体、专业为用"作为中国海洋大学新的本科教育理念。

2004年7月，学校公布并实施《中国海洋大学本科教学章程（草案）》，确立了"通识为体、专业为用"的本科人才培养理念，倡导并施行通识教育与专业教育兼容、一般教育与特色教育结合的本科教育模式，培养学生一专多能，全面发展。本科课程以专业为单位分层面设置。本科通识教育涉及多学科、多领域，旨在提高学生思想道德素质、文化素质、业务素质、身体素质及心理素质。学科基础教育讲授学科基础知识、训练学生掌握学科所需基本技能。专业知识教育传授专业领域一般知识和通用技能。工作技能教育介绍专门工作领域、提供工作专门知识和方法技能。

2008年11月，学校召开年度教学工作会议暨第二届本科教育教学讨论会。吴德星校长在会上发表了《树人立新 质量为本》的讲话，提出要通过高质量的培养，使学生具有创新意识、创新精神和创新能力，激发和奠定未来成为学术精英、管理精英和科技精英的潜质和基础。教务处长李巍然作《解放思想，立足实际，全面建设研究型大学创新人才培养体系》的主题报告。

学校实施以"有限条件的自主选课制"和"学业与毕业专业识别确认制"为核心的本科教学运行管理新体系。"有限条件的自主选课制"被概括为"套餐加单点"。"套餐"指一个专业教学计划规定的所有课程，如果学生想从一个专业毕业，就必须修完这个专业教学计划所规定的全部课程。"单点"是指学生在学习一个专业课程的同时可以选择其他专业的部分或全部课程进行学习，从而获得双专业或辅修专业证书。

"学业与毕业专业识别确认制"是指以每个专业教学计划所规定的课程要求和学分要求作为一个标准模式，将每位学生所修的所有课程及所得学分均作为一个待识别模式，通过逐一比较待识别模式与标准模式的"贴近度"，来确认学生的实际主修专业、第二专业和辅修专业，以及是否能够毕业和能够从什么专业毕业。学校逐学期、逐学年对学生已修课程进行"模式识别"，识别结果适时向学生通报，帮助学生及时了解自己的学业状况，为学生在校学习期间探索确立自己的专业方向、调整自己的职业取向、自主安排学习内容和学习进度，提供选择的机会和发展的空间。在这个制度下，学生的专业不再是固定的、无法改变的，而是由学生通过学习活动逐渐发展而形成的，是由学生学习了什么样的课程来决定的。

上述本科教学运行体系在2003级学生中开始实施，有效盘活了各类教学资源，均衡了教学与科研的关系，促进了教学经费分配、学生管理和后勤保障等一系列配套机制的完善，形成了生动活泼的本科教学工作新局面。为了确保人才培养成效，学校还采取了一系列配套措施，如统筹校内外资源，加强课程建设；加大投入，强化实践教学。

教学改革措施激发了广大教师教书育人热情。2003年到2010年，学校涌现出国家级教学名师1位，省级教学名师9位，国家级精品课程11门，省级精品课程36门。2008年，学校以优秀成绩通过了教育部本科教学工作水平评估，进一步确立了本科教育的基础地位和人才培养的中心地位。

此外，学校自20世纪80年代以来，以课程教学评估为切入点，开始了校内教学质量保障体系建设和探索；进入21世纪后，在深化以课程教学评估为基础的质量保障体系建设和改革的同时，建立了以资深教授为主体的教学督导队伍。

2004年，副校长于志刚在纽约州立大学布法罗分校参观时，对该校致力于教学和学习质量提升的教学与学习资源中心印象非常深刻。他认为，学术不能狭隘地等同于科学研究，否则就会使得大学教学越来越不被重视，在很大程度上影响教学工作的质量，也弱化了教育者的角色意识。教学是一项学术工作的观念已在世界范围内得到关注和认同，而作为学术工作的教学是需要研究以提高其专业性的，这就需要通过一些措施鼓励教师研究教学，促进教学能力的提高。

2007年8月，学校成立了教学支持中心，这是国内最早从事支持教师发展的专门机构。教学支持中心的工作任务是在学校现有的课程评估、教学督导工作的基础上，进一步提高服务能力和发挥服务作用，整合学校丰富的教学资源，协助教师改进工作方法，分享教学经验，并建立合理可行的教学指导制度与教学评价制度。把以督促检查为轴心的质量管理流程改革为督促、指导、支持并进的体系，建设成"评估—督导—支持"三位一体、具有"共轭机制"的质量保障新体系。所谓"共轭机制"是指按照"严格管理和人性化服务"并重的思路，在规约强制的同时，给予指导帮助从而使被约束者达到目标要求，形成制度约束、督促检查、指导服务、表彰激励、教师自我提高等多重机制的功能耦合。

通过不断的制度创新，学校的教学质量保障机制在课程评估上，从重诊断结果转向重过程和改进，加强了指导环节；在教学督导中，从以检查和发现问题为主，转向发挥好预警功能，重在指导和改进。任课教师从被动接受管理，逐渐形成研究教学的内驱力。学校在严格要求并对教学事故进行严肃处理的同时，大力表彰优秀。2000年以来，教务处修订规章制度30多种：2003年颁发的《中国海洋大学本科教学章程（草案）》作为本科教学的重要文件，对各教学环节都作出了基本要求，《本科教学事故认定与处理办法》更是确立起从严治教的规范。同时，继教学拔尖人才评选制度之后，本科教学优秀奖评选成为学校教师的最高荣誉，课程教学卓越奖的评选则从以点带面的角度，推动广大教师不断追求优秀课程教学。严格要求与奖励优秀并举的制度得到了广大教师的认可。

2009年，教育部公布了第六届高等教育国家级教学成果奖评审结果，中国海洋大学"创建'评估—督导—支持'三位一体的教学质量保障新模式的探索"荣获二等奖。

（五）成就科技服务新贡献

自学校提出创建高水平特色大学之后，科学研究与社会服务一直是评价体系中的重要指标。这一时期，学校以国家需求为牵引，优化资源配置，鼓励学科交叉与渗透，聚焦基础研究、应用研究，并且大力扶持文科类研究。

在"十五"期间，学校主持的国家"973"计划、"863"计划、国家自然科学基金等项目数与经费数均位居涉海科教单位之首；科技服务和成果转化经费四年增长近一倍，共获授权专利181项。

学校以国家"十五"课题和"863"计划课题为依托，成功研制了我国第一台具自主知识产权的深海电视抓斗，打破了国际上少数发达国家对深海采样技术的封锁和垄断。包振民团队培育了高产抗逆的养殖扇贝新品种"蓬莱红"，改写了扇贝无品种的局面。在国家"十五"课题、"863重大专项"验收会上，"蓬莱红"被评价为"给深受病害打击的扇贝养殖业带来生机，相应成果标志着海水养殖动物育种技术实现了历史性突破"。宋微波团队则围绕20世纪90年代至21世纪初山东等地连续爆发的养殖栉孔扇贝大规模死亡事件开展了"海水养殖中危害性真核及原核微生物的病原与病害学研究"，完成了对造成我国"栉孔扇贝大规模死亡症"的病原认定，并建立了多种免疫及诊断技术，全面解决了与扇贝大规模死亡症有关的流行病学、病原学、检测等一系列关键技术问题。"十一五"期间，学校海洋医药学科发展迅速。2005年，管华诗团队历经十余年艰辛试验，终于构建了国内外第一个海洋糖库，包含300多个海洋寡糖化合物，其中有70%的化合物属世界首次发现，具有新药研发价值。

2004年起，学校还参加了"908专项"。该专项是我国海洋发展史上投入最大、调查要素最多、任务涉及部门（单位）最广的海洋环境基础调查和评价工作，内容包括我国近海海洋综合调查、我国近海海洋综合评价和中国"数字海洋"信息基础框架构建三大任务。学校主持和参与了50余项任务，涵盖水体环境、海底地形地貌、海洋生物资源和海岛海岸带等调查、研究和评价，为专项的三大任务作出了重要贡献。

李华军团队的"浅海导管架式海洋平台浪致过度振动控制技术的研究及工程应用"和"海洋工程安全与防灾若干关键技术及应用"分别在2004年、2010年获得国家科技进步奖二等奖，标志着学校工科建设取得重大进展。

这一时期，学校人文社会科学的服务能力不断增强。2003年，学校成功申报教育部哲学社会科学重大攻关课题"中国海洋发展战略研究"，成为全国39个重大课题的主持单位之一。2004年，学校成功获批建设教育部人文社会科学重点研究基地——海洋发展研究院，并成功申报了"985工程"海洋发展研究哲学社会科学创新基地，在国家及地方海洋事业发展中发挥着重要决策咨询作用。

得益于创建高水平特色大学的学科布局，学校的科学研究在满足国家战略需求、服务社会经济发展方面逐渐呈现出精准化、全方位的特点。

（六）打造办学保障新格局

随着办学规模的增长和科研工作的需要，空间不足日益成为学校事业发展的瓶颈。2002年，学校与崂山区人民政府签订《建设青岛海洋大学新校协议书》，着手在崂山区建设新校区。管华诗认为，这一校区的建成，将显著拓展学校办学空间，为学校事业的可持续发展奠定重要的基础，而且给正在组建的国家海洋科技创新平台提供条件。

2004年10月，崂山校区奠基；2005年3月，正式破土动工；2006年7月，一期工程完工并交付，生活区、教学区、院系区、图书馆区、露天塑胶体育场等，建筑面积共约为34万平方米，包括工程学院、化学化工学院、材料学院、海洋环境学院、环境科学与工程学院、海洋地球科学学院、信息科学与工程学院七座院系楼。2006年9月，崂山校区正式启用，入住学生约8000人。二期建设稳步跟进，先后建成行政办公楼行远楼、行知楼，综合体育馆，文新楼，数学楼等。

崂山校区的启用大幅度地拓展了办学空间，使学校更加从容地进行学科专业的布局、创新平台的构筑、文化建设的推进，让校园朝着现代化方向阔步前进。

早在1999年3月，学校成立后勤服务总公司，建立后勤企业化框架。2000年，学校将后勤系统从行政体系中剥离，初步实现后勤社会化的转制工作。2002年，学校成立后勤集团总公司，撤销后勤服务总公司，通过分流重组建立起社会化后勤第三产业和社区服务体系。2003年，学校又注册海大后勤服务公司、海大物业公司，探索股份制企业运行模式。

除了不断促进管理规范化，学校也在着力加大基础设施投入，提升服务能力。在学生宿舍建设方面，2000年，学校争取地方政府支持，以社会化方式建设校外学生公寓8500平方米，满足了本科生的住宿需求；同年4月，学校成立山东首家学生社区服务中心，探索学生社区管理新模式；2009年，在崂山校区正门南侧启动牟家社区后勤配套工程建设，包括本、硕、博学生宿舍及附属服务性用房。在师生食堂建设方面，改造和扩建九个餐厅，新建食堂7000平方米；抓好饮食服务，开展"阳光食品工程"和"三绿工程"，规范食品物资采购流程；全方位管理伙食价格、饮食卫生、就餐环境、餐饮设施等环节，提升服务水平。2002年，学校三个食堂被评为山东省标准食堂，学生社区服务中心通过ISQ 9002质量评估体系论证，在部属高校中反响良好。2003年，学校两个食堂被青岛市评为首批食品卫生A级。2010年，学校后勤集团分别荣获"山东省高校学生食堂管理工作示范单位""山东省高校后勤工作先进单位""山东省高校校园管理先进单位"等荣誉称号。

学校自2001年至2006年逐步实现三校区网络互通。2001年，浮山校区和鱼山校区实现校园网互联互通。2006年，崂山校区500mA级标准机房竣工，同时建成三校区环状互联的万兆校园网络，以及校园智能卡系统和校园无线实验网。校园网主机房建设和运行状态达到了信息产业部电子计算机房A级标准。

基于互通互联的校园网，学校开发了办公自动化系统、校园智能卡系统、视频会议系统、视频组播IPTV高清晰流媒体平台、VoIP系统、档案管理系统、人力资源管理系统、科技信息管理系统、研究生教育管理系统、大型仪器管理系统、财务管理系统、数字图书管理系统等，切实提高了三校区运行管理水平和工作效率。

2009年12月，学校网络与信息中心被教育部授予中国教育和计算机网建设15周年突出贡献奖。次年，学校正式启用校园门户系统，将教务处、研究生管理中心、财务处等部门的管理系统集成到门户中，成功实现单点登录，完成学校范围的数据共享和交换。

五、其业煌煌：基本经验及成就

回顾中国海大从2000年至2010年十余年的发展历程，走上高水平特色大学发展之路是历史的必然。这其中有学校服务国家海洋事业发展的使命使然，也有学校掌握历史主动、勇于开拓创新的精神推动，更有教育部、山东省、国家海洋局和青岛市的鼎力支持。

学校自创建高水平特色大学以来，就获得高等教育系统的关注和较高评价。2001年1月，管华诗在教育部直属高校工作咨询委员会第十一次会议上进行发言，介绍了学校高水平特色大学建设情况,引起高等教育界的高度重视。2003年1月,教育部副部长周济在教育部直属高校工作咨询委员会第十三次会议上援引中国海大创建高水平特色大学的例子,阐述"综合"与"特色"之间的关系。他提到,教育部直属高校主要可分为两种类型:一类是学科门类比较齐全的综合性大学;一类是具有鲜明的学科特色或行业特色的单科性或多科性大学。中国海洋大学属于后者。他认为,由于中国海大提出了"强化发展特色、协调发展综合,以特色带动综合、以综合强化特色"的正确发展思路,因此在海洋方面走在了国内领先的行列,甚至在国际上也取得了较高地位。

落实"四家共建"二期项目、建设崂山校区、牵头建设青岛海洋科学与技术国家实验室等积极作为充分说明,战略上精心谋划、战术上抢抓机遇是学校事业发展不断赢得先机的制胜法宝,使学校在激烈竞争中立于主动,这是弥足珍贵的历史经验和精神财富。2009年3月,学校在《"985工程"二期建设总结报告》中凝练了高水平特色大学建设的经验。

一是实践并丰富了"强化发展特色、协调发展综合,以特色带动综合、以综合强化特色"的学科发展思路,辩证处理特色优势学科与其他综合学科的关系,强化发展了海洋科学、水产科学两个一级学科国家重点学科,使之稳固在国家排名第一的位置,并迅速接近世界先进水平;培育出海洋药物、海洋环境科学等新的高水平特色学科,又辐射带动了海洋工程技术学科群的发展,并形成了特色显著学科方向;拓展了海洋法学、海洋经济、海洋管理、海洋文化等文理交叉学科,有力促进了强势学科与综合学科的协调发展。学校的特色优势和综合实力全面提高。

二是共建得以深化,学校在为政府提供决策咨询方面发挥了重要作用。"985工程"二期建设以来,教育部与国家海洋局共建的中国海洋发展研究中心落户海大,成为深化共建的重要标志;"海洋管理体制问题研究""东海大陆架科学和法律问题研究""东海油气资源共同开发问题研究"等重大项目形成的成果,已成为国家决策的重要依据。同时,海洋大学为山东省"海上山东"建设、青岛市海洋功能区划和海洋经济发展战略等的实施提供了不可或缺的科技和智力支撑。

三是构筑高层次科技创新平台,成为国家创新体系的重要组成部分。海洋创新体系是国家创新体系的重要组成内容。学校在"985工程"建设过程中,主动突破行政

"壁垒"，积极推进国家海洋科技体制和机制创新，提出并遵循大跨度共享资源、以增量盘活存量、不求所有但求所用等创新理念，牵头与中央驻青四家优势科研单位合作，建设"青岛海洋科学与技术国家实验室"；促成国家海洋局与教育部合作，依托中国海大建设"中国海洋发展研究中心"，为构筑代表国家、走向世界的海洋创新体系的建设作出了应有的贡献。

通过建设高水平特色大学，学校基本形成特色鲜明、优势突出、协调发展的学科体系，学科水平大幅提升，综合实力和国内外影响力也显著提升。中国海大在办学体制、学科发展理念和办学治校模式等方面探索出了新路，为国家高等教育改革发展作出了贡献。高水平特色大学这个定位为高等教育改革探索了一条新的路子，成为一批特色鲜明的高校争相借鉴的模式，也为教育部分类管理直属高校提供了启示。

"学在海大"人称道

宋宇然

12月的青岛，天气渐冷，一阵阵的海风夹着潮气扑得人脸有些疼。每周六早上七点多，青岛海洋大学浮山校区图书馆门前就已经排起长队，学生们等待着开门，希望能占一个好位置开始一天的学习。"要开门了！"不知谁喊了一声，队伍开始骚动起来，门前迅速变得拥挤起来。这是20世纪90年代海大校园里学生自习的常见场景，图书馆的玻璃不知被挤碎过多少块，校园里学风浓厚，同学们学习热情高涨，大部分课余时间都泡在图书馆、教学楼里自习。自20世纪八九十年代起，"学在海大"的美誉不胫而走。

中国海洋大学始于青岛汇泉湾畔八关山下的私立青岛大学，学校虽几经变迁，却始终秉持"教授高深学术，养成硕学宏材，应国家需要"的创校宗旨，强调校风学风建设，严格管理，严谨治学，注重学生全面发展，截至2024年7月，为国家培养了36万余名人才，特别是涌现出一大批国家海洋事业的领导人才和骨干力量。"神舟"飞天、"嫦娥"奔月、"蛟龙"探海、极地科考、亚丁湾护航、"辽宁舰"入列、南海守礁、海浪预报、海水养殖浪潮迭起、蓝色经济蓬勃发展……其中无不有中国海大人的身影。中国海大学子理论基础扎实、工作能力突出、发展潜力大，在各个领域辛勤耕耘、励精图治，为国家富强、社会发展和人类进步作出了贡献，受到社会各界的普遍好评，为母校赢得了声誉。

一、优良办学传统之影响

1924年10月25日，在德国人所建的原俾斯麦兵营，私立青岛大学第一届学生开学典礼正在举行。校长高恩洪发表训词："本埠地绾南北,舟车四达,山水幽雅,气候中和,于此设立大学,发展文化最为相宜……本校为新创之学校,诸生为新来之学生,一切当以实事求是、日新又新为前提,一洗各地不良之陋习,蔚成本校特有良好之校风,为全国青年之模范,为将来国家有用之长才是则。"这训词称得上是对私立青岛大学的办校方针和培养目标的权威诠释。

20世纪30年代,学校实施民主治校,严格管理、严谨治学,是校风、教风和学风养成的第一个重要时期,为学校人才辈出、声名远播奠定了坚实基础。

(一) 从严治校,奠基良好校风

1930年,杨振声出任国立青岛大学校长。从严治校是杨振声办学的指导思想。他非常重视建立健全各种规章制度,他说:"一个机关必须纪律化。一切规程使其简而易守,然后大家循序而善行之。则学校事务,化复杂为简单,治纷乱以条理。"他认为只有"一切纳诸轨物,大家才能专心致志于学术上建设,蔚然成为整肃庄严之学府。"杨振声主持制定了学校的各项组织规程、学则等大小规章数十种。他强调,一切校政必须按章办事,学则要严格执行,各种课程必须次第地组织。只有这样,学校的各项工作才能

杨振声校长

有秩序地进行,学生也才能逐渐养成有组织、有纪律、勤奋好学的习惯,并逐渐养成良好的学风和校风,造就有用的人才。

国立青岛大学时期,招生、培养采取严进严出的方式,学生要"登堂入室",必须经过双重"山门":一是标准极高的入学考试;二是新生考试委员会的审查筛选,目的是防止作弊或因人情入选。1930年11月,学校因被录取的学生中有人使用假文凭报考,勒令这些学生离校。12月4日学校发生了一场全校性反甄别罢课事件。5日学校召开校务会议,决定将用假文凭报考的13名学生开除学籍(另有8名已自请退学),将罢课中的主要成员开除学籍。结果有38名学生被除名。

杨振声先生尤其重视办学质量。他曾给学生做过这样的"定位":"不在图书馆,就在科学馆;不在科学馆,就在体育场。"他告诫学生要以学为主,并强健体魄。为

了促使学生勤奋学习,保证质量,他在校内推行学分淘汰制,实行比其他知名大学更为严格的教学管理制度。学校的学则明确规定:一学期中,缺课1/3或旷课满五小时者,不得参加该课程考试;如果全年所选修课程有1/2或3门不及格,责令退学;有1/3或2门不及格,留级一年,但不得超过两次。学校考试分大考和小考两种,小考由任课教师和所在院系组织,而大考则采取大礼堂会考。有学生在回忆国立青岛大学期末考试情形时写道:"教室的椅子全部搬到大礼堂去摆着,照着对号入座的法子办。前面是中文系的,后面许是土木系的;左边一年级的,右边许是四年级的。这样还不算,教职员全来了,像要比比人马……打钟以后,开门五分钟,赶不到?莫考!"严格的校规收束了学生散漫的心,而救亡图存、反对外敌侵略则成为学子们苦读的内在动力。

由于实行严格的课程修业制度和考试制度,学生淘汰率很高,头两届学生淘汰率分别为42.5%和25%。这在当时国内大学是最高的。因此,学生无不刻苦用功。正因如此,学校也得以在创办后的几年里,被公认为近代教育史上山东唯一达到高标准的可以和国内名校并驾齐驱的高等学府。

(二)选聘良师,树立优良教风

立校之初,校长高恩洪即对教师的选聘持审慎态度,注重聘请具有真才实学的专家学者,许多教员为美国高等院校毕业的学士、硕士。如曾任国立北京师范大学教授的英文教员程璟、毕业于北京大学的国文教员隋星源、毕业于美国哈佛大学并曾在交通大学任教的地质矿物教员高崇德等都是当时国内知名的学界精英。根据1925年的统计,私立青岛大学教职员中留学归国者有11人,约占教职员总数的42%。这些教师年富力强,学识涵容中西,有陶铸中国新学术的襟怀与理想,在教学上极其认真负责。

杨振声任校长期间,深知好的师资队伍对一所学校的重要性。他效法恩师、教育家蔡元培先生兼容并包、学术自由的办学方针,打破门户之见,广聘专家学者来校任教。杨振声遴选师资极为严谨,所聘教师必须经学校聘任委员会考察通过,教授任满一年后,根据教学实绩再续发聘书1~3年。据记载:"他以其声望和地位,广聘国内专家、学者来校任教……当时学校虽系初建,但师资阵营比较整齐。"那些国内一流专家学者,大多有欧美留学的背景。初期就有著名诗人闻一多任文学院院长兼中文系主任,著名文学家梁实秋任英文系主任,后兼任图书馆馆长,教育家黄敬思任教育系主任兼教育学院院长,数学家黄际遇任理学院院长兼数学系主任,化学家汤腾汉任化学系主任,生物学家曾省任生物系主任,戏剧家赵太侔任教务长。另有杜光埙、陈梦家、沈从文,以及稍后到校的老舍、洪深、王淦昌、童第周等,都是学术界、教育界的一时之彦或后起之秀。杨振声校长还经常邀请专家学者来校演讲和讲学。凡是路过青岛的学者,杨振声必定邀请他们来校讲座;凡有特长的教授,他必定登门拜访,请他们在大礼堂做公开演讲。学校学术气氛十分活跃,章太炎、蔡元培、胡适、罗常培、冯友兰、陈寅恪、顾颉刚等人当时都曾做客国立青岛大学。一时之间,海大园英华蕴聚,群星闪耀,学校地位和声誉日渐显赫。

赵太侔接任校长后,延续杨振声校长的治校成规,更加重视增聘专家学者,充实教师队伍,使国立山东大学形成了阵容整齐、水平较高的师资队伍。1946年,国立山东大学在青岛复校,赵太侔再任校长,即通过多种渠道延聘专家、学者到校任教。除聘请原在国立山东大学工作的教师回校任教外,他还聘请了另外一些知名的专家、学者,有的甚至登门聘请。先后受聘的学术界著名人士有:舒舍予(老舍)、王统照、陆侃如、冯沅君、黄孝纾、丁山、赵纪彬、杨向奎、萧涤非、丁燮林、杨肇燫、童第周、曾呈奎、王普、郭贻诚、王恒守、李先正、刘遵宪、朱树屏、严效复、杨宗翰、郑成坤、李士伟、沈福彭等。这些专家学者,除少数未能到校外,大都均于1946年、1947年先后到校,分别担任各系教授,有的兼任院系负责人,这使国立山东大学复校后有了较强的师资阵容,不但保证了教学质量,而且为学校日后的发展奠定了坚实基础。

(三)得英才以育之

在中国海大档案馆里珍藏着一幅伟大的无产阶级革命家、军事家,中国人民解放军的创建人和领导人之一,共和国元帅罗荣桓青年时代在这里读书的珍贵照片:戴着近视镜、身着学生袍的罗荣桓,一手叉腰、一手背后,目光炯炯、英姿勃发地站在盛开的樱花树下。其时,私立青岛大学环境优美、条件优厚,令莘莘学子心向往之。22岁的罗荣桓就是这个美丽的校园招收的第一批学生。1924年,新成立的私立青岛大学在北京、南京、济南、青岛同时招收新生。罗荣桓在北京报了名,经考试,他与张沈川等七八个同乡被录取。9月,他们结伴来到青岛,看到优美而幽雅的校园,罗荣桓感到十分庆幸，他暗下决心，一定要利用这里的有利条件，刻苦学习，努力掌握更多的知识。罗荣桓读的是工科预科，他的外语底子比较差，学起来很吃力，但他坚持利用清晨和傍晚到校园的树林中朗读外文、背诵单词，进步很快。同学们看到他那样专心苦读，就对他说："现在学外语将来用不上，太浪费精力了。"罗荣桓却很认真地说："既然要学，就要学好。学好就是为了备用，等用的时候再学就晚了。"每逢上课，罗荣桓总是端端正正地坐着，聚精会神地听讲，仔仔细细地做笔记。他个头高，坐在教室的后边，戴着深度的近视镜，黑板上的图表、公式等看起来很费力，但他从不丢掉一点儿知识，哪怕是一个数据、一个符号；看不清的，下课后借来同学的笔记认真补上。课余时间，他不是写作业就是阅读专业书刊，很少有消遣的时候。由于学习勤奋，他的各门功课都学得很好，加上和同学的关系很融洽，同学们都十分敬重他。

　　1930年6月，被誉为"用诗歌点燃一个时代"的臧克家参加了国立青岛大学的入学考试。在考试中，臧克家数学得了零分；语文有两道考题，一道是"你为什么报考青岛大学"，一道是写一篇杂感。他在杂感里只写了三句话："人生永远追逐着幻光，但谁把幻光看作幻光，谁便沉入了无底的苦海。"不久，臧克家接到了国立青岛大学的录取通知书。臧克家回忆说："当我到注册科报到的时候，清华大学毕业的一位姓庄的职员，看到我的名字，笑着瞪了我一眼，报喜似的对我说：'你的国文卷子得了九十八分，头一名！闻先生看卷子极严格，五分十分的很多，得个六十分就不容易了。'听了这话，我解决了数学吃'鸭蛋'还被录取的疑问。同时我想，一定是我那三句'杂感'打动了闻先生的心！"臧克家在校期间，于1933年7月出版了第一本诗集《烙印》。他目睹了帝国主义奴役中国工人后，又于1933年9月连夜写出了长诗《罪恶的黑手》，震动了整个文坛。《烙印》和《罪恶的黑手》的出版，给臧克家带来了极大的声誉，也奠定了他在诗坛的地位。臧克家回忆在海大园学习和生活的时候，动情地说："在国立青岛大学学习四年多的时间里，是我人生道路上非常重要的一段。在那里，我找到了'自己的诗'，形成了自己的风格，走上了文学创作的道路。"臧克家的成功不是偶然的，正是海大园这一方沃土孕育了他的诗情。臧克家常说，他是幸运的，因为遇到了很多好老师，没有他们的指导、提携、倾心帮助，他可能一事无成。

从1924年私立青岛大学创建，计划设文、理、法、工、医、农、林七科，限于条件，只招收工、商两科学生80人。到1946年国立山东大学复校，设置五个学院15个系及大学先修班、海洋研究所、水产研究所，招收学生1200余人，学校在时局动荡中砥砺前行，始终坚守养成硕学宏才的初心，为学生们创造较好的学习、成长环境。虽然无法准确统计这一时期从海大园毕业的学子数量以及他们走出校门后的情况，但从史料中可以看出这一时期学生的培养成效。1934年，中山文化科学馆举办全国生物学考试竞赛，15所国立大学各选4名学生共60人参加，国立山东大学推荐的4人全部获奖，其中1人获特等奖、2人获甲等奖，令学界瞩目；同年4月，国民政府教育部派员到各国立大学视察，对国立山东大学教学中的严谨、研究中的创新、建设学校中的勤俭节约、培养人才中的重视质量给予肯定。1935年，中山文化科学馆举办全国大学物理学考试和征文竞赛，国立山东大学选送的5人获两项甲等奖、两项乙等奖；同年，《大公报》为纪念严修创办南开大学，由北京大学、清华大学、燕京大学和南开大学校长主持，面向全国大学征求"工业化学"论文，结果国立山东大学的一名学生以《制造骨胶之研究》获第一名。1936年，学校一学生论文——《山东酒曲之研究》获中华全国教育基金会特等科学奖。1937年，学校一学生参加《大公报》组织的全国数学竞赛，获得一等奖。鉴于国立山东大学的办学业绩，国民政府教育部特发表彰训令，学校遂驰誉全国，成就了校史上的第一个兴盛期。

二、"学在海大"的形成

1958年9月，大学路校园内车水马龙，中文、历史两个系的学生正在整理行囊，准备搬家。他们只是先头部队，其他师生也陆续在10月20日前离开了青岛，西迁济南。海大园内只留下了海洋系、水产系、地质系、生物系的海洋生物专业、物理系和化学系的部分教研组，以及数学、外语教研组的部分老师，史称山东大学"青岛部分"。以此为基础，经中共中央批准，于1959年3月成立山东海洋学院。

（一）一份高质量的教育计划

自1958年11月起，我国著名物理海洋学家、海洋教育家、中国海洋科学奠基人之一的赫崇本教授主持制订学校教育方案，经上下反复讨论，历时八个月，数易其稿，《山东海洋学院教育计划》制订完成，并在1959年开始实行。

该计划体现了以教学为中心，教学、科研、劳动三结合的原则；培养目标是使学生成为具有较高社会主义觉悟，较系统、广泛的专业基础理论和一定的生产技能，能够理论联系实际，身体健康的海洋科学工作者和师资；本科专业学制均为四年；教学总学时控制在2800～3000学时，其中政治课约占15%，基础课与专业基础课约占65%，专业课及专门化课约占20%；每年安排两个月的生产劳动；对考试和学生参加科研活动也做了相应规定。这个计划是山东海洋学院成立后对教育教学工作的第一次系统安排，在随后几年中又不断完善，一直到"文革"前，保障了学校教学工作有章可循。

20世纪60年代初，尽管受到三年严重困难时期的影响，国家仍然十分重视海洋科教事业，斥巨资为学校建造了我国第一艘大型海洋实习调查船——2500吨级的"东方红"号。学校也克服种种困难，努力改善办学条件，不断充实师资力量，使得教学和科研水平始终保持稳定，学校事业在艰苦的环境中得以发展。至1965年，学校有6个系共9个专业，在校本科生、研究生1800多人，外国留学生30人，为国家培养了大批海洋、水产科技人才。

"文革"期间，学校各项工作都受到严重影响，学校被迫停止招生5年。1977年，国家恢复高等学校统一招生考试，学校9个专业共招收本科学生377人，占在校生人数的50%。学校各项工作也逐步走上正轨，广大师生被压抑的工作、学习热情迅速点燃，学校重新焕发出久违的蓬勃生机和旺盛活力。

1978年10月至12月，学校对教学工作进行了全面检查，内容包括教学计划的执行、课堂教学、教材建设、实验室建设等方面的情况，促使教学工作逐步走上正轨，进一步摸清了教学工作中存在的一些问题。在此基础上，提出了建立教师工作量考核制度、加强教学法研究、尽快开展电化教学、加强基础实验室建设等一系列改进措施。这些措施使得学校教学工作在经历了"文革"影响后，迅速走上了全面恢复的快车道。

1979年9月，为更好地贯彻教育部《全国重点高等学校暂行工作条例（草案）》和直属综合大学理科专业调整会议精神，学校结合人才培养、专业发展的实际情况全面启动教学计划修订工作，历时半年，新的教学计划基本形成。新教学计划进一步明确了专业方向和培养目标,强化了基础理论教学,突出加强了外语、计算机和实验课等应用环节;开设选修课和任选课,注重拓展各专业知识面;在物理海洋和海洋气象专业开始试行学分制。新教学计划既十分强调基础理论教学,又十分鼓励全面发展和个性化发展,这为学校后来多年的人才培养定下了基调,也使得学校培养出的学生被社会如此评价:大都基础扎实,又极具发展潜力。这一年学校还相继出台了《山东海洋学院学生学籍管理暂行规定》等多个规章制度,在深化教学内容改革的同时进一步规范了教学管理,为教风学风持续向好打下坚实的基础。

(二)改革+严格="学在海大"

20世纪80年代初,海大园里的教学工作已经得到了全面恢复,教室里、实验室里到处都是学生们埋头读书的身影,仿佛要把曾经荒废的时光再追回来。学校教育事业要更好、更快地发展,还需要进一步确立目标、系统谋划,加快改革的步伐。1980年10月,《山东海洋学院1981—1990年教育事业发展规划(草案)》出台,就学校未来10年的发展目标、专业设置、师资队伍建设、教材与实验室建设等提出了设想。在接下来的时间里,着眼于国家和社会需求,学校开始扩大办学规模、调整专业结构,先后增设了电子学与信息系统、计算机及应用、生态学与环境生态学、港口及航道工程、企业管理和英语等十几个本科专业,在办好基础学科专业的基础上,着力发展应用学科专业,优化了学校的专业结构布局。

1981年,学校贯彻因材施教原则,并且要拓宽学生知识面,开始实行《学生选修、免修课程暂行办法》,这个办法给了学生一定的自由度,学生可以根据自己的情况以及兴趣和发展需要安排自己修读的课程。当然,这都要在一定的规则之内,整体上要满足自己专业教学计划的要求。同年,学校制定了《关于加强教学工作的几点意见》,要求教师妥善安排教学与科研工作,要以教学为主,主要精力要放到教书育人上;要加强教学管理,整顿教学秩序,特别是要认真整顿学生的学习纪律,形成良好学风;要有计划地抓好教材编写、实验室建设等工作,建成良好的教学条件;进一步加强师资队伍建设,逐步形成梯队,养成优良的教风。也是这一年,学校获准成为全国首批具有硕士和博士学位授予权的高校,新中国第一位海洋学科博士、水产学科博士均诞生在海大园里。

1984年，秦启仁接任山东海洋学院教务处处长，并于1987年出任副院长。秦启仁1955年毕业于四川大学，分配到山东大学物理系任教。在反右派运动中受到不公正对待，改革开放初期重返讲台。他所教授的理论力学课作为四大力学课程之一获得老师和学生们的交口称赞，在校内外有着很好的口碑。在担任教务处处长和主管教学的十多年时间里，他锐意进取，主持了多项教学改革，组织建立了一系列规章制度。他强调要处理好知识传授和能力培养的关系，处理好某些方面放开、放活与严格纪律、严格管理、严格要求的关系，主张不断改进及严格学籍管理制度及考试方法。在管理实践中，他一方面通过设置学业警示线、淘汰线，加强考风考纪建设、完善规章制度，严格教学管理，给学生更多的学习压力和动力；另一方面通过学分制改革、主辅修制度、双专业制度等，扩展学生知识面，给学生提供更多自主学习空间；还通过教学评估、专项建设，督促教师提高课程教学质量。曾经与他共事的干部、老师们都认为秦启仁开展教学改革卓有成效，对教风、学风的形成具有重要贡献。

1985年3月，《山东海洋学院1984—1985学年第二学期教学改革的若干措施》公布实施。这次改革的主要思路是，改变过去那种填鸭式教学方法，在注重传授知识的同时，更加注重培养学生的创造能力和开拓精神，使学生能够掌握独立学习和运用知识的能力，在走出校门后，面对复杂的社会情况和各种问题时，有能力对各种信息进行综合分析，明辨事物发展的趋势，从而确定自己的立场，采取合理的解决方法。改革的措施主要包括以下几方面：① 做好准备工作，自1985级起实行学分制；② 开设公共选修课，学生可自由选学；③ 公共基础课可以选择不同任课教师；④ 成绩优良的二年级以上学生经批准后可以不参加某些课程的课堂学习，但必须参加期中、期末的考试；⑤ 成绩优良的学生经批准后可以跨系、跨专业选课；⑥ 学习优异的学生可以申请跳级学习或提前毕业；⑦ 招收优秀助教作为在职研究生，学习期限4～5年；⑧ 优秀硕士研究生可以提前攻读博士学位；⑨ 专业之间有计划地培养双学位人才；⑩ 公共基础课考试统一命题、统一考试、统一评分，期末考试一律采用学生混合编号后统一安排考场。为落实改革举措，学校先后制定并实施了各种条例、规定、办法20余个，对于树立良好的学风、教风，促进教学质量的提高成效显著。这些思想和措施在当时的高校中是比较超前的，既站在学生的角度考虑教学安排，为学生全面发展、个性化成长创造了条件；同时又严格管理，保障了这些措施的实施效果。即使在多年之后，这些思想也可借鉴，部分措施依然行之有效。

在秦启仁的建议下，学校于1986年建立了山东省高校最早的教育教学评估机构——山东海洋学院教学评估专家委员会，同时启动开展课程教学评估。秦启仁在谈到评估的时候说："评估对于工作能起到指导鉴别、检查交流、推动改进等重要作用，是任何正常的工作程序中必不可缺的、有机的一环，对教育工作亦然……评估的过程，实质上是推动课程建设、专业建设的过程，是研讨、交流、提高教学质量及办学水平的过程。在这个过程中，我们失掉的是一些本来不应有的东西，而得到的却是应该具有而又尚未被我们自觉到的内容。可以预期，在评估试点的过程中，学校的教学质量将会有一个明显的、实质性的甚至是关键性的提高。"此后海大的教学评估工作从未间断，这在国内高校中也是绝无仅有的。至20世纪90年代初，评估方法和程序不断完善。评估的课程从大学英语、高等数学、普通物理、计算机基础、政治课等公共基础课，逐步扩展到专业基础课、专业课，从知识类课程扩展到德育课程和实践课程。由校教学评估专家委员会直接进行评估的课程占到全校课程总数的17%，被评估课程的任课教师占全校教师总数的27.3%。接受过评估的教师先后获得了多项省级、校级教学成果，涌现出多位国家和省、市优秀教师。部分年轻教师因评估优秀，由评估专家委员会推荐提前晋升职称；个别评估不合格的课程教师，被暂时停止教学工作，限期整改，有的被调离教学岗位。持续的教学评估对稳定教学秩序、提高教学质量起到了可靠的保障作用，提高了教师的责任感和积极性，对养成良好的教风、学风产生了积极影响。通过课程评估，学校先后将受益面广的大学英语、高等数学、普通物理、大学计算机纳入首批重点建设计划，教学效果得到明显提高工作后在数学、外语、计算机应用、写作等方面表现出良好的能力。经过探索、实践和发展，课程评估成为学校教学管理的重要组成部分，并且逐步制度化、标准化。长期的课程评估也为促进教学改革提供了依据、找到了方向。"搞好课程评估，确保教学质量"的教学成果在1993年获得了普通高校国家级优秀教学成果二等奖，秦启仁是项目主持人。

1992年9月，《青岛海洋大学"定线定额淘汰制"规定》开始实行。规定对学生在校期间的学业提出了严格要求，针对学生学习中出现的各种情况制定了淘汰线，凡达到规定淘汰线的学生,一次"黄牌"警告,二次则被淘汰,发给肄业证书。"淘汰制"在中国海大的办学历史中一直存在,只不过在不同的阶段有不同的要求和不同的形式。在较长的时间里,中国海大学生四年毕业率一直在90%左右,大部分学生在走入海大园后,因为学校严格的要求而不敢放松学业,这对于学校树立良好的教风、学风起到了积极的促进作用。

1992年底,学校修订教学计划,提出了"进一步拓宽专业口径,适应经济发展""深化教学内容改革""加强基础,拓宽专业知识面""加强实践性教学环节"四个方面的具体要求。注重从以往那种专业"对口"观念向"适应"观念的转变,调整了专业课程的门数和学时,尽可能按照宽口径的要求设置专业指定选修课,同时按照不同的专业方向设置任选课,进一步拓宽专业口径,形成了必修课(含公共基础课、学科基础课)、指定选修课、任意选修课三类课程"2+1+1"的课程框架体系。同时采取以下两方面的具体做法。

一是进一步改革学分制,放开任选课。规定本科专业毕业总学分为150～160学分,将必修课压缩至100学分左右,选修课增至60学分左右,其中指定选修课不高于40学分,任选课不低于20学分。任选课由本专业任选课、跨专业任选课和全校公共任选课组成,满足学生拓宽知识面的需求。

二是完善主、辅修制度。明确要求教学计划中列出本科专业的"辅修专业参考表",包括辅修专业名称、辅修专业的必修、指定选修课程及学分要求。在加强基础方面,重点强化计算机文化基础和应用基础及大学外语等基础课程教学。计算机基础,由教务处统一负责组织制定教学大纲、选用统一教材、统一安排教师、统一考试;拨出专门经费购置微机,充实公共微机室,教学内容、教学方法、教学条件不断改善。在1996年山东省第一次计算机文化基础统考中,学校获得。大学外语实施分级教学,学校四级英语全国统考通过率连续几年在90%左右,当时,这个成绩在全国高校中名列前茅。学校力求教学改革各方面均衡开展、方向一致,把改革的成果制度化、规范化,从而保证教学秩序在改革中不出现大的波动,教学质量在改革中稳步提高。

1995年5月,《青岛海洋大学一类课程建设管理办法》出台。在大学外语、高等数学、计算机基础等公共基础课程试点建设的基础上,学校制定了一类课程评估标准、评选办法和建设管理办法，并开展了一类课程的评选工作，使得课程建设逐渐走向规范化管理阶段。较早投入建设的几门一类课程取得了良好的成效，学校多年来在英语四级全国统考中的通过率和优秀率都居全国高校前列，在历届数学建模竞赛、电子设计竞赛中均取得优异成绩；计算机基础教学是省内高校中首家提出分级教学思路的高校，非计算机专业学生在连续两年的山东省计算机等级考试中名列第一，计算机基础教学后来也获得山东省优秀教学成果奖。这些课程在多年的教学实践中积累了丰富的经验和大量的教学资料，有助于课程的可持续发展。各门一类课程负责人以严谨治学的教风影响着青年教师，为学校其他课程的建设树立了榜样。

1996年10月，学校出台《关于试办双专业教学改革的意见》，让学有余力的学生在学好原专业的同时，根据自己的兴趣修读其他专业的课程，拓宽学生的知识面，达到要求的学生可获得双学士学位。这一制度的实施，使得主辅修、双专业、双学位在不同的教学层次上做到了"三位一体"，相得益彰，不同学习能力的学生亦可各得其所。这有助于一些学有余力的学生开发自己的学习潜力，通过学习不同专业的课程成为复合型人才，大大提高了其择业竞争能力。1997年，全校参加主辅修、双专业学习的学生人数约占全校本科学生数的三分之一。1995级海洋化学专业学生姚劲波和他的同班同学王海波同时选择了计算机专业作为第二专业并顺利取得学位。毕业6年以后，姚劲波创立了58同城，后来成长为国内最大的分类信息服务网站；王海波则创立了国内协同市场优秀OA品牌九思软件。他们的成功都得益于在海大园的第二专业学习经历。

1996年12月，学校发布了《关于实行完善学分制的本科生选专业的实施办法》。该办法规定，自1995级学生起，大多数本科专业的学生按"大班"组织教学，学完两年基础课程后，允许学生在相近学科或"大班"所含专业范围内再选择一次专业。当时，大部分学生在进入大学校园之前对专业没有清晰的认识，这个制度给了学生一次平衡兴趣和专业的机会，调动了学生的学习积极性和主动性。

1997年，针对高等教育教学中普遍存在的"专业口径过窄、人文教育薄弱、培养模式单一、教学内容偏旧、教学方法过死"等问题，学校在全校范围内开展了以"面向21世纪应当培养什么样的人才，这样的人才如何培养"为主题的教育思想观念大讨论。学校领导、职能部门、各院系先后组织了研讨会、报告会、座谈会，结合学校实际，就面向未来21世纪经济、科技、文化的发展和社会主义市场经济体制下的人才培养模式、培养规格和要求，进行了广泛探讨，为进一步深化教学改革奠定了思想基础。

1998年4月，学校举行了"21世纪初叶高等理科教育改革与发展战略研究"开题研讨会，该项目是由政府职能部门与5所部属重点高校联合进行的应用型研究课题，其成果主要用于教育部和各级政府，对高等理科教育的未来发展提供参考性决策依据。基于学校在教学改革方面良好的基础以及秦启仁在高校教学研究中的影响力，秦启仁担任了此项目的课题组组长。半年后，学校教学工作会议召开，总结了几年来教学改革的经验，确定了深化教学改革的目标和措施，提出了教学工作的"三二一"思路，即："三个加强"——加强教学管理改革，加强教学基础建设，加强文化素质教育；"两个深化"——深化教育思想观念的改革，深化教学内容和课程体系的改革；"一个模式"——构建符合21世纪社会发展需要，基础宽厚、实践能力强、具有海洋基础知识的创新人才培养模式。这些措施使得教学在学校中心工作中的地位得到进一步加强，学校的教育教学理念始终紧跟时代发展趋势，教学改革始终未停下前行的脚步。

20世纪八九十年代是学校各项事业快速发展的时期，办学规模不断扩大，办学水平不断提升。1978年学校的本科专业只有11个，而且主要是侧重于基础理论的理科专业。从80年代初起，学校先后增设了电子学与信息系统、生态学与环境生物学、港口及航道工程、水文地质与工程地质、经济管理、计算机及应用、英语等10个本科专业；到1988年，基础学科专业与应用学科专业的比例发展为3：7，完成了学校教育改革中的历史性转变，大大增强了对社会发展的适应性，为学校发展奠定了坚实基础。1988年以后，又陆续增设了国际贸易、会计学、市场营销、应用电子技术、声学、计算机、建筑工程等本科专业。到1998年，学校本科专业达到38个，理学占31.2%，工学占29.4%，农（水产）学占10.5%，经济学、管理学占13.2%，文学占7.9%，哲学、法学、医（药）学各占2.6%。学校从原来以理科为主的院校发展成为以海洋、水产为特色，理、工、农（水产）、医（药）、经济、管理、文学、法学等学科门类较为齐全的重点综合大学。学科门类的多样化形成了丰富的教学资源，学生们吸取着知识的营养，茁壮地成长。在校本专科学生规模由1978年的1082人增加到1998年的5283人，这期间已为国家和地方培养了各类人才3万余人，并因培养的人才"基础理论扎实、外语水平高、适应能力强"而在社会上赢得了"学在海大"的美誉。

（三）教学评估、督导，巩固"学在海大"

学校的教学评估始于1986年，也是学校系统建立质量保障体系的发端。这一年，为有效推动教学评估工作，学校成立了教育评估领导小组，组长由山东海洋学院院长文圣常亲自担任，党委副书记王滋然、副院长冉祥熙任副组长，教务处处长秦启仁兼任办公室主任。同时成立了教学评估专家委员会，这也是山东省高校最早的教育教学评估机构。1989年，教学评估专家委员会更名为教学评估常设专家委员会，同时成立了高教研究室，除了开展高等教育研究之外，高教研究室主要承担教学评估常设专家委员会的日常工作，使得教学评估工作更加系统化、规范化。

曾先后担任评估专家委员会主任的陈宗镛教授、汪人俊教授多年后都对教学评估工作作出过中肯的评价：其直接效果是渐渐形成了"学在海大"的声誉，并且这一流行语不胫而走，成为社会的共识；凡是全国统一考试的课程的总成绩，学校都名列前茅；教学评估制度的建立和推广，对于树立以教学为中心的思想，激励广大教师更加重视教学、努力提高教学质量、在全校树立优良的教风和学风，是一股强大的推动力，对形成"学在海大"的美誉，有着不可磨灭的功劳。

20世纪90年代末，我国高等教育开始大幅度扩大招生规模，与此同时，教学与科研的矛盾逐渐突出，全国各高校都面临着如何确保教学质量的重大考验。在这样的背景下，学校2000年成立了教学督察团，实施教学督察制度。教学评估工作是从"点"上保障教学质量，教学督察工作则是从"面"上着力进行教学质量监控和保障。2005年，学校将教学督察制度调整为教学督导制度，从"督察"到"督导"一字之差，折射出追求教学质量的思路和重心有所变化。2007年，学校又借鉴欧美高校以及我国香港和台湾地区高校经验，成立了以提高教师教学能力为重点的教学支持中心，为教师创造教学交流的机会，并提供教师教学专业能力发展的项目，协助教师改进教学方法。

学校的教学评估自设立以来从未间断，并不断发展和完善。汪人俊教授说："如果说我校的课程教学评估在20世纪80年代中期还只是一支涓涓细流，到了今天则已形成波澜壮阔之势。"学校教学评估、教学督导和教学支持之所以能够持续为本科教学高质

2007年学校本科教学工作水平评估汇报

量发展提供强有力的支撑，是因为它们有两个最为显著的特点。

一是前瞻性和发展性。学校教学评估、教学督导和教学支持工作的目标始终是促进教师教学能力的提高与发展。教学评估的第一阶段是20世纪80年代末至90年代初，其显著特点是"评优"，重点放在给出最终的等级上，目的是通过评选优秀，为全校教师树立学习的榜样。其间，学校提出了"以评促改、以评促建，创海大优良教风"的口号。20世纪90年代后期，学校扩展了评估课程的范围，更强调保证教学质量，努力加强"过程性评估"。在这期间，学校提出"以评促改、以评促建、评建结合、重在提高"的评估目的与方针。这与后来教育部在全国普通高等学校开展的本科教学工作水平评估的目的几近相同。教学督导和课程教学评估一样，直接指向教师教学专业能力的培养与提高，注重对教师的培养过程。教学评估和教学督导实施多年，不断地将重心从评价、检查转移到"诊断"和指导上来，极大地促进了教师教学水平的提高。成立教学支持中心后，进一步为教师提供更具有针对性的培训和教学资源，帮助教师提高教学水平。

二是独立性和学术性。学校的教学评估本质上是由专家实施并主导的课程评估。专家是评估活动的主体，评估的对象与客体是课程。任课教师是评估活动的另一个主体，客体同样是他们所讲授的课程。努力提高课程的质量和水平是专家与任课教师共同的活动任务和目标。教学督导工作的运行机理也大致相同，其更突出多种主体间的互动，从而较好地发挥了督教、督管、督学与导教、导管、导学的作用。可见，学校的教学评估与督导在组织形式上属于一种学术组织，其在活动方式和活动内容上是一种学术活动。因此，作为一种教学学术活动，教学评估与督导便具有了大学精神的特性与精髓，即学术自治、学术自由与教授治学，大学的传统与精神在这里得

到了很好的延续与传承。2001年，当于志刚接任主管教学工作的副校长时，即将离任的侯家龙副校长语重心长地嘱托他："要支持它，但不要指挥它、干涉它。"学校的历任领导都坚持这一点而毫不动摇。多年来，教学评估和教学督导活动都始终保持了学术活动的独立性、学术性和批判性。

三、"学在海大"之发展

2000年7月，于志刚教授由于在教学及管理等方面的出色表现，被任命为校长助理，协助侯家龙副校长分管教学工作。他本科就读于清华大学，深受老校长蒋南翔教育思想的影响。蒋南翔曾提出，教师教学生有两种教法：一种是给学生尽可能充足的给养，拼命地灌输；一种是教给学生思考问题的方法、实验的操作技巧，致力于提高学生的能力。他将前一种教法称为"给面包"，将后一种称为"给猎枪"。蒋南翔认为，学校给学生的不应是面包和水，而应是一把猎枪。有限的食物总有一天会耗尽，拥有猎枪才能保证在各种环境条件下长久生存，"给面包"管一时，"给猎枪"管一生。于志刚1988年到校任教后，念兹在兹，勉力躬行。入校第三年，他的无机实验教法与教材探索课就获得学校第二届教学成果一等奖。担任校长助理后，结合自己从事教学十余年的经历，系统梳理了学校教学工作发展脉络，认真分析了国内外高等教育发展趋势。他认为，随着知识、技术的发展和更新日益加快，为适应21世纪知识经济的时代挑战和改革潮流，对于"为谁培养人""培养什么人"和"怎样培养人"这三个永恒的教育教学课题，要结合时代要求、学校情况给出答案，及时调整、改革培养人才的模式和措施。要达此目的，首先必须在教育理念上有所突破。

（一）革新本科教学理念

2000年4月，学校召开了本科教学优秀学校评价迎评工作动员大会。本科教学评价工作1996年由国家教委启动，分为合格、优秀和随机性评价三种形式。学校基于对本科教学的信心，1998年即正式向教育部提出在2001年下半年进行本科教学优秀学校评价的申请。在这次迎评工作动员大会上，学校首次明确提出了"争创海大本科教学国优品牌"的口号，并以此作为进一步提高本科教学质量的目标，夯实建设高水平特色大学基础。党委书记冯瑞龙在讲话中指出,进行教学评优工作是学校事业发展的内在需要,是学校教学改革、教学建设、教学管理发展到现阶段的自我诊断、自我完善、自我提高,是推动学校本科教学迈上新台阶的大好机遇。本科教学优秀学校评价迎评工作应该把着力点放在人才的培养上,经过几代人的努力,学校已经形成了良好的学风,在社会上享有"学在海大"的美誉,可以说"海大牌"已经存在了,通过这次迎评工作就是要"创国优"。会后,围绕争创本科教学"国优品牌",学校启动了一系列教学改革工作。

2000年7月,学校召开基础课教学工作会议。基础课教学是学校教育教学的一项基础性工作,基础课教学水平的高低,直接关系到本科生乃至研究生培养的质量。学校的基础课教学一向质量过硬,学校的毕业生也以基础扎实著称。这次会议总结了学校基础课教学工作以往的经验,也分析了存在的问题和不足;提出了按照本科教学优秀学校的标准,继续加强基础课教学建设,全面改善学校基础课教学环境和办学条件,加强基础课师资队伍建设,进一步提高基础课教学质量的任务。学校将社会科学部、体育部和计算机基础部等教学单位整合组建了基础教学中心,数学系独立建制,以更好地推动基础课教学。学校还根据基础课教学的特点和难点,采取了一系列的倾斜政策,以保证基础课教学的质量。如在教师定编定岗中,专门设置基础课主讲教授制度,拨出专款用于发放基础课教学补贴等。

秋季学期,学校尝试探索优势学科拔尖人才培养,从2000级新生中选拔优秀学生组建海洋学科和水产学科本—硕连读班,组织优质师资和优势资源强化培养,希望这些学生在未来能成为我国海洋和水产领域的领军人才。学校还通过允许跨学科转专业,加大主辅修、双专业培养力度,增设"奖励学分",鼓励学生参与科技、创新和社会实践活动,促进学生创新精神和实践能力的培养。

2000年12月,学校教学工作会议召开。校长助理于志刚代表学校作《深化教学改革,争创国优品牌,为建设高水平特色大学作贡献》的报告。在报告中,他总结了2000年学校在人才培养模式、本科教学优秀评价创建、基础课教学、教学研究和现代教育技术应用等方面取得的成绩,着重就争创本科教学工作的"国优品牌"布置了2001年的重点工作。这些工作既是对以往经验的继承和发展,也有他就任校长助理以来的思考和创新。

第一，强调了办学特色以及教育思想和理念的革新。他指出，作为一所知名大学，培养的人应有自己的特色。这种特色已经隐含在历史和现实之中的文化和传统里，是来自于70多年的历史积淀、凝聚了几代海大人的智慧和心血的特色。积极主动地探讨办学特色，既可以激励海大人将前辈学人的治学精神发扬光大，又是本科教学创优的现实要求。在社会经济信息化、全球化进程日益加快的趋势下，21世纪海洋大学培养的学生应当具有丰富的创新思想和实践能力、优良的科学素质和人文修养、强烈的国际观念和寰球视野。这是新世纪对于人才培养的客观要求，是学校实施教育教学工作的依据，也是检验教学工作成败的标准。必须以学生为中心，牢牢确立学生在教学工作中的主体地位，进一步更新教育观念，坚定地推进教学方法的改革，逐步实现从"教内容"向"教方法"的转变，在毕业的时候，学生带走的是"一支猎枪"而不是"一袋面包"。

第二，提出要继续完善教育教学评估体系，对教育教学质量实施全程监控。他强调，质量是教育教学工作的生命线，学校从1986年以来坚持教学评估工作15年不间断，对于促进青年教师成长、提高教学质量具有显著的作用。学校要从理论和实践两个方面进一步完善教学评估管理办法和评估指标体系，并采取多种形式的评估方式，使之更有利于调动教和学两个方面的积极性，有利于树立优良教风，建设良好学风、考风。为严格教学质量监控，学校将实施教学督察员制度，聘请德高望重的老教授担任教学督察员，对教学质量进行宏观监控。学校还要拓展教育教学评估体系的内涵，对培养的毕业生的质量进行跟踪评估，通过社会的反馈正确地认识人才培养的质量，这不仅是检验人才培养质量的重要手段，也是指导学校进行教学改革的重要参照。

第三，要形成多样化的人才培养模式。他说，要正确理解高水平特色大学的内涵，掌握好特色的"度"。既要培养一流的海洋、水产学科的帅才，也要培养适应其他工作要求的高级专门人才；既要培养专才，也要培养通才。要为学生构建合理的知识结构，文科的学生要学一点数学，使学生具有高度的概括能力和优秀的逻辑思辨能力；理工科的学生要学一点文学和历史，使学生具有良好的人文修养。要建立有利于个性培养、创新人才脱颖而出的良好教学管理运行机制。

他还就运用"基金制"引导和促进教材建设和教学研究、建设高水平基础课教学队伍和建设"数字化教育教学系统"等工作提出了想法，作出了工作部署。

　　这次教学工作会以后，于志刚对于本科教育理念的思考越来越深入，学校本科教育教学改革的方向逐渐清晰起来。2001年7月，于志刚担任副校长，分管学校本科教学工作。他急需一个志同道合的伙伴来共同探讨新的教学理念、落实改革的具体措施、带领本科教学创建国优品牌。他需要一位合适的教务处处长，学校领导向于志刚推荐了几位人选，都是管理经验丰富、行政能力出色的精兵强将，但是他总觉得差了点什么，他希望这个教务处处长的思想没有被长期的行政工作束缚，能够和自己有教学理念上的碰撞。苦寻多日，一个人影在于志刚的脑海中闪过，让他豁然开朗。李巍然，海洋地质系教授，两人因1993年同时考取博士研究生相识，但并没有太多交往，真正熟识起来是1997年10月，两人乘坐同一航班飞往德国，一同到汉堡大学做访问学者。在异国他乡工作之余，几位青岛海大的同事经常小聚。据李巍然回忆，两个人在德国并没有交流过对教育教学的看法，不知道为什么于志刚副校长会想到让自己出任教务处处长。彼时，李巍然还在德国，而且从来没有从事行政工作的打算。早在大学毕业的时候就有校领导想安排他到机关工作，李巍然一心想在专业道路上发展，对领导的安排委婉而坚定地拒绝了。于志刚执着地发了七封邀请邮件，李巍然教授思量再三，一方面老友盛情难却，一方面学校培养自己多年，自己也应该为学校的发展贡献力量，他最终决定接受邀请。经过组织程序，2001年12月，李巍然出任教务处处长。

　　在物色教务处处长的过程中，学校的教学改革并未停滞。2001年，根据国家海洋事业发展的需要，在校长管华诗和国家海洋局局长王曙光的大力推动下，学校开办了"海洋管理"实验班，为国家海洋局培养既懂海洋科技、又懂管理知识的急需人才，这是学校试办的第一个学科交叉类新专业，标志着学校主动适应科技和社会发展需求，探索新型专业的建设。海洋学、海洋调查方法、海水分析化学、化学海洋学四门课程获得教育部资助，创建国家名牌课程。冯士筰院士主持的"面向21世纪海洋科学专业的教学改革与实践"和由时任副校长侯家龙教授主持的"以学生为本，构建新型人才培养模式的探索与实践"分别获得了2001年国家级优秀教学成果二等奖。此外，学校还获得山东省教学成果奖11项。学校设立了教材与教学研究项目专项基金，推进教材建设和教育教学研究，调动广大教师参与教材建设和教学研究的积极性。学校还设立了科技活动奖励基金，鼓励学生尽早参与科技研究、发明、创新和社会实践，以提高学生的创新精神与实践能力。

　　2001年9月，教育部下发文件，强调"把提高教育质量放在更加突出的重要位置，实现我国高等教育的可持续发展""高等学校的根本任务是培养人才，教学工作始终是学校的中心工作"。这个文件是一个信号，标志着国家要着重提高本科教学质量，表明了我国要从世界高等教育大国转变为世界高等教育强国的决心。2002年1月，全校教学工作会议在逸夫馆召开，教育部高教司司长张尧学应邀出席并讲话。张尧学就教育部有关文件出台的背景、目标和要求作了阐释，并就本科教学改革，人才培养模式，知识与能力、教学与科研的关系，教授上讲台，高等教育如何应对新的挑战等高等教育的一些热点、难点问题提出了独到见解。会议邀请厦门大学教授潘懋元先生以及华中科技大学别敦荣教授先后就高等教育发展和本科教学改革作了专题报告。于志刚副校长作了《开拓创新，脚踏实地，全面提高我校本科教学工作水平》的主题报告，提出了2002年学校教育教学面临的形势和工作的思路。此后，学校多次组织学习教育部文件、召开专门会议，研究加强教学工作的措施和思路，形成了《青岛海洋大学关于进一步提高本科教学工作质量的实施意见》。

　　李巍然回国后和于志刚多次长谈，反复探讨新形势下学校应该培养什么样的人，这关系到树立什么样的教育理念；怎样培养人，这关系到采取什么样的教育体系、培养模式和教学方法。从20世纪90年代中期以来，国家高等教育改革工作即着力解决本科专业口径过窄和人文教育薄弱等问题。随着改革的深入以及经济和社会的发展，学校人才培养中的拓宽专业口径与就业市场上的专业知识、专业技能和工作经历要求之间的矛盾日益凸显。同时，如何处理好学生专业取向经常变化与学生专业"身份"相对固定的矛盾，也成为学校面临的一个新问题。于志刚和李巍然认为要解决以上问题，必须促进通专融合，既要促进学生全面发展以应对未来变化挑战，又要使学生具有一技之长，离开学校后能尽快立足社会。在"面包""猎枪"的基础上还要加上"指南针"——知识传授是"面包"，能力培养是"猎枪"，价值观则是学生人生道路的"指南针"，学校就是要建立一个这样的人才培养体系。

　　在此基础上，他们提出以"通识为体、专业为用"作为学校新的本科教学理念。通识教育的核心是关于"成人"和"做人"的教育，强调学生通过对不同学科领域的广泛涉猎，学习不同学科的思想方法，学会正确的价值判断和逻辑思维，全面提升自身的综合素质。专业教育的核心是关于"成器"和"做事"的教育，强调学生对某一专业领域相关知识和具体技能的掌握。通识为体，既是对通识教育在学校本科人才培养中价值观念的确立，也是对学生本科阶段成长成人根本目标的要求；专业为用，既是对专业教育在学校本科人才培养中特殊功用的强调，也是对学生本科阶段应具备的专业知识和专业技能水平的规定。这一教育理念，借用了"体""用"范畴，比较清楚地界定了教育的本体价值和工具价值之间的关系。教育的本体价值在于促进学生的全面发展，教育的工具价值在于促进社会发展。"通识为体、专业为用"表明大学的教育应当是"做人的教育"和"做事的教育"两者之间相渗透而不是相分离、相和谐统一而不是相互对立，既强调综合发展和全面素质的提高，为"做人"积累综合知识和打下思想基础，也重视学生要学有所长，为"做事"积累扎实的专门知识和专业技能。

（二）人才培养体系的再造

确定了"通识为体、专业为用"的本科教育理念和"通识教育与专业教育相渗透、一般教育与特色教育相结合"的人才培养思路，于志刚和李巍然着手建立本科人才培养体系。优化专业布局、构建新的运行体系、调整课程结构、丰富课程资源、完善管理制度、加强实践教学、突出质量管理等多方面工作，按照"系统设计、分层展开、重点突破、逐步深入"的思路有条不紊地进行。

1. 调整专业布局

2001年底，学校共有本科专业40个，这对于一所综合性重点大学来说，专业规模偏小，在学科分布上也不均衡，对于人才培养的支撑和服务社会发展与区域经济建设的能力都略显不足。在2002年1月召开的学校教学工作会议上，于志刚副校长布置重点工作，首先强调的就是做好专业结构调整。他说："学校将按照顺应潮流、反映需求、学科交叉、加强综合、突出特色的原则对专业做系统的、有步骤的调整，以顺应世界科技和经济发展潮流，充分发挥学校已有的基础和优势，努力在优势学科和专业培养代表国家水平的高质量人才，在其他专业致力于为国家和地方，特别是为山东和青岛的社会发展与区域经济建设培养急需的专业人才，加强综合、突出特色，使得我校专业结构逐步实现生态平衡、结构先进、特色鲜明、经济高效的目标，使得规模、结构、质量、效益有效地统一起来。"

学校创造性地提出专业群概念，将专业建设和学科发展共同考虑。学科基础相同、相近，或者服务领域和研究对象相同、相近的一组专业作为一个专业群共同建设，这样有利于系统地建设专业资源共享平台，有利于学科之间的生态平衡、促进学科交叉融合和实现教育资源利用的效益最大化。

经过系统设计和快速发展，到2003年底，学校的本科专业增至65个，覆盖了理、工、农、经、管、文、法、教育和艺术9个学科门类，大理科、大工科和大文科类专业比例大致相当，基本达到了规模、结构、质量、效益有效地统一起来的目标。

2. 建立新的教学运行体系

李巍然教授做过海洋地质系负责教学工作的副主任，对于教学工作有独到的见解，在决定担任教务处处长后，他一直在思考学校的教学改革应如何开展。2003年，经过近两年的酝酿，一个全新的教学运行体系由模糊到清晰，逐渐成形。相比于以往教学管理形式上的变化，这个体系更多体现了教学观念上的革新。

2003年8月，管华诗校长主持召开校长（扩大）办公会，研究实施新的教学运行体系工作。于志刚副校长以"实施'本科教学质量工程'，建立现代教学体系，创造本科教学国优品牌"为题，汇报了本科教学改革的指导思想和目标。李巍然处长就新教学运行体系做了演示与说明。参加会议的学校领导和各部门负责人对新教学运行体系反响很大，在肯定基本原则和思路的同时，提出了许多意见和建议。校党委书记冯瑞龙指出，建立新的教学运行体系是学校继人事分配制度改革后推出的又一重大改革举措，必将对进一步提高教学质量、加快学校发展步伐产生积极而深远的影响。管华诗要求，全校要把建立新的教学运行体系视为学校的一项创新工程，全方位给予支持。新的教学运行体系以先进、科学、独具特色的教学理念为基础，以专业群概念为先导，以建设高水平专业为目标，以课程体系和精品课程建设为重点，以考试方法的改革为推动力，通过设计课程体系，修订教学计划，改变选课和学籍管理方式，建设相应的支持平台，形成动态的、具有弹性和自适应性的、能充分发挥学生个性的教学运行体系，以此来实现学校教育教学的新变革，使"学在海大"提升为"学（习）在海大、创（新）在海大、成（才）在海大"，创造本科教学的国优品牌。

新体系的运行主要包括两个方面：一个是"有限条件的自主选课制"，其核心思想是学校所有的课程面向全体学生开放，学生可以跨专业、跨年级选修学校开设的所有本科课程。学生在教师指导下自主设计学业计划，学生要取得某个专业的毕业资格，要选修该专业教学计划中设置的一个完整的系列课程，称之为"套餐"；学生还可以根据自己的兴趣和发展需要自主选择学习开设的任何一门课程，称之为"单点"。每个学生最终都会形成"套餐+单点"的课程体系，"套餐"为主体，"单点"为补充，既保障学生系统学习一定专业的系列课程、接受该专业正规培养训练、达到该专业本科培养规格要求，又使学生能够学习不同专业知识，在多样化学习和多领域探索中建立兴趣点、兴奋点，培育特长，发展个性，一专多能，全面成长。另一个是"学业与毕业专业识别确认制"，是指将每个专业教学计划所规定的课程和学分要求作为一个标准模式，将每位学生所修的课程及所得学分作为一个待识别模式，通过逐一比较待识别模式与标准模式的"贴近度"，来确认学生的实际主修专业是什么，以及是否能够毕业和能够从什么专业毕业。学校逐学期、逐学年对学生已修课程进行"模式识别"，识别结果适时向学生通报，帮助学生及时了解自己的学业状况，为学生在校学习期间重新确立自己的专业方向、调整自己的职业取向、自主安排学习内容和学习进程，提供选择的机会和发展的空间。在这个制度下，学生的学业和毕业专业不再是固定不变的，而是由学生通过学习活动逐渐发展而形成的，是由学生学习了什么样的课程来决定的。因此，学生自主选课的权利，实质上就是自主选择学习专业的权利；学生自主完成所选学业的过程，就是决定自己毕业专业的过程。

这个新的体系改变的不仅仅是教学运行的方式，更是学生的思维方式，让学生深刻地认识到自己的学业掌握在自己手中，要对自己的选择负责。思维方式的改变带来了行为方式的转变，通过选课，每个学生都形成了个性化的课表，录取在同一个班里的学生很多课程不在一起上，同班不同学的现象给学生管理工作带来很大挑战。有负责学生工作的干部担心学生思想教育工作和学生活动不好开展；也有部分冷门专业所在学院担心学生自由选课，自己专业的学生会都跑到其他专业；有领导提出应该先进行试点或者在学生进入大二、大三以后再施行。李巍然对认准的事情显示出自己的决心，坚持要全面展开。在管华诗及其他学校党政领导的全力支持下，新的教学运行体系在2003级新生中全面实施。

学校给了学生自主选择的权力，可是新生在刚刚进入大学校门后对专业认知有限，如何选择是个问题。为帮助学生全面系统地了解校内本科各专业的情况，从而理性地选择专业、有效地选修课程，学校聘任专业指导教师，开设各专业的专业"导航性"课程，向学生介绍各个本科专业的基本知识、各专业的社会人才需求、各专业毕业生的人生职业发展等，在普及有关专业知识的基础上，指导学生如何选择专业、如何学习专业课程，并引导学生的学习兴趣，培养学生的自主学习习惯和自主学习能力。专业指导教师和专业"导航性"课程，在学校施行的"有限条件的自主选课制"当中，充分发挥了"专业导航员"的作用。配合"学业与毕业专业识别确认制"，学校采取了弹性学习年限制度，规定本科学生在校学习基本年限为四年，最早可以提前一年毕业，最晚可以推迟两年毕业，并施行"春秋夏"两长一短的三学期制度，为学生量力而行、适时完成学业，甚至是完成不同专业的学习，提供了条件和机会。

2005年，在实施了仅两年后，因先进的理念和合理的设计，"以学业与毕业专业识别确认制为核心的本科教学运行新体系的建立"获国家级教学成果二等奖。

2013年，在本科教学新体系运行10年后，学校对7届本科毕业学生的学业数据进行了分析。有90%的学生选修了毕业专业要求以外的课程，平均多修读了10个学分；有8%的学生通过自主选课，实现了转换专业毕业；98名学生修读了双专业，87名学生取得双学位；95名学生只用3年即修完全部专业课程，提前一年毕业；学校开设的课程由2003年不到3000门次，提高到2013年的5500多门次。

2004年，易建阳考入中国海大，进入文化产业管理专业学习，通过努力，他三年修完全部课程，于2007年毕业。因为学校是国内第一批设置文化产业管理专业的高校，他成为我国第一个文化产业管理专业的毕业生。2005年，张帆考入音乐表演专业并任学校乐团首席，因为好奇和兴趣，他选修了水产养殖的专业课程，最终兴趣变成了发展方向，他本科期间修完音乐表演、水产养殖专业的全部课程，同时获得文学学士、农学学士双学位，并考入水产学院进入麦康森院士实验室攻读硕士研究生。

3. 构建新的课程体系

为了落实"通识为体、专业为用"的本科教育理念，处理好通识教育与专业教育的关系，2003年学校重新修订了本科专业教学计划，确立了"二四三"结构的课程体系，即将全校本科课程分为"通识课"和"专业课"两大类，每个专业的课程按照"本科通识教育""学科基础教育""专业知识教育"和"工作技能教育"四个层面设置，每个层面分别设置必修课、限选课和任选课三种不同修课要求的课程。在本科通识教育层面，为调动广大教师参与通识课程建设的积极性，学校设立了专项基金给予支持。自2003年始，规定每名学生都要修满12个学分的通识课，为解决通识课开出"量"的问题，学校想方设法鼓励老师开课。2007年，学校成立了文史哲通识教育中心，以此吸引和鼓励文科院系教师参与通识课程建设。在各项政策的激励之下，学校初步形成了以认识论与方法论、社会与行为科学、语言与文学、自然科学、历史学与传统文化、美学与艺术等六大模块为核心的通识教育课程体系，平均每学期可开设120余门通识课，但依然满足不了学生的选课需要。新的教学计划和本科课程体系既是学生选课的指南，也是进行学业和毕业专业识别确认的标准，成为本科教学运行新体系的重要支撑。

实行选课制可以合理有效地利用优质课程资源，而丰富的优质课程资源，则是选课制的生命活力之所在。学校一方面改革、调整原有课程，一方面开发、开设新课程，建设了一批本科通识教育课程、双语教学课程，校级、省级、国家级精品课程，还在海洋科学等专业开设了由国际学术大师讲授的学科前沿课，在汉语言文学专业建立了由王蒙、童庆炳、严家炎等国内著名的文学家、文艺理论家、作家和文学教育家授课的"名家课程体系"等，极大地丰富了课程资源，更好地满足了学生的选课需求。同时，学校还引进网络学习系统，不仅扩充了学校网络课程资源，而且为传统课程的网络嫁接和网络化扩展创造了良好的条件。

4. 完善教学保障体系

2003年6月，21名2003届毕业生从于志刚副校长手中接过聘书，受聘学校首批教育教学信息员。这是自1986年学校启动课程教学评估、2000年设立教学督察制之后，学校建立的学生对于教学过程的反馈系统，是学校分级、分层次的教学质量管理体系的重要组成部分。学校保持对毕业学生信息员的跟踪调查，获得信息反馈，从而为学校教育教学工作调整、改进和提高提供基础性资料。

2005年3月，为进一步加强对本科教学质量管理，在教学督察制基础上，学校决定实施教学督导制。教学督导独立建制，是独立自主地对学校的教学过程、教学质量、教学秩序、教学管理等方面进行督促、检查和指导的机构。教学督导的职责不只是督教、督学，而且还有督管；不只是监督、检查、反馈，而且还有指导、咨询、服务，既要把握教学运行的现状，还要着眼于发挥教师与职员的潜能，推进教学与管理质量。在教学督导对象上，主要是课堂教学，重点面向四个层面：一是新调入教师和青年教师开设的课程；二是在课程教学评估中取得优秀和较差成绩的课程；三是未曾评估和督导过的课程；四是正在参加校内课程教学评估的课程。在教学督导内容上，主要有五个方面：一是教学内容，二是教学态度，三是教学法，四是教书育人，五是学生是否认真学习。督导涉及课堂教学的方方面面，成为学校教学质量保障的重要一环。

2007年，学校教学支持中心成立。教学评估、教学督导都是教学质量管理的一种手段，而不是目的。教学质量管理的目的在于提高教学质量，而提高教学质量的关键在教师。2004年10月，于志刚副校长考察纽约州立大学布法罗分校，该校是纽约州立大学系统中4～6所研究型大学之一。考察过程中，该校的教学和学习资源中心给于志刚副校长留下十分深刻的印象。该中心主要任务是开展教学服务、组织教学交流项目和建设教学支持资源。通过系统性地开展课程评议与咨询、教学技巧和经验分享交流，帮助教师经常性地审示自己的教学情况和不足，使教师具备多元化的能力和方法，从而提高教学能力和教学自信。回到国内，于志刚副校长组织有关部门调研了其他部分欧美高校以及我国香港和台湾地区高校有关的经验，充分论证后，成立了学校的教学支持中心。作为一个校级支持平台，教学支持中心能够整合教学资源，为教师创造交流和总结的机会，分享优秀的教学经验，并提供教师教学专业能力发展的项目，协助教师改进教学方法。

2009年，"创建'评估—督导—支持'三位一体的教学质量保障新模式的探索"获得国家级优秀教学成果二等奖。

2014年，学校还成立了学习支持中心，面向入校学习转变不适应的大一新生、学习存在困难的受到学业警示的学生，以及想进一步提高学业水平的普通学生，为他们提供专业化的帮扶和指导。

（三）创新精神和实践能力的培养

20世纪30年代，学校学生屡屡在区域大赛和全国大赛中获得佳绩。特别是20世纪八九十年代，随着课程教学质量的提高，在计算机、外语、数学以及电子等领域的大赛中，青岛海大学生表现出色，取得了优异的成绩。

进入21世纪，社会对具有创新精神和实践能力的人才的需求越来越迫切。配合本科教学新体系的运行，学校一方面加大投入，加强实验室的建设，加大实践教学的比重，增加综合性、设计性实验；一方面通过立项资助，支持学生参与课外创新实践活动。

2005年，学校启动本科生研究发展计划，主要面向大一到大三的本科学生，专业问题的研究、生活中的小发明、小创造，甚至是天马行空的突发奇想，都可以申请学校立项支持。这项计划不以结果和成败作为主要评价指标和目的，而是注重在找寻项目和研究的过程中，让学生掌握基本的科学研究方法和手段，培养严谨的科学态度、创新意识和团队合作精神，从而受到锻炼、得到提高。

2007年，国家大学生创新性实验计划启动，这项计划是教育部、财政部所实施的"高等学校本科教学质量和教学改革工程"的重要组成部分，是直接面向大学生的注重自主性、探索性、过程性、协作性和学科性的国家级创新实验项目。其目的和学校开展两年的本科生研究发展计划相似，都是为了培养大学生从事科学研究和探索未知的兴趣，从而激发大学生的创新思维和创新意识，锻炼大学生思考问题、解决问题的能力。因有良好的工作基础，学校入选首批立项的60所高校。12月，"实验探寻海冰破碎度与融冰速度的关系"等首批40个项目获准立项，每个项目平均资助经费达到2万元。

同时，学校也以项目管理的方式资助学生参加各类科技竞赛，并将本科生研究发展计划、国家大学生创新性实验计划和科技竞赛一体化安排。本科生研究发展计划项目作为国家大学生创新性实验计划项目的培育基础，两项计划项目的成果可以用来参加各类大赛。这些活动得到了学生的积极响应，经过几年的发展，本科生研究发展计划项目由每年不到100项发展到每年近600项；国家大学生创新性实验计划项目由每年40项发展到每年130多项；学校每年资助开展的科技竞赛有50多项，覆盖了所有学院和专业。每年参加这些科技创新实践活动的学生有5000～6000人次，绝大多数学生在毕业前都参加过这样的活动，对于他们继续深造、就业都起到了良好的助力，也为他们今后的发展打下了坚实基础。

1. 英语演讲比赛

中国海大的学生一直都以外语基础扎实著称，除了在大学英语四六级考试中保持高通过率和优秀率之外，他们也在各类英语比赛中取得了好成绩。邓红风教授曾任英语系主任，长期指导学生参加英语演讲比赛。据他回忆，学校第一次受邀参加全国性的英语演讲比赛是在2001年，由他具体负责。经过选拔和培训，他于2001年10月带英语专业1999级的李军去上海参加华东赛区决赛，获得第一名。2002年4月，在强手如云的全国决赛中，李军顶住压力，获得全国第二名的好成绩，而第一名就是后来成为外交部著名翻译的来自北京外国语大学的孙宁。学校学生第一次参加全国演讲比赛，就取得了这样好的成绩，使得英语学界对学校的英语教学水平有了更好的了解。从此，在三项全国重要的英语演讲和辩论比赛中，学校都受到了邀请。这也鼓舞了全校学生学习英语的热情。

此后，学校又连续参加CCTV杯全国英语演讲大赛。每次中国海大的学生都在省赛中脱颖而出，代表山东省参加全国决赛，并且都进入了全国决赛的前16名，生物科学专业2004级本科生王蓉、公共管理专业2004级本科生屠雪霏、法语专业2008级本科生王沫涵分别在2006年、2007年和2009年进入中央电视台演播大厅参加最终的角逐。

2009年11月15日，在中央电视台举行的2009年度"CCTV杯"全国英语演讲大赛决赛中，学校法语专业2008级本科生王沫涵荣获最佳即兴演讲奖。学校也成为当时山东省唯一三次进入决赛的高校。

参加这些比赛，为学生创造了锻炼机会。因为成绩优秀，获奖学生获得了去韩国、新加坡、马来西亚、孟加拉国、加拿大以及中国香港和澳门地区进行游学比赛的奖励，开阔了眼界，很多学生在这个过程中成长起来。例如英语专业2000级本科生申秀霞，是英语演讲比赛的积极参加者，后被外交部录用，担任了中国驻美国大使馆一等秘书；还有当时多次参加过英语演讲比赛和辩论赛的丁玎，后来成为澳大利亚悉尼大学研究员，在《柳叶刀》杂志上发表过多篇文章，曾获得英国大奖并受邀在BBC电视台担任嘉宾。

2. 数学建模竞赛

全国大学生数学建模竞赛创办于1992年，每年一届。由于能很好地提升学生的素质和能力，参赛面广，竞争激烈且含金量高。该竞赛广受参赛师生的好评，是全国高校范围内最有影响力的竞赛之一。

学校第一次参加数学建模竞赛是1994年。当时山东还没有赛区，学校应用数学专业的几位本科学生自发组队参加了当年的比赛，邀请数学系方奇志担任指导教师。1995年，因为国家教委的大力推动，各高校都开始重视这项大赛，青岛海大也成立了专门的领导小组组织师生参赛。数学系教师方奇志、徐兴忠和曹圣山组成教练组，曹圣山老师任总教练。曹老师还在1996年首次开设数学建模公选课、1998年创建数学建模实验室，使得这项大赛的组织、培训工作常态化，从此学校学生没有缺席过任何一届比赛。

从最早只有数学专业的几位学生到后来50多个专业的近500名学生参赛，学校参加该竞赛的学生规模越来越大，参赛成绩也越来越好。特别是在进入21世纪以后的十几年时间里，中国海大学生共获得国家一等奖20多项、二等奖60多项，还有一年在全国几万支参赛队伍中脱颖而出，两支队伍的参赛论文获得全国十佳论文，一个学校有两篇论文入选十分罕见。曹圣山、刘宝生等多位老师先后获得全国优秀指导教师称号，学校也多次获得优秀组织奖。

许多学生通过大赛的锻炼成长起来。应用数学专业1991级学生刘通是学校第一批参加大赛的学生，本科毕业后先后到清华大学和美国密歇根大学、宾州大学深造，2012年获得斯隆科学青年奖，现为美国普渡大学数学系教授。应用数学专业1993级学生严军，1996年参加大赛，现为复旦大学数学科学学院教授、博士生导师，2013年获国家杰出青年基金，2016年入选中组部万人计划领军人才。应用数学专业2008级学生靳光震，2010年参加大赛，其论文入选全国十佳论文，现为中山大学海洋科学学院特聘研究员。

3. 机器人大赛

学校是一所以理科见长的高校，培养的工科学生因为基础理论扎实、动手能力强，屡屡在各类大赛中获奖。志趣相投的学生自发组建起一些科技社团，其中机器人社团比较有代表性。2002年，机器人大赛尚处于起步阶段，青岛海大学生即在上海举行的中国高校机器人竞赛仿真组的比赛中获得亚军，这是当时山东省高校代表队参加国内外此类大赛取得的最好成绩。21世纪初，机器人还比较新鲜，一帮爱好者迅速聚集在获奖同学周围，成立了机器人科技社团。刚开始主要是自动化专业的学生，因设计机器人涵盖了控制、模式识别、传感技术、电子、电气、计算机、机械等多个学科领域知识，社团逐渐吸收相关专业的学生加入，规模逐渐发展到上百人。社团的学生白天上课，晚上便聚集在一起设计、制作各种类型的机器人。之后，在各种机器人大赛中，都有他们的身影，也取得了良好的成绩。

工程学院宋大雷教授长期指导学生参加机器人大赛。从足球机器人的轮式机器人和仿人机器人起步，结合通用技术和自己涉海的科研成果，指导学生研究、设计、制作水下机器人。从2013年学校代表队首次参加全国海洋航行器设计与制作大赛以及OI中国水下机器人大赛等水下机器人赛事起，每一届大赛都能拿到几个组别的冠军或金奖，甚至包揽一些组别的前几名，在第七届全国海洋航行器设计与制作大赛中创纪录地获得24枚奖牌。越来越多的学生被这个团队吸引，在名为"中海大航行器战队"的群里活跃着近900名学生。这些学生来自不同专业、不同年级，团队形成了良好的运转机制。大一的新生主要是观摩，了解机器人设计的基本原理和技术，平时在课堂、课后着重学习；大二、大三的学生是主力，负责组建团队，设计、开发不同类型的机器人、航行器，参加各种比赛；大四的学生们身经百战，主要负责向学弟、学妹们传授经验，担当导师的角色。

在机器人团队建设之初，活动场地还不充足，很多学生在宿舍里开展实验活动。张逸恒是学校自动化专业本科毕业生，曾在学生时代参加过各类机器人竞赛并获得优异成绩。回忆起在校参加社团活动时，他说："在机器人的设计过程中，我们有时会把做不完的工作带回宿舍做。时间久了，宿舍就成了我们的第二实验室。"2014年，机器人团队将工程学院六楼阁楼改建成了属于学生自己的实验室。地面上贴上了智能车跑道，从五楼接水搭建了室内水池。"这里是创新的发源地，虽然本身的条件艰苦，但是氛围非常好，是一个在创新方面特别有激情的地方。"机械设计制造及其自动化专业2010级学生李东杰语气中满是自豪，"尽管我们用的东西都是二手的或者废弃的，条件有限，但是所有东西都是我们亲手收集和搭建起来的。我们不是很看重外在条件，很知足，把平时的一些想法变成现实，学校和老师给予经费支持，我们增添所需要的仪器。"

结语

2007年10月，中国海大接受了教育部组织的本科教学工作水平评估。以上海交通大学原校长谢绳武教授为组长的专家组来校进行现场考察，在5天的时间里5位专家每天工作到深夜，听了20门课，查阅了20卷档案材料，走访了20家学生就业单位，组织了20场座谈会，对学校本科教学工作水平进行了全面、认真、深入的了解和评估。考察后，专家组充分肯定学校本科教学工作取得的成绩：一是办学思想和发展目标明确，本科教学的中心地位突出；二是构建了结构合理、优势突出、特色鲜明的学科专业体系；三是实施人才强校战略，多渠道、大力度加强人才引进和培养；四是不断深化教育教学改革，人才培养质量稳步提高；五是教学管理规范严格，教学质量监控运行有效；六是统筹安排，加大投入，教学基础设施和条件得到了显著改善；七是积极开发和整合校内外优质文化资源，建设了体现中国海大精神的校园文化。专家组给出了评估优秀的成绩。这也是外界对学校本科教学水平的权威评价。

截至2023年，学校新的教学运行体系实施20年里，有90%的学生选修了本专业要求以外的课程，平均多修读了10个学分；通过自主选课实现了转换专业毕业的学生比例由4%提高到了18%；400余名同学通过修读不同专业的课程获得了辅修、双专业或双学位证书；134名同学用三年时间修完全部专业课程，提前一年毕业；学校开设的课程由2003年不到3000门次提高到2023年的6300多门次。经过持之以恒的探索与实践，学校新的本科教学体系运转良好，保障其科学、高效运行的优良生态系统业已形成。

充分利用党和国家改革开放所创设的历史机遇，海大人秉持为党为国育人使命，励精图治，深化改革，用智慧和心血赢得了"学在海大"之美誉；进入新时代，海大人不忘初心，一脉相传，着力创新，为"学在海大"注入了时代精神和崭新内涵，使其发扬光大；面向新的百年征程，海大人必将一如既往，追求卓越，创造一流，使"学在海大"更具魅力，更加令人向往。

重振人文谱新篇

纪丽真　　戴羽彤

岛城的四月，绮丽的樱花开得像天河，两行樱花蜿蜒在山道上。你在树下走，一举首只见樱花绣成的云天。樱花落了，地下铺成一条花溪。镜头一转，潮水在沙滩上飞转，溅起白浪花，又退回去，大海的魅力，吸引着无数的人走近它，探索它的奥秘。

2002年4月1日，全国政协常委、中国作协副主席、原文化部部长王蒙先生来到青岛，这位著作等身、享誉文坛又极爱大海澎湃气概的著名作家，接过了管华诗校长颁发的聘书，出任青岛海洋大学文学院院长，在黄海边写下学校人文教育的新篇章。

这纸聘书也是学校第一任文学院院长闻一多先生传下来的"接力棒"。2002年4月3日，王蒙走进了学校鱼山校区修葺一新的"一多楼"。历史总有惊人的相似，激扬文字，擘画未来，两位文学大师、两任文学院院长的灵魂在此刻相遇了。我们可以想象这样一个场景，王蒙站在闻一多塑像前，神色庄重，静静地沉思，他的思绪穿越时空的隧道——眼前大师云集、群星荟萃，这是海大园的首度人文之盛。

一、灿若星斗：20世纪30年代的人文之盛

星月同辉，河汉灿烂。1930年6月，国立青岛大学创办文学院，闻一多先生任文学院院长。杏坛初开，天下名家、俊杰云集，位于鱼山路上的这所大学一时群星闪耀。

杨振声校长秉承兼容并包、学术自由的办学方针，利用青岛自然环境优美、气候

宜人的优势及自己的声望和地位，打破门户之见，广罗名师硕学。一时间，学校俊才云集、名人荟萃，教员阵容在民国大学中屈指可数，尤以文学院众多享誉文学界的名家最为引人注目。闻一多、梁实秋、沈从文、游国恩，以及国立山东大学时期洪深、老舍等人先后汇聚于青岛，执教于文学院。

（一）闻一多和"一多楼"

闻一多和梁实秋是一同也是最早一批受邀来青的，那年闻一多31岁，梁实秋27岁。或许在这之前，他们不会想到，有一天自己会在这片土地上生活和工作，对这片土地奉献出一腔热情。1930年，杨振声赴上海物色教员，邀请二人来青任教。初受邀时，他们拿不定主意，后来听说青岛景物宜人，颇为心动，决定一同赴青岛"考察"。考察之旅的结果自然是皆大欢喜的。青岛的天气冬暖夏凉，风光旖旎，人情

学校鱼山校区的"一多楼"

浓厚，完全符合他们的定居标准，而梁实秋的夫人程季淑尤爱青岛的洁净与气候。同年8月，闻一多出任文学院院长兼中文系主任，梁实秋则被聘任为外国文学系主任，不久又兼图书馆馆长。

在学校的文脉史上，闻一多的名字是用三分诗人的激情和七分学者的冷峻镌刻而成的。国立青岛大学时期的闻一多完成了从诗人向学者的转变，那个年代的社会动荡使青年闻一多感到疲惫不堪，这个感情如烈火般奔放的诗人一心想着钻进书堆里不问世事。写完《奇迹》之后，闻一多基本停止了新诗创作，一改往日"激情诗人"的形象，甩去了文学家的自由欣赏、自由创作的态度，自称"钻入故纸堆中"。来到青岛的第二年，闻一多搬进了学校的第八校舍（1950年命名为"一多楼"），变成一个潜心向学、目不窥园、足不下楼的学者，故有"楼上先生"之称。在鱼山校区的东北角，这栋二层小楼静静伫立，红瓦黄墙闪耀着热情的光芒。学术钻研之外，闻一多讲课时满腔热情，爱憎分明，充满诗意。他时常会将早上的课调到黄昏时分，认为迎着夕阳和晚霞上课是一件特别浪漫的事。闻一多总是抱着一大摞书昂首阔步地走进教

室，学生起立致敬后，他便在讲台上坐下，慢慢点燃烟斗或掏出一包烟，笑眯眯地问学生："你们哪位吸呀？"当然没人吸，他就在学生的笑声中点上一支，然后边敲桌子边和着节拍唱道："痛饮酒，熟读《离骚》，方为真名士。"接下来便一边抽烟，一边讲《楚辞》。虽是如此，教室里却座无虚席，外系的甚至是外校的学生都来听，走道里也站满了人。讲到兴致盎然，他就忘记了下课时间，学生当然也不会提醒他，直到夜幕降临，月光接上了灯光。

（二）梁实秋：国立青岛大学外文系主任兼图书馆馆长

闻一多的受邀是因旧友的盛情难却，而梁实秋则更多是为青岛的自然与文化环境所吸引。在梁实秋犹豫不决时，杨振声看出了他心中的顾虑："先不必决定，青岛此时盛景无数，不妨携夫人来住一阵，也好让我尽地主之谊。"于是梁实秋一家乘船北上，住在中山路中国旅行社招待所，街道整洁宽敞。他们雇了两辆马车，游览全市，从海滨公园、汇泉浴场到湛山、总督府……所到之处，都是红瓦的楼房和葱茏的绿树交相辉映，而且三面临海，形势天成，梁实秋不禁对青岛的美丽大加赞赏。这一路上给他们留下深刻印象的还有那两个车夫，山东大汉，彬彬有礼，路上如遇到山上居民接水用的橡皮管，即使四顾无人，车夫也必定停车，下车把水管高高举起，把马车赶过去，再把水管放下来，如是折腾者数次，车夫不以为烦，而梁实秋却禁不住开口："又没人看到，为何不直接轧过去？""先生，我没读过书，讲不出大道理，我只知道这样不对。"这件小事深深感动了梁实秋："如今来到孔孟之邦，居然市井斗筲之民也能知礼。"再加上杨振声待人接物的风度有令人不可抗拒的力量，气候、风光、人情，天、地、人三者都符合梁实秋的定居标准，于是欣然接受了聘书。

在国立青岛大学，梁实秋为外文系学生开设过"欧洲文学史""莎士比亚""文艺批评"等课程，还为其他系的学生开设过公共英语课。梁实秋知识渊博，讲课既内容充实，又饱含感情，学生们都十分喜欢这位老师和他开设的课程。

而作为图书馆馆长，在大学初建时梁实秋曾专门到上海为学校购买了一大批书籍，丰富了图书馆的藏书，其中包括莎士比亚著作的许多版本，号称"全国图书馆之冠"。当时，梁实秋还在每周四的大学周报上增开两版的图书馆专业周刊——《图书馆增刊》，其刊登内容包括馆藏新书目录和介绍、借书制度，图书馆学、目录学文章，图书评介等，向学生们介绍如何借阅图书。在当时，这不仅在大学中罕见，在社会上也是极少的，体现出了大家的眼界和风范。

梁实秋一家在青岛住了四年，第二年他们搬到鱼山路7号的新居，紧挨着学校，这是一栋刚建好的二层小楼，上下各四间，还有地下室，小院也很宽敞。房东为人忠厚朴实，因为院子太过空荡，梁实秋夫妇希望他在院子里栽几棵树，房东旋即种下六棵樱花树、两棵苹果树和四棵西府海棠，每到春夏，小院里花红叶茂，令人赏心悦目。梁实秋一家欲离开青岛时，他们租住的房屋还有三个月到期，他仍依约付足全年租金，房东却执意不肯收下，青岛"君子国"的印象深深烙印在梁实秋的心中。

梁实秋是一个很讲究生活情趣、懂得享受生活的人。除教书育人、创作翻译外，饮酒、谈吃、品茶，他样样在行。青岛的珍馐美味，尤其是海鲜，最让梁实秋念念不忘。"西施舌"是青岛盛产的一种海贝，梁实秋第一次吃"西施舌"，就是在青岛顺兴楼，"一碗清汤，浮着一层尖尖的白白的东西，初不知何物，主人曰西施舌，含在口中有滑嫩柔软的感觉，尝试之下果然名不虚传"。

"青岛四年之中我们的家庭是很快乐的"，梁实秋说。晚年的梁实秋还让女儿从青岛第一海水浴场装了一小瓶沙子辗转送到我国台湾，以寄托浓浓的思念之情。

（三）沈从文：星斗其文

与闻一多、梁实秋同时受到杨校长邀请的还有沈从文。1930年，杨振声在上海多方打听，想要物色一位写作课老师。徐志摩和胡适向他推荐了在中国公学教书的沈从文。那年沈从文28岁，仅有小学文凭，这不符合在大学任教的条件，而且他的身上还没有《边城》《长河》带来的光环，杨振声犹豫片刻后，考虑到沈从文在文学创作上表现出来的潜力，仍坚定地向沈从文发出了邀请。

然而，受到邀请的沈从文反倒犹豫不决。这个自称为"乡下人"的小学毕业生对自己的才能笃定不疑，青年沈从文以文学创作和对文学的独到见解得到很多大学校长的赏识。他犹豫的是青岛可能并非自己的理想之地，他生怕离开上海后写不出文章。可正值时局动荡，许多私立大学停办，如果抛弃教职，专职写作是难以养活自己的。几经权衡，1931年8月，沈从文离开繁杂的上海，来到青岛，在国立青岛大学中文系任讲师。

初到青岛的沈从文，在中文系讲授"小说史""散文写作"两门课程。因为生活艰辛、天性羞怯等原因，沈从文的口才一般，也不健谈，但这时，他已是成名作家，所以仍然受到学生的欢迎。

1932年，国立青岛大学改为国立山东大学，校长杨振声去职，赵太侔任校长。闻一多、方令孺等都相继离开，沈从文因钟情校园和青岛，留了下来。

沈从文住在福山路3号的一座小楼上。此楼坐落于八关山的东麓，十几步便可到学校，距中山公园（当时为青岛第一公园）、汇泉湾和海滨浴场也不过一箭之地。因在北京有一个"窄而霉小斋"，沈从文便诙谐地命名此处为"窄而霉斋"。

来青岛之前，沈从文虽不断地读书、写作、编杂志，却一直无固定收入，生活常陷入窘迫。来校后，校方给予教师优厚的待遇，而且提供的居所幽雅舒适，有专人照顾饮食起居，沈从文过上了安静、愉快的生活，终于可以安心教书与写作。青岛的气候与景色给他带来前所未有的愉悦，在沈从文眼中，青岛俨然一个世外桃源。他写道："青岛的五月，是个稀奇古怪的时节，从二月起的交换季候风，忽然一息后，阳光热力到了地面，天气即刻暖和起来。树林深处，有了啄木鸟的踪迹和黄莺的鸣声。公园中梅花、桃花、玉兰、郁李、棣棠、海棠和樱花，正像约好了日子，都一齐开放了花朵。到处都聚集了些游人，穿起初上身的称身春服，携带酒食和糖果，坐在花木下边草地上赏花取乐。就中有些从南北大都市来看樱花作短期旅行的……多仰卧在草地上，用手枕着头，被天上云影、压枝繁花弄得发迷。口中还轻轻吹着唿哨，学林中鸣禽唤春；女人多站在草地上为孩子们照相，孩子们却在花树间各处乱跑。"

沈从文经常到海边进行构思，也常常去登崂山，青岛的青山绿水，既给作家的生活带来了快乐，也不断触发其创作的灵感。他在《小忆青岛》中说："我曾先后六次上过崂山，有一回且和杨金甫校长及闻一多、梁实秋、赵太侔诸先生去崂山住了六天，以棋盘石、白云洞两地留下印象特别深刻，两次上白云洞，都是由海边从山口小路一直爬上，这两次在'三步紧'，临海峭壁上看海，见海鸟飞翔的景象，至今记忆犹新；从松树丛中翻过崖石的情景，如在眼前。"

无论是教书还是创作，青岛都是沈从文的重要驿站。在这里，沈从文将教书与写作紧密融合在一起，二者相得益彰。一方面，长于写作的沈从文弥补了讲课的缺陷。沈从文教学的长处不在于讲，而在于改，他对学生的习作百改不厌，写的批语常常比作文本身还长。另一方面，教授写作课为沈从文提供了尝试文体的机会和条件，青岛时期是沈从文创作日渐成熟的时期，无边的海既寂寞、又充满希望，培养了他的孤独心情，也放大了他的人格。沈从文曾回忆道："在青岛那两年，正是我一生工作能力最旺盛，文字也比较成熟时，许多较完美作品多是在青大完成的。"从1931年8月到1933年8月，在青岛的两年时间里，沈从文除写了《记丁玲》《记胡也频》《从文自传》三部中篇传记以外，还创作了《八骏图》《静》《都市一妇人》《月下小景》等20多部中短篇小说，以及《黄昏》等新诗、《论徐志摩的诗》等文艺评论，同时还构思了最著名的乡土情结小说《边城》，"《边城》酝酿于青岛，只是到了北京以后才落笔"，这位被誉为"星斗其文"的作家，给海大园和青岛留下了宝贵的精神财富。

（四）游国恩：楚辞研究大家

游国恩长于楚辞研究，也是闻一多的"邻居"。1931年，应闻一多之邀，游国恩任国立青岛大学中文系讲师，讲授中国文学史、楚辞、唐宋以降的文学、中国文艺故事等课程。与游国恩同来的还有外国文学专家赵少侯，历史学家杨筠如及梁启超的胞弟、对《韩非子》有深入研究的梁启勋，还有沈从文等。游国恩等人的加入，使学校国文系的师资力量大大增强。

作为"古典文学迷"，游国恩、闻一多两人因《楚辞》相识相交，在武汉、青岛和昆明三度共事，共同探讨《楚辞》相关问题，成就了一段学术佳话。因此在青岛期间，也是有意安排，游国恩和闻一多一同住在"第八校舍"，游国恩住楼下，他们常常聚在一起交流，秉灯夜话。

在国立山东大学五年期间，游国恩讲授的课程有中国文学史、楚辞、经学史、唐宋以降文、中国文艺故事等。除了教学，游国恩在校期间还坚持撰写教材和专著。

游国恩毕生从事教育工作和古典文学研究，尤以楚辞研究造诣最深。在青任教期间，游国恩教学与研究并重，完成教材《中国文学史纲要》卷三、卷四的写作，并继续潜心研究《楚辞》，开始编撰《楚辞注疏长编》，将自己楚辞研究的成果汇为《读骚论微初集》等，成为现代楚辞学研究"集大成者"。

游国恩做学问平正通达，能够"持论公允""平理若衡"，著述态度严谨，下结论极其慎重。早在20世纪30年代,游国恩就编定了《离骚纂义》和《天问纂义》的初稿,治学严谨的游国恩,先后将书稿磨砺了50余年,终于在20世纪80年代由他的学生协助编就,交由中华书局出版。在此期间,出版界主动登门索稿,提议先将初稿付印,待补充完了再出新版,他坚决不同意,称"一部书要编得毫无欠缺,当然不可能,但总要尽了最大努力之后才能让它出版,这才对得起读者"。游国恩以其深厚的学术造诣、严谨的治学态度成为享誉海内外的知名学者。

(五)洪深与《劫后桃花》

1932年7月,国立青岛大学改为国立山东大学,原教务长赵太侔任校长。赵太侔首创文理合一、理工合办的办学模式,更加重视人才资源,增聘老舍、洪深等名家学者,文学院的师资阵容更为齐整。

1934年,梁实秋临行前大力推荐洪深来校任教。校长赵太侔亲自点将,赵太侔夫人俞珊也从旁劝说。友人相邀,情不可却,此时已经在戏剧界、电影界红热似火的洪深来到青岛接替梁实秋任外文系主任。但洪深与青岛的深缘,远非一两句话能说清楚的,也不应从这时说起。

时间回到1914年,20岁的洪深已经仿佛有所预感的:"余至青岛,前后凡四次……而见闻所及,颇有可记录者……"洪深最早来到青岛是因为他的父亲。洪深之父洪述祖是袁世凯的亲信,因涉嫌宋教仁刺杀案,化名"恒如初"在青岛租界避难。洪家在青岛各处置了一些房产,其中崂山南九水的别墅"观川台"是洪深的常住之处,令他念念不忘。

正是在这一年,日本帝国主义侵占青岛,"观川台"被强夺了去,洪深失去了在青岛的一个家。20年后,他再度来青,故园不在,这座城市也经历了沧桑巨变。洪深感慨万千,在《我的"失地"》里这样写道:"我每次到青岛,总得设法到南九水去探视一次,独自一人的时候多。我轻易不敢对人家说,我才是这屋的真正主人;人家也不晓得我还有这样一块'失地'。"

大概这篇散文只能表达出洪深思绪的万分之一,他又在此基础上创作了剧本《劫后桃花》。洪深将自己的青岛往事重新加以剪辑,演绎了一段悲欣交集的人生蒙太奇,无尽的哀伤裹挟着稍纵即逝的欢欣,那是对失去的家的追忆与痛悼。

　　《劫后桃花》可谓青岛的一部城市传奇。前清遗老祝家在辛亥革命后购得一所花园小楼避居青岛，德国败退，祝家也正值家境败落，那桃花照眼明的宅院终被觊觎祝家小姐而不得的翻译官勾结日本军队夺走，曾对祝家小姐有朦胧爱慕的花匠也因左翼政治倾向而被迫离开青岛。别墅后来又随政权更迭，辗转被多个主人占有，祝家反遭陷害和逐出，几度试图收回别墅均以失败告终。花匠在北洋政府收回青岛后归来，别墅已改为新政府的官署，此时祝家小姐也已嫁给家庭教师李先生为妻。他们回到那久违的繁花门前，大家都落得一个静悄悄的结局——一同默立在雕花铁门外，窥见那一树桃花独自在庭院中绽放。

　　劫后重生，故人回到老宅，院内桃花盛开，而故人心中的"桃花"却早已面目全非。《劫后桃花》的摄制为中国电影界留下了辉煌的一笔。经年萦绕心头的家族隐秘情绪奔涌而出，表达了对吞噬中华民族利益和中国人个体利益的外敌的愤慨，讽刺和鞭挞了一切奴颜婢膝的民族败类，成为洪深的戏剧创作在艺术上和思想上达到巅峰的标志。

（六）老舍与骆驼祥子博物馆

　　1934年9月，老舍接受国立山东大学之聘，任中文系讲师，一年后被聘为教授。任教期间，他主讲小说作法、文艺批评、高级作文、欧洲文学概论和欧洲通史等课程。

　　初到青岛国立山东大学的老舍，虽然是担任"讲师"一职，却受到了师生们的欢迎。1934年10月9日晚7时，老舍出席国立山东大学中国文学系为欢迎新教师及新同学在大礼堂所举行的迎新会，并在会上致训词。据《中文系同学举行迎新会》记载："……继由校长、张主任、姜淑明、游泽圣、舒舍予诸先生相继致训词，语多虽勉，殊为恳切。"这大概是因为在老舍来校教书之前，许多学生就已经读过他的《老张的哲学》《二马》等小说，对他向往已久，早就想一睹"幽默大师"的风采。今日见到老舍先生能亲自授课，怎能不欢呼雀跃？

　　老舍到校任教时才35岁，但已经是一位知名的作家，创作出了《老张的哲学》等七八部长篇小说。但是，这位名作家在学校里，仍虚怀若谷、平易近人，认认真真地备课、授课。老舍在青岛国立山东大学所讲授的各门课程都很受学生的欢迎。有一件事可为佐证：老舍先生对考试要求是很严格的，选他的课的学生考试时，成绩能获得80分以上的，寥寥无几，"可是选读他的功课者，却依然是挤满教室"。有的课学生若是去得较晚，便会找不到座位。这一方面是因为老舍备课非常认真，准备充分，讲课时一口地道的北京话，十分动听；另一方面，讲授"小说作法""高级作文"这类课，对于有着丰富写作经验的作家老舍来说，可谓驾轻就熟，可以将自己的创作体会融入其中，效果岂能不好？！还有，老舍先生非常爱护学生，在学生中间，他从不以名作家自居，和蔼可亲。因此，不仅本系学生喜欢听他的课，连外系的学生也向学校要求旁听他的课程。为了满足学生的愿望，除给社会学系开设每周3课时的选修课程"欧洲通史"外，学校还先后三次专门安排老舍进行全校性讲课。这相当于我们今天的通识课或精品课。

对于在国立山东大学教书的生活，老舍自己也是很珍惜的。在写于1936年的《青岛与"山大"》一文中，老舍便以一个教师的身份，以第一人称，对当时国立山大的特色，"强毅""能吃苦"的精神，师生的静肃态度、朴素穿着，对一些人对山大精神的"误解"和"猜想"，逐一作了专门解答和总结。

国立山大时期的老舍，通过青岛的生活进一步认识了山东人的精神，认识了齐鲁文化在北方的意义。他说："不管青岛是怎样西洋化了的都市，它到底是在山东。'山东'二字满可以作朴俭静肃的象征，所以山大——虽然学生不都是山东人——不但是个北方大学，而且是北方大学中最带'山东'精神的一个。……这个精神使我们朴素，使我们能吃苦，使我们静默。"山东的精神特征与老舍的思想意识、价值观念非常一致，形成了一种文化认同。这座"无寒无暑"的美丽海滨城市成就了老舍的创作风格，使其迎来了文学创作生涯中的第一个高峰。

老舍在岛城进行的文学创作，为青岛留下了许多宝贵的精神财富。自1934年8月底来到青岛后，他先后在当时莱芜一路、金口二路2号、黄县路6号居住，出版了短篇小说集《樱海集》《蛤藻集》，散文《青岛与我》《五月的青岛》《春风》，小说《听来的故事》《丁》等，这些作品无不带有青岛的痕迹。1935年7月，来青消夏的文艺界同仁认为，既然相聚在一起，就应该干点事儿，老舍提议办一个短期刊物，得到大家的响应，这就是在《青岛民报》上开辟的文艺副刊《避暑录话》。老舍在上面发表过散文、小说和旧体诗等多篇作品。在这些作品中，老舍以他幽默讽刺的笔调，轻松诙谐地谈论身边琐事，抒发爱国主义的情感。老舍的目光聚焦于中国最痛苦的底层平民，执着于国民性格和国民精神的探究。在此基础上，他创作了《骆驼祥子》这部作品，自云"《骆驼祥子》是我作职业写家的第一炮"，当时轰动了文坛，震动了全国。2010年5月，以青岛市市南区黄县路的老舍故居为基础，以"骆驼祥子"命名的骆驼祥子博物馆，正式建成并向社会开放，是国内首个以一部文学作品的名字命名的博物馆，以此来纪念老舍先生在青岛的教学和创作生活。

骆驼祥子博物馆

1937年8月，老舍应齐鲁大学文学院之邀，去济南任教职，结束了他在青岛三年的教书和写作生活。1951年，老舍被授予"人民艺术家"称号。68年后即2019年，王蒙也登上领奖台，接受了"人民艺术家"的荣誉称号。历史与现实交汇，老舍和王蒙，都与中国海大有着不解之缘。

二、人文重镇：20世纪40年代至50年代

走进有着百余年历史的中国海洋大学鱼山校区，"一多楼"是一定要去参观的地方。行至小楼旁的闻一多塑像前，人们的脑海中总会浮现出20世纪40年代至50年代海大园成为人文重镇的景象。

（一）学风延续

1946年3月，借抗战胜利之机，国立山东大学在青岛复校，赵太侔再任校长，文学院亦复建兰堂，重开杏坛。经历国立山东大学国文教育兴盛期的赵太侔，自然重视闻一多、张煦等在中国文学系建立的学风和传统的赓续，对延揽名师不遗余力，王统照在此时应邀前往。其实，王统照早已与海大园结缘，在20世纪30年代青岛文学这艘航船上，王统照是名副其实的"船老大"。"遥睇海天远，苍茫洗郁怀"，为了看海，王统照在书房前搭起一个凉台，起名"望海台"。夕阳西下，照得海水一片通红，对岸的

远山是一片紫色，周围的云也镶上了金边，像是一扇金色的弯门，海色天风，最适人意。他常常同朋友登台品茗、看海，疏解胸臆。当时在国立青岛大学任教的闻一多、老舍、洪深等都是他的座上常客，每每相会，他们谈天说地，话题从文学到戏剧，从社会时事转向人生理想。王统照对那些有文学潜力的青年人更是积极引导，尽力扶植。望海楼成为许多青年学子心中的神圣之地，臧克家、王亚平、吴伯箫等人频繁造访请教，王统照常常在灯光下和他们彻夜围炉夜话，诗文的激情呼应着拍岸的阵阵涛声。吴伯箫这样回忆："观海二路的书斋里，同你送走过多少度无限好的夕阳，迎接过多少回山上、山下的万家灯火。"

王统照中学时就走上了文学创作之路，后在读书期间参与了"五四运动"，组织创立了"文学研究会"，还是《曙光》《晨报》等多家杂志的编辑。多个头衔带给他的社会地位，使他一到青岛，就成为学界、文艺界争聘的对象。好友李健吾称其"没有架子，人老实，却又极其诚恳，没有浮光"。这样一个"老实人"的到来，犹如春雷乍响，使荒芜的青岛文学园地有了新绿。1929年，王统照创办了青岛文学史上第一个文学刊物《青潮》，他说："我们想借助文艺的力量来表达思想，在天风海浪的浩荡中，迸跃出这无力的一线青潮。"《青潮》的创刊，是以王统照为领袖的青岛本土作家的第一次群体亮相，开拓了青岛新文学的园地。

可能受到海潮日夜不息的渲染，在青岛的日子里，王统照思如泉涌、妙笔生花，诗集、散文、小说都有出版，《青岛素描》《海浴之后》《沉船》都来源于在青岛的耳闻目睹。1933年，其代表作长篇小说《山雨》问世，标志着王统照的文学创作走向成熟。这部气势磅礴的小说的含义是"山雨欲来风满楼"，它真实地再现了军阀混战、兵匪灾荒下的北方农村。茅盾撰文称其为"在目前文坛上应当引人注意的新作"。吴伯箫把它与茅盾的《子夜》并列，称为"子夜山雨季"。1936年，王统照赴上海从事文学活动，从此青岛便是王统照记挂的"故土"，直到1945年春，王统照回到青岛，先用化名王恂如在齐东路赁房居住，日本投降后，才得以回到观海山的旧宅。同年，王统照被聘为《潮音》的主编。在他的精心耕耘下，《潮音》为青岛的文学发展带来了新的高潮，郑振铎、郭绍虞、丰子恺、徐中玉等文学大家都有作品发表。1946年王统照被聘为文史系教授，他一面教书，一面继续文学创作，并扶持学生办的校内刊物。此时的王统照是一盏明灯，照耀着学生向光明大路走去。1947年6月，国立山东大学学生开展"反饥饿、反内战"的斗争，他在大会上挺胸表态："同学们，我支持你们！"这极大鼓舞了学生。全国解放后，山东大学又聘王统照为中文系主任，他愉快地重返校园，为人民执教鞭。

（二）"陆冯高萧"

20世纪50年代，学校人文发展迎来了又一个兴盛时期，鱼山路5号又一次群贤毕至、彦士咸集。中文系之陆侃如、冯沅君、高亨、萧涤非四人同事，有"陆冯高萧"之美称；历史系之杨向奎、童书业、黄云眉、张维华、郑鹤声、王仲荦、赵俪生、陈同燮八人甫聚，成"八马同槽"之奇观。

"陆冯高萧"四大教授并称中文系"四大台柱子"。四位大师各向学生讲授一段文学史，先秦一段为高亨，汉魏六朝为陆侃如，隋唐五代为萧涤非，宋元明清为冯沅君。

在山东大学中文系众多的名师中，萧涤非是执教时间最长的一位，他两度入职山大，执教山大共47载。1933年萧涤非于清华大学研究院毕业，得导师诗学宗师黄节的推荐赴青岛，任教于国立山东大学中文系，这时的萧涤非还是个初出茅庐的二十几岁的小伙子，而其授课的班上有的学生年龄比他还大，萧涤非当时认为自己没什么名气，生怕同学瞧不起，压不住台，砸了饭碗，讲课便格外卖力和认真。萧涤非任教期间，满怀"但使一枝能照眼，不辞心血活莓苔"的苦心，他经常说："如果一堂课教失败了，我会吃不下饭，睡不好觉。"萧涤非授课内容丰富、语言生动，引经据典脱口而出，联系实际巧妙自然。同时，他也注重教研结合，其著述大都经过先开课、再发表、后出版的"三步走"路线。萧涤非毕生致力于中国古典文学研究，他的学术道路从20世纪30年代的青岛起步，并以1949年为界限明显地分为前期侧重乐府、后期侧重杜甫诗歌两个阶段。萧涤非立足于汉魏南北朝人的生活，以文学史家的敏锐眼光熔史识、文学于一炉，深入挖掘民间乐府。萧涤非还开创了杜甫研究的新局面，由浅入深、由个别到全面、由特殊到一般，并赋予杜甫诗歌"人民性"的时代色彩。他对乐府、魏晋南北朝及杜甫研究的杰出贡献，使其成为中国古典文学教育和研究领域的卓越学者和一代宗师，被美、日等国学者奉为"汉学伟人"。

陆侃如与冯沅君是一对教授伉俪，1947年同来国立山东大学任教，他们和萧涤非正好弥补了山东大学中文系文学史名家的缺口，也开始了他们11年的岛城耕耘岁月。陆侃如讲授中国文学史等课程，采用个别辅导、共同合作和举办讨论班的教学方式，为山东大学培养了一大批古代文学的研究人才。冯沅君在中国文学系讲授中国戏曲、小说史，在外国文学系讲授国文课程，其讲课内容丰富、理念明晰，神韵天成。据其当时的学生回忆，有一次，冯沅君讲述苏东坡的《念奴娇·赤壁怀古》，只见她目光凝视前方，在讲台上踱着步子一字不落地背诵着，完全沉浸在作品的魅力中。这首词写得大气磅礴，她讲得也铿锵有力，完全把苏词的气势和感情发挥到了极致。而讲解李清照《声声慢》时，又完全是另一种气氛，其声音低回、如泣如诉，眼角闪着泪花，令人动容。

在这四人中，高亨是最晚到海大园任教的，1953年8月，经陆、冯引荐，开始执教于中文系。刚刚踏入海大园的高亨，内心充满了热情。一般人看来，像高亨这样造诣精深的大学者，给本科生讲课是轻而易举的事情，但事实并非如此，高亨不止一次地说："作为教师，教好学生是最大的职责，也是最大的安慰。要教好学生，就首先要自己学好，把要讲的东西研究透彻。"又说："教学要前进，科学要发展，学生应该超过老师。"讲先秦文学，没有功底是不行的，而高亨讲课清楚且重点明确，有时候为了解释一个新的字义或反驳一种错误的理解，会习惯性地稍作停顿，接着高声强调："据我的考证……"其讲课铿锵有力、言之凿凿，使学生精力集中，久不疲惫。

（三）"八马同槽"

2007年11月27日，赵俪生先生辞世，是"八马同槽"中最后离世的"一马"。"八马"已去，留下的是大量富有学术价值的著作和一个个说不尽的故事。

1950年11月，山东大学历史系独立建制，杨向奎为主任，与华东大学、齐鲁大学相关院系合并后得到迅速发展，学科建设、人才引进、著书立说，很快成为全国高校历史学科的影响高地，汇集了杨向奎、童书业、黄云眉、张维华、郑鹤声、王仲荦、赵俪生、陈同燮八大著名的教授。八大教授功底深厚，学风扎实，才思敏捷，领学界风骚，为一时之盛，并称为"八马同槽"。实际上，"八马"只是一个符号，代表着人才济济的历史系教师队伍，从先秦两汉、魏晋南北朝到隋唐五代，再到宋元明清直至近代，每一个历史阶段都有深入研究、成绩卓著的专家，并形成了自己的特点。

　　"八马同槽"时代可以说是新中国成立后山大历史系最辉煌的时代。当时这八位教授都正当盛年，大多是四五十岁，赵俪生最年轻，不过三十几岁。教授们经常发表有新观点的论文，系里学术气氛浓厚。著名历史学家邹逸麟回忆："教授们生活上很朴素，穿的大部分是蓝布中山装、布鞋，张维华、董书业冬天还穿长袍。穿着最讲究的是杨先生，平时多为呢质中山装，冬天外加开司米大衣，拿出来的手绢多为丝质的。我们学生在背后说，师母对杨先生照顾得最好。最不讲究的是童先生，一件长袍长年不洗，上面什么污渍都有。我们见过童师母，十分爱整洁，但童先生的生活习惯如此，师母也实在没有办法。"

　　当时山大历史系开设的课程种类很多，各具特色。讲课讲得最精彩的是张维华和赵俪生两位先生。张先生讲课底气足，声音响亮，一口山东普通话，乡音很重，上课时嘴上香烟不断，一支接着一支，一进课堂，就不必再用火柴；烟灰落在前胸，也不掸去，思想高度集中。赵先生有一副男中音好嗓子，声音洪亮宽广，抑扬顿挫，十分悦耳。他上课时全身心投入，在讲台上走来走去，写板书时非常用力。一门讲来比较枯燥的哲学思想课，被他讲得十分生动有趣，听他的课简直是一种享受，不知不觉中下课铃响了，仍意犹未尽。

　　很多校友曾被童书业先生惊人的记忆力所折服。当时，童先生过目不忘的本领是众所周知的，很多人曾对此做过测试，随意翻出《尚书》中的一页，任意读一句，他马上可以接着背诵下去。他在40多岁时对恩格斯的《家庭私有制及国家的起源》都能大段大段地背诵。当时曾流传着这样几句歌谣："腰酸背斜肌肤瘦，长夜攻读至白昼。问君何苦自折磨？矢志十年赶上童教授。"

　　"八位教授学问高深，引领学术潮流，并由此形成"独断之学"与"考索之功"并重的学风，奠定了山大"文史见长"的办学传统，"八马同槽"亦成士林传奇。

（四）《文史哲》薪火相传

　　"八马"在学界的重大影响力与《文史哲》的创办有千丝万缕的关系。发展和繁荣学术需要有交流和讨论的园地，这正是《文史哲》创刊的客观要求。山东大学的中文系、历史系云集了大批知名学者、教授，师资卓越，学风浓厚，极富热情的文史教师队伍力求为刚刚成立的中华人民共和国的学术事业贡献力量。但当时国内社会科学方面的学术刊物还不是很多，为了提倡学术民主和百家争鸣，引领和推动学校教学与学术研究的发展，华岗在1951年5月，拿出500元作为开办费，自费创办了《文史哲》杂志并任社长。

《文史哲》的创办得到了华岗校长和山大文史教师们的大力支持。华岗带头写稿，亲自审稿、改稿，并在经济上给予刊物很大支持，从不领取稿酬。翻阅1951年至1955年的杂志目录，可以看到华岗是这个时期在《文史哲》上发表文章最多、影响最大的作者。创办之初，《文史哲》并未正式建立编辑部，也没有配备专职编辑人员，编辑工作主要由中文、历史两系的教师兼任，编委们积极为刊物写稿，刊发的文章包括"陆冯高萧"关于文学方面的研究，杨向奎等"八大教授"关于历史方面的论著，孙昌熙、刘泮溪关于鲁迅的研究。刊物很快就在学术界产生了巨大影响，并从1953年起正式成为山东大学文科学报。据统计，"八马"前后在《文史哲》上发表了185篇质量极高的学术论文。在极困难时，教师们还从自己的工资中拿出一部分钱作为印刷费和稿费。《文史哲》提倡学术创新和独到见解，直接介入中国学术界长期争论悬而未决的学术问题，吸引了校外的大批知名专家学者争鸣讨论，众多知名学者多次为《文史哲》写稿，有的把自己的得意之作特地送来发表，这些文章为《文史哲》增添了光彩，一时以《文史哲》为平台形成了新的学术中心。

《文史哲》以"办好刊物，繁荣学术，培养学术人才，发现学术人才"为目标，华岗曾规定，《文史哲》每期至少有一篇理论文章，也至少有一篇现实文章；在学术文章中既有思辨的又有考据的，既有中国的又有外国的，文、史、哲皆有，以期办成特色校刊。同时，每期还要尽可能推出一位新作者，以提携青年学者。1954年，《文史哲》第4卷第4期发表了山东大学中文系1953届毕业生刘希凡、蓝翎的文章《关于〈红楼梦〉研究简论及其他》，引起国内外学术界的强烈反响。毛泽东主席对此非常重视，并亲自批示，在全国展开了一场关于《红楼梦》研究的大讨论。

诞生于中华人民共和国成立之初的《文史哲》杂志的成长与发展轨迹，从人文学术史演进的角度映射着共和国的辉煌历程。而其一以贯之的主题和使命，就是通过对于古典人文学术的研究，着力于优秀传统文化的创造性转化和创新性发展，构建哲学社会科学的本土话语体系，为当代所用，为后世续航。在《文史哲》历经70年峥嵘岁月之际，2021年5月9日习近平总书记给《文史哲》编辑部全体编辑人员回信，高度肯定《文史哲》创刊70年来取得的非凡成绩："在党的领导下，几代编辑人员守正创新、薪火相传，在弘扬中华文明、繁荣学术研究等方面做了大量工作，在国内外赢得一定声誉。"同时对坚持中国特色哲学社会科学研究和锻造高品质学术期刊提出了殷切期望："增强做中国人的骨气和底气，让世界更好认识中国、了解中国，需要深入理解中华文明，从历史和现实、理论和实践相结合的角度深入阐释如何更好坚持中国道路、弘扬中国精神、凝聚中国力量。回答好这一重大课题，需要广大哲学社会科学工作者共同努力，在新的时代条件下推动中华优秀传统文化创造性转化、创新性发展。高品质的学术期刊就是要坚守初心、引领创新，展示高水平研究成果，支持优秀学术人才成长，促进中外学术交流。"

三、走进春天的海大园：王蒙先生加盟海大

王蒙先生1956年就凭发表于《人民文学》的《组织部新来的青年人》而引起文坛轰动，一生创作的小说、散文等，获得许多奖项和荣誉，是真正的著作等身。尤为难得的是，已经鲐背之年，他仍旧笔耕不辍。王蒙还情系教育，喜欢高校的氛围和人文气息，乐于与师生们交流。2002年王蒙受聘为青岛海大文学院院长后，几乎每年都要来学校一两次，大会发言、与师生座谈、延揽名师开设课程、建立驻校作家制度、建言海大校训……为海大园的第三次人文兴盛，作出了巨大的贡献。

（一）春华秋实，重振人文

王蒙从小喜欢大海，向往大海，对海有着深厚的感情。他喜欢游泳，钟情于搏击大海。1995年夏，还是在青岛，王蒙与同行作家聊天。他说："我的最最豪华的享受就是夏天找一个海滨疗养所住下来，上午写小说，下午游泳。"确实，只要可能，他每年都到海边度假、写作、游泳。在世界各地出访的那段时间，夏威夷海、地中海、日本海、大洋洲等地，都留有他击水搏浪的英姿；连在新疆的时候，他一个40多岁的中年汉子也混在一群光屁股娃娃中间，在呜里哇啦的叫喊声中从山包上往湖里扎猛子……

在聘任仪式上，王蒙充满激情："非常高兴来到海大。多少年来我一直在考虑一个问题，贾平凹先生写过一本有名的书《我是农民》，如果我写一本这样的书，那么我是什么呢？尽管我在农村待过20多年，还担任过人民公社副大队长，说我是农民还是差了一点；说我是干部？也没有完全表

王蒙先生（左）从管华诗校长手中接过聘书

明我的特点；说我是作家，但也有十几年没有写作。后来我豁然开朗了：我是学生！从记事起就从来没有停止过学习，学习最快乐，学习最有意义，学习最需要，学习谁也剥夺不了！我来海大不是当教授、顾问和文学院院长的，我是来青岛海洋大学当学生的！我希望与海大师生共勉：让我们一起学习吧！"

全场掌声雷动，王蒙神色淡定。44年前，山东大学所有文科随学校大部西迁济南以后，留下的涉海学科，独自发展成为以海洋和水产为显著特色的山东海洋学院。而八关山下，人文之根底不枯，传统之精神仍在。20世纪曾有过的两度人文荟萃的历史一直是海大人难以释怀的美好记忆和挥之不去的情结。重振海大人文成为几代学人的憧憬与梦想。

从20世纪80年代起，在我国的改革开放大潮中，海大人审时度势、锐意进取，主动适应国家经济建设和社会发展的需要，对学科体系、教学管理体制与模式等各方面进行调整和改革，开始向综合性大学转型发展，人文学科应运重生。时任校长管华诗认为，学科的发展有两种模式，一种是积累式的发展，另一种是跨越式的发展，在目前高校竞争日益激烈的情况下，只有采取跨越式发展的模式，才能在短时间内使学校的人文学科达到国内先进水平，完成几代学人重振人文雄风的梦想。要实现这一梦想，需要有大师级的领军人物，学校的决策者把目光锁定在王蒙身上。

他们希望王蒙的加盟，可以引来更多文学和学术界泰斗级人物的光临，从而加重学校在国内外教育界和文学界的分量；他们更相信，大师级的王蒙，足以成为学校重振人文的领军人物。

这是一场双向的奔赴。王蒙为什么来青岛、来青岛海大，成为人们普遍关心的话题。对此，王蒙给出了三个答案：第一，作为一名"学生"，青岛海大的人文传统使他心动不已，蔡元培、闻一多、梁实秋、老舍、沈从文等众多享誉文学界和学术界的名家大师曾在此任教，学校有过历史的辉煌，此刻学校又下大决心重振人文学科；第二则是他对大海的爱，海洋不仅是科学的对象，也是文学的对象，青岛正是他最喜爱的海滨城市之一；最后，青岛海大有他创作的知音，学校师生对自己的创作和人生道路特别关注，一个搞写作的人非常希望得到这样的知音、得到这样的理解。管华诗校长就是这样的知音，二人办学思路和学术视野十分契合。精诚所至，金石为开，在感受到青岛海大，特别是管华诗校长本人的真挚和对教育事业的执着后，王蒙知道，青岛海大不是"虚张声势"，而是"动真格"，他是为了实干才下决心加盟的。正因如此，他还请来了童庆炳、柳鸣九、何西来三位国内著名学者担任学校的名誉教授。

作为文学院院长的王蒙并不负责学院的具体教学工作和日常行政事务，他的任务是为文学院的发展进行顶层设计，为青岛海洋大学重振昔日的人文雄风进行筹划。王蒙上任之初，就明确提出了文学院发展的总体目标是"延续传统、重振人文、突出特色、面向世界"。他要为青岛海大引进一些文艺专家，通过四到五年的努力，使文学院的总体水平达到新的高度。为此，他为文学院进行了顶层设计：以中文系本科教育为基础，以对外汉语教育为窗口，以海洋文化研究、青岛现当代作家研究、王蒙文学研究为特色，面向国内外、传统和现代相结合的大学科、多方向发展学科群体。为适应这一学科群建设和发展的需要，王蒙在传统教学计划的基础上，进行课程和教学模式的创新，提出了两项创举：一是开设名家课程体系；二是建立驻校作家制度。

（二）名家讲坛，名家课程

王蒙就任文学院院长后的第一件事就是开列了一长串国内外知名学者的名单，首创了"名家讲坛"，并在此基础上形成了学校独具特色的名家课程体系。

接过学校第一任文学院院长闻一多先生传下来的"接力棒"后，重振人文、再创新的辉煌的使命感，在王蒙的心头油然而生。王蒙表示，他要当好学校在北京的"办事处""联络员",陆续介绍各界名家学者来校讲学,为学生传道、授业、解惑,并成为一种经常性的教学活动。同时他还邀请来校名家小住,在潜移默化中提高学校的文化品位,营造浓郁的人文氛围。2002年4月,王蒙身体力行,为青岛海大学子做了《小说的可能性》的演讲,拉开了"名家讲坛"的序幕。演讲在学校逸夫馆多功能厅举行,闻讯而来的岛城学子早早就里三层外三层地围了个水泄不通,临时添加的座位坐满了人,过道、走廊上挤满了人,连两侧大门外都厚厚实实地堵着人。据说这是青岛海大逸夫馆建馆以来最为爆满的一次。

在长达两个多小时的报告中,王蒙从小说的"可能性"这个词本身、小说能够带给人类什么以及小说形式的可能性等方面进行了一番妙论。他旁征博引、纵横捭阖,紧要处,慷慨激昂;深情时,黯然神伤。枯燥的题目在他的演绎下,幻化成了动人的诗书画卷。

北京师范大学博士生导师童庆炳教授、当代著名法语文学翻译家柳鸣九、文艺理论家何西来、英美文学研究专家和翻译家朱虹先后作了专题报告。

之后,在王蒙先生的引荐下,国内外一批知名的人文大家被聘为中国海洋大学客座教授。王蒙是个非常务实的人,他邀请学者、作家来校讲座的目的是传播知识、交流经验、共享信息,因此建议学校的名家讲坛不要搞成新闻活动或群众活动,而要注重实效。

只来作讲座可不过瘾,王蒙还想着怎样让这些教授在学校留的时间长一些。于是他建议,在名家讲坛的基础上建立名家课程体系,定期聘请国内外著名的人文学者来校讲学。对于名家课程体系,时任文学院院长杨自俭教授的阐述是,这是中文系本科生专业基础课修订之后的专题性提高课,只制定选修课,每门课考试及格者获两个学分。这类课程学分要占到专业选修课学分的50%。目的就是培养学生的研究意识、学术兴趣和创新能力,使其接受科学的基础训练。名家课程的主要内容为本学科主要理论和教学方法,学科发展简史,当前的热点和难点问题研究,国内研究动态和发展趋势。这些名家既要按计划完成授课任务,作专题讲座,又要指导师生开展学术沙龙活动,接受师生访谈,活跃学术气氛,这样怎么也得在学校待上几个星期。王蒙随后又亲自邀请了童庆炳、何西来、顾彬、黄维樑、严家炎、舒乙等国内外著名的文学理论家来学校授课讲学,每一位名家都要按照教学计划讲授一门课程,每门课30个学时，2～3周授完。因此，在校园里总会看到名家们的身影，学校的学术氛围十分浓厚。名家课程的创建始于2004年4月，如今已形成了制度。

（三）驻校作家，首开先河

王蒙在海大园漫步，看着来来往往的青春面孔，感觉少了一些东西，是什么呢？不知不觉，王蒙又走进"一多楼"，与闻一多"对话"。他的眼里似有光芒闪烁：对，气息，就是气息，人文气息！让他们在学校创作，把身影留在这里。

2002年10月23日，在王蒙的直接筹划下，学校首次作家周拉开序幕。受王蒙的邀请，国内文坛上的五位著名作家尤凤伟、毕淑敏、余华、迟子健、张炜受聘为学校首批驻校作家。在10月29日的聘任仪式上，五位作家激动地从管华诗校长手中接过聘书，以驻校作家的身份，成为中国海大的一员。他们一致认为，能成为中国海洋大学驻校作家是一种荣幸，要好好珍惜，把中国海大作为自己文学活动的重要驿站，为学校的明天作出自己的贡献。随后，作家周开幕。其间，王蒙作了《文学的方式》的学术报告。

目前，中国海洋大学驻校作家制度作为全国高校独有的人文教育品牌，先后聘请了毕淑敏、余华、迟子建、张炜、尤凤伟、莫言、王海、郑愁予、严力、贾平凹、邓刚、刘西鸿、刘彦、刘金霞、何向阳、刘醒龙、王干、赵德发18位当代著名作家为驻校作家。作家们在学校写作、举行演讲和文学朗诵会，或与科学家和师生以各种方式交流，营造出浓郁的人文气氛。迟子建在她《额尔古纳河右岸》一书的后记中写道："初稿完成后，受王蒙先生的邀请，我来到中国海洋大学，做长篇的修改。我是这所大学的驻校作家。海洋大学为我提供了生活上便利的条件。在小说中，我写的鄂温克的祖先就是从拉穆湖走出来的，他们最后来到额尔古纳河右岸的山林中。而这部长篇真正的结束又是在美丽的海滨城市青岛。我小说中的人物跟着我由山峦又回到了海洋，这好像是一种宿命的回归。如果说山峦给予我的是勇气和激情，那么大海赋予我的则是宽容的心态和收敛的诗情。"生动地记载了这部小说最后的修改过程。

驻校作家制度在我国高等教育领域首开先河，是对现行大学教育制度的一种大胆的探索性补充。学校聘任驻校作家的目的是通过与目前活跃在当代文坛的著名作家的接触，加强与当代文学艺术界的广泛联系，通过与作家的直接对话和交流沟通，让学生充分领会他们的精神风采，把握时代的脉搏。王蒙认为，这个制度将有助于改善、提升学校的人文环境。管华诗校长认为，把驻校作家引入高校，不仅对中国海大，而且对我国高等教育体制都具有里程碑的意义。他高度评价驻校作家的作用：人文社会科学是基础性的科学，一所综合性大学没有人文社会科学的参与，其自然科学的发展也必然会受到制约。在学校特色学科优势明显的情况下发展人文社会科学，驻校作家制度显得非常必要。

驻校作家给海大园带来了浓郁的人文氛围和艺术气息，使学校师生有更多机会走近文学、理解诗歌、亲近经典。在海大园里，教室里、操场上，甚至食堂里可以经常看到知名作家的身影，成为一道非常独特而靓丽的校园风景。

（四）海纳百川，取则行远

王蒙进入海大园，恰逢学校重拟校训之际。因此，参与学校校训的研究与起草工作亦成为王蒙的一项任务。在校训研究专题座谈会上，王蒙谈了自己的看法。他说，作为海洋大学，我们更应该适用"海纳百川"这四个字，在保留这四个字的基础上，王蒙提出了三个方案并进行了解读，"海纳百川，取则行远"的方案得到了大家的广泛认同。"海纳百川"，出自《庄子·秋水篇》，意指中国海大人应虚怀若谷，学校应百花齐放，能容纳各种学术思想、各路精英。"取则"典出晋朝陆机《文赋·序》，是指干事情、做学问要有所分析、综合，探究科学规律，既要遵守法则、规则，又不因循守旧，拘泥于条规之中。"行远"典出《中庸》，说的是君子求学之道：欲达远大目标，必定从近处出发；要想攀登高峰，就得从低处起步。"海纳百川，取则行远"的方案更能体现出中国海大在前进道路上的胸襟和魄力，更好地体现出中国海大人志存高远、探索不已、勇攀高峰的精神和追求。2003年6月8日，学校正式公布"海纳百川，取则行远"为新校训。文圣常院士曾经对学校校训进行过一番富有哲理的拆分解读："海大有容、纳贤礼士、百舸扬帆、川流不息，取经求法、则明理析、行云流水、远无不及。"

走进春天的海大园，王蒙的"海之梦"今终圆。王蒙挂帅的"名家讲坛"形成传统，"名家课程"形成体系，"驻校作家"形成制度……中国海洋大学已经成为海内外名家大师展示风采的舞台，学生不出校门便可与国内外名家学者对话交流，学校人文学科的地位和校园文化品位在潜移默化中得到提高。人们看到，王蒙这颗"为了海而升起"的中国当代文学的璀璨巨星，因中国海洋科教城青岛和中国海大宽厚博大的星空而更加熠熠生辉、灿烂海天。

四、明德修文，光辉日新：海洋特色新文科

海洋不仅是科学的对象，也是文学的对象。在青岛，在中国海大，文学便不可避免地带有海洋特色。"既然海洋科学能做到国内甚至世界顶尖，为什么文科不能？"站在山顶，眼前是更高的山，中国海大人永不泄气，继续向更高目标攀登。

（一）人文团队，继往开来

服务海洋强国和"一带一路"建设，是时代赋予中国海大的重要使命。学校围绕海洋强国建设重大需求，将"蓝色智库"建设纳入学校哲学社会科学重点建设工程，统筹汇聚各方资源，促进学科交叉融合，构筑海洋人文社科基础理论创新学术高地，为我国构建海洋命运共同体理念、拓展和保障海洋权益、提升和发展海洋经济实力贡献智慧。学校还在"双一流"建设经费中设立了人文社会科学重点团队建设专项，其中有7支国内一流的涉海研究团队。涉海研究团队不断推进理论创新，加强与海洋领域各学科的交叉交融，初步构建了海洋经济和海洋文化理论体系，推动了"全球海洋治理""海洋命运共同体"的系统研究，在海洋经济发展、全球海洋治理、海洋文化等领域形成了特色优势，已成为全国海洋人文社科基础理论创新的学术高地。

如今，在王蒙先生加盟20余年后的文学院，已经拥有国家文旅部命名的文化和旅游研究基地、国家语委命名的国家语言文字推广基地；设立了海洋文化研究所、王蒙文学研究所、青岛现当代作家研究中心、国际儿童文学研究中心（原儿童文学研究所）、城市文化研究所、中国海洋大学日本研究中心、中国传统文化研究中心、海洋文学与艺术研究所、比较文学与文化研究中心、一多诗歌中心、民俗文化研究中心等，拥有山东省高等学校"儒家文化与文学研究"青年创新团队，以及"儿童文学""海洋文化""古代文学与传统文化""传记与小说"四个校级重点研究团队。

这些重点研究团队秉持中华文化复兴、优秀传统文化传承发展的国家战略，获得了学科发展的新机遇。学校儿童文学研究最早可以追溯到20世纪80年代，2004年，儿童文学研究所成立，标志着中国海洋大学在儿童文学领域形成规模性研究。自2012年，儿童文学研究团队进一步朝向国际化发展，并开始凝练、整合涉及中国语言文学和外国语言文学两个一级学科的跨学科研究团队，其重视学术原创性，提出的"儿童本位论"为中国儿童文学的学科发展提供了原创性理论。古代文学与传统文化研究团队为学校中国传统文化研究中心的重要支撑力量，确定了古典诗文与诗学研究、古代叙事文学研究、民俗文化与民间文学研究、传统文化研究四个研究方向。传记与小说研究团队在中国古代传记与小说整理研究、比较传记与小说研究等领域取得了开拓性成就，团队形成了以传记与小说文献整理为基础、文本细读与理论建构相结合的多向度学术研究个性，具有鲜明的多学科交叉和跨学科融合特性。

（二）海洋文化，世纪显学

中国海洋大学海洋文化研究团队在全国高校中最早开始海洋文化综合研究与学科建设。当学术界在20世纪90年代中期仍然在热烈讨论我国农耕文化与海洋文化的关系时，《青岛海洋大学学报》于1996年开设了"海洋文化研究"专栏，学校于1997年创建全国首家海洋文化研究与人才培养机构——海洋文化研究所，迅速引起学界广泛关注。1998年，学校在国内率先开设了海洋文化概论课程，翌年，率先出版了教材《海洋文化概论》和《中国海洋文化研究》学术集刊。21世纪以来，海洋文化研究已经成为学界特别是沿海地区高校和人文社科界的学术热点。特别是近年来，随着国家海洋强国战略和"一带一路"倡议的实施，全民海洋意识普遍提高，海洋文化热点问题不断成为国家社科基金重大项目、年度项目指南的选题，全国性、地方性高校海洋文化研究所（中心）等综合性和专题性研究机构、学术团体不断设立，不同范围、不同层次、不同专题的海洋文化论坛、研讨会频繁举办。海洋文化研究已经进入学术研究界主流，有"21世纪的显学"之称。

海洋文化研究团队聚焦于海洋文化理论、海洋文明历史与文化遗产、沿海城市与区域变迁、海疆史地与中外关系、海洋文化发展战略等研究领域，不断加强团队建设。同时，团队推出多项前沿性成果，为提升国家海洋文化影响力、海洋权益话语权提供有力支撑。海洋文化研究所是中国海洋大学海洋发展研究院的主要支撑机构之一，在全国海洋文化研究领域占有重要地位。

海洋文化研究团队的成员主要为学校文学与新闻传播学院历史学专业的硕士生导师。2003年9月8日，国务院学位委员会下文批准中国海大增设历史地理学硕士点。这是山大迁济后，时隔40余年学校重新恢复历史学门类，重建历史学科。该学科点于2010年升为历史学一级学科硕士点。2011年，根据国务院关于按《学位授予和人才培养学科目录》进行学位授权点对应调整的要求，调整为中国史一级学科。2021年，学校又获批文物与博物馆专业硕士学位点，历史学科发展再上新台阶。

（三）海洋历史，"微"而不"小"

海洋历史文化微专业由文学与新闻传播学院中国史学科开设，是学校批准设立的面向全校招生的首个微专业。其设置目的在于夯实文史基础，培养人文精神，助力通识教育，繁荣校园文化，强化海洋特色，为建设特色显著的世界一流大学作贡献。自2020年起已招生三期，来自全校10余个学院、近30个不同专业的百余名学生汇聚一堂，在海洋历史领域探索无限可能。

海洋历史文化微专业立足于海洋历史文化人才培养与通识教育，注重海洋教育的人文思维和内在精神价值，发挥学校学科交叉和综合性海洋学科的优势，鼓励学生接受更多跨学科方法的训练。通过学习，使学生掌握海洋历史文化的基本知识与基本研究方法，较为系统地接受史学理论、海洋历史文化等方面的学习和训练，形成科学的海洋观。微专业以历史学为本体，以海洋文化为特色，通过架构特色鲜明的课程群，形成交叉性、探究性、前沿性的精致的小型专业体系，面向一部分对历史学有兴趣、希望在已有专业之外丰富海洋人文素养、拓宽视野和格局、提高自我发展能力的学生。在专业建设的同时，助力学校"历史与文明"通识课程板块建设，促进大学人文精神和内在价值的培育。

"见之不若知之，知之不若行之。"该微专业开设三年以来，组织了莱州、青州、田横岛、雄崖所、莒县等地的研学考察，体会名迹之沧桑，领悟历史之变幻。不登高山，不知天之高也；不临深溪，不知地之厚也。古老的青州向学生讲述它沉静悠久的文化和历史，海神娘娘庙让学生真切感受到海洋民俗，齐王田横石将学生带回兵荒马乱的战争时代,雄崖所的每处古迹在落日余晖的照拂下,仿佛都重染往日的光辉……每次研学,学生都有很大收获。

海洋历史文化微专业冉冉升起于以谋海济国为己任的中国海大,朝气蓬勃。年富力强的教学团队,面对几乎没有先例可循的微专业人才培养模式,带着严谨的教学态度和全方位育人的理念,逐步摸索出合适的课程体系,为学子们对历史文化的兴趣赋能,为其成长成才铺路。这就是微专业虽"微"不"小",虽"微"但一定能塑造精品、成就人才的原因所在。从课上到课下,从教室里的讨论到实践中的研习,文献与实物印证,历史与现实交汇,理论与实践碰撞,学生不仅学到了知识和方法,更开阔了视野,凝聚了价值观,自觉肩负起讲好中国海洋文化故事、传承中国海洋文化精神的重任。

五、通识教育,焕发生机:激活优秀传统文化的生命力

2023年6月13日,王蒙回到中国海大,与数百名应届毕业生合影留念后,作了一场题为"中华民族的文化根基"的学术报告。在报告中,王蒙结合自身经历和切身感悟,从共同的价值追求、中华民族共同体的文化等四个方面,阐释了中华民族的文化根基,深入浅出地讲解了中华民族生生不息、持续发展的文化成因。

王蒙说,中华优秀传统文化是中华民族的精神命脉。中国海洋大学始终坚持将中华优秀传统文化与时代精神、学校特色相结合,利用学校深厚的人文积淀,将"持续推动中华优秀传统文化传承创新"作为一流大学建设的重要内容,不断探索推动中华优秀传统文化创造性转化、创新性发展的有效路径,将中华优秀传统文化融入学校事业发展,在"融"上下功夫,在"化"上做文章。

(一)文化传承,课程创新

专业教育相当于"桥墩"——注重知识传授,而通识教育相当于"桥面"——注重能力培养。两者各有侧重,必须有机结合起来。因此,在"通识为体、专业为用"的本科教育理念引领下,中国海洋大学将中华优秀传统文化教育作为通识教育的重要方面,构建起完善的传统文化通识课程体系。

自2016年起，学校就开设了通识课"中国文化传统"。这一课程精心构思了龙凤呈祥、发现汉字、道法自然、意境美学、戏曲人生、中医之道等13个"中国味儿"十足的主题，是学生选课时需要"拼手速"才能抢到的

校长于志刚（右）和钱致榕先生共同为通识教育中心揭牌

热门课程。此外，学校还开设了"《世说新语》的国学密码解析""汉字文化""海洋与传统中国""漫话战国春秋"等解读中华优秀传统文化经典文本、比较古今时代特征、融合学校发展特色的传统文化课程。2021年，学校共开设了39门供全校本科生选修的传统文化类通识课程，其中8门被评为学校的核心通识课，占据了全校核心通识课的半壁江山。这些课程将中华优秀传统文化植入学生心中，为传承和弘扬中华优秀传统文化打下了坚实基础。

在传统文化课程体系的构建过程中，学校的中国传统文化研究中心是课程建设的"顶梁柱"。它于2018年成立，设置了古典诗文研究、古代叙事研究、民俗文化研究、齐鲁文化研究、海洋文化研究等研究方向，力图在推动中华优秀传统文化传承发展中贡献"海大力量"。五年来，中心积极推动各类研究成果向教学体系、教材体系转化。中心面向研究生、本科生和外国留学生开设国学、文化遗产、民俗文化、海洋文化等方面的课程近百门，形成了中华优秀传统文化系列品牌课程群。传统文化研究与课程建设交互发展，牢牢把握优秀传统文化的根基，向学生讲述中华优秀传统文化的历史渊源、发展脉络、基本走向，讲清楚中华文化的独特创造、价值理念、鲜明特色，增强文化自信与价值观自信。

（二）知行相资，以行促知

"海创空间"是全国高校中最早一批以培养大学生文化创意能力为核心目标的创客空间，拥有木版雕刻机、拓印机、绣花机、3D打印机等设备，汇聚了校内外拓印、篆刻、绘画、书法、文化营销等方面的专家作为创客导师。以传统文化、传统艺术为

主要创意源泉，创客空间、创客导师与专业学习形成了有机的创新生态系统，不断激发学生的传统文化创新活力。在"海创空间"，中华优秀传统文化和创新创业教育的融合，让学生的文化创新思维充分发散并得以实现，真正让传统文化以各种形式"活起来"。

学校还成立了国学社、民俗兴趣小组、博雅文学社等传统文化学生社团，并在崂山民俗文化村、青岛胶东非物质文化遗产博物馆建立了学生实践基地。在让学生"走出去"实践的同时，学校还注重将传统文化"请进来"，先后举办青岛市民艺名家精品展览、民艺论坛、中国传统文化研究高层论坛，开设海大人文讲坛、中华传统文化系列讲座，在中华优秀传统文化的宝库中，以思想激荡思想，以实践开阔视野，加深了广大学子对中华优秀传统文化的理解认同与传播自觉。

（三）文化传播，多样发展

习近平总书记指出："要把跨越时空、超越国度、富有永恒魅力、具有当代价值的文化精神弘扬起来，把继承传统优秀文化又弘扬时代精神、立足本国又面向世界的当代中国文化创新成果传播出去。"面向不同群体传播中华优秀传统文化，中国海大不断结合自身优势，作出新的探索。

2015年，学校在文学与新闻传播学院设立中国学硕士点，来自保加利亚、孟加拉国、巴基斯坦、泰国、爱尔兰的研究生，纷纷来校研习中华优秀传统文化，开展中国传统文化的学术研究。同时，学校积极"输出"中华优秀传统文化。近几年来，学校从研究生中遴选并派出数十名志愿者，作为国际汉语教师赴7个国家的孔子学院进行汉语教学工作，向世界传播中华优秀传统文化。

由学校中国传统文化研究中心牵头，以"百川归海，礼敬中华"为宗旨，学校与青岛市30余所中小学合作成立了"青岛市传统文化教育联盟"，为青岛市中小学全面开展的传统文化课程提供资源支持，在中小学传统文化研究阐发、普及教育、实践养成、保护传承和传播交流等方面贡献"海大智慧"。学校还遴选优秀的本科生、研究生组成讲师团，开展"国学公益讲堂""耕读堂""诗歌进小学"等活动，以诗词、二十四节气、中华小故事等为题材，走入岛城的中小学、社区，传播中华优秀传统文化。

中华优秀传统文化是中华民族的基因，是中华民族所有同胞的共同精神家园，中国海大向不同群体积极传播中华优秀传统文化，为加强中华民族共同体意识贡献力量。学校每年都会组织香港青年交流营和海峡两岸大学生海洋文化交流营，选派大学生志愿者与香港城市大学、台湾海洋大学、台湾中山大学、台湾高雄科技大学等高校的大学生一起游三孔、登泰山、观沧海，共同学习和研讨中华优秀传统文化和海洋文化。学校在少数民族预科班中开设"中华传统经典阅读"等课程，鼓励学生设计制作传统文化创意作品，来自不同民族的学生在课堂上共寻中华民族的文化之根。

"八关山读月，五子顶揽风"，中国海大文脉悠长，自国立青岛大学文学院、国立山东大学文学院至中国海洋大学文学与新闻传播学院，从鱼山路5号到松岭路238号，从八关山到五子顶，历百年风雨，兴衰断续，与祖国、民族的命运根叶相系，心脉相牵。

百年风雨兼程，百年耕耘收获；百年风华正茂，百年步履不停。习近平总书记曾说过，"新征程是充满光荣和梦想的远征"。我们相信，在迈向特色显著的世界一流大学征程上，一代代中国海大人，定会踔厉奋发、勇毅前行，再次谱写人文兴盛的时代新篇。

耕海牧渔立潮头

——我国水产养殖事业中的"海大贡献"

李华昌　冯文波

海洋，蕴藏着人类社会可持续发展的宝贵资源，是中国高质量发展的战略要地。

在全球范围内，水产品已成为谷类和牛奶之后人类食物蛋白质的第三大来源。我国有着辽阔的海域，海水养殖的历史虽然悠久，但由于受科学技术水平的限制，曾长期处于"靠天吃饭"的状态，养殖品种少，产量低。因此，大力培养水产养殖人才，努力提升水产养殖技术水平，不断扩大水产品的产量，成为我国亟待解决的问题。

自20世纪60年代起，我国海水养殖产业经历了五次浪潮，分别为：20世纪60年代以海带、紫菜为代表的海藻养殖浪潮，80年代以对虾为代表的虾类养殖浪潮，90年代以扇贝为代表的贝类养殖浪潮，20世纪末以鲆鲽类鱼为代表的鱼类养殖浪潮，21世纪初以海参、鲍鱼为代表的海珍品养殖浪潮。这五次海水养殖浪潮均从青岛发端，进而推广至全国。当下，以现代信息技术和工程装备为支撑、具有生态修复和资源增殖功能的现代海洋牧场（深远海养殖）为代表的第六次海水养殖浪潮正从青岛澎湃兴起，为国家海洋经济的健康发展提供新动能。

作为我国第一个水产本科教育的诞生地，有着近百年办学历史的中国海洋大学，心系国运，向海图强。一代代中国海大水产人以坚定的信念、执着的韧劲儿和开拓的精神，在学科建设、科学研究、人才培养、服务社会等方面接续奋斗，形成了深厚的积淀，取得了一系列丰硕的成果，成为我国历次海水养殖浪潮的主要引领者、主导推动者和积极实践者。毕业生中有2位成为中国科学院院士（宋微波、焦念志）、6位成为中国工程院院士（管华诗、赵法箴、张福绥、麦康森、包振民、薛长湖），为国家水产科教事业和渔业发展作出了巨大贡献，谱写出一篇篇壮丽的蓝色华章。

一、回眸：我国水产学科的诞生与发展

抗日战争前，我国的水产事业极为落后，从事水产事业的科技人员更是寥寥无几。日本帝国主义的侵略使原本落后的水产业又遭到严重破坏。1945年8月抗战胜利后，国民政府领取了联合国渔业善后救济物资管理处给予的物资，拥有了一部分机动渔船、加工机械和不少船用器材。老一代有卓识远见的水产科技工作者认为，国家经济的发展、人民物质生活的改善都需要发展水产事业，积极建议在国立山东大学设立水产学系，尽快培养一批高等水产科技人员。

1946年10月，国立山东大学在青岛复校。学校加强师资力量，扩大院系规模，创立了水产学系，这是我国高等学校中设立的第一个水产系，开启了培养高等水产人才之先河。

经童第周教授推荐，时任校长赵太侔函聘在美国留学并获得博士学位的美国加利福尼亚州斯克里普斯研究所研究员、海藻学家曾呈奎教授为植物学系主任并代理水产学系主任，于1947年初回国履职。

曾呈奎教授对海洋藻类研究专深，知识面广，教学认真，效果良好，受到学生的爱戴。同时，他对各项系务认真安排，为水产系之后的发展打下了基础。

1947年9月，"中央研究院"生物研究所研究员朱树屏受聘为水产学系教授、主任。朱树屏留学于英国，专攻浮游生物和水质分析，取得博士学位。朱树屏到任后，设渔捞、水产加工、养殖三个组。他重视基础建设，治学严谨，制定了三个组的教学大纲，为专业化人才培养奠定了基础，并全力募集教学科研设备器材和图书资料。1948年5月，在赵太侔、朱树屏的努力下，学校设立了水产研究所。

1948年9月，因借聘期满，朱树屏教授离任，由沈汉祥教授任代理系主任。沈汉祥曾经赴美国波士顿渔业研究所研习渔业工程，对水产养殖和海洋捕捞有实践经验，从事过一段时间的养鱼实践和研究，著有《养鱼学之理论与实践》，该书曾获当时国民政府教育部职业教育委员会评审的甲等图书奖。沈汉祥在任期间讲授四门课程，当时经费短缺、设备简陋，办学条件很差，沈汉祥为水产系的建设作出了一定贡献。

中华人民共和国成立后，沈汉祥继续任水产系主任。山东大学与华东大学合并，

水产系的师资得到一定程度的加强。1953年4月,位于天津市的河北水产专科学校停办,部分教师与设备并入山东大学水产系,使水产系的办学力量有所改善。

1958年,薛廷耀教授接任水产系主任。山东大学大部迁往济南,水产系与海洋系及其他系中的一部分留在青岛,组建山东海洋学院。1959年,尹左芬教授任水产系主任。1959年到1961年,水产系引进了一批青年教师,使师资力量得到加强。到1966年5月,水产系的教职工有82人,在校学生有560余人,占当时全校学生人数的三分之一。

1971年1月,山东省对全省高等院校和专业进行调整,水产系被迫并入烟台水产学校。这次调整使水产系遭受到严重损失。

十年动乱结束后,水产系于1978年春天回到青岛的山东海洋学院。归建后仍由尹左芬教授任系主任。当年,养殖专业开始招生,捕捞和加工专业也分别于1979年和1980年恢复招生。在各级领导的支持、关心下,全系师生共同努力,经过五年建设,到1983年,水产系得到基本恢复。尹左芬主任、李爱杰主任为此作出了重要贡献。

在之后的几年中,经学校批准,水产系设立了水产增养殖研究所、微藻研究室、海洋药物研究室,增设了淡水渔业专业,原水产加工专业改名为食品工程专业,海洋渔业资源专业改名为渔业资源与管理专业,海洋捕捞专业改名为渔业工程专业。1985年,由高清廉、管华诗和俞开康组成了水产系新的领导班子。

由于办学规模的扩大,1986年,水产系改建为水产学部,下设三个系。1984年,国务院学位委员会批准学校的水产养殖专业、海洋捕捞专业、水产品贮藏与加工专业为硕士学位授权点;1986年又批准水产养殖专业和水产品贮藏与加工专业为博士学位授权点,李德尚教授与陈修白教授分别为两个博士点的首批博士生导师。自此,我国水产界有了自己的博士点,开始自主培养水产领域的博士研究生。

1988年,在山东海洋学院更名为青岛海洋大学之际,原水产学部更名为水产学院,在原海洋药物研究室的基础上成立海洋药物研究所,由管华诗教授任所长。1993年,学校水产养殖实验室被批准为国家教委开放实验室。1994年,食品工程系设立药物化学专业。1995年,管华诗当选为中国工程院院士。

2002年,水产学院和生命科学学院合并调整为生命科学与技术学部。2005年,水产学院食品工程系和海洋药物研究所分别改建为食品科学与工程学院和医药学院。

2006年，获批立项建设海水养殖教育部工程技术中心。

2007年4月，生命学部管理体制调整，恢复水产学院行政建制，下设水产养殖系和海洋渔业系。同年，水产学科（涵盖水产养殖、渔业资源、捕捞学3个二级学科）被评为目前国内唯一的水产学一级学科国家重点学科，并入选国家"高等学校学科创新引智计划"（简称"111计划"），2013年入选山东省"泰山学者优势特色学科人才团队支持计划"，2020年获得"高等学校学科创新引智计划2.0"（"111计划"2.0）支持。2009年，麦康森教授当选为中国工程院院士，2015年，宋微波教授当选为中国科学院院士。

在2004年、2007年和2012年的三轮全国水产学科评估中，学校的水产学科均获得第一名，在2017年、2023年公布的第四轮、第五轮学科评估中获评A+学科，有力支撑了学校植物学与动物学学科进入ESI全球排名前3‰，2017年入选教育部"世界一流"学科建设名单，2022年入选教育部第二轮"双一流"建设学科名单。

在"牧海唯真，敏学笃行"的院训指导下，水产学院始终坚持"引领学科发展、强化教研结合，培养水产精英"的人才培养理念，成为我国水产领域领军人物和创新型人才培养的核心基地。至中国海大建校百年，一支以中青年学术骨干为主体，结构合理、学术造诣较高的高水平师资队伍已经形成，在水产学科建设中发挥着主力军的作用。

二、第一次海水养殖浪潮：海藻养殖

我国的藻类养殖有着悠久的历史。养殖的品种主要为海带、紫菜、江蓠、石花菜、裙带菜和马尾藻等。海带属于大型海生褐藻，是一种广为人知且营养价值很高的海洋蔬菜，拥有"碱性食物之王"的美誉。同时，因含有丰富的碘等矿物质元素以及岩藻多糖等活性成分而具有重要的药用价值。从20世纪50年代开始，出于满足国民食用需求和发展制碘工业的考虑，我国组织水产养殖专家对海带养殖技术开展了大量的研究，在曾呈奎等一众科学家的努力下，先后解决了海带筏式养殖、夏苗培育、外海施肥、南移养殖、切梢增产等一系列技术问题，到1958年海带养殖技术基本成熟，此后从北到南逐渐遍布全国沿海，从而兴起第一次海水养殖浪潮，标志着我国海水养殖产业进入蓬勃发展时期。

1953年春，应山东大学副校长童第周的邀请，方宗熙到校任生物系教授兼教研室主任，开启了海洋生物遗传学研究，创立了海藻遗传学，是我国海洋生物遗传学和育种学的奠基人。方宗熙先后建立了世界上第一座大型海藻种质资源库和我国第一座海洋微藻种质库，奠定了学校乃至我国在国际海洋植物研究领域的学术地位。

早在1950年，中国科学院海洋生物研究室（现中国科学院海洋研究所）主任曾呈奎在长期藻类研究的基础上，在海带育苗、栽培、生产等方面取得突破性进展；农林部水产实验所（现黄海水产研究所）所长朱树屏经过艰难探索，解决了海带南移和施肥法养殖优质海带的难题。

曾呈奎、朱树屏、方宗熙同为我国以海带、紫菜为代表的海藻养殖浪潮的先驱和引领者。

方宗熙教授对海带的遗传育种研究，揭示了海带经济性状的数量遗传规律，并建立了海带选择育种技术理论与方法，先后培育出"海青一号"宽叶品种、"海青二号"长叶品种和"海青三号"厚叶品种等

方宗熙教授在实验室进行海带育种研究

海带新品种，开启了我国海水养殖业良种化养殖的序幕。

20世纪70年代，方宗熙带领的研究团队经过多年努力，首次发现了海带雌性生活史，成功培育了雌性孢子体。方宗熙教授指导完成的海带、裙带配子体克隆培育，解决了大型海藻不能实现长期保存的世界性难题，使我国成为国际上唯一实现大型海藻种质资源长期保存的国家。他领导完成的"单海一号"海带单倍体新品种，使海带单倍体遗传育种获得成功，不仅成为开创我国海洋生物细胞工程育种历史的里程碑，而且是我国褐藻遗传育种领先于世界同类研究的标志性成果。

方宗熙教授实现了不同物种和种系海带配子体克隆间的杂交，建立了杂交育种和杂种优势利用技术，成功培育出了高产、高碘、抗病性强的"单杂十号"等优良品种。至今，上述海带遗传育种技术体系仍是国内外大型经济型褐藻育种研究沿用的

技术手段,深远地影响了我国海水养殖生物品种遗传改良工作。

　　之后,方宗熙的弟子崔竞进又分别于1992年和1996年成功培育出"荣海一号"杂交品种和"远杂十号"远缘杂交品种两个海带新品种,在满足提取褐藻胶工业原料成分的基础上,进一步提高了养殖产量,为20世纪90年代我国海藻养殖业的高效发展提供了优良品种。

　　2004年,学校教师刘涛主持培育的耐高温、高产新品种——"荣福"海带获得国家水产新品种证书,并开始大面积推广栽培。该品种是由分布于南方福建海域的海带品种和北方山东海域广泛种植的"远杂十号"海带品种杂交选育而成的"混血"海带,具有经济性状稳定、增产效果明显、耐高温性状突出的特点,一经推出就成为南北方养殖户共同青睐的品种,创造了巨大的经济价值。2011年,刘涛团队潜心培育的"爱伦湾"海带获得国家水产新品种证书,该品种具有加工率高、产量大、增产效果明显等优点,在山东、辽宁近海进行了大规模养殖推广,平均每亩增产可达25%以上。"爱伦湾"和"荣福"两个海带新品种的成功培育与推广,拉开了我国以"优质、高产、抗逆"为标志的第三次大规模海带品种更替的序幕。2013年,刘涛团队采用分子辅助选育技术培育出了"三海"海带新品种。该品种应用了分子辅助选择育种技术,极大地提高了育种效率。而且,该品种耐高温、高产,其养殖范围北起辽宁大连,南至海南临高,是迄今为止国际藻类栽培范围纬度跨度最大的品种。作为中国海大科学家精心培育的第11个海带品种,"三海"海带标志着我国海带遗传改良技术已从群体选育、细胞工程育种正式迈入分子育种时代。

　　21世纪以来,中国海大人不仅开启了我国海水养殖业良种化的序幕,而且通过持续的品种改良研究推动了我国海带产业的高效发展,并在优化改善近海养殖生态环境、提高渔业碳汇蕴储能力等方面发挥了重要作用,产生了巨大的生态功能与价值。

　　龙须菜是江蓠科海藻,因富含工业原料琼胶而成为备受我国沿海渔民青睐的第三大海藻栽培种类。20世纪末,我国龙须菜栽培业开始兴起,但野生龙须菜品种只适宜在10℃~23℃的水温中生长,炎热的夏季和寒冷的冬季均不能实现生物量有效增长,严重制约了产业发展。为攻克这一难关,中国海洋大学张学成教授和中国科学院海洋所费修绠研究员合作,采用化学诱变技术和选育技术,自主培育出我国首个龙须菜新品种"981"。"981"龙须菜的生存水温上限达到26℃,比野生种提高了3℃,实现了在福建和广东高温海区的大规模栽培且秋、冬、春三季连续生长。与野生种相比，新品种生长速度提高了30%以上，亩产提高了3~5倍，琼胶含量提高了13%，凝胶强度增加了80%。

2014年，在中国海洋大学教授臧晓南团队成员的辛勤耕耘下，可以耐受28℃高温的龙须菜"2007"新品种顺利诞生。一上市，便成为广受沿海养殖户青睐的"发财菜"。

2015年，中国海洋大学隋正红教授团队为龙须菜家族再添一位新成员——"鲁龙1号"。该品种外观透红艳丽、分枝密、藻体细长，生长速度快、产量高，琼胶含量比野生型提高了20%，凝胶强度比野生型提高了30%，蛋白质含量比传统品种增加了12%，藻红蛋白含量比传统品种增加了11%。如今，"鲁龙1号"已在山东、福建和广东沿海广为栽培。

中国海洋大学水产学院教授、教育部海水养殖工程技术研究中心主任宫庆礼带领的藻类学与藻类养殖团队，在开展教学和科研工作的同时，还积极将专业知识和实践技能转变为服务社会的能力，中国2014年青岛世界园艺博览会"海洋植物展区"就是其代表作之一。在中国工程院院士管华诗的指导下，宫庆礼团队采用了集观赏性、科学性、趣味性等于一体的"海底森林"展示概念，即重点展示海洋当中形成海底森林的大型藻类，并通过水族馆与虚拟展陈相结合的形式展出，开创了世界园艺博览会史上海洋植物展览的先河，让游客大饱眼福，成为那届世园会的一大亮点。

中国海洋大学张沛东教授团队长期致力于海草研究和修复工作。通过十余年的研究和实践，该团队实现了鳗草高效促萌技术与途径、鳗草苗种人工扩繁与培育技术等多项技术突破，完成海草床修复技术工程化应用。如今，应用这些技术已移植、繁育了2万余亩"海底草原"，恢复了相关海域的海底生态环境。为了突破海草床修复效率低的技术瓶颈，该团队研制出高效的海草机械辅助增殖装置和设备，形成完整的海草床生态修复技术链条，提升了我国海草床生态修复的技术水平，促进了海草床生态修复工程的规模化开展，推动海草床的生态修复进入集约高效的2.0时代。未来，海草床的保护和修复不只是为"绿水青山"，更可以见到"金山银山"，成为我国实现碳中和的一条重要途径。

三、第二次海水养殖浪潮：虾类养殖

我国的虾类养殖有着悠久的历史，沿海自南向北皆可进行虾类的养殖。新中国成立后，沿海各地和相关科研机构一直在探索和试验对虾养殖技术。20世纪70年代，我国的对虾养殖开始进行大规模的人工养殖；80年代前后，对虾人工育苗取得重大突破，养殖面积逐年增加；90年代初，我国的对虾养殖达到高峰，无论是养殖面积还是养殖产量都有了大幅度的提高，一跃成为世界对虾养殖大国。在这一过程中，中国海洋大学的科研工作者们作出了重要贡献，王克行教授就是其中的领军人物。

王克行1957年考入山东大学水产系，1961年毕业并留校任教。他长期从事甲壳类生物学与养殖技术的研究与教学工作，创建了中国对虾苗种规模化培育技术、大面积对虾养殖技术、对虾生态养殖技术，实现了斑节对虾规模化育苗养殖技术突破，探索了凡纳滨对虾工厂化养殖模式，开发了黄河三角洲养虾业，首创了黄海的日本对虾放流。其卓越的科教工作成果有力推动了我国对虾养殖产业的迅速发展，创造了巨大的经济和社会效益，为我国甲壳动物养殖事业的建立和发展作出了巨大贡献，被誉为"养虾大王"。

1964年，王克行在系主任尹左芬的领导下，与几名同事一起选择乳山县作为试验基地，建立了简易实验室，带领村民修建了养虾试验池，经过四年的努力，克服重重困难，取得养虾的初步成功。为解决虾苗问题，他与渔民一起扬帆出海或踏遍泥泞的浅海滩涂，探究天然虾苗的分布和活动规律，设计出捕捞虾苗的网具，亲自出海捕运虾苗，终于攻克了养虾的第一关。

王克行带领同事进一步研究池塘生态学和食物链，确定了对虾的敌害种类和饵料生物，研究了消除敌害和培育生物饵料的技术，提高了对虾的成活率与成长率，于1968年在文登县后岛村和乳山县金港湾两地同时取得对虾养殖大面积丰收。在此基础上，王克行又与黄海水产研究所、文登水产局等单位的同仁一起开始推广工作，带着自编的讲义和显微镜，到各实验点为农民讲课，推广养虾知识，带动了全县养虾业的发展，使对虾养殖由试验阶段发展到企业化生产，在文登县、乳山县首先建立起对虾养殖业。王克行与同事们的研究成果受到国家水产总局的重视，1978年在文登县召开了全国鱼虾养殖现场会,推广文登、乳山等县的养虾经验,带动了全国对虾养殖的发展。

为配合全国养虾业发展对技术人才的需要,王克行又承担了向全国推广养虾技术的任务,联合本校同事一起,认真总结以往经验,吸收国内外养虾的先进经验,编写了一套养虾教材。每年为水产总局、农垦部、盐业总局、解放军后勤部等系统举办对虾养殖培训班4～5期,并赴河北、辽宁、福建、广东等省举办地方性对虾养殖技术培训班,为全国培训了数以千计的养虾技术骨干人才,为全国对虾养殖业的发展奠定了技术基础,促使我国对虾养殖产量在20世纪80年代以每年翻番的速度发展。

在养虾业的发展链条上,虾苗的生产始终是一个制约因素。王克行敏锐地预见到仅靠采捕天然虾苗远远满足不了生产的需要,虾苗大批量生产就成为亟待解决的事情。王克行与黄海水产研究所等单位共同承担了国家攻关课题——对虾工厂化育苗技术的研究。王克行和同事们密切配合,勇于创新,在过去土法育苗的基础上,进行了多种生产模式的对照试验,探讨出适合于中国对虾亲虾产卵及各期幼体变态发育的最佳环境条件,研究出经济适用的供饵系列,逐一解决了设施配套设计、饵料系列搭配、水质调控技术及病害防治等关键问题,仅用两年时间,便探索出适合于我国采用的生产模式,于1980年最早突破了对虾人工工厂化育苗技术,在300立方米水体中培育出4165万尾虾苗,平均每立方米水体出苗13.86万尾,远远超过了当时日本的生产水平,达到世界先进水平。对虾工厂化全人工育苗技术的突破,促进了我国南北方对虾养殖业的快速发展。为此,王克行与兄弟单位专家共同获得了1985年国家科技进步奖一等奖(第三位)及1988年北京国际发明博览会金奖和世界知识产权组织的金奖。

1987年,王克行受广东省水产厅的邀请,带领研究生到海南省文昌县进行斑节对虾苗种生产试验。他总结吸收了当地及国外的经验,与当地技术员密切合作,经45天的努力,培育出斑节对虾虾苗360万尾,相当于海南岛全部试验点9年产量的总和,为海南斑节对虾育苗与养殖作出了贡献。

为了推动黄河三角洲对虾养殖业的发展,王克行积极帮助胜利油田、垦利县等县区筹划养虾业的发展,并培训技术力量。1988年至1990年间,王克行接受委派到东营市垦利县挂职科技副县长。他与地方领导密切配合,制定养虾业的发展规划,组织指挥生产,使垦利县养虾业成为东营市对虾养殖的一个亮点,并促进了整个黄河三角洲对虾养殖业的发展。

王克行在日本对虾养殖过程中摸索出其耐低温的特性，根据黄海水文特点，于1992年首次提出在黄海放流增殖日本对虾的可行性分析，并争取了课题，与山东省海洋捕捞增殖站等多个单位合作，于1995年首次在黄海的乳山市沿海进行了日本对虾放流增殖试验，证明了该虾可以在黄海越冬和繁殖，取得了很好的经济效益。该成果获得了山东省1997年科技进步三等奖。

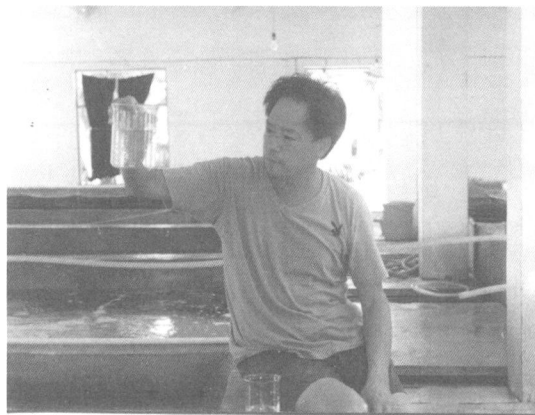
王克行1987年在文昌县进行班节对虾育苗的研究工作

王克行教授基于科研和生产实践积累的丰富经验，并吸取国内外虾蟹类养殖的研究成果，形成了系统的养殖理论和技术，编写了《对虾养殖》《实用对虾养殖技术》等著作，主编了水产专业统编教材《虾蟹类增养殖学》和《虾类健康养殖原理与技术》等，创建了虾类养殖课程，丰富和发展了水产学科，获得1993年山东省教委颁发的优秀教学成果二等奖以及2000年教育部科技进步三等奖。王克行还荣获了山东省劳动模范和山东省首届专业技术拔尖人才的光荣称号，并享受国家特殊津贴。

王克行长期坚持教学、科研和实践相结合，以严肃认真的科学态度、严谨负责的治学理念、孜孜不倦的求实创新精神，关心着青年科技人才的成长，为学院和地方培养了一大批优秀的虾蟹类养殖专业技术人才。

1982年毕业于山东海洋学院并留校任教的马甡就是王克行教授的学生。马甡教授多年来从事虾蟹类苗种生产及养殖的教学、科研以及技术服务工作，先后主持和参加了5项国家级科研课题、9项省部级科研课题以及其他课题2项，主要研究领域包括对虾苗种培育技术与养殖技术、对虾放流、养殖环境生态调控、养殖环境修复与清洁、养殖工艺与技术优化等，发表研究论文70余篇，参编全国统编教材等6部，获发明专利7项，获山东省科学技术奖一等奖（第3位）、山东省省级教学成果奖一等奖。

王克行教授于1982年组建了学校甲壳动物生物学与养殖技术团队，先后有10余人加入，承担了甲壳动物养殖生物学与技术研究领域相关科研、技术服务工作以及教学工作。该团队先后承担和参加了国家科技攻关计划、攀登（B）计划、重点基础研究发展计划、高技术研究发展计划、支撑计划、星火计划、公益性行业（农业）专项经费项目等课题以及其他省部级研究及技术示范项目课题20余项，研究方向涉及对虾生物学、对虾养殖模式研究及示范、对虾苗种生产工艺技术、对虾增殖放流、养殖水质解析与处理等，为甲壳动物养殖基础研究、技术研发以及推广应用等作出了卓越贡献。

2020年，该团队更名为甲壳动物行为生态学与健康养殖研究室，现任团队负责人王芳教授带领团队成员，面向我国水产养殖产业转型升级的战略需求和甲壳动物生态养殖面临的关键问题开展系统研究，创新建立甲壳动物行为生态学研究方法，揭示其行为规律，查明水生甲壳动物生长的最适环境条件，阐述其适应性机理，开发甲壳动物池塘养殖生态系统优化技术，构建池塘健康养殖模式，评估养殖系统的生态服务功能，研究成果"虾蟹多营养层次绿色养殖关键技术与示范"获2019年度山东省科技进步一等奖（第二单位），为我国甲壳动物养殖产业绿色高质量发展提供理论和关键技术支撑。

四、第三次海水养殖浪潮：贝类养殖

我国是世界第一水产养殖大国，海水养殖产量约占全球总量的三分之二，其中贝类养殖产量约占70%，占据举足轻重的地位。

扇贝是著名的海产珍品，我们熟知的海产八珍之一"干贝"，就是它的闭壳肌干制品。由于肉质鲜美、营养丰富，扇贝中的许多种类是世界重要海洋渔业资源，我国北方的栉孔扇贝和南方的华贵栉孔扇贝等都是重要的经济种。此外，海水养殖的贝类主要滤食单细胞藻类，其减排固碳作用显著。贝壳以碳酸钙形式长期封存二氧化碳，在国际上被誉为最高效、最绿色的农业生产蛋白技术之一。我国贝类养殖每年总碳汇达200余万吨，相当于义务造林80余万公顷。所以说，包括贝类在内的水产养殖在保障国家食物安全、助力乡村振兴、保护生态环境等方面都有不可小觑的价值，对我国大农业健康均衡发展更具有战略意义。

我国的贝类养殖有着2000多年的历史，最早记载于明朝郑鸿图的《业蛎考》。

20世纪50年代，由于滩涂围垦等原因，滩涂贝类的自然苗场受到严重破坏。鉴于此，我国先后开展了泥蚶、缢蛏、菲律宾蛤仔、青蛤等多种埋栖性贝类人工育苗研究，并建立起成套育苗技术，先后投入种苗生产。

中国海洋大学王如才教授是我国贝类学家、贝类养殖学家，我国现代海水贝类养殖学的奠基人之一，享有中国"养贝大王"的美誉。他于1954年9月考入山东大学水产系水产养殖专业学习，以优异的成绩毕业并留校，在水产系担任助教。工作伊始，王如才便受命开设贝类学和贝类养殖学课程，这是我国高等学校首次开设这类课程。

通过调研、考察和走访，王如才掌握了我国牡蛎、缢蛏、泥蚶、蛤仔等的养殖情况。1961年，王如才牵头与兄弟院校联合编写出版了《贝类养殖学》教材，成为我国第一部贝类养殖教科书。在认真做好教学和科研工作的同时，王如才还主动针对全国沿海各地的贝类育苗与养殖的需要，先后举办过8期技术培训班，进行养殖技术的培训推广，全国各地派人来校学习，为我国扇贝养殖业的发展奠定了人才基础。

20世纪70年代，我国栉孔扇贝苗种主要依赖采捕野生资源，数量有限，具体分布区域和采苗季节完全靠渔民经验，采苗的方法原始、效益不高。经过两年的反复试验，王如才找到了合适的附着基，并发明了适宜的半人工采苗方法。由于半人工采苗的技术原理简单易懂又便于操作，因此易推广应用，效果显著，有力推动了我国扇贝养殖业的发展。

栉孔扇贝的半人工采苗技术虽然取得了成功，但是仅靠采苗远远满足不了生产和人们生活的需要，还会对自然资源产生破坏作用。因此，王如才又开始研究"栉孔扇贝的人工育苗技术"，和同事们先后攻克了亲贝促熟、精卵诱排、授精孵化、幼虫培育、变态附着以及稚贝培育等系列关键技术，形成了一整套扇贝人工苗种的生产工艺，特别是升温育苗技术的应用，更使扇贝苗种的生产摆脱了季节和气候条件的限制，大大推动了扇贝养殖业的发展。

扇贝海水养殖的主要方式是筏式笼养，这一技术是由海带筏式养殖技术演化而来。1976年至1978年，王如才团队与荣成、烟台等地的水产研究单位合作研发了圆形多层扇贝养殖笼，形成后来扇贝养殖网笼的基本架构，许多养殖单位在使用中不断完善了扇贝养殖技术。随着苗种大规模生产技术和筏式养殖技术的推广，栉孔扇贝养殖业快速发展，20世纪90年代中期产量达到80余万吨，成为黄渤海地区渔业致富的重要途径之一，我国海水养殖业发展的第三次浪潮开始兴起。

1984年，王如才团队编写的《栉孔扇贝人工育苗试验报告》获得中国水产学会优秀论文三等奖。随后形成的"栉孔扇贝人工育苗研究"成果于1986年获山东省科学技术进步二等奖。

扇贝"良种良法"的产业模式效益显著，在山东和辽宁两个主产省生产优质商品扇贝苗2万亿粒以上，直接经济效益60亿元；两省累计养殖363万余亩，总产量548.02万吨，创产值351.87亿元，纯收入241.45亿元，提供了上百万个就业岗位，社会经济效益显著。

栉孔扇贝养殖发展过程中建立的苗种技术和养殖技术，解决了我国扇贝养殖的关键技术难题，为后来引进扇贝品种和其他贝类养殖业的发展奠定了技术和产业模式基础。

为了追赶国际海洋水产事业的发展，王如才和同事们开始了贝类多倍体尤其是牡蛎多倍体的研究。通过不懈努力，在牡蛎性腺同步发育、获卵技术、卵的体外促熟、诱导剂的筛选等方面都先后获得了系统性成果和技术资料，提出了较完整的三倍体牡蛎育苗与养殖技术操作规程。

在进行科学研究的同时，王如才还积极协助企业开展海湾扇贝人工育苗生产工作，创新性提出了技改方案和技术措施，使海湾扇贝育苗大获成功，首次实现了海湾扇贝在北方生产性育苗成功，为企业创造了很大经济效益，并为此提出扇贝育苗三要素的理念：水是育苗关键，饵料是基础，管理要科学，从而奠定了我国海湾扇贝育苗发展基础，为海湾扇贝养殖产业的快速发展作出了杰出贡献。

1988年，王如才任青岛海洋大学水产学院副院长兼水产养殖系主任。同年，获山东省优秀工作者及"富民兴鲁"劳动奖章。1990年，王如才主编的我国第一部彩色贝类图鉴《中国水生贝类原色图鉴》荣获全国优秀科技图书二等奖。

王如才的"栉孔扇贝人工育苗和自然海区采苗研究"成果于1991年获得国家教委科技进步二等奖；同年，王如才还获山东省高校先进科技工作者称号。1993年，王如才领衔完成的栉孔扇贝及大连湾牡蛎三倍体育苗技术研究项目荣获国家教委科技进步三等奖；同年，被国家批准享受政府特殊津贴。

王如才团队的牡蛎三倍体育苗与
养殖技术研究于1996年被列入国家海
洋生物"863"计划项目，1997年该研究
项目被列为国家重大项目。全国政协
原副主席、两院院士宋健曾为王如才
题词：三倍体牡蛎，高科技典范。

2001年2月，王如才教授被科技部
授予"863"计划有突出贡献的先进个

王如才教授（左）在青岛太平角养殖场开展科学研究

人；同年4月，王如才被山东省政府授予农业科技先进个人并荣立一等功；同年，王如
才主持完成的牡蛎三倍体育苗与养殖技术研究项目获海洋创新成果奖一等奖和中
国高校科技奖一等奖。2003年，王如才退休，被中国水产学会授予全国优秀水产科
技先进工作者称号。

王如才教授不仅仅是科学家，更是著名的水产科学教育家，他爱生若子，言传
身教，治学严谨，为我国水产学科培养了一大批优秀人才。包振民、李琪就是其中
的优秀代表。

包振民教授是中国海洋大学海洋生物遗传学与育种教育部重点实验室主任，中
国工程院院士兼任山东省科学技术协会副主席、中国水产学会理事长、中国动物学会
副理事长、贝类学分会主任委员，中国水产流通与加工协会水产种业分会会长，国际
种业科学家联合体副主席，世界水产养殖联盟科学委员会委员。

包振民教授长期从事水产遗传育种研究，系统评价了我国扇贝种质资源，完成多
种贝类基因组精细图谱，阐明其重要经济性状的遗传基础和生长发育调控机制；突破
系列低成本、高通量水产生物组学前沿技术，率先开发出"液相芯片"，技术水平国际
领先；建立了水产生物分子育种平台，育成系列扇贝良种，使我国扇贝养殖业摆脱了
依赖野生苗种的局面，引领水产种业科技发展。获国家技术发明二等奖1项、国家科
技进步奖二等奖3项、省部级科技一等奖6项，获光华工程科技奖和全国创新争先奖，
被授予全国五一劳动奖章、全国优秀科技工作者、改革开放40年渔业科技突出贡献人
物等称号，参与组织实施了我国海水育种科技和产业发展规划，积极服务国家战略，
推动海洋生物科技创新，为我国海水养殖业发展作出重要贡献。

　　1978年，包振民考入山东海洋学院生物学专业。1982年毕业留校任教，始终孜孜不倦地在海洋科教领域探索耕耘。20世纪90年代后期，扇贝养殖业暴发了大规模的流行病害，产业跌入低谷。大家形成了一个共识：高产抗逆良种的缺乏是产业发展的关键制约因素。

　　包振民带领团队成员围绕扇贝的遗传育种开展系统研究，评价了扇贝的种质资源状况，建立起贝类现代育种技术BLUP遗传评价技术平台和全基因组选择育种技术体系，特别是在高通量基因分型技术方面取得重要进展，开发了系列分型技术，使全基因组选择在水生生物的实际育种实践中成为可能。育种核心技术的创新大大加快了育种进程。包振民团队先后培育了"蓬莱红"等7个扇贝国家审定新品种。2021年，我国生产优质大规格贝类苗种达到3.3万亿粒，其中扇贝苗种在3000亿粒以上。

　　在开展贝类遗传育种研究、创建新的分子育种技术体系、建立扇贝种业技术和种苗生产体系的过程中，包振民带领团队成员团结协作、持之以恒，不断克服科研道路上的诸多困难。

　　我国贝类育种基础十分薄弱，育种的基础积累要从野生苗种起步，可以说是从零开始。同时，作为变温动物，扇贝的生长发育受温度等环境影响大，畜禽等动物的育种经验往往不适合水产育种分析，因此难以借鉴。此外，许多技术系统的建立需要从基础技术起步，在开发高通量基因分型技术时，包振民团队率先提出了开发液相芯片的思路，并用三年多时间完成了基础核心技术研发工作。而在即将推广应用时，当初选择的测序平台公司倒闭了，前期基于该测序平台的技术研发努力付诸东流。团队成员们不畏挫折、从头再来，最后才获得成功。

　　水产育种工作是非常艰辛的，繁育场大多远离城镇，生活条件简陋。由于扇贝育种在早春进行，30多年来，包振民团队的许多科研人员都是在育苗场里过春节，靠的是执着的意志和奉献精神。欣慰的是，通过团队的不懈努力，我国扇贝养殖业已经摆脱了依赖野生苗种的局面。

　　李琪教授也是王如才先生培养的优秀学生代表，先后于1988年和1991年获得青岛海洋大学水产养殖专业学士和硕士学位，1997年于日本东北大学获得博士学位，2000年于日本东北大学完成博士后。目前李琪教授的研究领域主要是海洋经济贝类苗种培育技术、繁殖生物学、遗传育种学、系统分类学、群体遗传学等，并在海产贝类种质资源遗传多样性评价、优良品种培育等领域有系统的科学发现和学术创新,成功培育出长牡蛎"海大1号""海大2号""海大3号""海大4号"新品种,创建了贝壳、软体组织、DNA库相配套的海洋贝类种质资源保存体系,建立了国内规模最大的海洋贝类DNA条形码数据库,获授权专利40余项。

牡蛎是世界上养殖产量最大的海产贝类,长牡蛎是我国北方牡蛎养殖的主导品种,俗称太平洋牡蛎,广泛分布于西北太平洋海域,是我国也是世界上养殖范围最广、养殖产量最大的海产贝类,是我国北方海水贝类养殖的支柱产业之一。2006年起,李琪教授科研团队在国内率先开展了长牡蛎优良品种选育,以山东乳山海区自然采苗养殖的长牡蛎为基础群体,采用群体选育技术,以生长速度、壳形作为选育指标,充分利用长牡蛎繁殖周期短和可解剖受精的特性,建立并应用有效繁殖亲本数量控制、选育群体世代遗传参数与选择效应评估以及选育世代遗传多样性监测等多项关键技术,经过八年不懈努力,通过连续六代群体选育,成功培育出生长性状优良的长牡蛎"海大1号"新品种。该新品种具有生长速度快、壳型规则等特点,在山东、辽宁等地取得了良好的养殖效果。它不仅填补了我国牡蛎良种培育的空白,而且对实现海水养殖良种化,推动牡蛎养殖业持续、稳定、健康发展,特别是打造我国高端牡蛎产业发挥了引领示范作用。该品种2014年获农业部颁发的水产新品种证书。

2017年,李琪团队历经八年不懈研究培育成功的又一国家级新品种——长牡蛎"海大2号"获得了水产新品种证书。该品种是以2010年从山东沿海长牡蛎野生群体中筛选左壳色为金黄色个体构建基础群体,以金黄壳色和生长速度作为选育目标性状,采用家系选育和群体选育相结合的混合选育技术,经连续四代选育而成。在相同养殖条件下,与未经选育的长牡蛎相比,"海大2号"平均壳高、体重和出肉率分别提高39.7%、37.9%和25.0%以上,左右壳和外套膜均为色泽亮丽的金黄色,养殖户喜称"金牡蛎",已在山东、辽宁等地取得了良好的养殖效果。长牡蛎"海大2号"优良新品种的推广应用,进一步提高了我国养殖牡蛎的品质和档次,市场前景广阔,对于实现牡蛎养殖业由数量效益型向质量效益型转变具有重要意义。

2019年,李琪教授团队培育的牡蛎新品种长牡蛎"海大3号"获得了水产新品种证书。在相同养殖条件下,该新品种与未经选育的长牡蛎相比,10月龄贝壳高平均提高32.9%,软体部重平均提高64.5%,左右壳和外套膜均为黑色,黑色性状比例达

100%。适宜在山东、辽宁等北方沿海养殖。因其左右壳和外套膜均为黑色，黑中透亮，被养殖户称为"黑金牡蛎"。作为牡蛎家族的高端品种，该品种致力于打造本土品牌，满足消费者对牡蛎品质的需求，减少我国高端市场对国外牡蛎的依赖。

2022年7月，农业农村部第578号公告公布了全国水产原种和良种审定委员会审定通过的26个水产新品种，李琪教授领衔培育的长牡蛎"海大4号"位列其中。长牡蛎系列新品种的产业化应用带动了沿海渔民致富增收，在推动我国牡蛎养殖产业由数量效益型向质量效益型转变的同时，有力推动了牡蛎养殖产业转型升级，为我国渔业提质增效、减量增收、绿色发展、富裕渔民作出了重要贡献。

五、第四次海水养殖浪潮：鱼类养殖

新中国成立以前，我国海水鱼养殖的科学研究还是空白。新中国成立后，直到1958年，才由中国科学院海洋研究所著名鱼类学家张孝威开创了我国海水鱼类幼苗培育研究。此后的40多年，我国水产工作者在海水鱼类的亲鱼培育、种苗培养、越冬、养成、引种、配合饵料、工厂化养殖和网箱养殖等方面进行了大量的研究，取得了突破性进展，特别是包括深水网箱在内的网箱养殖技术的突破，掀起了以鱼类养殖为代表的第四次海水养殖浪潮。

李德尚教授是我国水产养殖学家、中国海洋大学水产养殖国家重点学科带头人，主要从事水产养殖生态学方面的教学和研究。李德尚于1952年7月毕业于山东大学水产学系。1953年8月任水产学系助教。

1953年秋，李德尚参加了朱树屏教授领导的内蒙古岱海的调查，担任水质分析等工作。这期间，李德尚陪朱树屏进行了湖泊周边自然环境的踏查。翌年春，参加了中国科学院海洋生物研究室（今中国科学院海洋研究所）、农林部水产试验所（今中国水产科学研究院黄海水产研究所）和山东大学合作进行的烟台鲐鱼渔场调查，担任浮游动物分析等工作。

李德尚先后承担浮游生物学和天然水域鱼类增殖学教学。20世纪60年代初，李德尚主编了"天然水域鱼类增殖学"课程的第一本统编教材《内陆水域鱼类增殖学》并出版；他负责起草了该课程的第一部通用教学大纲，对我国该学科的教学和科研起到了推动作用。在此期间，李德尚还编写了鱼类学讲义，以鱼类生物学内容为特色，涵盖基础生物学和群落生物学，为国内鱼类学领域增添了新的板块，成为当时全国水产养殖专业的主要参考资料。

1971年2月，山东海洋学院水产学系并入烟台水产学校。在烟台期间，李德尚担任了全国中专通用教材《池塘养鱼学》编写的主要责任人。该教材系统介绍了我国混养、轮养、池塘水质管理技术及其生态学原理，教材整体尤其是生态学部分得到同行高度评价。1978年3月，水产学系归建山东海洋学院；同年5月，李德尚回到山东海洋学院。

水库养鱼是我国大型水域鱼类增殖的重要组成部分，20世纪80年代前后，又出现了投饵网箱养鱼的模式。李德尚教授从发挥水库养殖生态系统的综合作用和全面利用水库资源出发，提出将网箱投饵养殖与粗放滤食性鱼类综合在一起的思路。为此，他对水库的生态条件、网箱养鱼及施肥养鱼的技术，在同一水库中进行网箱投饵养殖吞食性鱼与粗放养殖滤食性鱼之间的互利关系及其适当的配比，做了多个课题的研究，从理论上提出一条合理和充分利用水库鱼产力的途径，并研究出其实施的基本技术参数。这一结果引起国内同行的广泛兴趣，并在国内一些水库得到应用。

20世纪80年代末，李德尚首次用实验法完成"水库对网箱养鱼的负荷力"的研究。研究中使用了自行设计的漂浮式实验围隔，使水产养殖的现场研究由试错法步入可重复、可验证的科学实验法，获得对北方丘陵水库的网箱养鱼有指导意义的结果。大致在同一时期，李德尚完成了山东省大中型水库鱼产力评价的研究。该项研究在方法学上有重要创新，提出的综合使用制约水库鱼产力的主要指标和定量划分鱼产力等级的评价方法，使评价结果更接近实际、更有应用意义，对水库渔业的健康发展起到了重要指导作用。

在科研工作中，李德尚很注重方法学研究。由于研究方法构思精巧，所获结果大多既新颖又适用。比如生氧量生物测验法等，使相关研究更便捷，从而形成了研究水域的限制性营养盐与大水域施肥养鱼拟订肥料成分合理配比的方法，为日后很多研究者所采用。

李德尚教授研究成果丰硕，获省部级科研奖励9项，优秀论文奖10项，国家发明专利1项、实用新型专利2项，"水库综合养鱼技术""水库对网箱养鱼的负荷力""水库鱼产力的评价"等成果多居国际领先、先进水平或国内领先水平。

任教以来,李德尚教授讲授过大型陆水鱼类增殖学、陆水生态学、鱼类学、浮游生物学、鱼类养殖学、对虾养殖学等多门本科生及研究生课程,教学经验丰富,受到学生欢迎和好评。在培养研究生的过程中,李德尚教授注重培养学生老实做人、忠于科学、团结合作等精

李德尚教授(右一)在养殖场开展网箱养殖技术指导

神,善于启发学生开拓创新,引导学生钻研分析,并对学术论文的撰写从严把关,为国家的鱼类养殖事业培养了一大批高水平人才。

中国海洋大学陈大刚教授从事水产养殖科研及教育工作40余年,参与建立原国家教委第一个渔业资源专业,并主持我国第一个渔业资源硕士点、博士点和山东省海洋渔业(渔业资源学方面)的重点学科建设,主要研究方向为水产养殖和渔业资源等。他出版专著10多部,承担国家自然科学基金项目、省部级项目多项,多次荣获山东省科技进步二等奖,获山东省科协优秀成果二等奖等,1989年获青岛市优秀科技工作者称号。

陈大刚于1955年考入山东大学水产学系,1959年毕业留校任教,主要教授鱼类学、渔业资源学、水产资源学及渔业资源生物学等课程,并担任了全国统编教材《渔业资源生物学》的主编。

20世纪80年代初,陈大刚主持黄河三角洲银鱼渔业生物学与渔业资源调查,研究淄脉沟入黄河口进渤海湾流域里宝贵的珍稀鱼类资源——银鱼,研究它的种类、分布、数量、繁殖和生长等情况,这在过去黄河三角洲系统研究中是空白。陈大刚承担这个任务后,带着研究生,在东营市水产局的协助下,进行了两年的野外调查和半年的室内整理总结,首次查明和揭示我国四种银鱼在淄脉沟近临海域及其在河川中的数量分布规律,特别是对安氏新银鱼的生物学进行了较系统报道,为该鱼的资源保护和合理利用奠定基础。陈大刚科研团队成员发扬不怕吃苦、艰苦奋斗的精神,圆满完成各项指标任务。黄河三角洲银鱼渔业生物学与渔业资源调查项目获得山东省科技进步二等奖。

陈大刚还参加了山东省南部海岸带（胶州湾口——绣针河口）调查，是技术指导委员会成员，主持渔业资源的调查研究工作。陈大刚每个月对调查区40多个观测站做拖网渔业调查及水文、生物取样。渔业资源调查研究作为全国海岸带调查的一部分，首次全面调查山东南部近海渔业资源，其工作量很大，但陈大刚还是很好地完成了任务。由于完成任务质量较高，陈大刚获山东省科委科技进步二等奖，并以丰富的海岸带调查资料为基础，编著了《黄渤海渔业生态学》一书，这是我国第一部区域渔业生态学专著。

陈大刚在海水鱼类人工育苗与养成工作方面成果丰硕。他研究的第一种鱼是斑鰶，又名扁鰶。陈大刚将扁鰶鱼卵人工授精后，放在水族箱里流水培育，育成鱼苗，这一成果刊发后，在国际上产生了一定反响。陈大刚研究的第二种鱼是真鲷，又名红加吉。最初，红加吉是很名贵的鱼，现在已经较为普遍了。陈大刚完成了"真鲷鱼苗培育与苗种工厂化生产"的科研任务，苗种生产达十几万尾，初步实现产业化生产水平，项目获山东省科技进步二等奖。陈大刚研究的第三种鱼是黑鲷，俗称"黑老婆"。通过陈大刚团队的科研实践，黑鲷鱼苗培育成功，生产规模达到30多万尾，并出口日本。陈大刚研究的第四种鱼是海鲈，鲈鱼属于重要经济鱼类，生长也快，但是长期人工苗种培育问题没有解决，都是依靠海洋捕捞，大鱼捕没了，天然的小鱼的数量也衰退了，必然走向人工繁殖。在山东省科委连续两次的资助下，陈大刚主持的"海鲈人工繁育及产业化的研究"科研项目，前后历经四年，海鲈鱼秋繁终获成功。为此，该项目分别两次获山东省科技进步二等奖。

通过陈大刚教授的科研实践和团队成员的共同努力，他们最终掌握了海水鱼类人工育苗的规律和相关理论，有力地推进了我国海水养鱼产业的发展。

在鱼类养殖领域，李德尚教授的学生、中国海洋大学董双林教授也作出了突出贡献。

1992年7月，董双林毕业于青岛海洋大学，获得水产养殖博士学位，1997年8月至2003年4月曾任水产学院院长。他长期从事生态养殖理论与技术研究，1997年获得国家杰出青年科学基金资助。针对国家对盐碱荒地渔业利用、滩涂池塘清洁生产等重大需求，董双林团队研发了低洼盐碱地池塘安全养殖技术，构建、优化了滩涂池塘清洁生产模式，为促进水产养殖科技进步作出了重要贡献。

1995年至2005年，董双林团队为了解决农渔争地矛盾，研究并开创了盐碱地池塘水质调控技术和养殖模式，引领了我国低洼盐碱地以渔改碱和池塘安全高效养殖的发展。

针对盐碱坑塘养殖鱼、虾时常大批死亡的现象，董双林系统研究了我国低洼盐碱地池塘水的化学特征，揭示了盐碱池塘水环境离子组成的不平衡性规律，阐明了养殖动物对盐碱的耐受性和大批死亡的原因。基于盐碱池塘水质特点和养殖动物对盐碱的耐受性特征，董双林发明了施氯化钙、增氯化钾为核心的水质调控技术，保障了鱼虾的养殖安全；发明了对虾—罗非鱼网隔式混养技术，接通了因小型浮游动物缺失而断裂的食物链，养殖产量提高了76%。董双林利用陆基围隔实验系统优化出五种主养鱼类或对虾的安全高效养殖结构，并集成基塘渔农综合利用技术、池塘网箱节水养殖技术等，构建了安全高效的养殖模式，新增产值近百亿元。该成果于2006年获国家科技进步奖二等奖。

2001年至2015年，针对国家对滩涂池塘清洁生产的重大需求，董双林教授团队构建、优化了海水池塘综合养殖结构模式，显著减少了养殖排污，引领了我国滩涂池塘清洁生产。

针对海水养殖池塘排污问题，董双林团队解析了海水池塘养殖生态系统的结构与功能，完整地提出了构建海水池塘清洁养殖结构的途径和原理，得到了国际同行的高度赞赏。董双林教授系统地揭示了大型滤食性动物和大型海藻对池塘水质的影响规律，为滩涂池塘清洁生产奠定了养殖生态学理论基础。

董双林通过配养摄食不同粒径有机颗粒的鱼类和贝类，强化了池塘生态系统的异养过程。由董双林教授发明的海水池塘水质的生物调控技术和生态防病技术，优化出11种高效低排养殖结构模式，实现了经济效益和环境效益双赢。该成果于2012年获国家科技进步奖二等奖。

在鱼类繁育与品种改良研究领域，现任校水产学院副院长、水产科学国家级实验教学示范中心主任温海深教授也是成果颇丰。温海深师从中山大学林浩然院士，2001年博士研究生毕业后进入中国海洋大学水产学博士后流动站，2002年在水产学院留校任教。他长期从事鱼类繁殖生理、生殖调控与品种改良等研究与开发工作，通过实施国家海水鱼产业技术体系"花鲈种质资源与品种改良"岗位科学家项目、4项国家自然科学基金项目、国家"863"计划和山东省农业良种工程项目等20余项，先后以鲇鱼、花鲈、许氏平鲉（黑鲪）、虹鳟、牙鲆等10余种鱼类为对象，侧重研究这些鱼类的繁殖内分泌生理机能、繁育及改良关键技术，在理论上进一步丰富了鱼类生理学内容，在实践上为鱼类育种与人工繁殖技术的建立与优化提供了科学依据。他发表学术论文100余篇，主编出版了《名特水产动物养殖学》《水产动物生理学》等本科教材，《鱼类繁殖学》《高级水产动物生理学》等研究生教材，以及《海水养殖鲈鱼生理学与繁育技术》《海鲈绿色高效养殖技术与实例》学术专著，获山东省及相关科技奖励3项。

中国花鲈（Lateolabrax japonicus），又称花鲈，俗称寨花、海鲈、七星鲈鱼等，因肉厚刺少、质地鲜嫩、入口嫩滑、清甜无腥味等特点，深受消费者喜爱。2022年，花鲈全国养殖产量超过20万吨，名列海水养殖鱼类前三名。但花鲈养殖产业也面临着许多挑战：一是花鲈生殖调控与遗传育种等基础研究薄弱，二是花鲈种质资源保护与品种选育研究起步较晚，三是缺乏大型苗种繁育企业整合零散市场，四是花鲈产业链延伸不够。针对花鲈养殖产业存在的问题，温海深教授提出了他的解决思路：一是提升产业科技含量，二是提高养殖效益，三是拓展深远海养殖空间，四是探索内陆及盐碱水域养殖。

作为中国海洋大学鱼类繁殖生理与种子工程实验室的负责人，温海深教授带领团队致力于花鲈生长和耐盐碱性状的遗传选育，早期通过传统选育构建了包括南北地域、生长性能良好、耐碱能力强的核心育种群体。实验室以黄渤海海域的花鲈自然种群作为参考群体，对其生长和耐盐碱性状的表型进行测量，利用全基因组重测序-基因分型-全基因组关联分析等技术，分别构建生长和耐碱性状的最佳基因组选择（Genomic Selection, GS）模型。

六、第五次海水养殖浪潮：海珍品养殖

20世纪70年代，由于对鲍鱼、海参等海珍品捕捞强度过大，致使资源趋于枯竭。为此，驻青海洋科研单位对鲍鱼、海参养殖技术开始进行研究，在鲍鱼、刺参人工育苗和养殖技术上取得重大突破，推动了海珍品养殖产业发展。20世纪90年代后，青

岛提出"以养兴渔""科教兴渔",加快发展高科技、高效益和优质品种的海水养殖产业,由此兴起了以海珍品养殖为代表的第五次产业浪潮。

鲍鱼是藻类食性的大型原始腹足类软体动物,堪称海珍极品,具有重要的经济价值和独特的营养价值。同时,鲍鱼的贝壳是开展新兴生物矿化学研究的上等实验材料,具有许多普通无机晶体所不能比拟的优良品质。由于过度捕捞等原因,鲍鱼资源日益枯竭。因此,鲍鱼逐渐成为水产养殖的新宠,其人工养殖技术及人工配合饲料的研究开发日益得到重视。但是,鲍鱼营养学研究相对滞后,国际上至今尚无系统的营养参数,是制约鲍鱼养殖产业发展的瓶颈因素。

1978年,麦康森以第一志愿考上了当时全国唯一的海洋学府——山东海洋学院,学习水产养殖专业。1982年本科毕业前,麦康森选择了继续攻读本校研究生,并于1985年获得水产养殖(营养与饲料)硕士学位。

1990年,麦康森获得了远赴爱尔兰留学的机会。留学时他发现,国际上对海洋鱼虾类的研究已相对成熟,但被中国传统美食誉为"八珍之首"的鲍鱼,却是贝类营养研究中十分薄弱的分支。他意识到这个冷门虽有难度,却是机遇。从此他以鲍鱼为主题,在贝类营养研究方面不断取得研究成果,填补了许多国际空白,走在了世界同类研究的前沿。

1995年7月,获得爱尔兰国立大学动物学博士学位的麦康森同许多海外学子一样,放弃了国外优越的工作与生活环境毅然回国。麦康森的硕士生导师、年逾古稀的李爱杰教授,盛情邀请麦康森回学校开展科研和教学工作,并为他搭建了良好的发展平台。回到母校的麦康森如鱼得水,在学校领导的支持和同事们的配合下,科研事业快速推进,科研成果捷报频传。

为了满足贝类养殖业对人工配合饲料的需要,麦康森团队选择了皱纹盘鲍为贝类代表种,针对贝类的营养特点,对其营养和代谢进行系统研究,在此基础上构建了其营养需要数据库,并通过系统集成相关领域的知识和技术,开发了经济效益与环境效益显著的鲍鱼人工配合饲料,进而保证鲍鱼养殖业的健康可持续发展。

麦康森带领谭北平、张文兵等团队成员系统开展了皱纹盘鲍的营养生理、营养免疫和贝壳生物矿化的机制研究,研究成果回答了主要营养素在鲍鱼体内代谢及生物合成特征等相关营养学问题，阐明了原始腹足类动物的营养生理特征，构建了鲍鱼营养学的理论框架，一方面填补了鲍鱼营养学的空白，另一方面为鲍鱼高效人工配合饲料的开发利用提供了科学依据，为保证我国腹足类营养学研究在国际上的领先地位提供了系统性和前瞻性的研究思路。

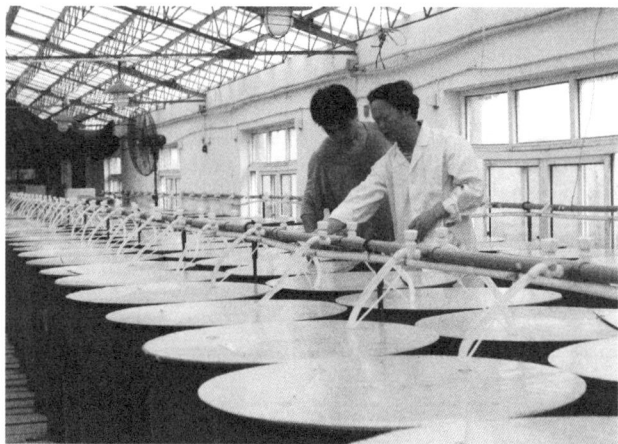
麦康森教授（右）在养殖基地

　　麦康森在鲍鱼研究方向上的成就和影响，使他连续9年获得了国家自然科学基金的项目支持，承担了国家自然科学基金"皱纹盘鲍营养生理的研究"和"鲍鱼贝壳生物矿化的营养学机理研究"等项目。1997年，他当选为国际鲍鱼学会理事，获得了国际鲍鱼学会授予的"杰出青年科学家奖"。2003年，他作为第五届国际鲍鱼学术讨论会组委会主席，在青岛成功组织召开了由世界20多个国家的280多名专家学者参加的规模空前的国际鲍鱼学术研讨会，为推动世界鲍鱼研究作出了显著贡献。2003年，他的"鲍鱼营养学研究"项目获得教育部科学技术（自然科学）一等奖；同时，该成果也是2006年国家科学技术进步二等奖"主要海水养殖动物的营养学研究和饲料开发"的重要组成部分。

　　麦康森团队"鲍鱼营养学研究"项目在国际上首次提出用以评价藻类食性贝类天然食物蛋白质质量的指标；首次揭示鲍鱼与大多数海洋动物在必需脂肪酸需要方面的不同，发现了欧洲的疣鲍和亚洲的皱纹盘鲍在脂肪酸需要方面的差异；首次用海藻红色素作为指示物质研究了皱纹盘鲍摄食后内脏色素和游离氨基酸的变化规律；首次获得了皱纹盘鲍对全部维生素的定性和定量需求，不仅阐明了皱纹盘鲍与高等动物在维生素营养生理方面的共性，更重要的是发现了其维生素营养的特殊性；在国际上填补了贝类无机盐营养研究领域的空白；首次从营养学角度揭示了营养素调控贝壳生物矿化的作用机理。

　　鲍鱼营养学研究成果广泛应用到了鲍鱼人工配合饲料的生产之中，其性能优于天然大型藻类，并且在育苗后期已经实现全部使用鲍鱼人工配合饲料。在山东、广东、福建等地的鲍鱼幼苗和养殖中进行广泛应用后，取得了显著经济效益和环境效益，为我国鲍鱼养殖产业的健康快速发展起到了重要的推动作用。2009年，麦康森当选中国工程院院士。

海参富含胶原蛋白、硫酸多糖、磷脂型EPA、脑苷脂及皂苷等多种功效成分，是我国传统的食、药两用水产品。全世界海参有1100余种，可食用的约40种，经济价值较高的有10多种。我国养殖的仿刺参单品种产值最高，全产业链总产值超1000亿元。随着国民健康素养的不断提升，海参产品消费量快速增加，产业规模不断壮大。长期以来，中国海洋大学的科研工作者一直在海参养殖、营养饲料、功效解析、营养保持及精深加工等领域探索实践，不断取得重要研究成果，为我国海参相关产业的发展作出了重要贡献。由薛长湖教授主持的"海参功效成分解析与精深加工关键技术及应用"项目就是其中的典型代表。

1990年，薛长湖于青岛海洋大学博士毕业后，留校从事水产品贮藏与加工工程专业的科研和教学工作。曾任中国海洋大学食品科学与工程学院院长，"泰山学者攀登计划"岗位专家，博士生导师。主要研究方向是大宗海洋水产品资源高效利用的理论与技术。

作为我国自主培养的水产品贮藏与加工学科的第一个博士和博士后，薛长湖已经在科研的道路上奋斗了30余载，他带领团队始终秉承爱国、创新、求实、奉献、协同、育人的新时代科学家精神，坚持"四个面向"，让创新驱动发展落地生根。

加工是海参产业链中拉动养殖业和保障餐桌食品安全的关键环节，但仍存在着诸多发展瓶颈：一是功效成分的化学结构与营养功能不清，精深加工技术体系构建缺乏理论基础；二是加工机械化与集约化程度低，传统加工过程营养成分流失严重，干海参复水时间长，即食海参质构不稳定、贮存期短；三是功效成分高效分离制备技术缺乏，精深加工产品种类少，副产物和低值进口干海参尚未得到高值化利用；四是加工产品缺乏质量标准体系，市场监管依据缺失。

薛长湖团队长期致力于大宗海洋水产品资源高效利用的理论与技术研究，在国家"863"计划等项目资助下，协同山东省科学院生物研究所、中国水产科学研究院黄海水产研究所、中国水产科学研究院渔业机械仪器研究所等国内权威行业机构和企业围绕海参功效成分解析与精深加工关键技术开展联合攻关,历经16年的探索与积淀,在海参功效成分解析、营养保持与精深加工关键技术及装备研发、产品质量标准技术体系构建等方面取得了重大突破,并在部分大型海参加工企业实现了产业化应用,推动了海参产业转型升级和可持续发展。2021年,薛长湖团队领衔完成的成果"海参功效成分解析与精深加工关键技术及应用"荣获2020年度国家科技进步奖二等奖。

该项目成果主要有四个创新点:一是系统阐明了海参功效成分的化学结构与营养功能,为海参精深加工技术体系构建奠定了理论基础;二是创建了海参营养保持与高质加工技术体系,实现了高品质、机械化海参加工生产从零到一的突破;三是创建了海参功效成分高效制备技术,为海参精深加工和副产物全利用提供了新途径;四是构建了海参产品质量标准技术体系,保障了海参产业的健康发展。

该项目成果共形成40余种海参加工新产品,海参产品质量标准的应用,极大提升了海参产品质量,产生了显著的经济效益。中国水产流通与加工协会对应用该技术成果的全国龙头、大中型海参加工企业的相关产品销售额进行了不完全统计,从2017年到2019年底,三年新增销售额约500亿元,新增利润近百亿元。

薛长湖团队研发的这项成果构建了海参营养保持与精深加工技术体系,将我国海参手工作坊式加工模式提升为高质化、机械化、规模化、标准化加工新模式,有力推动了我国海参产业的转型升级。同时,该成果还构建了完善的海参产品质量标准技术体系,从根本上解决了我国海参产品质量标准缺失或滞后、市场监管无法可依的难题,有力遏制了海参加工产品掺假制假、以次充好等行为,规范了海参市场秩序,保护了生产者和消费者的共同利益,保障了餐桌食品安全,推动了行业健康有序发展。该项目成果还提升了海参产业的核心竞争力,助力健康中国战略,提升了国民营养健康水平,促进了环境友好型生态文明建设。

该项目阶段成果"即食海珍品加工关键技术及产业化"获2010年度山东省科技进步一等奖;"海参功效成分研究及精深加工关键技术开发"获2013年度山东省科技进步一等奖;"刺参深加工与质量标准关键技术研究及应用"获2017年度海洋科学技术二等奖。中国农学会组织的专家以及中国水产流通与加工协会专家对该成果都给予高度评价:"该成果促进了我国海参产业转型升级和跨越式发展。成果总体处于国际领先水平。"

一系列成绩的取得并未使薛长湖停下开拓创新的脚步。2020年12月30日，薛长湖任院长的青岛海洋食品营养与健康创新研究院成立。研究院现已建成包括10余个功能实验室、3000平方米中试车间、3000平方米企业联合创新空间等为一体的科研创新基地。研究院利用中国海洋大学食品、水产等学科优势，聚焦"海洋+"蓝色粮仓、大健康、现代畜牧养殖业、现代种植业、生物智造和智能装备六大领域，面向食品、水产品加工和海洋生物资源等领域的国家重大需求，设置了海洋食品生物加工技术及产品开发、海洋医养健康功能食品加工技术及产品开发、新型海洋生物制品加工技术与产品开发、未来海洋食品加工技术与产品开发、智能化海洋食品加工与冷链物流装备开发等多个研发方向，以市场为导向展开一系列科研攻关，全面推进健康中国建设，打造集前沿技术研发转化、人才聚集培育、地方优势产业育成和科技创新服务为一体的国际一流产业研究机构。

2023年，薛长湖当选中国工程院院士。

七、第六次海水养殖浪潮：现代海洋牧场

由于我国水资源和用于发展池塘养殖的土地资源十分匮乏，向海进军，建设包括深远海养殖在内的现代海洋牧场，实现"藏粮于海"是水产养殖产业发展的新方向。大力推进海洋牧场建设，将产业发展和生态环境保护有机结合，构建科学、生态、高效的牧场渔业发展新模式，是渔业转方式调结构的重大举措，对于保障国家粮食安全、发展海洋经济和建设海洋生态文明，具有十分重要的意义。

近年来，我国大力建设"资源修复+生态养殖+高质高效"的海洋生态牧场综合体，发展包括深远海养殖在内的现代海洋牧场已成为我国保护海洋生态环境、养护渔业资源、转型升级渔业产业结构的重要国策。当下，具有生态修复和资源增殖功能的现代海洋牧场建设方兴未艾，第六次海水养殖浪潮初现端倪。

黄海冷水团存在于夏季的黄海中部洼地，面积13万平方千米，体积5000亿立方米，水质优良，是世界罕见的浅水层冷水团，可以支撑千亿元产值的黄海冷水团现代海洋牧场产业集群。

2018年5月，由学校与武船重工集团联合设计、建造的世界最大的深远海养殖重器——可下潜式桁架网箱"深蓝1号"在青岛建成、下水。网箱周长180米，高34米，养殖水体5万多立方米，设计年养鱼产量1500吨。该网箱可在高温的夏季沉到黄海冷水团中进行养鱼生产。因此，该网箱的启用实现了我国在开放海域规模化养殖鲑鳟鱼类的突破，开创世界暖温带海域养殖冷水性鱼类的先河。

黄海冷水团鲑鳟鱼养殖技术模式由董双林于2012年最早提出，2015年起，董双林团队启动黄海冷水团鲑鳟鱼类绿色养殖试验。由学校五个学院的专家参与的研究团队基本查明了试验区域养殖环境变化规律和养殖容量，建立山（沂蒙山）海（黄海）接力养殖模

董双林教授（左）考察海水养殖业发展情况

式，并在适养种类选择、苗种繁育、病害防治、饲料研发、装备设计、加工营销等方面开展了大量研究工作。2015年建成我国第一个淡水低温节能环保循环水育苗系统，2016年建成多水源鲑鳟鱼类海水驯化系统，2017年建成我国首艘养殖工船"鲁岚渔养61669号"。

"深蓝1号"可下潜式桁架网箱放养量超过10万尾，在近一年的海上养殖周期中，经历了台风过境和夏季高水温期考验。2019年12月，"深蓝1号"在黄海冷水团海域养殖鲑鳟鱼类试验成功通过专家验收，养殖鱼类成活率、规格、肉质等指标均达到预期目标。2020年至2022年，已分别规模化产出三个品种鲑鳟鱼类。两座体积各7.5万方的"深蓝2号"网箱即将建成、下水使用。该项成果已获得2023年度海洋工程科学技术奖一等奖。

在董双林团队推动下，农业农村部渔业渔政管理局于2020年8月批复，由青岛市在南黄海海域设立全国首个国家深远海绿色养殖试验区，总面积553.6平方千米。预计到2035年，将建成世界最大的深远海养殖配套基地，带动关联产业形成1000亿元产值，为全国深远海养殖发展提供"海大方案"，有力助推我国海水养殖新浪潮的兴起。

　　2014年12月，学校韩立民教授团队提交的《大力推进"蓝色粮仓"建设，为粮食安全提供持续保障》的专家建议得到党和国家领导人的批示，其主要观点被科技部采纳，直接推动了科技部"蓝色粮仓科技创新工程"的实施。该团队提出的"在政府财力允许的范围内应探索提高减船补贴标准""实行补贴标准差额化""减船政策的实施应以渔民转产转业补贴为抓手"等建议，在财政部和农业部2015年6月印发的《关于调整国内渔业捕捞和养殖业油价补贴政策促进渔业持续健康发展的通知》中皆予以采用。

　　重大项目是现阶段国家社科基金中层次最高、资助力度最大、权威性最强的项目类别，"蓝色粮仓"战略研究属于应用对策研究，重在对全局性、战略性、前瞻性的重大理论和实际问题进行分析研究，并为党和政府决策提供服务，当好参谋助手。在这一研究思路的指导下，韩立民团队先后向中共中央办公厅、中央研究室、科技部、农业部、教育部等部门提交成果要报10余份，其中7份得到中央或部委领导批示而进入国家高层决策，直接推动了相关行业的发展进程。与此同时，该团队还通过在权威学术刊物、新闻媒体刊发文章，撰写内参等形式为"蓝色粮仓"战略的落地实施和海洋强国建设建言献策。

　　国家重点研发计划"蓝色粮仓科技创新"专项的设立是落实习近平总书记"关心海洋、认识海洋、经略海洋"重要讲话精神、建设海洋强国的重要体现，关乎人类健康、产业结构调整和生态环境保护等社会诸多方面，中国海洋大学担任该专项的总体专家组组长，负责专项的组织实施，责任重大，使命光荣。

　　2022年2月，中国海洋大学三亚海洋研究院海南省热带水产种质重点实验室揭牌。该实验室由包振民院士领衔，立足服务海洋强国、粮食安全等国家战略，围绕热带种质资源研究与保护、热带水产种质创制和良种培育、热带名贵水产生物繁育等研究方向开展科研攻关。实验室围绕海南"三鱼一虾一螺"热带水产种业发展规划，聚焦南美白对虾、东星斑和金鲳等优良种质资源发掘和新品种培育，构建"育繁推"一体化种业产业技术体系，服务水产南繁千亿级产业链，打造引领辐射全国乃至全球的海水良种选育、开发、推广中心。

　　包振民院士指出，水产养殖在保障国家食物安全、助力乡村振兴、保护生态环境等方面都有不可小觑的价值，对我国大农业健康均衡发展更具有战略意义。如今，在海洋强国建设的战略指引下，关心海洋、认识海洋、经略海洋成为全社会的强烈共识。树立"大食物观"，向江河湖海要食物，就要把渔业生产看作粮食生产一样，既保障产业发展的基本空间需要，同时积极开发新技术、拓展新空间和探索新途径。

海南省具有发展水产南繁种业得天独厚的条件，是我国水产苗种重要的育种生产基地。海南省近年来正在谋划打造水产南繁基地，培育千亿级水产种业。中国海洋大学三亚研究院已在海南组建了热带海洋生物种质资源和种业工程实验室。包振民院士团队利用该实验室，对东星斑、金鲳鱼和南美白对虾优良品种培育技术的研发工作取得了重要进展。预期在不远的将来，可育成适合深海设施养殖的专门化优良新品种，助力南海深远海养殖事业发展。这不仅可以使国家的"蓝色粮仓"更加丰盈，还能够服务"一带一路"倡议，服务经略海洋的国家战略。

八、为海水养殖保驾护航：营养饲料和病害防治

自改革开放以来，我国海水养殖业飞速发展，并逐渐从粗放型向集约化模式过度。然而，直到20世纪70年代末，我国海水养殖动物的营养学研究仍然是空白，这严重阻碍了海水养殖动物高效人工配合饲料的开发，成为制约我国海水养殖业发展的瓶颈。因此，系统开展主要海水养殖动物营养学研究，开发经济效益和环境效益显著的高效人工配合饲料，成为维持海水养殖业健康可持续发展的重要保障。

20世纪80年代初，李爱杰教授为填补国家水产饲料生产的空白，以花甲之年"改行"开创了水产动物营养与饲料的研究领域。

李爱杰教授是我国德高望重的生物化学家、水产动物营养与饲料专家，曾任学校水产系主任、水产养殖研究所水产动物营养与饲料研究室主任，曾兼任中国水产学会水产动物营养与饲料专业委员会首任主任委员等职。

李爱杰自1950年于山东大学水产系毕业后，即开始了教学与科学研究生涯，在鲤鱼以及各种重要海水营养动物的营养学研究和饲料开发方面做了大量开创性工作，并取得了丰硕的成果，尤其是对中国对虾的营养生理的研究，具有科学性、创新性与系统性，建立了中国对虾营养需求和营养生理学的理论基础，为我国的养虾业提供了极其重要的理论支撑，填补了我国虾营养研究的空白。特别是在鱼虾营养研究和对

虾、鲤鱼配合饲料研发及推广方面做了大量卓有成效的工作，研发成果先后转让给16家企业，创造产值超过100亿元。

在对虾养殖中，饵料占养殖成本的60%～70%，是维持对虾养殖业可持续发展的重要保障。而20世纪80年代以前，我国水产饲料产业尚处于萌芽状态，对虾养殖过程中多以饼粕类、小杂鱼虾和低值贝类为饵。由于这些原料营养不平衡、质量参差不齐、饲料效率低，既浪费了资源，又污染了环境。因此，开发高效的对虾人工配合饲料势在必行。然而，对虾营养研究的缺乏影响了高效人工配合饲料的开发，成为限制我国对虾养殖业健康可持续发展的瓶颈。

为了突破对虾养殖的营养与饲料瓶颈，1980年，李爱杰带领项目组成员承担了国家水产总局的"对虾营养及配合饲料"课题，随后承担山东省科委、国家自然科学基金委等一系列研究项目，目标是系统研究中国对虾的营养生理和营养需要，开发营养均衡、成本合理的高效人工配合饲料。这为我国对虾养殖产业的可持续发展提供了保障，为我国城乡居民提供了优质的膳食蛋白质，也有力推动了我国沿海渔民脱贫致富。

该项目系统阐述了中国对虾的营养生理和营养代谢，在此基础上构建了其营养需求数据库，揭示了营养性和非营养性饲料添加剂的应用效果，并率先在国内利用电脑软件进行商业实用饲料配方设计。成果开创了我国对虾营养生理和营养需求研究的先河，为对虾高效养殖提供了理论支持。该研究成果获得1991年度国家教委科技进步（推广类）一等奖和1996年度国家教委科技进步奖一等奖。

此外，李爱杰主持的鲤鱼全价配合饲料的研究于1992年获山东省科技进步二等奖，罗氏沼虾人工配合饵料的研究于1994年获山东省科技进步三等奖，对虾营养及配合饵料的研究于1997年获国家教委科技进步（丙类）一等奖，中国对虾维生素营养的研究于1998年获国家海洋局科技进步

李爱杰教授（左一）在实验室指导学生

二等奖，对虾营养及配合饲料研究于1999年获第三届"爱迪生"世界发明博览会国际最高金奖。

李爱杰还主编了全国高等农业院校教材《生物化学》《水产动物营养与饲料学》并出版了《李爱杰文集——水产动物营养与饲料研究专论》，合编《日汉水产词汇》《无机盐工业手册》等7部书籍，合译了《水产细菌学》《鱼类消化生理下册》，发表论文（包括合写）百余篇。

李爱杰特别注重人才的培养，先后为我国水产品加工、海藻工业的利用、水产动物营养与饲料科学等专业培养研究生和培训学员超过2000人。2001年，在李爱杰先生从教50周年之际及八十华诞前夕，他提议成立"爱杰奖学基金"，以奖励和资助在水产动物营养与饲料学研究方面取得优异成绩的学生。李爱杰从有限的积蓄中拿出10万元注入"爱杰奖学基金"，充分体现出他对后辈人才的爱惜及望其成才之情。

作为李爱杰的杰出学生代表之一，麦康森在水产动物营养与饲料领域更是贡献卓越。他认为，从现代养殖业发展史来看，没有大规模的饲料工业化生产，就不可能有大规模养殖。

20世纪末，我国的水产饲料仍然存在营养不平衡、饲料利用率较低、氮磷排放量大等问题。此外，添加剂滥用及药物残留引发了人们对水产品食品安全问题的担忧。因此，必须全面、深入开展海水养殖动物营养研究，构建一整套适合我国海水养殖业发展的高效安全水产饲料配套技术，开发高效优质的人工配合饲料，提高饲料利用率，减少资源浪费和环境污染，保证我国水产养殖产品品质、食用安全和水产养殖业的健康可持续发展。

麦康森主持的"海水养殖鱼类营养研究和高效无公害饲料开发"项目，以我国具有重要经济价值的代表性海水养殖鱼类——大黄鱼、鲈鱼、军曹鱼、牙鲆和半滑舌鳎为研究对象，系统探究了代表种对蛋白质、必需氨基酸、必需脂肪酸和维生素等主要营养素的需要量，以及对主要饲料原料的消化吸收率；通过研究营养素和非营养型添加剂与海水鱼类免疫力之间的关系，开发出海水鱼专用的高效饲料免疫增强剂和微生态制剂；研究了饲料中有毒、有害物质的残留以及其对水产品安全的影响；系统探明了海水仔稚鱼的摄食行为、消化生理和营养需要。在上述研究的基础上，基本构建起海水养殖鱼类的营养学理论体系，为海水养殖鱼类饲料的配制提供了重要的依据。同时，通过配方的筛选和优化，研制了高效无公害饲料配方和高效人工微颗粒饲料配方，有力地推动了我国水产动物饲料工业发展，取得了显著的经济效益和社会效益。该研究成果填补了水产动物营养学研究的多项空白，解决了海水养殖动物营养学研究中的多个重大理论问题，于2005年获教育部科技进步一等奖。

麦康森主持的"主要海水养殖动物的营养学研究和饲料开发"项目选择我国具有重大经济价值，在生态分布和营养生理具有典型意义的代表种——对虾、鲍、鲈鱼、大黄鱼等为研究对象，系统阐述了重要营养素（蛋白质、氨基酸、脂肪、脂肪酸、能量/蛋白比、维生素、无机盐等38个营养参数）的定量需要和20余种主要饲料原料生物利用率的数据库；阐明了甲壳动物不能有效利用晶体氨基酸的机理；开创了贝类生物矿化营养学调控机理的研究领域；探明了营养、养殖方式与养殖鱼类品质之间的关系；开发和优化了一系列饲料加工技术。研究成果为高效人工配合饲料的开发提供了重要的科学依据，改变了一直以生长为主要评价指标的饲料研究和开发模式，使之升级为既考虑生长，又兼顾效益、环境、质量、安全和可持续发展的无公害饲料生产方式。该项目成果于2006年获国家科技进步奖二等奖。

在海水养殖过程中，传染性疫病的发生是海水养殖业中最为重大的风险之一，病害问题对养殖的产量增长造成严重影响。学校水产学院水产动物病害与免疫团队数十年如一日，为了解决海水养殖动物的病害问题而默默努力着。他们是我国绿色海水养殖的保驾护航者。

2022年6月，山东省科技创新大会在济南举行，学校水产学院战文斌教授主持完成的"海水鱼虾重要疾病免疫学现场检测诊断技术研发与应用"，荣获2021年度山东省科技进步一等奖。这是战文斌教授自主持完成"对虾白斑症病毒单克隆抗体库的构建及应用"获得2010年度国家技术发明二等奖后，又一次在水产动物病害领域取得的卓越成果。

战文斌教授及其团队长期致力于水产动物病害与免疫学研究，自主科技创新，构建了海水鱼虾疾病现场快速检测、定量检测标准化技术平台，创建了鱼类疾病血清学现场快速诊断和疫苗评价技术体系，以及海水鱼虾多病原高通量检测诊断技术体系，开发出具有自主知识产权的现场、快速、简便、准确、灵敏的海水鱼虾疾病检测诊断系列化技术产品。相关产品在山东、天津等地水产养殖龙头企业推广应用。

战文斌1982年毕业于山东海洋学院并留校任教。1997年，战文斌毕业于青岛海洋大学与东京水产大学联合培养的水产养殖与水族动物病理专业，获得博士学位；2003年4月至2008年7月任水产学院院长。

从业40多年来，战文斌一直从事水产养殖动物病害和免疫学的教学及科研工作，在水产动物病害的流行病学、病原学、传播途径、检测诊断、预防控制关键技术等方面取得了多项原创成果。可以说，战文斌教授是中国海洋大学水产动物病害与免疫学研究室发展与壮大的见证者、参与者，亦是推动者。

中国海洋大学水产动物病害与免疫学的教学与研究是在鱼病学研究的基础上发展起来的，可以追溯到20世纪50年代初。1953年，水产系开设了鱼病学课程，主要讲授淡水四大家鱼由水质、寄生虫、细菌等引起的病害，课程由孟庆显、陈世阳两位先生讲授，由此开创了学校鱼病学教学和研究的历史。

20世纪80年代是我国水产养殖动物病害学发展最快的阶段，在海水养殖病害方面尤为突出。随着我国对虾养殖业的兴起，养殖生产中遇到的病害问题日益突出，孟庆显、俞开康先后承担并完成了"七五""八五"国家科技攻关项目以及山东省科技攻关等项目，开展了对虾、贝类的流行病学调查研究并获得多项国家及省部级奖项。1996年，孟庆显主编了《海水养殖动物病害学》，这是全国水产院校水产养殖专业海水养殖动物病害学授课唯一教科书，奠定了学校水产学院在国内外海水养殖动物病害学教学与研究中的领先地位。

战文斌团队在海水养殖鱼虾类疾病的病原、病理、流行病学、检测诊断及综合防控等方面，取得了一系列显著性成果：针对海水鱼虾主要病原，构建了免疫学快速检测诊断技术，研发了系列化快速检测诊断技术与产品，解决了水产病原现场快速检测、定量检测、混合感染病原快速鉴别的产业难题。经过十年的潜心研究与凝练，由他主持完成的成果"对虾白斑症病毒（WSSV）单克隆抗体库的构建及应用"荣获2010年度国家技术发明二等奖。

九、牧海弄潮向未来

"长风破浪会有时，直挂云帆济沧海"。当前，国家正大力实施创新驱动发展战略，加快建设海洋强国。"一带一路"建设既对水产养殖产业对外合作提出了新任务，也带来了新机遇。"一带一路"区域的市场潜力巨大，特别是海上丝路沿线国家，既有丰富的资源，也有水产品消费大市场，对中国来说存在着很大的合作空间。

中国海大水产人将继续以国家队、排头兵的责任和定位，围绕国家食物安全、生态安全及"一带一路"和海洋强国建设的战略需求，着眼学科、产业和国家的未来，以造就国家水产事业的创新领军人才、服务社会产业人才和学科高层次后备力量为主要任务，着力打造衔接基础理论研究、应用技术开发、成果转移与推动产业化的创新链条，整体提升水产领域的自主创新能力，在建设海洋强国的征程上，勇立潮头，续谱华章，用智慧和汗水奏响更加嘹亮的海洋牧歌！

海洋科普助力海洋强国建设

——中国海洋大学海洋科普撷英

张华

2022年8月4日，中国海洋大学鱼山校区逸夫馆八角厅。

64岁的宋微波院士站在一块金灿灿的大牌子旁边，面带笑意。今天，他不是来作报告，也不是来上课，而是采用线下线上同步的方式举办一场"海洋微生物与人类"科普沙龙，同时为中国科普研究所授予学校的"海洋科学科普工作室"揭牌。院士做科普？是的，你没有听错，就在刚刚，宋微波用科学家朴素而准确的语言，深入浅出地阐述了浒苔、赤潮的成因，并向大家普及了原核生物、真核生物的基本知识。

这是中国海大承担的中国科普研究所"院士专家科普创作工作室"试点项目的活动之一，目的是普及海洋科学知识，带动更多高水平专家参与科普创作与传播工作，推动科普事业的发展。

科普工作是以科学知识为基础，普及科学精神，指导人们更理性地认知世界、了解自我，应对未知领域的挑战。《中华人民共和国科学技术普及法》规定，"各类学校及其他教育机构，应当把科普作为素质教育的重要内容，组织学生开展多种形式的科普活动"。高等院校等团体机构"应当组织和支持科学技术工作者和教师开展科普活动，鼓励其结合本职工作进行科普宣传"。《中华人民共和国高等教育法》把发展科学技术文化列为高等教育的任务。作为国内外知名的海洋学科的高等学府，中国海大凭借得天独厚的优势条件，在加强海洋科普教育、发挥高校科普宣传功能的工作中不断尝试，砥砺前行。

时间的画笔轻轻一挥，在斑驳细碎的历史光影中，我们可以清晰地看到几代中国海大人在传播海洋科学知识、提高全民海洋意识道路上的自觉与努力、使命与担当，中国海大在海洋科普的前进道路上始终耕耘不辍、薪火相传。

一、沧海点灯

在鱼山校园化学馆前的绿地中央,百年银杏和梧桐的相拥怀抱之下,静静地伫立着一座塑像:一位身着中山装、额头饱满、架着一副圆框眼镜且头发整齐地斜梳至一侧的老人,正睿智从容地目视前方。他就是中国海大海洋科普工作的"点灯人"——方宗熙先生。

学校鱼山校区的方宗熙塑像

方宗熙(1912—1985),又名方少青,福建云霄人,我国著名的海洋生物学家和遗传学家,我国海洋生物遗传学和育种学的奠基人。1936年厦门大学生物系毕业后留校任教;1938年出国,在印度尼西亚的巨港中学教书;1947年到英国留学;1949年底获遗传学博士学位。1950年冬回国后,先后在国家出版总署和人民教育出版社担任编审。

1953年,方宗熙来青岛担任山东大学教授,开启了学校的海洋生物遗传学研究,后筹建山东海洋学院生物系并先后任海洋生物遗传教研室主任、海洋生物系主任和山东海洋学院副院长等职。方宗熙教授一生潜心学术、治学严谨,在我国海藻遗传学领域开展了富有开创性的研究工作,奠定了我国在国际海洋植物研究领域的重要地位。由他建立的海带单倍体育种和杂交育种技术,是我国海洋生物细胞工程育种历史上具有里程碑意义的重要成果,至今仍然在海藻遗传育种研究领域发挥着重要作用。他是20世纪60年代我国以海带、紫菜为代表的第一次海藻养殖浪潮的先驱和引领者之一。以此为基础,方宗熙教授创立和发展的海洋生物遗传学科已经成为我国海洋生命科学领域最活跃、最具发展潜力的学科之一。

在这一系列耀眼的科研成绩之外,方宗熙还是一位非常优秀的科普作家。他认为,作为一名科学家,有义务和责任将自己所研究领域的科学知识普及给广大青少年,在他们心中播下更多科学的种子。因此,在科研工作之余,方宗熙投入了大量的时间和精力进行科普创作,留下了《古猿怎样变成人》《生命发展的辩证法》《遗传与育种》《生命进行曲》《米丘林学说》《达尔文学说》《遗传工程浅学》《生物基础知识》《科学的发现——揭开遗传变异的秘密》等上百万字的优秀科普作品。

事情还要从方宗熙在中学任教时讲起。1938年后,方宗熙曾先后在印度尼西亚巨港中华中学、新加坡华侨中学任生物学教师兼教务主任。他在讲课时,会特别注意引导学生钻研科学问题。因为对创作感兴趣,当时他还曾发表过《公鸡变母鸡》《子女为什么像父母》《换血救命》《细菌是怎样生活的》《为什么要研究生物学》《谈姑表结婚》等有关生物学的科学小品文。

1949年,中华人民共和国成立,方宗熙心潮澎湃,归心似箭,但在英国政府和国民党驻英使馆的百般阻挠之下,其归国计划几度搁浅。1950年,在英国教授的帮助下,方宗熙以访问学者的身份到加拿大工作。不久,他毅然放弃优越的生活条件,谢绝了朋友的挽留,在漂泊异国他乡十几年后,终于在这一年的隆冬时节,踏上了归国的行程。

回国后,方宗熙先后在国家出版总署和人民教育出版社从事编审工作。他校订了人民教育出版社1951年8月出版的《初级中学生理卫生课本》,还参加了初中《植物学》《动物学》《生理卫生学》和高中《达尔文主义基础》教材的自编工作。之前这些教材大都以苏联各种生物教材的编译本为基础改编而成,在实际应用中并不符合我国中小学生物教学特点。为了给我国广大青少年提供更实用的生物教科书,方宗熙精心研究了教育部1952年编订的《中学生物教学大纲(草案)》,结合材料和我国实际,对上述初高中生物教材进行了全面修订,将其均合并为一册,1953年春季由人民教育出版社出版。其中,将初中课本《生理卫生学》改为《人体解剖生理学》;又与任树德合编了高中课本《人体解剖生理学》。此外,方宗熙还参照苏联小学的自然课本主持编写了高级小学课本《自然》,1954年该书改为四册并加上了彩色插图。方宗熙编写的上述教材,成为新中国第一套生物通用教材和小学自然统编教材。

时间的指针走到了1952年。在全国高校院系调整的大背景下,厦门大学海洋学系理化组22名师生北迁青岛,与山东大学海洋物理研究所合并组建海洋学系,接着山东大学又将动物学系与植物学系合并为生物学系。这时，山东大学副校长、著名生物学家童第周向方宗熙发出了真诚的邀请。面对当时全国最好的海洋科学研究条件和自己追寻多年的科研梦想，方宗熙踌躇满志，毅然决然地投身于青岛这片海洋科学研究的沃土，将后半生完完全全地交给了自己钟爱的科研工作和科普创作。1959年，山东海洋学院筹建，方宗熙的职务发生了变化，但不变的是他始终坚守在教学和科研岗位上，不仅发表了许多有开创性的海洋生物学方面的理论研究成果，为我国海洋生物学科和海水养殖业作出了贡献，而且还编著出版了《生物学引论》《普通遗传学》《达尔文主义》《生命的进化》《生物的进化》《拉马克学说》《细胞遗传学》等教材和参考书，培养了一大批海洋生物学人才。更为难能可贵的，是方宗熙此时对海大园科普创作园地的拓荒与深耕。在他看来，青少年正处在快速吸收知识、增长见闻的关键时期，科学家更应该关心青少年的精神成长，将科学的精神根植于青少年心中。他曾说过："如果通过科普读物的启发，一百万人中出一个爱迪生，那将是多么了不起啊！"他曾计划每年为青少年写出一本科普读物，在教学和科研之余，他和时间赛跑，努力完成自己的心愿。在青岛的30多年间，方宗熙倾注了大量心血在科普领域开荒拓田，编写了一大批科学性和通俗性都很强的科普读物，字数近百万，可谓非常高产的科普作家了。

方宗熙自小勤奋，几十年如一日。他说过："上初中时，每天天还没亮，我就起床在油灯下念书。放寒暑假，我从不去闲逛，除了参加家务劳动，就是埋头看书。在厦门大学上学时，我每天的活动都是有规律的。早晨很早就起床，早餐前先念一两小时的书，课余大半时间是'泡'在实验室里，按要求做未做完的实验或做自己设计的实验；晚上，大部分时间是在图书馆，那里有我的'固定'座位。"

方宗熙在人民教育出版社工作仅仅两年多时间，就主编了6种19册的中小学生物和自然教材，在《生物学通报》《人民教育》等杂志上发表有关生物教材的论文6篇，出版了科普著作《古猿怎样变成人》（开明书店1952年），并与周建人、叶笃庄合译了达尔文的两部名著《物种起源》和《动物和植物在家养下的变异》，分别于1954年、1955年由三联书店、科学出版社出版，成为生物学界必读的教科书。

由上可见当时他的争分夺秒与勤奋投入。他的夫人江乃萼曾回忆说，在北京的两年里，他从未去过颐和园、故宫、北海、天坛这些著名的名胜古迹，而是常年夜以继日、不知疲倦地工作。直到临去世前，方宗熙还在为自己有三本书没有写出来而深感遗憾。他的心里，始终装着普及科学知识的使命，一刻都不曾懈怠。在女儿的记忆中，晚年的方宗熙总是坐在沙发上进行创作，他把稿纸放在硬纸板上写，需要生物插图时，便摘了眼镜趴在桌上亲自勾画。别人和他讲话，他根本听不见，因为他在忙着构思写作，与时间赛跑。他还给自己定了一条规矩：晚上查找所需资料，第二天清晨黎明便开始进行创作。在他的日记本上有一句话始终被他奉为座右铭，那就是"生命的价值在于贡献"。方宗熙几十年如一日，留下了十几本科普著作和几百篇科普文章，成为中国海大科普工作的奠基人。

综观方宗熙的科普创作，其作品主要集中于现代生物学以及遗传生物学方面科学知识的普及。《古猿怎样变成人》一书初版于1952年，之后根据当时最新研究资料曾进行过四次修订工作，足见其受欢迎程度。方宗熙在20世纪70年代创作的《生命进行曲》则是他另一本颇有影响的科普作品，是当时中国少年儿童出版社出版的大型"少年百科丛书"之一。当年，叶至善先生邀请他参与编写时，他非常愉快地接受了编写任务，将达尔文进化论的《生命进行曲》进行了认真的改写，保留了书名，并根据最新研究情况进行了内容的补充和完善，增加了

方宗熙的《生命进行曲》

国外最新的研究资料，用通俗浅显的文字将这部作品呈现给中国的青少年。这本书还被翻译成藏文和维吾尔文广泛推广，掀起了社会上研究生物科学知识的热潮。方宗熙晚年时，分子生物学的发展又让他开始关注遗传工程问题，并成为他科普创作的主要题材，《遗传工程浅说》《遗传工程》《遗传工程——定向改造生物的新科学》等作品相继出版，使广大读者对遗传工程这门崭新的生物技术有了较清晰的概念和了解。

方宗熙的最后一部科普作品是《科学的发现——揭开遗传变异的秘密》，主要也是讲述遗传学的基础知识。他在书中告诉人们，遗传和变异是生物进化的基础，"种

瓜得瓜，种豆得豆""龙生九子，九子各不同"。他在作品中讲解了生物性状是怎样由亲代传递给子代的，为什么男孩子易患色盲症和血友病，如何改变动物和植物的遗传性以及培育新品种等问题，向广大读者普及遗传生物学的知识。

除了创作科普作品，方宗熙还借助多种途径进行科普宣传。他曾参加中央人民广播电台的"星期日演讲会"节目做科普讲座，也曾为《海洋》（今《海洋世界》）杂志撰文表示支持。从1976年开始，他在《海洋》上连续发表了《海带单倍体育种实验》《略谈海洋有机物的生产》等文章。他为《海洋》杂志撰写的最后一篇文章为《略谈菊石是怎样绝灭的——兼论灾变论》。可以说，方宗熙用自己的实际行动支持海洋科普杂志的成长与发展，反映出一位科学家心系全民科学素质提高和用所学知识反哺社会、报效国家的拳拳之心。

方宗熙的科普作品很注重知识的科学严谨。在此前提下，他也特别留心避免学术化和学究气，不会板起面孔来讲科学，而是注重挖掘科学知识的故事性、趣味性以拉近与读者的距离，达到普及科学知识的目的。据方宗熙多部科普作品的最早读者，后来从中国青年出版社调入中国少年儿童出版社担任"少年百科丛书"的复审和终审工作，又成了方宗熙教授后期著作的终审者的陈昌云介绍："方宗熙教授的科普作品有两大特色：一是可读性比较强，比较通俗易懂，读来既觉得有趣，也富思想内涵，读者可通过具体事例学习辩证唯物主义和历史唯物主义的一些基本原理；二是叙述脉络清楚，很有条理，许多作品用了同一个模式，即每章有几个小节，每个小节标题下又分一、二、三、四……每个小节末尾都有一个小结，全书结尾还有一个提纲挈领的总结，叫人看了清清楚楚，也容易记住一些什么。"

方宗熙不仅创作科普作品，还注意总结自己的创作经验，进行科普创作理论的探讨，创作过《科学性是科普的命根子》《实事求是地写好科普作品》《编写科普读物要处理好几个关系》等一些指导科普写作的文章。1978年5月，他在全国科普创作座谈会的书面发言中强调，科学性永远是科普作品的命根子，因为科普作品就是要介绍科学知识，因此科普作品强调科学性永远不会过分。鉴于方宗熙在科普工作中的不懈努力与卓越贡献，中国科普作协、山东省科普作协代表大会，推选他为中国科普作协副理事长、山东省科普作协理事长。1984年1月，中国科普作协第二次全国代表大会召开，方宗熙带病参加并在会上致开幕词。他与华罗庚、茅以升、高士其、钱学森等科学家一同受到了大会的表彰,同时被推选为中国科普作家协会荣誉会员。

方宗熙用自己奋斗的一生,开创了中国海大海洋生物遗传学研究的历史,也成为海大园中科普工作的先行者和"点灯人"。今天,当秋风又起,泛黄的梧桐叶再次在鱼山校园飘舞翻飞的时候,我们缅怀方宗熙的执着与坚守。跨过时间的大门,影影绰绰之间,我们也欣然看到,海大园的海洋科普之舟,点亮灯火,扬帆启程。

二、向海启程

"《联合国海洋法公约》生效已22年了,中国政府批准已有20年,但我们到今天大多数人还是停留在只知道我国有960万平方千米的陆地国土,并不知道我国还拥有约300万平方千米的海洋国土。"

"增强全民族海权观念刻不容缓,增强全民族海权观念必须从娃娃抓起,从中小学生做起。我们将利用好中国海权教育馆这一平台,为把我国这样一个海洋大国尽快建设成为海洋强国作出一份应有的贡献。"

2016年10月9日上午,全国海洋观教育基地主任、中国海洋大学海洋观教育中心主任、中国海权教育馆负责人干焱平站在人头攒动的中国海权教育馆旁边,面对记者,急切而铿锵地说出了上面这些话。看着眼前刚刚揭牌的全国第一个中小学生海权教育基地——青岛市中小学生海权教育基地和海权馆里认真聆听解说的学生们,他习惯性地用手往上推了推眼镜,回想起自己从1999年入职青岛海大以来的17年中,海权教育从无人知晓到如今全国范围内的进学校、进课堂、进教材,海权教育在中国海大落地生根并走向全国,他的内心感慨万千。

2012年,党的十八大报告中提出,要提高海洋资源开发能力,发展海洋经济,保护海洋生态环境,坚决维护国家海洋权益,建设海洋强国。这表明,海洋强国的战略目标已被纳入国家大战略中,海洋被提高至前所未有的战略高度。建设海洋强国是中国特色社会主义事业的重要组成部分。习近平总书记在党的十九大报告中指出,要"坚持陆海统筹,加快建设海洋强国";党的二十大报告中更是强调,要"发展海洋经济,保护海洋生态环境,加快建设海洋强国"。

加强海洋科学研究、谋海济国，中国海大责无旁贷。然而，除了海洋科技、军事等方面的有力支撑，建设海洋强国更需要全民海洋意识的提升。21世纪之初，随着海洋战略地位的不断提高，我国社会大众的海洋保护意识虽逐渐增强，但与世界其他海洋强国相比，仍然存在大众海洋观念落后、海洋知识匮乏等诸多问题，制约着海洋事业的进一步发展。而对于什么是海洋意识，2014年，中国海大教授赵宗金在接受《法制日报》记者采访时曾有过这样的解释："海洋意识"本质上是个体、公众和各类社会组织在长期的海洋实践活动过程中所形成的对于海洋的自然规律、战略价值和作用的反映和认识，是特定历史时期人海关系观念的综合表现。它还可以细分为海洋战略意识、海洋权益意识、海洋安全意识、海洋开发意识、海洋保护意识、海洋教育意识和海洋参与意识。国民的海洋意识应该包含知识和意识两个层面。海洋知识的欠缺会影响海洋意识，而海洋意识的增强，则有赖于各种形式的海洋教育，这就需要大力开展海洋科普教育，推进基础教育和高等教育阶段的海洋知识体系建设，从而提高海洋教育水平和丰富公众的海洋知识。

作为国内外知名的海洋和水产学科特色显著、学科门类齐全的教育部直属重点综合性大学，中国海大不仅致力于发挥海洋学科优势服务国家和地方经济建设，更是敏锐地意识到了提高公众海洋意识的重要性和紧迫性。以中国海权教育馆的筹备成立以及全国第一个中小学生海权教育基地的挂牌为契机，通过五年多的努力与推广，中国海大新阶段的海洋科普工作终于向海启程。

海权是什么？估计十几年前的人们很少能回答出这个问题。但实际上，海权是属于国家主权的重要范畴，是一个国家维护海洋权益的权力和海上力量的统称。中国海大高瞻远瞩，以战略性的眼光锁定了海权教育的突破口。为进一步深化海洋教育及海洋权益观念教育，强化国民尤其是青少年的海洋意识和海洋权益观念，经过紧锣密鼓的规划与筹备，2011年6月8日，在第三个全国海洋宣传日即世界海洋日当天，由国家海洋局资助、中国海洋大学承建的中国海权教育馆在崂山校区开馆了。全国政协原常委、人民日报社原社长邵华泽为海权教育馆题写了馆名。该馆以"知我海权，建我海洋强国"为主题，内容包括中国海洋权益沙盘展示、海洋资源实物展示、海权教育电影院以及海洋海权教育展览四个部分，面积近300平方米，是集收藏、教育、研究于一体的综合性展馆，通过沙盘、实物、图片和多媒体课堂等多种形式普及海洋知识和海权教育内容。当晚，中央电视台的新闻联播节目对此进行了报道，社会反响强烈。

2015年6月，海权知识进学校、进课堂、进教材专家研讨会在学校举行，来自团中央中国少先队事业发展中心、教育部军事教学指导委员会等单位和部门的诸多专家和领导齐聚一堂，围绕海权教育展开了热烈的讨论，并肯定了中国海大在海权教育方面所做的工作。邵华泽还专门为学校海权教育成果展题词——"海权教育，国之大事"。

2016年10月，全国第一个中小学生海权教育基地——青岛市中小学生海权教育基地揭牌。这是中国海大在海洋科普工作方面助力海洋强国建设新的里程碑，而对于青岛当地的中小学学生而言，海权教育基地让他们有了更多的将书本中的知识与现场实地学习相结合的机会，让书本上的知识"活"起来，真正做到了理论与实践结合。青岛市教育局表示，将与中国海洋大学共同做好海权教育基地的参观学习工作，今后会将海权教育作为国防教育重要内容纳入校本课程开发，将海权教育融入国防教育之中，不断探索创新国防教育的新载体与新的活动形式，形成以海权教育为特色的青岛市中小学国防教育新局面。

中国海权教育馆自开馆以来，共接待数百批、数万人次参观，包括机关干部、解放军官兵、在校大学生、市民和中小学生等社会各界人士。全国人大常委会原副委员长陈至立，原文化部部长王蒙，外交部原部长李肇星，全国政协原常委、人民日报社原社长邵华泽，解放军军事科学院原政委、海军原副司令员张序三中将等人曾到馆参观并给予很高评价。张序三参观后留言说，"这个馆建设得非常好，非常及时，非常必要，希望越办越好"。

十几年来，在学校和干焱平教授的共同努力之下，海权教育终成中国海大科普工作的一张闪亮的名片。干焱平认为，还有更多的工作需要再扎扎实实地推进到基层，应该让更多的国人了解国家的海洋权益、捍卫国家的海洋权益。于是，从机关到部队，从学校到企事业单位，从北国冰城哈尔滨到椰风迷人的海南岛，一位来自中国海大的老教授激昂地向人们普及着海洋国土和海洋权益知识，宣讲海洋军事理论。而他的背后，是中国海大！

曾几何时，人们提到中国海大，总会对其基因里的海洋烙印津津乐道。从"特色显著的综合性、研究型高水平大学"到"国际知名、特色显著的高水平研究型大学"再到"特色显著的世界一流大学"的奋斗目标,在科教融合的大背景下,中国海大肩负着为国家培养一流海洋科学人才和科普育人的重任,而科普工作作为高校通识教育的重要内容和人才培养的有力支撑,是提高学生科学文化素质和创新思维能力的重要抓手。科普工作和科普教育是高校的社会责任与担当,海洋科普工作更是中国海大在教学和科研工作之外的重要任务与责无旁贷的社会责任。

2009年7月,为了增进广大高中生对海洋科学的了解,使其更好地认识海洋、热爱海洋,增强海洋权益意识和海洋保护意识,由中国海洋大学举办的第一届海洋夏令营正式在鱼山校区开营。这是全国高校中首次举办的高中生海洋夏令营,一批来自全国的高中生走进了海大园,在这里食宿,提前体验大学生活。在夏令营中,他们聆听了海洋科普专家讲座;到海边采集潮间带海洋生物样品并进行标本的显微镜观察和生态球的制作;参观海大园以及校史馆、海洋生命科学国家级实验教学示范中心标本馆、物理海洋教育部重点实验室;游览了海底世界、海军博物馆、奥帆中心等青岛知名景点,感受海洋科学的魅力。"现在很多中学生的海洋意识都不够强,我们利用学校特色举办海洋夏令营,就是要面向中学生进一步进行海洋知识的普及教育工作,同时也希望借此进行一次招生新模式的尝试,扩大海大在全国的影响,在各个中学吸引优秀的中学生参与,提高生源质量。"时任招生办主任范其伟如是说。这个海洋夏令营与普通夏令营最大的不同是,海洋夏令营期间被评为优秀营员的应届高中生,可优先参加学校第二年的自主招生考试,不占各中学推荐名额且同等条件下优先录取,优秀营员的评选比例初步定为总人数的30%。与大学生活零距离接触后,很多营员心中留下的不只是盛夏时节在海大园中的难忘时光,更有对海洋的无限向往。"三天的生活,三天的学习,这般曾让我神思向往的美好乐园,碧海蓝天,让我有了无限的眷恋。喜欢这里的书香飘逸,喜欢这里的花香满园,绿荫中的蝉鸣,青草间的跳跃,这里的一草一木都是那样的迷人,那样的引人留恋。""海洋夏令营让我们在海大的讲台上勇敢地挑战了自己,让我们陶醉在海洋生命与科学的奥妙之中,让我们细致地了解到大学生的校园生活,更让每个人有幸参观到自己憧憬的大学、学院。""夏令营让我重新认识了海洋。蔚蓝的天空下,波涛飞溅出无限激情,清澈的海水蕴藏着丰富的资源。我们的生命从海洋中孕育,我们的发展离不开海洋、交通、气候、资源等与人类生活息息相关的因素。"营员们如是说。

基于学校优质的海洋科教资源和海洋文化氛围，很多夏令营活动选择中国海大作为联合举办单位。如2006年的7月和9月，就曾有第二届海峡两岸大学生夏令营和2006海峡两岸大学生黄河文化夏令营访问中国海大，在此基础上，第三届海峡两岸大学生海洋文化夏令营便由中国海洋大学和台湾海洋大学联合举办，于2007年8月在青岛开营，50多名来自海峡两岸的师生共同参加了这次活动，在促进鲁台两省高校交流与合作、增进两岸师生文化交流的同时，也宣传和扩大了学校的社会影响力。事实上，在中国海洋大学举办第一届海洋夏令营活动之后，营地活动便成为学校开展海洋科普活动、吸引优秀生源的重要途径。而且随着活动的深入，不仅在主题和类别上更加丰富和多样化、细分出更多层次，而且活动对象的范围也不断扩大，活动举办主体从以学校为主转向以各个学院为主，形式也更加灵活多样。

自2012年起，中国海大连续四年承办全国青少年高校科学营活动。2015年7月23日，2015青少年高校科学营中国海洋大学分营、海洋科学专题营和第七届中国海洋大学海洋夏令营开营仪式在崂山校区大学生活动中心举行。此次是中国海洋大学连续第四年承办由中国科协、教育部共同举办的青少年高校科学营活动，也是第二次与中国科学院海洋研究所合作举办海洋科学专题营、第七次举办中国海洋大学海洋夏令营，来自河南、山西、甘肃、湖北、江西、山东等地的近400名营员参加了这次活动。活动期间，中国科学院海洋研究所李新正研究员为营员们作"神奇的海洋生物"专题讲座，生动形象地介绍了主要的海洋生物门类、海洋生物采集的相关知识。夜光虫、海绵动物、石鳖等冷门的海洋生物以及海洋生物间的共生关系、南北极海洋生物考察、"发现"号、"蛟龙"号深海探测视频等内容，为营员们打开了通往海洋世界的大门。学校吴立新院士为营员们作《21世纪深海科学与人类可持续发展》专题报告，与营员们共同探讨深海科学对人类未来发展的重要意义。他从与海洋相关的社会话题出发，利用图表、视频等丰富资料，向营员们展示了海洋科学研究的前沿阵地，以简洁明了的语言生动阐述了海洋如何影响环境的科学原理。在报告中，吴立新院士还着重介绍了"透明海洋"概念，向营员们描绘了一个追求"变化透明""过程透明""状态透明"的海洋科学的理想蓝图，引发了营员们的共鸣。大家抓住互动机会积极提问，现场气氛十分热烈。来自湖北麻城一中的凌海在报告会后兴奋地表

中国海洋大学第五届海洋夏令营的营员们进行潮间带采集活动

2019年青少年科学营中国海洋大学分营的营员们参观
"东方红2"号海洋实习调查船

示："吴立新院士的报告让人受益匪浅，其中利用海洋在水循环中的作用解决水资源短缺的部分是我最感兴趣的，我也有志于学习海洋科学，为国家的海洋事业贡献力量！"值得一提的是，吴立新院士的这个报告于当年成功入选高校科学营《名家大师精彩报告》。报告评审委员会由中国科协邀请中宣部、教育部、团中央、中国科学院等中央部委以及相关社会机构专家组成，从50所高校、15个科研院所中最终评选出十大"名家大师精彩报告"，吴立新院士的报告为山东地区唯一入选报告。这也显示出学校的夏令营活动从进行海洋科普宣传、吸引优质生源，逐渐走向横向联合多种专业力量、共同推进海洋科普活动内涵式发展的道路。

也是从这个时候开始，各个学院逐渐从学校手中接过举办夏令营活动的"接力棒"，二者举办的活动内容上有相似之处，但根据实际情况和需要，学院主办的夏令营活动显然专业特色性更强、目标更明确、形式更多样。2016年7月15日，中国海洋大学赴牛寨村OUC科技夏令营服务队在潍坊市临朐县牛寨村进行"千村行动"科技夏令营活动，向当地中小学生普及海洋科学知识，展示热点科技成果，激发当地中小学生对科技的求知欲与好奇心。在科普活动中，服务队为当地中小学生讲述海洋的形成以及基本的海洋知识，并为他们介绍海洋主权的相关知识。服务队还向当地青少年展示了海洋的热点科技成果，结合PPT介绍了我国首台自主设计、自主集成研制的作业型深海载人潜水器"蛟龙"号。2017年7月12日至15日，食品科学与工程学院2017年全国优秀大学生夏令营在鱼山校区开营。这次活动有来自全国74所高校近350名食品专业的优秀大学生报名，最终44名营员入选。这次夏令营活动旨在促进全国优秀大学生的学习交流，加深他们对学校食品学科专业和产业发展前景的认知。

本次夏令营先后组织了"食品安全检学联盟"签约暨启动仪式、学术报告、参观实验室、赴山东省出入境检验检疫局检验检疫技术中心和明月海藻集团调研、座谈交流等系列活动,加深了营员们对学校办学思想和发展历史的理解。从另一个方面看,本次夏令营也提升了学校食品科学与工程学科的影响力,在研究生招生方面发挥了积极作用。2018年8月13日,"2018全球海洋夏令营"开营仪式在崂山校区举行,有来自澳大利亚、埃及、尼日利亚、巴哈马、乌克兰、巴基斯坦、孟加拉国、韩国和中国的30位营员参加。参与夏令营组织的海洋与大气学院、海洋地球科学学院、食品科学与工程学院、医药学院等8个学院在之后12天的活动中,为营员们提供了一系列以英文讲授的海洋知识专题报告,并进行了海洋调查虚拟仿真训练、海洋生物显微观察、标本制作与分类,开展趣味物理实验、风浪流和气象实验等活动。营员们还跟随"天使2"号科考船进行海上综合实验。除此之外,夏令营还开设了周易、太极拳、戏曲艺术、国画等中国文化课程,让营员们充分体验中国传统文化的博大精深,深刻感受海洋文化,了解海洋前沿技术。2022年7月4日,由中国海大崇本学院承办的2022年基础学科拔尖学生夏令营在崂山校区正式开营,汇集了来自上海交通大学、兰州大学、武汉大学、厦门大学和中国海洋大学的39名学生,通过线上和线下两种方式同步开展活动。营员们走进青岛海洋科学与技术试点国家实验室(现为崂山实验室)、国家深海基地、国家海洋局北海预报中心、中国大洋样品馆,了解海洋知识,进行了滨海特色地质考察,登上"东方红2"船进行海上实习等,大家深度交流,思维碰撞,坚定了致力于基础学科研究、为建设海洋强国砥砺奋斗的共同信念。

对于毕业生而言,每个夏天都意味着新的蜕变和尝试,意味着新的赛道和出发点。五湖四海的青年怀揣梦想而来,在海风吹拂、夏花绚烂的海大园中点燃心中对海洋的热爱,从此不负青春韶华,用奋斗书写人生最美的篇章。作为科学教育和素质教育的有效延伸和补充,中国海大每个暑期举行的一系列夏令营活动,为广大青少年提供素质拓展和能力提升的机会,它的体验性和实践性不仅可以帮助每位热爱海洋科学的青少年丰富自己的海洋知识、增强海洋意识,更能引导他们明确自己的奋斗目标、坚定志向,树立正确的海洋观。正如2015年时任中国海大副校长李巍然指出的那样:学校每年举办的科学营、夏令营活动,已成为联系青少年朋友的有效媒介,希望通过一系列海洋科学教育实践活动的开展,在营员中广泛传播科学理念、传授科学知识、丰盈科学理想，进而激发大家的海洋意识和海洋情怀。海事兴则民族兴，海权强则国家强，实现民族复兴的"中国梦"需要更多的青少年参加到海洋强国建设的伟大实践中，希望在不远的将来，能在国家海洋建设队伍中看到大家年轻、坚定的身影。

中国海大的科普之舟，在万众瞩目中稳健航行。

中国海洋大学2022年基础学科拔尖学生夏令营

三、踏海逐浪

科教兴国战略是我国的一项基本国策，国家科技创新能力的提高有赖于国民科学素养和科学意识的提高，而加强科普工作是提高国民科学素养和科学意识的有效方式。2006年，国务院颁布《全民科学素质行动计划纲要》，提出要建立科技界和教育界合作推动科学教育发展的有效机制，动员组织高等院校、科研院所的科技专家参与中小学科学课程教材建设、教学方法改革和科学教师培训；引导、鼓励、支持科普产品和信息资源的开发，促进原创性科普作品的生产。

与科普之风在全国蓬勃而起的局面相对照，海洋科普的脚步却显得有些缓慢。事实上，海洋科普工作中最容易与社会大众产生连接的还有海洋科普阅读及其推广，它是科普工作中最基本和最基础的环节。而从当时科普读物的出版情况来看，质量较好的原创性优秀科普读物乏善可陈，专门以青少年为读者对象的质量上乘的海洋科普读物尤为稀缺。

作为位列国家"211工程""985工程"以及"双一流"建设的教育部直属的综合性重点大学,中国海大拥有一家具有鲜明学科特色和传统海洋类图书出版优势的大学出版社——中国海大学出版社。中国海洋大学出版社曾经在很长一段时间内专注于服务高校教学科研和学科建设,以学术出版为主要功能。随着国家科教兴国战略和海洋强国战略的推进以及对于高校出版功能认识的不断深化,经过对出版形势和实际情况的反复研究,中国海洋大学出版社确立了以"特色立社、文化引领、学术为本、教材先行"的发展定位,在学术出版、教材出版之外,增加海洋科普出版板块并作为重要特色,依托学校海洋科技人才优势,推出海洋科普与海洋文化普及出版工程,全力打造"中国海洋图书出版基地"品牌。

无论对于学校的海洋科普工作还是出版社的发展而言,2011年首套大规模市场类图书"畅游海洋科普丛书"的出版都意义非凡。这套专为广大青少年打造的海洋科普读物共10册,包括《壮美极地》《海洋科教》《探秘海底》《海洋生物》《魅力港城》《奇异海岛》《海战风云》《船舶胜览》《初识海洋》《航海探险》。丛书由时任中国海洋大学校长吴德星担任主编,一大批海洋科学领域的知名专家学者组成作者团队,将丰富的海洋科学知识配以大量极具视觉冲击力的精美插图,用简洁、通俗的文字展现在读者面前,填补了我国青少年海洋科普教育图书的空白。

这套书在出版的当年即被评为中国畅销书,入选2012年度我国农家书屋工程推荐目录和2012年度国家新闻出版总署向全国青少年推荐的百种优秀图书,2013年被科技部评为全国优秀科普作品并入选第四届"三个一百"原创图书出版工程,彰显出学校海洋科普出版工作的文化品位和鲜明特色。学校出版社也借此华丽转身,不仅有了自己的拳头产品,也开辟出海洋科普图书出版的新天地。

中国海洋大学出版社2011年推出的"畅游海洋科普丛书"

2012年,学校出版社又推出了"人文海洋普及丛书"(包括《海洋文学》《海洋艺术》《海洋民俗》《海珍食话》《海洋探索》《海洋旅游》共6册），以"抒发人类对海洋的情感，诠释人类与海洋的关系，弘扬海洋文化，推进海洋事业"为宗旨，在海洋科普之外，尝试出版海洋人文科普图书，同样在社会上引起广泛的关注。这套丛书与以往科普书的气质迥异，在人文层面上，将海洋文化的科学性、趣味性和普及性凝练在一起，出版业内人士给予高度评价，称它是一套对青少年进行海洋意识教育的优秀读物。时任副校长李华军曾特别指出，我国有300万平方千米的蓝色国土、1.8万多千米海岸线，是海洋大国，但保护、合理开发海洋仍是个大课题，需要以全民海洋意识的增强为前提，普及青少年的海洋科学文化素养势在必行。中国海大承担着建设海洋强国的历史使命，也承担着普及海洋教育文化的历史和时代使命。这套书获第三届中国大学出版社图书奖优秀畅销书奖一等奖、第三届中国大学出版社图书奖优秀畅销书奖一等奖、年度全行业优秀畅销书品种和2014全国优秀科普作品奖。

2013年5月10日，校长吴德星出现在中国海洋大学出版社"图说海洋科普丛书"的首发式上。作为校长，他连续担任学校三套科普丛书的主编，这在高校出版社中实属特例，这无疑从另一个角度佐证了在建设海洋强国背景下，学校对海洋科普工作的高度重视。中国海大人心中所想的是，了解海洋、热爱海洋、保护海洋、利用海洋必须从娃娃抓起。作为海洋科普出版物中的层次细分产品，这套书的目标读者群精准聚焦于低龄儿童，贴近他们的阅读和表达习惯，属于少儿版科普读物。2021年，这套书修订改版并推出了维文版，扩大了海洋科普和海洋意识教育的覆盖面。

一切都是水到渠成。2015年4月15日，又是一个春风拂面、生机盎然的日子，经过前期的筹备与酝酿，中国科普作家协会海洋科普专业委员会在中国海洋大学成立，其秘书处就设在中国海洋大学出版社。作为中国科普作家协会的埠外分支机构，海洋科普专业委员会的成立旨在整合全国涉海高校与科研院所的海洋学术资源与人才队伍，推动更多高质量的海洋科普作品的创作。中国海洋大学、浙江海洋大学、南通航运职业技术学院、国家海洋局宣传教育中心、国家海洋局第一海洋研究所等成为首届理事会成员。在揭牌仪式上，中国科普作家协会海洋科普专业委员会主任委员、中国海洋大学原校长吴德星对海洋科普专业委员会今后的工作提出五点意见：一是海洋科普工作要着力拓展中华文化的内涵，大力发展海洋文化，使之成为海洋强国建设的根基；二是要充分发挥专业委员会依托单位——中国海洋大学的海洋学术资源与人才队伍优势，为海洋科普作品创作提供强大的学术支撑；三是要支持中国海洋大学出版社发挥海洋科普作品出版服务平台和传播销售平台的作用，为全社会尤其是青少年提供更多高质量的海洋科普读物；四是要积极组织开展海洋科普宣传教育活动，营造宣传海洋知识、增强海洋意识的良好氛围；五是要加强海洋科普专业委员会的自身建设，推动海洋科普作家队伍发展，为全社会提供更高水平的海洋科普服务。

中国海大成为海洋科普专业委员会的"大本营"是有底气的。从2011年开始，学校出版社连续开发了一系列海洋科普与海洋文化普及类图书，获得了良好的社会反响。学校的海洋科普力量更加充实，努力探索和拓展海洋科普工作的新途径、新形式。

一是发挥平台优势，凝聚海洋科普力量，不断推出海洋科普精品力作，打造海洋科普出版基地。以"畅游海洋科普丛书"为突破口，细分产品结构和层次，十多年来先后策划并组织出版了"人文海洋普及丛书""图说海洋科普丛书""魅力中国海系列丛书""神奇的海贝系列丛书""海洋启智丛书""中国海洋符号丛书""舌尖上的海洋科普丛书""中国海洋故事丛书""中国海洋神话故事读本""珊瑚礁里的秘密科普丛书"以及"跟着蛟龙去探海"科普丛书等10多个系列共100余种图书，获得省部级以上图书奖近30项，满足了不同领域、不同读者的需求，在全国海洋科普图书出版中优势明显、集聚效应突出，彰显出学校在传播海洋知识、铸就精品力作方面取得的成就和海洋科普实力。

海洋欢乐谷网站是全国首家专门面向青少年的海洋科普主题网站，它是中国海洋大学出版社第一个数字出版平台、海洋图书的对外宣传平台，也是中国海洋大学海洋科普专业委员会的对外宣传主题网站，旨在普及海洋文化，引导青少年从小培养认识海洋、利用海洋、呵护海洋的海洋意识。

二是丰富海洋科普出版品类，扶持海洋科普原创，充实作者队伍。2017年8月27日，青岛市图书馆内，由国内著名儿童文学作家、一级作家霞子创作的《骑龙鱼的水娃》首发式暨读者分享会开场。霞子老师分享了创作思路和人物设定理念，讲述了创作过程中的小故事。这是中国海洋大学出版社与霞子工作室合作的开始。此后，中国海洋大学出版社相继出版了其《来自宇宙的水精灵》《北极，有个月亮岛》等作品。2020年，霞子又在中国海洋大学出版社出版了集海洋、科普、科幻、童话、人文于一体的少儿小说《海底，有个糖方岛》。她在谈到自己的创作初衷时说："作品的推出，是基于加强青少年的海洋意识教育的责任、探索科学童话的创新发展之路的需要，以及将深刻的人文思考通过科幻元素予以表达的设想。我一直认为，对于儿童文学来说，文体是形式，是通向目标的桥梁；内容才是核心，才是目的地。也就是说，通过作品我们给了孩子们什么，对他们的人生和未来有哪些影响，这才是一个少儿文艺作品最重要的基点。""对于少年儿童来说，海洋意识教育是重要的，激发科学探索兴趣和科幻想象力是重要的，同样，在孩子内心建立一个真实可信的、美好的童话世界也是重要的。这是科学童话从以传播科学知识为主，朝传播知识和启迪科幻想象力相融合方向发展的一个尝试。关键是如何打通童话艺术想象和科学幻想之间的通道，使其自圆其说，这是非常困难的。作为一部科幻作品，有超前的科学想象力是重要的。"同时，航海文学读物也是中国海洋大学出版社开发的海洋科普出版分支，《海洋天方夜谭》《追梦远航》《纸上的风暴》《有故事的魔岛》《冰山里的船长》等作品也为广大青少年提供了独特的阅读体验。《舌尖上的航海》讲述了世界各地航海者的精彩故事和传奇生活，还介绍了鲜为人知的航海知识和航海人物，有助于广大青少年读者了解航海知识，开阔阅读视野。

三是走进校园，实施"蓝阅计划"。中国海洋大学出版社先后在青岛图书馆、青岛新华书店书城、青岛香港路小学、格兰德小学、姜哥庄小学、银海学校、莱芜路小学、崂山区实验小学、华楼海尔希望小学等学校开展海洋科普宣讲活动10余场，现场聆听讲座的师生达3000余人；在浙江宁波的育才实验小学、惠贞书院小学、孙文英小学、海曙中心小学、第二外国语学校和宁波新华书店天一书房等开展多场海洋科普宣传教育活动，现场听众超过1000人。2019年5月30日，全国百所优秀中小学"海洋科普与阅读写作基地"建设计划（"蓝阅计划"）授牌仪式启动，青岛市崂山区实验小学成为第一个授牌学校。"蓝阅计划"是学校出版社创建"全民阅读"品牌的有益尝试。魏世杰是我国"两弹一星"功臣和深耕核物理数十载的科技工作者，也是国内知名的科普专家和科普文学作家，从事科普创作近60年。他创作的科普图书有科幻小说、科普散文、科普小品等兼具科学性、艺术性、思想性和趣味性。2020年，"魏世杰科普丛书"（《原子小演义》《飞行传奇》《火箭与航天》《现代兵器》《星星的秘密》《海洋之谜》《自然之谜》《科普短篇》8册，共约120万字）在学校出版社出版。

该丛书有着鲜明的中国气派和民族特色，思想性、科学性、艺术性俱佳，语言通俗生动、幽默风趣，是一套很好的科普小百科，也是青少年探究科学的良师益友，更是引领科普创作、研究科技发展史、启迪创新发明的重要文献。2020年9月19日，学校出版社在全国科普日适时推出"核武老人和他的科普小百科"的抖音直播线上科普领读活动。魏世杰老师亲自领读并分享其50多年的科普创作经历及科学传播活动。之后，"魏世杰科普丛书"入选中国科普作家协会组织开展的"科普阅读联合行动"100部优秀科普图书书目；魏世杰荣获"典赞·2020科普中国"年度科研科普人物；丛书2021年获第三届山东省科普创作大赛科普出版物类一等奖，并被科技部评为"2022年全国优秀科普作品"。

四是聚焦于广大青少年海洋意识的提高，在海洋基础教育出版领域集中发力。学校出版社先后策划出版了《齐鲁海韵》（共4册）、《基础教育海洋特色课程汇》（共23册）、《明德海洋教育》（共3册）、《乡情海韵》（共3册）以及《海底世界科普讲堂–基础教程》《海底世界科普讲堂–高级教程》《海洋研学指导书》和《中小学海洋教育专用挂图》等中小学海洋教育类教材、读物40余种，在普及海洋文化、提升中小学生海洋意识方面发挥了重要作用。

2014年，在国家海洋局宣传教育中心的支持和指导下，学校出版社组织海洋科学专家和教育专家等共同编写、出版了中小学海洋意识教育系列教材《我们的海洋》（小学版3册，初中版、高中版各1册）。为落实中央领导关于海洋教育"三进"（进教材、进课堂、进头脑）的指示精神，本套教材出版之后，作为国家海洋局智力扶贫产品，先后在福建、海南、北京、辽宁、内蒙古、新疆、四川等十余个省、自治区、直辖市作为中小学的校本课程教材推广使用。2015年，《我们的海洋》（5册）成功入选海南省海洋意识教育地方课程教材，成为海南省中小学海洋意识教育的唯一指定教材。2019年，本套教材入选自然资源部自然资源优秀科普图书。2021年，《我们的海洋·海南版》（小学版3册）获全国优秀教材（基础教育类）一等奖（国家教材委），取得了良好的社会效益和经济效益。

2019年10月，由青岛市南区教育和体育局组织编撰的"基础教育海洋特色课程汇丛书"在学校出版社出版。丛书以"学科+海洋"为路径，聚焦海洋教育与学科课程的有机整合，实现海洋教育与学科核心素养的完美对接，是全国首套基础教育海洋课程教材。丛书涉及德育、智育、体育和美育方面的11个学科，覆盖幼儿园、小学、初中全学段，全面更新与优化了现有海洋教育的学习内容与学习方式，实现了区域海洋教育的序列化、整合化、连续化。这套丛书的出版是学校服务地方教育发展需要，将落实立德树人根本任务与海洋教育紧密结合，以青岛市"蓝色海洋教育"改革试点项目为契机，助力地方教育部门"以海育人"的全域性海洋教育的有力举措。

海洋科普出版力量的增强夯实了学校海洋科普工作的硬实力，而获奖图书数量和层次的显著提升，也同步扩大了学校海洋科普工作的社会影响力。

中国海大的海洋科普之舟正风帆高扬，驶向远方。

四、做一朵奔涌的浪花

习近平总书记在全国科技创新大会上指出，"科技创新、科学普及是实现创新发展的两翼，要把科学普及放在与科技创新同等重要的位置。没有全民科学素质普遍提高，就难以建立起宏大的高素质创新大军，难以实现科技成果快速转化"。学校作为我国海洋和水产学科特色显著的高校，依托学校科学技术协会（以下简称校科协），汇聚各学院、各类重点实验室的科普资源，在普及海洋科学知识方面，开展了形式多样、内容丰富的活动。

校科协以全国科技活动周、全国科普日为契机，每年定期开放物理海洋、海洋化学理论与工程技术、海洋环境与生态、海洋药物等7个教育部重点实验室以及部分省、市重点实验室，通过仪器展示、模型参观、展板讲解和标本观察制作等多种方式开展海洋科普教育活动。充分利用海洋生物博物馆、大型海藻种质资源库、海权教育馆等科普场地资源，吸引包括中小学生在内的社会各界人士来校参观学习，促进海洋科技的推广和普及。海洋生物博物馆内含国内最大的布氏鲸标本（全长12.98米、最大周长6.28米），馆藏近3000余件藻类标本、贝类标本、鱼类标本、海洋哺乳动物标本、鸟类标本等；大型海藻种质资源库是全世界首个专门从事大型海藻种质资源保藏的种质资源库，是国内规模最大的海洋生物种质资源库；中国海权教育馆是全国首个中小学生海权教育基地，是山东长期有效的二星级科普教育基地。这些丰富的科普教育场地，为优质的海洋科普教育提供了支持和保障。这些活动的持续开展，大大增强了公众的海洋意识。

学生社团也是海洋科普教育中一支强大的队伍。各学院学生社团根据专业特色开展专题活动，如"碧波澜海"主题环保活动、"6·5环境日"活动、绿色环保进社区活动。部分学院与街道联合建立大学生科普实践基地，为社区开展科普活动搭建平台。假期期间，学生借助文化、科技、卫生"三下乡"社会实践活动，由专业老师带队，赴全国各地开展海洋科技服务和科普宣传等丰富多彩的实践活动，提高公民的海洋意识和科学意识。

对于中国海大学子来说，他们的理想信念就是"海洋强国梦"。为了提升学生知海、爱海、懂海、学海的热情，学校打造了具有浓郁海洋特色的"八关山讲堂"。"感动中国"2012年度人物、杰出校友李文波，用22年如一日守卫南沙岛礁的事迹，告知学弟学妹们什么是忠于职守、无怨无悔；"蛟龙"号载人深潜团队用"严谨求实、团结协作、拼搏奉献、勇攀高峰"的载人深潜精神，点燃学子探究深海大洋的澎湃激情……这些娓娓道来的演讲，潜移默化地影响着学生的价值观，一批批中国海大学子学以致用，将谋海济国的信念书写在蔚蓝大海上，并把这种"海味"文化带出校门、带进大山、带向高原，直至传播得更远。

学校的海洋科学是国家首批一流学科，有悠久的办学历史。该专业学生于1988年组建了"极地研究会"，后更名为"中国海洋大学海洋科普协会"（简称海科协）。海洋协以"宣扬海洋，保护海洋"为宗旨，以海洋知识义教为主要特色，是一个公益性、学术性的志愿服务组织，长期致力于海洋科普教育、宣传和海洋文化建设。

海科协专注于海洋义教，足迹遍布岛城。协会下设"星海"志愿服务队等5个部门，现有海洋科普志愿者400余人，包括学校共19个学院师生，成员涵盖专家教授及本、硕、博等各个层次学生。"星海"志愿服务队与石老人小学、格兰德小学、李沧区实验小学等近20所学校40余个班级开展合作，累计组织了3000余人次走上海洋知识义教的讲台，年人均参与志愿服务超160小时，年均义教输出总量超200班次，9000余名中小学生直接受益。海科协的义教课程内容丰富、形式多样、特色鲜明，深受广大中小学生喜爱。根据不同学校、不同受众的特点，科普讲师们分别开展不同形式的义教：在各小学开设海洋精品课程，组织"星海杯"海洋知识竞赛；在中学则广泛开展自主探究海洋实验课程和SRDP分享活动，以浅显易懂的方式将海洋科学知识分享给初中生。校园之外，志愿者还应邀走进青岛市博物馆，为青岛市民讲解潮汐等原理，社会反响良好。

为顺应网络时代发展潮流，协会的海洋科普之路也从线下走到线上。海科协长期经营科普微信公众号"OUC浩海"，借助专业背景优势定期发布海洋科普推文。2019年8月，海科协选拔优秀志愿者录制了5部海洋科普精品视频课程，从浅显的知识入手，结合丰富的影像资料和图片，为内陆地区中小学生讲述生动而有趣的海洋知识。此外，海科协与学校研究生支教团合作，将科普视频课程带进了西藏、贵州、云南等支教地课堂，将海洋知识送到了云贵山区和雪域高原，在当地中小学生心中播下海洋的种子。2020年4月，海洋科普课程在"学习强国"平台上线，以"拥抱海洋，守护蔚蓝"为主题，于线上举办中国海洋大学第二届"海洋文化月"活动，通过组织"云游海洋博物馆"线上参观、"海的味道我知道"线上海洋知识竞赛等活动，不断激发蓝色文化基因，以优质网络文化滋养广大学子。海科协志愿者们牢记海洋科普使命，以实际行动彰显中国海大学子在"海洋强国梦"实践过程中的责任与担当。

砥砺初心，情牵东乡。2017年6月8日，在南京举办的世界海洋日暨全国海洋宣传日开幕式上，来自中国海洋大学的"东乡行"西部志愿者协会荣获"2016年度全国十大海洋人物"，这个校园社团志愿奉献西部12年的故事感动了现场的观众，更感动了万千国人，正是400多名中国海大学子的志愿接力，让海洋的"种子"深植在西部山区孩子的心中，萌发出蓝色梦想的力量。他们是本届评选活动中最年轻的获奖者，也是唯一的学生团体。

中国海洋大学"东乡行"西部志愿者协会（以下简称"东乡行"）成立于2007年，在走进西部，走进大山，带去知识、梦想与物资的同时，也将蔚蓝的大海、绚丽的海洋生物、活力四射的岛城和底蕴深厚的中国海大留在了孩子们的心中。此外，志愿者们依托学校的学科优势，2011年至今，已累计10年坚持为青岛本地的张村河小学、铜川路小学、枯桃小学等学校开展海洋知识科普义教，累计开展义教科普活动200余次，参与志愿者逾800人次，累计服务超过800个小时，陪伴学生1000余人。

中国共产党建党100周年之际，"东乡行"重访甘肃省临夏回族自治州，并与甘肃3所小学建立长期支教帮扶计划。"东乡行"发挥成员专业特长，依托海洋生物、海洋地质、海洋气候等多学科知识设计制作海洋主题课程课件，用三个月时间构思、打磨、准备、制作，形成20门课程、200余份教案和累计35天的支教课程。"东乡行"的支教队伍每年奔赴祖国各地开展夏令营和社会实践调研，其中就包括社团发源地甘肃省临夏回族自治州东乡族自治县，"东乡行"的梦始于那里，协会用17年的时间见证了东乡族自治县的全面脱贫，也迎来了"东乡行"一次又一次的破茧。

为爱筑梦，情暖山村，"东乡行"每年开展主题活动。在"为爱伴读"活动中，协会组织志愿者们每周线上陪伴山那边的孩子读一本书，一起学习海洋知识，感受海洋魅力，编织海洋梦想。电话的一头是轻轻的问候，另一头是琅琅读书声，伴读活动点亮了山区孩子心中的一盏明灯，照亮了他们成长中的一段时光。在"为爱筹书"活动中，协会与青岛本地小学合作筹集了600余本以海洋科普类为主的青少年读物和2500多元的读书资金，全部赠予甘肃省和政县三合小学，为那里渴求知识的孩子们带去温暖和爱。在"为爱传书"活动中，"东乡行"与"美丽中国"基金会合作，连续两年开展以明信片为媒介的"千里传音"活动，有1000多名中国海大学生自愿参与。孩子们的每句话都天真可爱，海之子们也竭尽所能用真挚和耐心让孩子们感受到爱和温暖。他们坚信，即使是微光，也可以照亮梦想！在"微梦想，微行动"活动中，支教队员每年收集西部地区孩子们的海洋梦想，组织志愿者帮助完成这些愿望，来年再亲手送到孩子们手中。在"东乡行"成员带领下，中国海大学子踏着晨曦，采集海水装入瓶子，捡拾漂亮的贝壳和新鲜的海藻，制作海洋生物标本。一瓶海水，装满海的气息；几枚贝壳，满载海的声音；几张海的照片，尽显海的广袤……他们的梦想是那么小，小到一个小手就能装下；他们的梦想又是那么大，大到有海洋，有蓝天，有外面的世界。

与海为邻，拥抱蓝色海洋。保护海洋的前提是认识海洋，海洋生命学院科协有着良好的文化传承，一直致力于对大众进行海洋科普。每年7月，科协和青岛二中生物拓展协会共同开展中学生生命科学实践活动"二中营"，旨在提高中学生对生命科学的认识，为他们提供动手实验的机会。青岛二中的学生在科协成员的带领下，学习简单的生物实验基本操作、植物辨认、文献阅读、合成生物学概况等丰富有趣的知识。科协成员还会带领营员参观海洋博物馆、赶海，认识各种海洋生物，学习海洋知识，开阔视野。协会还多次进入青岛本地小学进行海洋环境保护教育。成员们通过简单易懂的语言让小学生们懂得温室效应、海洋污染的危害，为他们展示海洋珍稀动物的种类以及保护方法。科协成员希望在他们心里种下保护环境的种子，将海洋环境保护的理念一代又一代传承下去。

"海药科普进课堂""科普讲堂走进乡间，药品安全伴你同行""寻访建党百年医药人物"以及海洋药物科普文创活动、海药科普读物制作、云端实验课堂……如果你听说过这些"冷门"的海洋科普活动，一定会想要了解组织这些活动的这个社团。中国海洋大学医药学院科技志愿服务队——中国海大医药科普

中国海大科普团联合第24届研究生支教团走进遵义市播州区乌江中学

团成立于2018年，旨在发挥医药学子专业优势，科普海洋药物、用药安全、疾病预防等相关知识。该科普团以青少年为主要对象，通过图文并茂的宣传手册和生动有趣的授课，填补中小学生对于海洋药物领域的兴趣空白。自成立以来，团队已走进青岛市15所中小学进行海洋药物知识宣讲，惠及学生1000余人次，并与青岛市实验小学建立了长期合作关系，设计特色海洋实验课程，进一步拓展丰富海洋药物科普的形式与内容。

2018年6月，习近平总书记点赞中国海洋大学管华诗院士的"蓝色药库"梦想，并表示："这是我们共同的梦想！"中国海大医药科普团发挥团队优势，创作海药科普媒介。在学院教师的指导下，科普团依托《中华海洋本草》，制作了近10万字的科普教材《海洋药物科普读物》并转化成课程PPT，向青少年介绍海洋药物的基本知识。

谋海济国千帆竞，育才科普一肩担。走过百年风雨历程，海洋科普早已成为中国海大人的自觉担当。岁月如歌，四季流转，几代中国海大人接力传承，伴着国家科技发展的脚步，带着不变的初心，在海洋强国建设中勇挑重担、踔厉奋发，不断开辟特色显著的世界一流大学建设新境界，为我国海洋科普事业作出新贡献。

筚路蓝缕　向海图强

——中国海洋大学工科发展记

王俊玲

工科是联接科学与社会的桥梁。

工科讲求经世致用的实学思想，追求知识的实用价值，以"实德实才志士"解决社会实际问题。

中国海洋大学的工科随着我国海洋事业和高等工程教育的发展而不断进步，于困顿中起步，几经风雨坎坷，在一代代工科人的接续奋斗下，已傲然立于我国海洋高等工程教育和科研的前列。

一、动荡时期的工科坎坷之路

1929年4月，国民政府公布《中华民国教育宗旨及其实施方针》，强调"大学及专门教育，必须注重实用科学，充实学科内容，养成专门智识技能，并切实陶融为国家社会服务之健全品格"，这一规定为国民政府推行注重实科的高教政策定下了基调。进入20世纪30年代，民族危机日趋严重，加强国防建设和发展工业迫在眉睫，国民政府开始采取一系列具体措施推进实科发展，如增设实科院系、改善实科办学条件。之后日本帝国主义侵华战争的连年烽火，严重影响了我国高等工程教育的发展势头，使高等教育机构特别是其中拥有大量不宜搬迁的大型实验实习设施的工科的发展遭受了一场空前的浩劫。抗战胜利后，高等工程教育在相对稳定的最初两年获得了短暂的发展机会，直至1949年10月中华人民共和国成立，终得摆脱危机，跨入发展历史新纪元。

（一）工科再建

在国民政府注重实科政策广泛推行的大背景下，据1936年统计，全国19所国立大学和独立学院，开设工科的有12所，其中就有国立山东大学（中国海洋大学的前身）。1932年9月，国立山东大学增设工学院，下设土木工程学系和机械工程学系。赵涤之任代理院长兼土木工程学系主任，唐凤图任机械工程学系主任。工学院成为当时学校设立的三大学院之一（文理学院、工学院、农学院），于1933年开始招生。随着注重实科的高教政策在留学教育中的体现，国民政府开始加大留学生实科名额的比重，要求视国家建设特殊需要，公费留学生中理工农医类实科名额至少应占70%。在这一政策的调控下，1934年国立山东大学考送留欧机械工程专业学生5名，这是学校第一次公费派遣工科学生赴他国深造。

1937年4月，国民政府教育部批准国立山东大学机械工程系增设机电组，5月学校校务会议通过《工学院学则（修正案）》等，工科教育乘势发展。但随着抗日战争全面爆发，大批高校被迫内迁或停办，数以万计的学子流离失学。1938年初，国立山东大学接到国民政府教育部令暂行停办，工科的发展也随之戛然而止。

（二）工科新生

中国人民前仆后继，赢得了抗日战争的伟大胜利。战争浩劫后千疮百孔的中国亟须重建、恢复经济，发展工业就受到了彼时社会各界的普遍关注。1946年，国立山东大学复校，对系科设置进行了较大调整，工学院也应势发展成为包括土木工程学系、机械工程学系、电机工程学系三个系和一个实习工厂的学院，办学地点位于青岛泰山路4～9号。工学院院长由教务长杨肇燫兼任，许继曾任土木工程学系主任，丁履德任机械工程学系主任，樊翕任电机学系主任。同年，土木工程学系、机械工程学系和电机工程学系分别招生64人、93人和98人，招生总数占本年度新生报考录取总人数的31.2%。

1947年，为了提升学生理论联系实际的能力，工学院变更旧制，注重学生的工厂实习环节，学制由四年改为五年。1948年，机械工程学系主任由孙振先接任，电机工程学系主任由陈茂康接任。1949年10月，中华人民共和国成立，我国高等教育跨进了一个全新的历史阶段。1951年，山东大学与华东大学合并，下设文、理、工、农、医五个学院。工学院在以往三系一实习工厂的基础上增设采矿工程系，第一年计划招生60人。工学院办学规模不断扩大，持续为国家工业化建设培养和输送工科人才。

（三）工科调整

20世纪50年代，中央人民政府先后对全国高等学校的院系进行调整，以适应新中国大规模工业化建设对人才的需要。遵照上级指示，1952年9月，《山东大学院系调整方案》获批，工学院的四个系及其专业各奔西东。采矿工程系迁至长春，与有关院校的系科合并，组建长春地质学院；土木工程系与有关学院的土木、纺织两系合并，成立青岛工学院，后又迁至武汉与有关院系合并，组建武汉测绘学院（现已并入武汉大学）；机械工程系和电机工程系迁至济南，与原山东工学院合并（现已并入山东大学）。至此，风雨飘摇中艰难发展起来的学校工科已全部迁出，此时的山东大学已成为一所文理为主的综合大学。

纵有不舍，但已亦然……

二、以工涉海，艰难中起步

新中国成立前，我国的海域基本处于有疆无防的状态，传统思想认为"海洋是天然屏障"。新中国成立之初，面临着巨大的安全压力。为维护国家的领土领海完整，巩固新生的人民政权，积贫积弱的新中国即使困难再大、基础全无，依然采取了一系列以海防为重点的海洋战略举措。

在国家有信心、有决心发展海洋事业的大背景下，山东海洋学院教务长、中国物理海洋学奠基人赫崇本认识到：中国有漫长的海岸线，有丰富的海洋资源，可是我国现在是有海无疆，海防支撑力量严重不足，无法满足未来海上战场建设的需要。究其原因，海洋科学与海洋教育落后是一个重要因素。那个时期，赫崇本结合山东海洋学院的实际描绘了一幅致力于我国海洋工程事业发展的蓝图：大型海洋调查船、海洋动力实验室、八关山气象台、海水厂、养殖场……

（一）侯国本的海工情缘

1. 报国投身工程界

1952年，全国高校院系调整后，学校的工程教育及科研在很长一段时期内于弱势中谋发展。海洋工程学科的萌芽，要从20世纪60年代初期算起，学科奠基人是侯国本。一位生活俭朴、忧国忧民，总是喜欢穿一身洗得褪色的中山装、手提插着地图的褐色布兜的工程师；一位心中始终容纳着祖国的江河湖海、一生的三分之二时间在大海上、水库里、江河边度过的科学家；一位治学严谨、敢言敢为，为国家乃至世界水利工程作出不可磨灭贡献的传奇教授。就是在他的带领下，山东海洋学院开始了海洋工程领域的艰难拓荒之路。

在青岛市即墨区丁字湾西岸，有一处天然的避风良港——即墨金口港。侯国本就出生在古港旁的侯家滩村，是地地道道的青岛人。1943年，侯国本中学毕业。青年时期的侯国本就意识到国家要富强离不开工程建设。在这一信念的支撑下，侯国本决意继续深造并获得了国立西北工学院的学习机会。在那里，他日读夜思，大禹改堵为疏，通九河平息水患；李冰建都江堰，造蜀为天府之国……祖先的治水方略及卓越功绩他都牢记在心，经常在图书馆里一泡就是半天，在教室里也通宵达旦地钻研问题。功夫不负有心人，侯国本于1947年以优异成绩获得水利工程系工学学士学位，踏上了投身工程界的寻梦之路。

2. 十年别后又重逢

1948年，侯国本曾就职于国立山东大学，在土木系任助教。1952年，因国家需要他服从调动离开，但这位从小生活在海边的青岛人却一直对学校满怀深情。

1962年，侯国本到北京出席国务院召开的中国科学十二年规划会议，在火车上与山东海洋学院教务长赫崇本偶遇。两人一见面，爱才心切的赫崇本就对当时已在工程领域颇有名气的侯国本说："侯先生，1952年一别，10年过去了。山东大学大部分迁往济南之后，留在青岛的三个系和直属教研室组建了山东海洋学院。学校现在准备建海洋动力实验室，你是学工的，希望你能回来参加动力实验室的筹建工作。"他向侯国本介绍了学校科研实验室的建设规划，并表达了要"构建一所亚洲第一，专门从事海洋教育和海洋科研的大学"的美好愿景。赫崇本对海洋工程发展前景略带诗情画意的描绘和期待深深打动了侯国本。这一次相见，成就了侯国本与学校及海洋工程领域的一生情缘。

侯国本在回忆文章中写道："1950年，我在山东大学认识了赫先生，以师长待之，因为他的学识德行，我衷心地敬爱他。1952年我离开山大，直到1962年参加'中国科学十二年规划'时，我才又见到了赫先生。当时他恳切地邀请我参加海洋动力实验室的筹建工作，我立即答应了，因为我能在赫老师的身边工作，感到终生为荣。即便是我在工作不顺利的情况下，也都是自觉地克制，千万不要给赫先生造成负担。在我的工作中，每当我想起赫老师，总是感到他给了我工作的力量。"

3. 三下西安聘英才

赫崇本结束会议回到学校之后，立即向校党委写报告，建议将当时在陕西工业大学任教的侯国本调来学校。校党委同意后交由院务委员会委员刘中华同志办理。在那个年代，工作人员调动并非易事，更何况调动人员是名望很高的水利专家。

1963年，刘中华第一次持山东海洋学院商调函来到位于西安的陕西工业大学，与该校领导面商侯国本调动事宜。由于侯国本当时正在主持该校大型水利实验室工作，陕西工业大学领导的答复斩钉截铁，"没有商量的余地"。第一次碰壁后，赫崇本直接写报告给教育部，请求其支持并签发调令。不久，刘中华持教育部调令再下西安，向陕西工业大学再三陈述调侯国本到山东海洋学院工作事关国家海洋科学发展的大局。但没有想到的是，该校领导仍断然回绝并毫不客气地回应说"此举是山东海洋学院挖陕工大的墙角"。

第二次碰壁后，赫崇本给大家鼓劲说："为了人才，'三请'值得。"1964年，刘中华三下西安，但这次并没有去陕西工业大学，而是直奔陕西省委书记舒同同志处。这是因为舒同曾在山东省任省委第一书记，刘中华与舒同的秘书许汝洲曾有一面之缘。舒同之前就了解山东海洋学院的情况，深知侯国本对国家海洋战略实施的重要性，他随即批示陕西工业大学："中央既有调令，应该放人。"1964年8月，侯国本才得以正式调入山东海洋学院，开始了他海洋工程领域教学科研的新征程。

（二）筹建海洋动力实验室

侯国本到校后即在学校支持下，投入海洋动力实验室的筹建中。1964年12月，学校便向高教部呈送了筹建海洋动力实验室的申请。最初的海洋动力实验室拟建在学校木工厂、印刷厂以北（现红岛路教工宿舍位置）。根据地势，规划实验室依山建在三个台阶上，即动力实验室在高程52米处，海流实验室在43米处，风浪实验室在38米处。同时配套建设研究室、仪器室300平方米，动力间及水库500平方米。

1966年，"文革"爆发，海洋动力实验室的建设不得以停止。1968年11月，侯国本开始在文登县接受贫下中农再教育，后又被下放到日照县丝山公社，直至1970年8月。之后应交通部设计院要求，在青岛北海船厂等单位急需进行水工动力试验的求援下，侯国本几经权衡，再次投入

侯国本在海洋动力实验室（1972年）

海洋动力实验室的建设中。但由于之前实验室的筹建工作仅仅停留在规划层面，人员、场地、设备都无着落。在驻校军代表的支持下，由交通部北海船厂提供物资，交通部航务二处协助施工，海军工程部提供部分仪器设备，侯国本和全体工作人员发扬艰苦创业精神，因陋就简，边建设边开展科学实验，短期内便创造了多项国内第一。海洋动力实验室为推动学校工科发展和服务社会需要，发挥了奠基性作用。

1980年夏天，海洋动力实验室迎来了一个改造升级的重大机遇。当时，石臼所大港正在如火如荼地建设，侯国本等专家受建港总指挥刘秉寅邀请，赴日照交流大港建设工作并承担部分动力学试验。侯国本此时来了个"狮子大开口"，希望刘秉寅支持100万元，用于海洋动力实验室的升级换代，承诺今后可以无偿为石臼大港做各种动力学试验。他说："你们支持我们山东海洋学院，就等于石臼大港有了自己的实验室，什么时候要用都可以。"这个想法得到了刘秉寅"可以考虑"的响亮答复，随后建设资金陆续到位。之后，侯国本带领大家计算数据、设计图纸、跑市场进材料，与工人师傅一起起早摸黑。在20世纪60年代选定并论证通过的选址处，先后建起长60米、宽1.5米、水深0.6米的风浪水槽，长40米、宽2米、水深0.8米的波浪水槽和长40米、宽30米、水深0.6米的平面波浪水槽，成为当时国内一流的海洋动力实验室。

三、以工耕海，蓬勃二十年

党的十一届三中全会后，我国进入改革开放的历史新纪元。全党全国的工作重心转移到经济建设上来，沿海城市受国家政策支持陆续走在了前头。在国家"进军海洋，造福人民""发展海洋事业，振兴国民经济"的号召下，海洋事业稳步发展。侯国本为首的海洋工程人走在了时代的前列，将自身掌握的海洋工程科学技术转化为服务海洋经济和社会发展的能力，为山东海洋港口建设立下汗马功劳，同时也推动学校海洋工程学科建设大踏步前进。

（一）迈出学校转型发展的关键一步

1. 白手起家

1980年11月，经教育部批准，山东海洋学院设立海洋机械工程专业，随后成立了海洋工程系。海洋工程系的创建是学校从理科院校向多科性大学迈出的关键一步。学校工科的发展既要考虑机、电、土木最基本的三个专业，还要与海洋开发紧密结合。在一个以理科见长的高校里创建新的工科专业，困难可想而知。

学校任命温保华、陈一鹤为副主任，董柏林、陈一鹤为副书记，负责筹建海洋工程系。海洋系、水产系等都给予了极大的支持，他们把有志于工科教学的教师推荐到海洋工程系。水产系以温保华为首的团队，动力室以侯国本为首的团队，加上物理系的几位教师、本校及其他知名高校的应届工科毕业生，就是海洋工程学当时的师资力量。

办学条件更是艰苦到难以想象。只有10多平方米的两间小屋，其中一间作为资料室，另一间用作办公室兼会议室。电工实验室建在4号楼内，动力室建在院子里的铁皮房里。之后，1号楼学生宿舍的一部分和动力室小楼供海洋工程系办学使用。1982年，海洋工程系搬到水产馆南楼。增设的第一个实验室"材料力学实验室"建在原来德国俾斯麦兵营的马厩里。添置的第一个实验设备"万能材料试验机"，当时全系人员出动，用绳子、撬杠搬运进去，并且自己动手把机器安装到位。

海洋工程系怀着培养海洋工程事业未来发展人才的美好憧憬，秉承艰苦奋斗、自强不息的创业精神，群策群力、白手起家，陆续建成了机械原理、机械零件等实验室，扩建了电工等实验室，基本具备了办学条件。1983年，海洋工程系迎来了海洋机械工程本科专业的首批32名学生。1984年，创建海岸工程专业，并于1985年开始招生。从最初的一个专业一个班发展为1987年的两个专业六个班。因为第一批海洋工程系的学生是1983年招收的，后人把"有生之年"作为学校海洋工程系的办学起点。

2. 乘势前行

1988年，山东海洋学院更名为青岛海洋大学。从学院到大学的转变，不仅是学校名称的改换，更是办学思路的调整和发展空间的拓展，这为海洋工程系发展壮大提供了良好契机。1988年11月，国家教委批准工业自动化专科专业开始招生，并同意筹建工业自动化本科专业。同年，海洋机械工程专业更名为机械设计及制造专业，海岸工程专业更名为港口及航道工程专业。1990年，工业与民用建筑专科专业开始招生。1991年，工业自动化本科专业首届27名学生入校。

1993年3月，在又一个十年后，发展壮大的海洋工程系更名为工程学院。学院下设机电工程系、土木工程系、海洋工程动力教研室、实验室和海岸工程研究所。1993年11月，工程学院土木工程系港口及航道工程专业改为港口航道及治河工程专业，土木工程系房地产管理专业专科首届43名学生入校（1995年停止招生）。1994年，建筑工程本科专业开始招生。1995年，港口海岸及近海工程硕士点获批，这是学院第一个硕士学位授权点。

1998年8月，工程学院由鱼山校区迁至浮山校区海尔经贸大楼，教师超过50人，学生总数超过600人，办公及实验室面积超过5000平方米。随着办学条件的改善，工程学科建设发展逐步加快。同年，港口海岸及近海工程博士点获批，机械设计及制造专业更名为机械设计制造及其自动化专业，工业自动化专业更名为自动化专业，港口航道及治河工程专业更名为港口航道与海岸工程专业，建筑工程专业更名为土木工程专业。2000年，先后获批工程热物理、防灾减灾工程及防护工程两个硕士点，初步构建起了从本科到博士、层次完整的人才培养体系。

（二）山东港口建设中的海工力量

侯国本的书房里，挂着一幅中国地图。他在山东省的区域里，画了两个红色的圆圈和小旗，用来标记日照港和东营港的位置。侯国本怀揣对国家海洋事业发展的高度责任感，凭借科学家精神和执着负责的工程人品质，敢吼天下第一声，直接推动山东两大港口的选址论证和工程建设，为我国海洋运输业发展谱写出华丽篇章，赢得社会各界的喝彩。

1. 力主建设日照港

1969年，侯国本被下放到日照县丝山公社接受贫下中农再教育。在海边出生和长大的侯国本经常到石臼湾溜达，他发现石臼湾海域广阔，岸基是花岗岩，岸线变化不大且远离大江大河的入海口。凭着对水利工程的特殊敏感，侯国本觉得这是一个建设国际大港的绝佳地址。20世纪70年代后期，为满足兖州煤矿的外运需要，拟就近建设深水大港。山东省和江苏省分别对修建石臼港和连云港进行了论证并报请交通部和国务院。当时，山东专家团由侯国本领衔。在连云港已开始部分工程作业、石臼港建设无望的情况下，他作为一名海洋工程专家，决意向上级反映情况。

在1978年3月召开的第一届全国科学大会上，侯国本向邓小平同志提出在石臼建港的建议，得到邓小平同志"要求组织专家对深水大港的选址进行可行性论证"的批示。随后，在深入调研的基础上，他又致信国家副主席李先念，请求召开两个港址比选专家研究会，依据比选论证结论决定港址。经李先念批示后，山东和江苏两省的专家团便展开了针锋相对的选址大辩论。在侯国本的带领和努力下，建设石臼港的梦想最终得以实现。

1980年7月，10万吨级深水煤炭专用码头在日照县石臼所开建，五年后正式落成。1989年，日照港被列入我国十大名港，年吞吐量超1亿吨，成为山东第二个年吞吐量过亿的大港，为我国港口和海洋运输业发展谱写了辉煌篇章。1985年，国务院副总理李鹏视察日照港时题词："黄河滩头千年睡，日照东岸巨港出。"1992年，全国人大常务委员会副委员长费孝通来到日照港，他手指着山东省新版地图，对陪同视察的侯国本开玩笑说："侯教授，您了不起，把日照在地图上由一个小点变成了一个圈。"日照港的建成，是学校海洋工程技术服务国家及地方经济发展的一大贡献。

2. 受命寻址建设东营港

在第一届全国科学大会上，侯国本还接到了另外一项重要任务。国务院副总理康世恩希望他在黄河三角洲寻找一个合适的港址，以解决胜利油田石油和其他物质的运输问题。国家建设的需要就是科技工作者的研究课题，侯国本认为"山东入海只靠一条胶济铁路，脊椎骨虽硬，但是没有翅膀的鸟是飞不起来的。鲁南大港（日照港）只是山东一翼。搞好鲁北大港选址和建设，才能真正实现山东两翼腾飞的梦想"。随即侯国本向胜利油田党委书记李晔写信，阐述了在黄河三角洲建大港的设想。侯国本在与李晔第一次见面时，便斩钉截铁地告诉李晔："对于淤泥质海岸，只要水动力条件适合，黄河三角洲一样可以建港。"

（1）苦寻无潮区"宝玉"。1983年的元宵佳节，侯国本带领团队开始对黄河三角洲南起广利港、北到"五号桩"这段长达150千米的海域进行水文、地质、地貌等调查（"五号桩"位于莱州湾和渤海湾的分界线上，是黄河三角洲的顶点。最早的一口靠近海边的钻井平台叫五号钻井平台，后来井架撤离，但是"五号桩"成为至今使用的地名）。尽管"三角洲无潮点可以建港"是侯国本提出的论断，但无潮点在哪里？茫茫大海中既看不见，也摸不着。经过两年多艰苦细致的调查研究，侯国本发现，黄河三角洲的神仙沟沟口可以形成一个无潮区。有了这块"宝玉"，港口就有了赖以生存的基础和"理论依据"。但"宝玉"区一经提出，反对声就一浪高过一浪。侯国本为了拿出无潮点的确切数据，1983年12月，凭借海军提供的一艘大船、学校的"东方红"号调查船和五艘临时租用的小渔船，开始了连续观测。

1984年，侯国本依据调查数据，联合相关领域知名专家写出《黄河三角洲无潮区深水港港址可行性研究报告》，详细阐述在黄河三角洲无潮区可建深水港的论点。1984年2月，中共中央总书记胡耀邦、国务委员康世恩和山东省委书记苏毅然等先后听取侯国本关于在东营建设黄河海港、稳定河口流路及黄河三角洲开发利用的汇报；4月，国务院主要领导再次听取了侯国本关于开发黄河三角洲的战略意义和开发远景的汇报；6月，康世恩受委托率50多名专家到胜利油田实地验证侯国本的建港观点。康世恩风趣地问侯国本："您老有没有心脏病？那么多人提反对意见能受得了吗？"侯国本微笑回应："手里有真理，就掌握了雄师百万，攻无不克、战无不胜。"

（2）舌战群雄表观点。1984年9月，苏毅然等领导在东营主持召开"黄河口三角洲无潮区建设深水港港址论证会"。200多名学者济济一堂，火药味儿十足。侯国本现场阐述无潮点观点："从渤海海峡进入的潮波分成两股，分别从莱州湾和渤海湾两个方向在'五号桩'那里交汇，并形成一个无潮区。无潮区的特征是潮差小、流速大，根据我们实测结果，无潮点就在'五号桩'向东北方向2000米处。最大潮差只有26厘米，最大潮流速度在150厘米/秒以上。以半日潮流为主，潮流椭圆长轴方向近似与岸平行，它携带的沙也是沿着海岸方向运动。加之该区域沉积动力条件良好，属蚀退型海岸，冲刷能力较强，这恰是建设深水大港的良好条件。淤泥质海岸的无潮区完全可以建港……"

话音未落，会场内质疑声已四起。

"黄河改道的自然规律人类尚无法动摇，你们把大港建在那里，泥沙、河水将对陆上建筑和海上设施构成严重威胁，你们如何面对这种严酷的事实？"

"过去你反对在连云港建大港的理由是连云港泥沙太多，可是这里泥沙比连云港还多……你却说这里是优良港址，前后判若两人，我们百思不得其解。对此，你作如何解释？"

"黄河每年来沙10亿吨，只要其中千分之一进入港池，你这大港也就报废了。莫非黄河泥沙对你侯老特别优惠，绕过你的大港另走别径？"

"按你说法5号桩最好，其他地方都退而求其次，可是我听说广利港是个很好的渔港，能不能将那里深挖改造？"

…………

尽管会场内群情激昂，侯国本的回应却慢声细语，沉着得像一位工笔画师。他耐心地陈述着自己的观点，一番辩论之后，专家们考察得知，广利港有拦门沙挡道，东风港也有类似境况，两者都不是理想港址。

（3）大港选址终落地。专家意见无法达成一致的情况下，大港选址只能另辟蹊径。1984年秋天，东营市委书记李晔来青岛约见侯国本等人，一见面就迫不及待地说："建大港是胜利油田采油的要求，是国家发展的要求。现在仍然举棋不定，将使我们坐失良机。我今天专程来拜访你们，就是要有一个明确答复。你们说能建，在哪里建，我就拍板。"侯国本再次向李晔阐述了"五号桩"位置可以建大港的自然条件,他说:"谁都希望选一个港址像胶州湾大港那样,风浪小又不淤。可是这些优良条件并不是随处可遇。东营市的发展,胜利油田采油、输油所需,急需一个大港临海而立。权衡利弊,五号桩的无潮点是黄河三角洲建大港的最佳选择。"李晔听完大家的汇报后斩钉截铁地表态:"我听侯老的,听你们科学家的,即使国家拿不出钱,东营市也要自筹资金干起来!"在以后的工作中,侯国本与李晔任凭风吹浪打,始终同舟共济、患难与共,成为最好的朋友。

1985年下半年,黄河海港建设正式拉开帷幕。1986年,油田专用码头建成。1988年,一期工程竣工。1989年,引堤向前延长到2300米……1992年,"黄河海港"改称"东营港",被国务院正式批准为国家一类开放口岸。经过多年的实际运行,淤积较小的事实有力地证明了侯国本在无潮区建港理论的科学性。1993年,依据多年积累的丰富资料,侯国本与侍茂崇合作出版《东营港》一书,进一步完善河海建港理论。

他是我国海洋工程界的一代传奇!

(三)区域社会发展中的海工担当

侯国本有着强烈的社会责任感。他心系黄河的治理开发,高瞻远瞩、独具灼见,不畏严寒酷暑,啃干粮、喝白水,长期奔波于大河上下,提出"挖沙降河""治河必始于河口"等黄河治理方案。他不忘家乡建设和发展,实事求是、坚持不懈,接连上书力促"北桥方案",不遗余力地保护胶州湾口航道和沧口水道。他的爱国爱民之心、保家护湾之情,何其诚也!

1. 开出"对症良药"治理母亲河

作为中华民族的母亲河,黄河水少沙多,缺少水动力冲刷。历史上黄河入海口10年小改道,20年大改道,治理任务相当艰巨。1986年,东营港已经建成,此时确保黄河流路的稳定性迫在眉睫。如何稳定黄河流路,确保胜利油田的建设生产安全,成了侯国本日思夜想的大事。

(1)突破传统治黄思路。早在1980年,侯国本就创建了河口泥沙研究所,依托学校海洋动力实验室开展黄河泥沙入海口模拟试验,研究黄河口流路,入海口水文、地质、潮流、沉积及泥沙运动规律等。他曾徒步沿黄河中下游进行了长达两个多月的调研,回到学校后在动力实验室模拟试验,开始"挖沙降河"的理论研究,这是对传统治黄思路的突破。

侯国本曾这样给学生讲解他的挖沙思想，并推算可能的挖沙量："如果每年在河口段挖取3亿立方米的泥沙，就可使河道稳定，不再需要改变流路；若每年挖取5亿立方米泥沙，在山东境内河段就不再需要加高河堤；若每年挖取7亿立方米泥沙，上至郑州的中下游河段就不再需要加高河堤。只要每年挖沙不止，30年后黄河中下游河道内积存的大约600亿立方米的泥沙就会被冲刷掉，黄河就会成为一条较稳定的河。"

（2）"挖沙降河"稳定入海流路。1984年2月至4月，侯国本先后两次向中共中央总书记胡耀邦等主要领导汇报"挖沙降河"的研究成果及价值，得到中央领导"地下油洲、地下绿洲""深挖河、高筑田"等赞誉。同年6月，山东省政府成立"黄河口挖沙可行性研究小组"，考察研究黄河河道和黄河水深浅变化。1986年6月，专家论证会召开，"挖沙降河"方案获得通过。1990年，全国黄河三角洲开发会议召开。侯国本在会上作了《黄河三角洲的过去、现在和未来》的报告，"挖沙降河"观点得到与会人员的认同。

国家把黄河三角洲的开发列为重点项目，投入巨资在黄河下游开始大规模的试验，一时间上百条挖沙船日夜轰鸣，跨越七年时间，历经三次组织施工和三次调水调沙的挖河固堤工程。挖掘机、自卸车、组合泥浆泵、挖沙船等多种机械设备相互配合，近万人参加，共挖出泥沙1057亿立方米，加固堤防24.8千米，开挖疏浚河道总长度53.6千米。开发工程在2004年6月全部结束。观测资料表明，挖河固堤起到了减缓淤积的作用，使得同流量水位下降，河床淤积明显降低，为黄河入海流路稳定提供了保障。

侯国本出于公心，敢于打破常规，勇于实践，使黄河治理从"挖"字上走出一条新路。

2. 坚持"南隧北桥"保护胶州湾

胶州湾是青岛的"母亲湾"，孕育着青岛港。湾内水深浪小，不冻不淤，是世界上难得的天然良港。1978年，侯国本就给邓小平同志写过信，阐明胶州湾的主要功能是港口功能。1993年，他联合其他学者撰写并出版了专著《胶州湾港口功能》。

（1）提出以"隧"代"桥"观点。胶州湾口东西两岸隔海相望，虽近在咫尺但却因海湾阻隔交通不畅,人员往来也不方便。20世纪80年代初,青岛市政府设想要在青岛和黄岛之间的胶州湾口建跨海大桥,以解决交通问题。侯国本得知后非常担心,他认为如果湾口建桥,航道受限等于把胶州湾的港口功能给废了。他不顾年事已高,全力阻止湾口大桥的修建,并向市政府提出以隧道代替大桥的方案。几次专家论证会之后,大家各持己见,无果而终。

1985年3月,青岛经济技术开发区在黄岛破土而建,青岛市加速研究青黄通道建设问题,主张建桥的意愿占了上风。1993年10月,侯国本在对胶州湾综合调查研究的基础上,再次坚持要维护胶州湾港口的整体性和稳定性,坚决反对在最窄的湾口修建大桥,并建议将大桥的位置改道湾底部。

(2)"南隧北桥"终获实施。直至20世纪90年代末,在胶州湾口最短距离建桥的方案(南桥方案)一直是主流观点。侯国本教授听说这一方案获国家计委批复立项后,立即联系相关专家向中央反映,再次重申胶州湾保护重于开发。此次论证将"南桥方案"改为"中桥方案",即桥头向后移5千米至胶州湾中部。"中桥方案"虽然避开了湾口航道,但仍对沧口水道的利用有限制,对港口泊位的开发和锚地使用存在负面影响。侯国本着眼长远,再次联合有关专家向党和国家领导人上书,坚持以保护胶州湾环境和港口功能为由,阻止实施"中桥方案"。建桥方案不得已再次作出修正,改为继续后移20千米的"北桥方案"。2005年3月,在北桥位建设跨海大桥获国家批准,符合胶州湾整体功能区划的指导思想。

"桥隧之争"前后长达20余年,侯国本始终坚守优良港址不能被人为破坏这一底线,十几次上书中央、省、市领导,力陈桥隧利弊,呼吁保护沧口水道。国家发改委充分考虑侯老的意见,三次变更建桥方案。时间是最好的见证人,"南隧北桥"的成功再次证明侯国本的坚持是正确的。侯国本说过:"科学真理是一口大钟,你敲打得越厉害,它发出的声音就越大。"

他的贡献在我国海洋工程界无人比拟!

四、以工兴海,继往又开来

进入21世纪,沿海各国都在加强海洋研究、开发和应用,以增强自身国际竞争力，我国的海洋事业面临巨大挑战。经过50年的发展，中国的海洋产业具备了相当的基础，但全球工业化在繁荣经济的同时，也给地球和人类带来了资源过度消耗。近浅海作为人类接触海洋、认识海洋的发端点和开发利用海洋的先行区，工程领域防灾减灾及近岸环境保护问题逐渐凸显出来。李华军院士等一批海洋工程人孜孜不倦，怀着对党和国家事业高度负责的拳拳之心，坚持自主创新，加紧攻关战略性、基础性、关键性重大科技难题，奋力描画工程领域的那抹海洋蓝。

（一）工程学科建设大踏步前进

2002年12月，港口海岸及近海工程学科成为省级重点学科。2003年2月，增设船舶与海洋工程、工程管理和工业设计三个本科专业并开始招生，增设控制理论与控制工程、水力学与河流动力学、管理科学与工程三个硕士学位授权专业，同时获批水利工程博士后流动站。2005年，获准建设水利工程一级学科硕士点。2006年，获批水文学及水资源、水工结构工程、水利水电工程、机械电子工程4个硕士点。同年，工程学院进行机构调整，设立海洋工程系，下设港口航道与海岸工程、船舶与海洋工程两个本科专业；设立土木工程系，下设土木工程、工程管理两个本科专业；设立机电工程系，下设机械设计及其自动化、工业设计两个专业；设立自动化系，下设自动化本科专业。至此，工程学院形成了四个系、七个专业的办学格局，学科发展迈上新台阶。

2006年，工程学院由浮山校区迁至崂山校区，教师人数超过80人，学生总数超过1200人，办公及实验室面积超过2万平方米，实现了从独立楼宇到拥有学院建筑群的历史性转变。2007年，港口海岸及近海工程获批国家重点学科（培育）。2008年，自动化系更名为自动化及测控系，港口航道与海岸工程成为国家级特色专业。同年，山东省海洋工程重点实验室获批，在侯国本等老一辈科学家于20世纪70年代初建成的海洋动力实验室的基础上，针对海洋工程与技术的重大需求，成为开展高水平科研任务和高层次人才培养的综合性开放实验平台。2010年，建筑与土木工程硕士点获批，学院初步形成了山东省海洋工程重点实验室、城市与工程信息化山东省高校重点实验室、海洋机电装备与仪器山东省高校重点实验室和海岸与海洋工程研究所为支撑的科研架构。同时，形成了既有水利工程博士后流动站，又有港口、海岸及近海工程博士点，还有水利工程和管理科学与工程一级学科硕士点的学科体系。

（二）"世界100强工程师"刘德辅教授

在中国海洋大学的校园里，经常可以看到一位身材不高、头发花白的老者，或步行或骑单车，从容地行进在风景如画的校园中。21世纪初，他虽已年逾花甲，却仍专注于海洋防灾领域的科学研究及学生培养。他就是曾任中国海洋大学海洋防灾研究所所长、"复合极值分布理论"的提出者刘德辅教授。刘德辅自1971年便专注于防灾研究，有关成果在国内外重要刊物和国际会议发表论文120余篇，并在国内外60多项工程设计及研究中得到应用和引用。"海洋环境因素概率预测新理论——联合概率模拟"荣获2001年国家海洋局海洋科学技术创新二等奖，"复合极值新理论及其在青岛前海海岸工程设防标准中的应用"荣获2002年青岛市科技进步奖一等奖，"海洋工程设施安全与防灾关键技术研究及工程应用"荣获2009年山东省科技进步一等奖（第二位）和2010年国家科技进步奖二等奖（第二位）。2008年，刘德辅被英国剑桥国际信息中心（IBC）评为"世界100强工程师"。

1. 防灾研究的起伏之路

1970年，刘德辅参与交通部海港水文规范工作，目睹了1972年大连遭遇的史无前例的台风灾害，台风所掀起的巨浪重创了大连港。1975年，台风"尼娜"在福建登陆，经历108个小时北上至河南。台风带来的暖湿气流遇到了北方的冷空气，导致三天之内降水量达到1米，板桥水库及下游62个水库溃决，造成重大人员伤亡和财产损失。接二连三因台风引发的自然灾害深深刺痛着刘德辅的内心，他联合同事一起开始了台风灾害概率预测领域的研究工作。

刘德辅认为，按照我国当时实行的国家行业规范，使用"P-Ⅲ型曲线"无法合理推算出台风灾害特大值的重现期，于是他基于顺序统计学和测度论的理论基础，经过严格的数学推导和实证分析，于1980年提出适用于我国大风、巨浪概率预测的"Poisson-Gumbel复合极值分布"理论。刘德辅信心满满地将其研究成果投于《中国科学》杂志，但由于该理论质疑国内一致采用的"P-Ⅲ型曲线"，《中国科学》拒绝发表。1980年，刘德辅的研究成果在美国重要学报ASCE（*Journal of Waterway Port Coastal and Ocean Division*）上发表，成为该学报首次发表的中国论文。

2. "复合极值分布"理论的工程应用

"复合极值分布"理论将极值过程取样与联合概率结合起来，增加了资料信息，缩小了概率预测的误差范围，既可满足特大值的概率预测，又可进行多种致灾因素联合出现的概率预测。"复合极值分布"理论自公开发表后，在国内外大型工程中被广泛应用。我国核电站工程、石化项目、跨海峡工程、火车轮渡工程、机场护堤工程、港口海岸工程等都采用了该理论对各种重现波浪要素进行了极值统计。

美国、加拿大、新加坡、埃及等国家的学者在北大西洋、地中海、尼罗河口等多项工程设计中也引用和应用了"复合极值分布"理论。美国学者在"美国洪水概率分析总结"中指出，"把事件取样（过程取样）和联合概率结合起来，将大大推动特大洪水概率预测的发展"，而"复合极值分布理论"正是能满足这种期待的唯一理论模式。

3. 新理论在巨灾验证后获国内外认可

2005年，"卡特里娜"飓风和"丽塔"飓风先后袭击美国，给当地带来巨大的人员伤亡和财产损失。殊不知，造成如此严重损失的原因除了两股飓风的威力巨大以外，还有美国国家海洋和大气管理局的错误预判。而刘德辅运用"复合极值分布"理论对美国大西洋沿岸和墨西哥湾飓风特征的长期概率预测结果表明，"卡特里娜"和"丽塔"飓风影响范围的A区（墨西哥湾东部）和1区（佛罗里达东海岸）复合极值分布预测的50年一遇值和千年一遇的飓风强度明显超过美国国家海洋和大气管理局的SPH（standard project hurricane）和PMH（probable maximum hurricane）值。事后两场飓风的破坏强度再次证明了刘德辅"复合极值分布"理论的准确性。如今，他的这一研究已被广泛应用于国内外台风、洪水灾害的分析预测和河口海岸城市综合防灾减灾分析中。

4. 建言完善核电站防护工程设防标准

2015年之前，我国沿海多个核电站的防护工程设防标准仍然是仿照美国国家海洋和大气管理局（NOAA）导致重大灾害的标准设计飓风（SPH），可能最大飓风（PMH）模式使用"可能最大台风（PMT）""可能最大风暴潮（PMSS）""设计基准洪水（DBF）"及国际原子能工程机构（IAEA）规定的"可能最大洪水（PMF）"等做法，忽略了这些定义和计算中存在的各种不确定性因素以及各种极端海况联合出现的概率。

2011年，刘德辅三次上书国务院，建议对核电站滨海防护工程进行风险分析。2012年12月，他持学校证明信前往国家核安全局，建议针对我国滨海核电站防护工程设防标准中有关含混不清的定义（如PMSS、DBF等），分别计算台风各种特征的不同组合及其对暴潮、巨浪形成的影响，充分考虑其在输入、输出计算中的不确定性和敏感性，应用GUA（Global Uncertainty Analysis）、GSA（Global Sensitivity Analysis）反复计算，最终引入"多维复合极值分布"理论，获得不同极端海况同时出现的联合重现期，对我国规划、设计和已建的滨海核电站防护工程进行风险评估，以确保在全球气候变化、海平面上升的新形势下我国核电站防护工程的安全。

　　刘德辅为了国家利益和人民生命财产安全第一的信念，多次向国家建言献策，表现出一位学者的高度社会责任感，使人不由心生敬意。

（三）"后起之秀"李华军院士

1. "我与海洋有缘"

　　1978年，16岁的李华军考入山东工学院（现已并入山东大学）攻读内燃机专业。1982年7月大学毕业后，李华军被分配至广饶县播种机厂工作。1983年8月，怀着从事科研的梦想，李华军考入大连工学院（大连理工大学前身）船舶工程专业读硕士，从此与海洋结缘。1986年研究生毕业时，从小就对解放军有崇拜和仰慕之情的李华军主动申请到部队工作，被分配至海军潜艇学院，如愿成为一名海军军官，从事有关潜艇方面的研究工作。

　　在这个时期，他善于创新的特质已经显现。当时，我国潜艇在跟踪定位方面存在误差大、时间长等技术"瓶颈"。对此，李华军创造性地提出了一种依靠纯方位的被动跟踪定位技术，大幅提高了精度和反应速度，有效提升了潜艇对目标的快速识别能力和自身的隐蔽性，一举获得解放军科技进步奖二等奖。1992年，李华军带着"一身武艺"从潜艇学院转业至青岛海洋大学执教。"既然到海大来，肯定要做海洋。既然在工程学院，肯定要走海洋特色的工科发展之路。"在这一目标的指引下，他开始了战风斗浪、搏海弄潮的艰辛历程。在一次接受媒体采访时，李华军回首来时路，笑着说："我与海洋有缘。"

2. 从"海军少校"到"海工专家"

　　李华军在海军潜艇学院工作期间务实创新，获得同行专家和海军首长的高度评价。因表现优异且成绩突出记个人三等功一次，并两次破格获得职级晋升。1990年，他已成为一名出色的海军少校军官。1992年，从军事院校转入综合性大学，李华军不但没有"水土不服"，反而进步很快，他申请到了学院的首个山东省自然科学基金项目。1995年，他又获批了学院的第一个国家自然科学基金项目，33岁便晋升为教授。在他人看来一切顺风顺水，李华军面对未来却有一种本能的恐慌。1997年至2001年，李华军到日本京都大学防灾研究所从事海岸与近海工程方面的学习研究。这期间，他还前往美国罗德岛大学海洋工程系访学一年，进一步吸收和借鉴发达国家在海洋工程研究领域的先进经验。历经四年的国际交流与深造，李华军不仅获得了博士学位，而且眼界更加高远，见识更加广博，目标也更加坚定，成功实现了从"海军少校"到"海工专家"的华丽转身，用勤奋和智慧在海洋工程研究领域谱写出一篇篇自主创新的华美乐章。

3. 六年三进人民大会堂

2004年，李华军领衔完成的"浅海导管架式海洋平台浪致过度振动控制技术的研究及工程应用"项目从根本上解决了困扰中石化三年多的安全生产技术难题，避免了平台倾覆和污染事故，确保了中心平台的安全生产和可持续发展，荣获国家科技进步奖二等奖，他作为获奖代表进入人民大会堂领奖。2006年，李华军作为新聘任的长江学者特聘教授参加在人民大会堂举行的受聘仪式，这是他第二次踏入人民大会堂。2010年，李华军科研团队主持的"海洋工程安全与防灾若干关键技术及应用"项目有效解决了海洋工程设施全生命周期安全防灾的关键技术难题，荣获国家科技进步奖二等奖，李华军作为获奖代表第三次走进人民大会堂。

30余年来，李华军矢志于海洋工程研究，取得突出的成绩。分别于2004年、2010年、2019年先后获得国家科技进步奖二等奖、何梁何利科技创新奖、光华工程科技奖、省部级科技奖励一等奖、山东省科学技术最高奖等。他围绕国家重大战略需求，率领团队构建了海洋工程设计、施工与安全运行技术体系，在新型海洋结构物研发、大型海洋平台整体浮托安装、海洋平台整体动力检测与修复加固、"海上丝路"港口施工新技术与装备等方面取得了一系列突破性的创新技术成果，支撑了百余项国内外重要工程的安全建设与运行，工程总投资超过千亿元，经济效益已超百亿元，对海洋工程领域的贡献不言而喻。2017年，李华军入选中国工程院院士，成为我国海洋工程安全与防灾领域的杰出领军人物。

4. 从"一叶扁舟"到"百舸争流"

1993年5月，李华军初到青岛海大工程学院时，既没有领路人指引，也没有团队可以归属，仅凭自己单枪匹马在海洋研究世界里闯荡。30多年过去了，中国海洋大学海岸与海洋工程研究所可谓兵强马壮、人才济济。在以李华军为首的科研团队中，有2人是"长江学者"特聘教授，5人为国家杰出青年科学基金获得者，3人是国家优秀青年科学基金获得者，2人是"长江学者"青年学者，2人当选国家人才计划青年拔尖人才，1人为国家人才计划科技创新领军人才，3人为教育部新世纪优秀人才，2人为山东省"泰山学者"特聘教授，1人为"泰山学者"青年学者……在这个平均年龄为40岁的队伍中，大部分成员都是李华军培养的研究生或博士后。刘勇和王树青都是跟着李华军在重大项目中历练成长起来的。在他们看来，李华军视野开阔，善于学习，特别愿意给学生发展机会，学术上民主，科研上追究品质与完美，是个可亲可敬的师长。如今，作为"老海工"的李华军带着这支年轻的团队，继续攀登着海洋工程领域的科技高峰。

（四）为海洋资源开发保驾护航

我们在海边常见的码头、海堤、人工岛、进海路、海洋平台等海上结构物，时常受到波浪、狂风、洋流的拍打、冲刷和腐蚀，一旦失稳破坏，就会造成人员伤亡、经济损失和环境破坏。多年来，李华军教授带领团队对海上油田开发平台、人工岛、海堤、码头等各类海洋工程设施，在海洋工程安全与防灾领域不断深耕，创建了覆盖近海、浅海、深远海的一整套具有自主知识产权的技术体系，担起了屏蔽风、浪、流、潮等环境因素干扰与破坏的职责。

1. 埕岛油田海上平台"一战成名"

位于渤海南部的埕岛油田是我国浅海区域投入开发的第一个年产量超过200万吨的大油田，其中心二号平台过度震动现象是个重大安全隐患。1999年，李华军获知此情后，马上与埕岛油田取得联系，希望承担平台振动的诊断和治理工作。埕岛油田方面却对李华军的毛遂自荐半信半疑，因为他们以前委托专业公司诊断过，都没找到振动原因，更谈不上治理了。

几经周折，李华军收到了当时的检测报告。经过研究分析，他认为前期检测时传感器布设的点数过少，不能反映整个平台的振动状况。带着信心和诚心，李华军最终说服了埕岛油田的负责人，获得登台检测准许。为了获取真实的数据，检测选在风大浪高的冬天进行。李华军和团队成员顶着寒风、迎着波浪在平台上架设备、布仪器，睡觉、研讨、制订方案都在工人临时腾出来的储藏室里。在恶劣的天气和不被信任的巨大压力之下，团队终于测得了精确数据，并找到了过度振动的原因，给出了科学的治理方案。

李华军团队采用"浅海导管架式海洋平台浪致过度振动控制技术"解决了埕岛油田平台晃动问题，用时不到8个月，总花费不到1000万元，却有效避免了因拆除平台而产生的数亿元损失，凭借自身过硬技术赢得了埕岛油田及业界的认可。

"这是理论联系实际干的一件很漂亮的事。"李华军说。这场"成名战"也让他信心大增。在此基础上，李华军带领团队历经10余年的攻关，形成了海洋工程结构设计、安装、检测及修复加固成套技术，大幅提升了海洋资源开发的技术水平，相关成果被纳入国家标准及行

李华军院士（左二）在海洋工程施工一线调研

业规范，并于2004年获国家科技进步奖二等奖。

2. 构建海洋工程防灾减灾技术体系

有时候，大海像是一个恬静的婴儿。但一旦发怒，它瞬间就变成了肆虐的蛟龙，狂啸着企图吞噬一切，大海喜怒无常的脾气侵蚀了一波又一波冒险者的勇气。在海洋中建造的各类工程设施，海堤、码头、人工岛、采油平台……时刻都面临着风、浪、流、潮等环境因素的干扰与破坏。为减少海洋动力因素对涉海结构物的破坏，确保其在全生命周期中的安全稳定，李华军团队历时10余年，构建起海洋工程设施安全防灾、减灾技术体系。创建三维悬浮泥沙和地形演变模型以及三维浪、流、沙耦合模式，提出环境友好型海岸结构水动力分析与工程设计理论，研制能有效抵抗波浪冲刷和沉降变形的新型海岸结构，将安全、环保、经济有效结合，大大推动近浅海油气田的低成本、高效开发，形成一套"从头到脚"的全新安防体系。

"科学研究一定要脚踏实地、持续不断，科学技术的突破往往需要努力很多年。""任何高精尖成果只有落地应用才有意义。"……这些话体现着一个科研者的大局观。李华军致力于打通科学研究、技术突破、工程转化和产业发展四个环节，团队创新成果不仅是为了解决某个现实或具体的问题，更是聚焦海洋工程的共性或者关键性技术进行突破，推动转化应用。他常说，做科研要有两种精神，"发扬科学家精神，坐得住、钻得深，作出一些卓有成效的成果；也要有企业家精神，把资本、技术和人才等创新要素汇聚到一起，为国家发展作出贡献"。在海洋工程研究领域，他研发的系列技术在国内50余项工程建设中得到推广应用，产生了巨大效益。

五、以工强海，建功新时代

随着陆地资源的逐步消耗，海洋资源的重要性被迅速提升，人类进入大规模开发和利用海洋的新阶段。党的十八大作出建设海洋强国的重大部署，要求提高海洋开发能力，扩大海洋开发领域，在保障海洋航运业、海洋渔业等传统海洋产业优势的基础上，培育壮大战略性海洋新兴产业，形成区域化海洋经济规模等。这一时期，肩负着海洋强国的使命，学校海洋工程教育领域多点开花，科学技术研发水平和服务社会能力逐年提升，在推动创新引领型海洋科技的形成和转变，增强海洋资源的可持续利用等领域作出了新贡献。

（一）海洋工程教育特色显著
1. 学科建设创特色

工程学院在"立足本源、突出特色、引导创新、质量为本"的专业建设理念指引下，从只有一个本科专业的海洋工程系，发展成为一个拥有国家重点学科、国家级特色专业的工科大院。2011年以来，学院获准设立检测技术与自动化装置、系统工程、模式识别与智能系统、导航制导与控制、结构工程、供热供燃气通风及空调工程、桥梁与隧道工程、车辆工程、机械制造及其自动化、机械设计及理论、海洋机电装备与仪器技术、海洋能利用技术12个硕士点；获批机械工程、控制科学与工程、土木工程、船舶与海洋工程一级学科硕士点；增设轮机工程本科专业，获批水利工程一级学科博士点；获批海洋机电装备与仪器实验室山东省高校重点实验室，建立市级重点实验室——青岛市海洋机电装备与仪器工程研究中心。学科建设基本形成了从海岸、近海到深海的全面、纵深发展格局，工程学院也逐步发展成为我国培养高级工程人才的摇篮、涉海工程研究的创新基地以及涉海工程技术的转化基地。

2. 入选"卓越工程"

2010年3月，工程技术学科（领域）进入ESI全球科研机构前1%，这也是学校继植物与动物学、地球科学之后进入前1%的第三个学科（领域），彰显了学校在工程技术学科（领域）的实力和国际

山东省海洋工程重点实验室

影响力。"这里面离不开工程学院的突出贡献"，在2013年工程学院建置30周年大会上，时任学校党委书记于志刚如是说。2010年底《中国海洋大学"卓越工程师教育培养计划"工作方案》出台，推动港口航道与海岸工程、机械设计制造及其自动化等五个专业的人才培养方案设计，学校于2011年成功入选教育部"卓越工程师教育培养计划"高校。2012年，港口航道与海岸工程、机械设计制造及其自动化两个专业入选"教育部卓越工程师教育培养计划"，工程学院院长史宏达说，"这两个专业的'卓越计划'培养的是高素质应用型人才，他们更加注重实战和创新，是未来国家海洋工程领域的精英力量"。2013年，船舶与海洋工程专业入选"山东省卓越工程师计划"，为全面提高工程教育人才培养质量打下了基础。据2022年软科世界一流学科排名，中国海洋大学的海洋工程学科位居全球高校第14位。

3. 优化传统实验平台

工程学院十分注重通过搭建实验平台来支撑带动相关学科的发展。2011年10月，服务于港口、海岸及近海工程，具有自主创新能力，胜任高水平科研任务和高层次人才培养的海洋工程与技术综合性开放实验平台——山东省海洋工程重点实验室在中国海洋大学揭牌。这个实验室就是在侯国本带领团队一手建立的海洋动力实验室

的基础上发展起来的。

山东省海洋工程重点实验室是2010年学校投入5000万元建成的，包括近6000平方米的海岸及近海工程实验大厅，长60米、宽3米、深1.5米的随机波波流耦合水槽和长60米、宽36米、水深1.5～6米的平面随机波波流耦合水池各一座。目前，实验室由海洋工程综合实验大厅、河口泥沙实验厅、海洋内波实验室、水动力学实验室等功能单元组成，总面积达1万平方米。拥有大型平面风浪流水池一座、宽断面波流水槽一座、窄断面波流水槽两座、内波试验水槽一座，拥有非接触式光学六自由度测量系统、动态数字采集仪等先进的测试设备等110余台套。

作为山东省海洋工程领域唯一的省级重点实验室，面向建设海洋强国的国家重大战略需求以及山东半岛蓝色经济区发展需求，瞄准国际前沿，聚焦海岸与海洋工程领域的关键科学技术与工程问题，依托港口、海岸及近海工程国家重点学科以及船舶与海洋工程山东省重点学科，以海洋动力学理论为基础，以海洋机电装备与仪器为支撑，以海洋工程安全设计与防灾技术、海洋可再生能源利用技术为特色，开展高水平的科学研究、人才培养与社会服务。实验室注重加强产学研用，与中集来福士、中海油、中石化等大型海工龙头企业深度合作，服务于蓝色经济发展的能力显著提高，也带动了海洋工程相关学科的进一步发展。

4. 建设工程训练中心

工程训练中心自2020年8月启用以来，承担着全校工科专业学生的工程训练教学任务，同时面向全校学生开设工程教育通识课程，是学生认知工程、培养创新能力和工程素质教育的优质平台。工程实训中心积极推进工程训练与创新实践协同发展，组织承担和指导全校本科生、研究生参加全国大学生工程训练综合能力竞赛、全国水下机器人比赛、桥梁结构设计大赛等科技竞赛，同时承担研究生培养和本科生科研训练计划项目（OUC-SRDP）的加工、试验和测试等工作，在学校创新型人才培养中的作用和地位日益显著。

（二）用绿色能源点亮海岛

进入21世纪，我国能源资源约束日益加剧，能源发展面临一系列新问题新挑战。海洋能在全球海洋总储量巨大，资源分布极为广泛。发展海洋能是确保国家能源安全、实施节能减排的客观要求，是提升国际竞争力的重要举措，是解决我国沿海地区和海岛能源短缺的重要途径，是培育我国海洋新兴产业的需要。

1. "国家的需要，就是我们的责任"

我国海岸线绵长，海域宽阔，近海海域波浪能丰富。偏远海岛供电，由于最大负荷有限，输送距离较远，岛屿面积狭窄，铺设海缆在技术与经济方面成本高昂，一直以来是世界性难题。我国拥有近7000个海岛，如何保证海岛的供电用能是一个值得探究的重大课题。"国家的需要，就是我们的责任。"10多年前，结合我国海洋能资源充沛的特点，史宏达教授带领团队开启了海洋可再生能源开发利用的探索之路。他领衔研究的波浪能就是海洋能的一种，不仅取之不尽、用之不竭，而且是可再生的清洁能源。从我国海洋能领域的第一个"863"计划主题项目到第一个国家重点研发计划以及相关国家自然科学基金项目，作为我国海洋能科学研究的"领头羊"，史宏达团队始终瞄准国家战略需求，在海洋可再生能源利用等领域攻坚克难、孜孜以求，在海洋能利用领域不断镌刻新高度。

"科学研究，在一开始看似是兴趣，越研究你越会发现是一种责任。"史宏达从事海洋能利用研究工作40余年，他自主开发了多台套的波浪能装置并成功应用于工程实践，技术创新覆盖了波浪能三大类转换原理，提出了多能互补、独立供电的先进理念，在基础理论、关键技术与工程示范等方面取得了显著成果。首次提出组合型振荡浮子的阵列捕能方式，工程样机在装机容量与海上生存时间等指标上处于国内领先水平；首次研发出具有完全自主知识产权、在国内乃至亚洲首台漂浮式越浪型波浪能装置工程样机并成功海试；带领团队研发了国内最大的300千瓦海洋能集成供电示范系统，率先将多能互补智能电源概念应用于海洋能，工程样机已成功海试……他开创了一个又一个的"首次"。他累计承担科研项目54项，发表科研论文137篇、专利44项、软件著作权5项，获国家科学技术进步二等奖、山东省科学技术进步奖一等奖、第二十一届中国专利奖等奖励20余项。

2. 结缘斋堂岛

斋堂岛隶属青岛市黄岛区，西隔斋堂水道与琅琊台相望，面积0.46平方千米，300多户居民靠远洋捕捞和近海养殖为生。琅琊台与斋堂岛之间，有长约1.5千米的水道，低潮时最窄处200米左右，高潮时宽约1000米，最大流速2米/秒。该岛不仅山清水秀、景色迷人，而且周围海域蕴藏着丰富的波浪能和潮流能资源，是天然的海洋可再生能源研发基地。通过多处资源测试与评估、局部海域现场实测，项目组认为斋堂岛海域的潮流能资源条件较好，流速较快，水深及地质条件较适合于进行潮流能开发利用。经过工程海域水文及地质环境条件详细的勘察与评估，他们最终选定斋堂岛南端作为示范工程站址。2012年，史宏达教授、王树杰教授的科研基地就建立于此。这个很普通的小岛，因为担负着国内首批海洋能可再生资源的试点而备受关注。

3. 建在海底的"发电站"

2013年8月，风平浪静的斋堂岛海域，我国自主研发的首台100千瓦海洋潮流发电装置实现首次下水发电。这个发电装置由两台50千瓦的水轮机组成，水轮机直径超过10米，高高的塔架上装有巨大的翼型叶轮，总高度达到18米，相当于6层楼的高度。随着海缆铺设工作的完成，海缆与位于岸上的控制系统顺利对接，潮流能发电装置成功启动。从控制室里传出的欢呼声告诉我们，这个"大家伙"运行良好。自这一历史时刻起，它开始承担起发电使命。

此次用于海岛独立供电的100千瓦水平轴潮流能发电装置，采用的是水平轴可变桨水轮机和塔架式支撑结构，并具有完备的电力变换与控制系统，利用海底潮流对巨型叶轮的冲击产生动能，通过海底电缆与岛上的集控室相连接，最终转化为电能。这台由中国海洋大学独立研发的海洋潮流发电装置，吸收了大型风电机最新设计理念和控制技术，先后攻克密封、防海水腐蚀等数道技术难关，最终顺利实现了先进潮流发电装置部件和整机本土化生产，多项技术填补了国内空白。该项目的负责人王树杰教授说："从整个项目的理论分析、数值模拟、原理性试验和小比尺到中比尺的模型试验，再到海上试验样机，以及如今的示范工程，整个过程跨越了多个研究阶段，难度非常大。"多年的研究积累终究打通了理论研究到实践应用的壁垒，"量"的积累换回了今天"质"的回报。

王树杰带领他的团队从最初的海洋环境、水文、地质具体数据的测量，到基础工程的建设，日夜奋战在施工现场。正是他们追梦的坚定使得潮流能发电机组成功下水试运行，他们以实际行动为我国可再生清洁能源事业发展贡献着力量。当王树杰被问及为什么想要开发潮流能时，他的回答直接而坦白："我们就是想把海洋能提取出来，造福人类。"该装置的运行，可以将水下的海流转化为绿色、环保的电能，单台装置既可以满足岛上300多户居民生活用电的需求，又可以满足海产品加工、制冰、养殖等村企的正常生产经营的用电需求。

如今，100千瓦海洋潮流发电装置绵绵不绝地将海洋能源送向这片充满活力的海岸。这既是我国北方第一个海岛独立供电的示范项目，也是全国第一个正式运行的海岛独立供电示范工程项目，它不仅对海岛独立供电有着典型的示范效应，也对后续海洋能的发展具有十分重要的示范意义。王树杰坚定地表示，经过近十年的摸索，自己爱上了海洋能事业，今后将再接再厉，努力深化和拓展海洋能利用技术的研究与应用。

4. 开发利用海洋波浪能

大海里的波浪一刻不停地在起伏中产生能量。在黄岛区的斋堂岛海域，这种波浪的起伏被转化为电能。2014年1月的斋堂岛海域风高浪急，史宏达带领科研团队在寒风刺骨的海面上成功完成了"10 kW级组合型振荡浮子波能发电装置"的投放。这是继2013年王树杰教授领衔研发的"100 kW潮流能发电装置"成功投放之后，中国海洋大学在海洋可再生能源开发领域迈出的又一大步。"这两个装置都是目前国内输出功率最大的潮流能和波浪能发电装置之一，其技术水平也是国内领先的，为我国潮流能、波浪能资源的低成本、规模化开发利用奠定了重要基础。"史宏达说。

这个全称为10千瓦级组合型振荡浮子波能发电装置是一个钢铁平台，投放在海洋上后会漂浮在海面，随着波浪的起伏上下浮动。史宏达教授表示，这一装置使用潜浮体配合张力锚链进行海上安装定位，利用组合式陀螺体型振荡浮子与双路液压系统，把波浪能转化为电能。依托阵列化开发思想，针对我国近海短周期、小波高、低能流密度的波浪能资源特征设计了组合型的波浪能摄取机构，解决了多数传统装置"小浪不发电、大浪易损坏"的固有问题；双浮体自升沉结构形式突破了近海潮差（3～4米）变化大导致装置工作时长短的难题，可在大潮差海域实现24小时全天候自主控制运行发电；开发了全自动在线控制与检测系统，可在100千米外的中国海大校园内对装置的实时工作状况、运行性能等实现远程监控，真正做到了无人值守与远程遥控；基于产品化设计，检修维护方便，所有活动部件的更换维修均可在海上操作完成，维护成本低，安全可靠。史宏达说，该装置的试运行发电，标志着青岛市在国内波浪能阵列化开发与工程应用领域内率先取得实质性突破。

史宏达团队还在斋堂岛建成了我国首座容量为600千瓦的海洋能多能互补海岛电站。作为海洋能研发测试平台主任，他还率领团队在斋堂岛海域建设海洋能海上综合测试场，为我国海洋能装置的实海况投放、运行与评价打造优良的试验场地。他十年前提出的"海能海用，就地取能，多能互补，独立供电"的理念正被越来越多的人接受，逐步成为业内共识，并被收录进国家《海洋可再生能源发展"十三五"规划》中，成为指导我国海洋能开发利用的重要原则。

"希望有一天，我们的技术能复制到其他海岛上，给当地的渔民、驻军以及前去旅游观光的游客提供便利条件。这样海岛的能源供给就不会依赖于长输的电缆，国家的投资就会得到节约。"史宏达说，"这些能源都是可再生的清洁能源"。用绿色能源点亮蓝色海洋，这是他和团队坚持不懈的梦想。

（三）构筑近浅海开发安全防线

近年来，面对陆上油气资源日益枯竭的挑战，人们逐步把油气钻探的目光投向海洋。胜利油田通过在滩浅海海域修建进海路和人工岛组合系统（路岛工程），在岛上建设油井进行石油开采，并建成了埕岛油田等大型的近浅海油田，成为胜利油田新的经济增长点。路岛工程作为胜利油田滩海油气开发的基础设施，时常遭受风暴潮和寒潮的袭击，运行风险较大、环保问题严峻，成为困扰油田正常生产运营的一大隐患。

为解决这一问题，李华军团队与胜利油田协同攻关，在工程建设中采用"近浅海构筑物安全防护与加固技术"进行防护方案设计，确保人工岛和进海路结构的安全稳固。为保护近浅海环境，他们应用"近浅海新型构筑物与设计分析方法"，提出滩浅海资源开发环保型路岛、潜堤等新型构筑物的工程设计准则，保障工程区域的水体自由交换，达到了安全、环保、经济的工程效果。此外，他们还发明了构筑物损伤实时检测与修复加固新技术，解决了复杂动力环境中结构损伤难以准确识别与修复加固难度大的难题，为结构的优化设计和安全运行提供了技术支撑。

李华军团队还与中交第二航务工程局有限公司、中国港湾工程有限责任公司、中石化石油工程设计有限公司、中交武汉港湾工程设计研究院有限公司等单位进行产学研联合攻关，完成的"近浅海新型构筑物设计、施工与安全保障关键技术"获得2019年度国家科学技术进步二等奖。

（四）为中国海工技术"走出去"添底气

"服务国家战略,以工兴海强起来"是李华军及其团队孜孜以求开展研究的动力之源。针对"一带一路"建设的重大机遇,李华军带领团队以"近浅海新型构筑物设计、施工与安全保障关键技术"研究应用为抓手,积极融入"21世纪海上丝绸之路"建设。他受聘中国工程院南海重大咨询项目专家,负责"一带一路"海上交通基础设施发展战略研究,担任国家自然科学基金委员会"双清论坛"——"南海和极地开发的海洋装备关键技术"主席,主持海洋与海岸工程"十三五"学科发展规划……多年来,李华军带领团队成员多次为南海资源开发装备的研发与空间利用工程设施的规划建设、"21世纪海上丝绸之路"沿线交通基础设施工程建设以及我国未来重大海洋装备研发等出谋划策,担当海洋工程研发智库的使命,为沿线地区或国家的海洋工程建设提供战略咨询。

2019年9月,中国、挪威、英国的17位院士齐聚青岛,参加由中国工程院主办、中国海洋大学承办的"海洋工程与水利工程科技前沿与创新发展国际工程科技发展战略高端论坛"。李华军以"海洋工程科技面临的紧迫需求与发展机遇"为题,向来自国内外50余个政府部门、大学、科研院所、大型企业的160余名参会代表,阐释面对百年未有之大变局,以推进海洋工程建设和技术创新为纽带,落实共建"一带一路"倡议的思考与实践。为促进海洋工程科技创新、产学研合作与国际交流,携手构建海洋命运共同体贡献了新的智慧。

胡布燃煤电厂项目是国家主席习近平出访巴基斯坦时签署的中巴51项合作协议之一,属"一带一路"及"中巴经济走廊"框架下的重要能源项目。该工程直接面向阿拉伯海,受中长周期涌浪的影响,施工条件十分恶劣,困难重重。项目组采用桩顶支撑移动平台桩基施工技术与装备,实现了沉桩、钻孔、钢筋笼下放、桩基浇筑等一体化施工,消除了恶劣海况对桩基施工进度和精度的影响,保证了全天候安全、高效施工。"近浅海新型构筑物设计、施工与安全保障关键技术"项目组又一次用自己的智慧和汗水,为共建"一带一路"作出了中国贡献。

阿什多德港位于以色列南部,毗邻地中海,是以色列第二大港口。项目组成功参加了阿什多德港建设项目。在防波堤建设中,需要对当地海域的软弱基础进行处理,由于当地属季风气候区,海上施工条件差,作业窗口期短,无法运用传统的海上碎石桩软基处理技术进行作业。结合当地气候条件和海域状况，项目组改进施工思路与方法，利用海上碎石桩复合地基处理技术与装备，解决了防波堤软弱基础处理的工程难题，将此前设计的大开挖换填方案变为碎石桩基础处理方案，确保了施工工期和施工质量，显著降低了工程投资。在码头施工中，又利用桩顶支撑移动平台桩基施工技术与装备，将海上桩基施工巧妙地转换为陆上施工，彻底避免了恶劣海况对海上桩基施工的严重制约，用过硬的技术和高质量、高效率的施工赢得了项目方的赞誉，提升了国家和学校的国际影响力。

李华军团队的近浅海新型构筑物设计、施工与安全保障等关键技术，在多个海外港口、码头、岛礁、近浅海路岛等工程项目中应用，为我国海工企业"走出去"增添了底气，提供了经验，也展示了我国在海上交通基础设施领域的创新能力。

（五）推动海工装备产业向高端迈进

2020年11月，李华军作为负责人的国家自然科学基金基础科学中心项目"多场多体多尺度耦合及其对海工装备性能与安全的影响机制"（以下简称"海工装备基础科学中心"）正式获批实施。该中心作为我国海洋工程领域首个、山东省唯一的基础科学中心，资助经费达6000万元。资料显示，该中心的申请竞争很是激烈，由中国海洋大学联合上海交通大学、哈尔滨工程大学共同完成，这是李华团队取得的又一次突破。在李华军看来，高端海洋装备研发还有很长的路要走，他带领团队谋划建设海洋工程技术与装备创新研发平台，推动组建国家级科研与试验平台，与企业联合建设科技成果孵化中心，目的就是要突破高端海工装备的关键核心技术，形成产学研合作创新的人才高地，推动海工装备产业向高端迈进。

国家基金委基础科学中心项目于2016年试点实施，旨在整合国内优势科研资源，瞄准国际科学前沿，依靠高水平学术带头人，形成具有重要国际影响的学术高地。海工装备基础科学中心瞄准海洋资源开发与权益维护的国家重大需求，以高端海工装备安全设计及施工运维中的关键科学问题和核心技术为研究对象，深度交叉融合海洋工程、海洋科学、海洋技术等学科，重点开展多场多体耦合与运动/振动控制、非均匀海洋环境下跨尺度结构耦合问题、海工结构瞬态冲击载荷与失效模式、海工结构设计理论、施工安装与运维控制技术等方面的研究。通过项目实施，进一步推动海洋工程学科发展,加速海工装备关键科学技术创新,促进高端海工装备技术转化应用,服务海洋强国战略实施,推动学校一流大学建设。李华军坦言,海洋工程是一个综合性领域,既需要不同学科、技术和知识的融合,也需要汇聚社会各界的力量,齐心协力、协同发展。"等到我们的海洋工程做强了,距离海洋强国的目标就更近了。"

(六)新型海上构筑物被国内外重大工程广泛应用

各类海上构筑物是海洋开发与交通运输的关键基础设施,工程造价昂贵,环境载荷复杂严酷,一旦失效,损失巨大。面向海洋强国建设与海洋生态文明建设的重大需求,海上构筑物从满足自身安全与功能的传统模式向兼顾安全、环保、经济的新模式发展。但由于波浪等环境载荷作用过程复杂,气候变化导致台风、巨浪、风暴潮等频发,且传统海上结构物整体结构尺度庞大,局部构件形状各异,难以满足海上基础设施建设与安全运行的重大工程需求。刘勇教授领衔的团队长期致力于海岸结构物水动力分析与设计方法、浮式结构物近场波浪干涉与共振问题等领域的研究,研制的新型海上构筑物被国内外重大工程广泛应用。

刘勇团队针对新型沉箱构筑物设计理念、分析方法和施工保障技术严重滞后于工程需要等问题进行了系统研究,通过产学研联合攻关与自主创新,阐明开孔沉箱的漫反射特性及其消浪过程中的波能耗散过程,创建了一套用于开孔沉箱优化设计分析工具,研发出新型开孔沉箱结构,解决了防波堤堤头绕射和越浪严重、波浪力大等工程难题和开孔沉箱性能优化、安全设计与施工保障等核心技术难题,发展了开孔沉箱施工期现浇构件的安全检测与保障技术,构建了在役码头等海上构筑物的运维状态监测系统平台,为海上构筑物的安全施工与长期运行提供技术保障。新型海上构筑物开孔消浪技术荣获2021年海洋工程科学技术奖一等奖,得到国内外权威学者、工程设计人员及学术组织的高度评价。工程转化后被推广应用于我国的烟台港、日照港以及韩国、意大利等国内外10余项工程,体现出重要的工程价值并产生显著的社会经济效益。

基于流体—结构—构件—材料的耦合机制,刘勇团队创建了相应的多尺度分析理论与耦合模式,发明了海上高承载性能复合结构及施工技术、新型高消能海上结构物和超高性能混凝土喷射修复技术与设备,形成了新结构反射系数、越浪量计算方法和结构承载性能多尺度评估技术、海上结构物多尺度损伤评估技术；荣获2022年山东省科技进步一等奖，被成功应用于烟台港、日照港、中马友谊大桥、金湾海上风电场等国内外20余项重要工程，总投资超过150亿元，产生经济效益10.2亿元，其中中马友谊大桥的新型海上复合箱梁结构单项工程节支2.1亿元。

结语　未来发展，乘风破浪天地宽

几十年来，中国海洋大学海洋工程学科始终紧密围绕服务海洋资源开发利用与权益维护等国家重大需求，以服务国家海洋强国战略和经济社会发展作为重要使命，致力于攻克海洋工程领域关键技术难题，有效服务我国近浅海、南海及"海上丝路"沿线重大工程建设，为国家海洋事业发展及"一带一路"倡议作出了突出贡献。

面向未来，海洋工程学科将乘着海洋强国建设的东风，沿着一辈辈海工人接续奋斗的坚实足迹，在新的历史起点上向海图强。持续立足学科特色和人才优势，以发展海洋高新技术为核心，更加主动地融入国家和区域自主创新体系，积极探索面向行业产业和区域发展的"产学研用"协同创新机制，有力打造我国海洋工程人才培养基地、海洋工程研究创新基地和海洋工程技术转化基地，在服务海洋强国建设的辽阔舞台上，保持更加昂扬的奋斗姿态，实现更高水平的持续快速发展。

新时代，海洋工程人将弦歌不辍、薪火相传，继续在逐梦深蓝的新航程上乘风破浪，勇毅前行。

南征北战探极地

——我国极地科考研究事业中的"海大贡献"

李华昌

　　"极地,承载着我们的梦想与追求,积淀着我们的青春和心血,凝聚着我们的智慧和耕耘,记录着我们的勇气和奋斗。"2021年6月17日,在中国海洋大学庆祝中国共产党成立100周年文艺晚会的舞台上,我国第一位南北两极都登上的科学家赵进平教授与学校极地科考研究团队骨干一起,深情地讲述着他们的极地梦:"在世界极地大探险时代,没有留下中国的名字;但在已经到来的极地科学时代,中国海大的学者们必将后来居上,开创极地的中国时代!"

　　伴随着科技工作者们的铿锵誓言,晚会现场出现了一道道交错闪烁的激光束,营造出只有在极地才能看到的景观,如梦似幻,将师生带回到那段中国海大人劈波斩浪、顶风冒雪、南征北战的不平凡岁月。

一、探索极地,时不我待

　　极地分别处在地球的南北两端,即南极和北极。那里有一望无际的雪原和冰海,环境极为恶劣。南极的主体是一块被海洋包围的大陆——南极洲,95%的区域常年被冰雪覆盖,是世界上唯一没有主权归属的大陆。南极是世界的寒极、风极、旱极和高极,年平均气温为−25℃,每年有近70%的时间有六级以上大风,年平均降水量只有30毫米左右,平均海拔高度约2300米。环绕南极洲的是地球上唯一东西贯通的大洋——南大洋,这里的海冰和魔鬼西风带使得南极洲成为孤立的大陆。北极指北纬66°34'以北的区域。北冰洋是北极地区的主体部分,它是一片浩瀚的冰封海洋,被北美大陆和欧亚大陆的北部环绕。北极是世界上人口最稀少的地区之一,蕴藏着丰富的石油、天然气和海洋生物资源。

作为地球气候系统的冷源,极地对全球变化有着重要的响应。极地是影响人类社会可持续发展的"新疆域",也是当今国际竞争的战略制高点,是全球变化和地球系统科学研究的前沿,也是建立全球生态安全屏障、构建人类命运共同体不可或缺的部分。

20世纪50年代,我国著名气象学家、地理学家竺可桢等一批科学家先后提出开展极地研究的建议。1964年,国家海洋局成立,在国务院赋予海洋局的工作任务中,包括进行南北极考察工作。1978年初,曾在学校从教多年的中国科学院海洋研究所的曾呈奎教授写信给国家领导人,建议我国积极开展南极考察。他在信中说,中国作为一个拥有世界人口四分之一的大国,理应积极参加南极考察,为将来的两极资源开发利用准备条件。

1980年,为了组织开展南极科学考察,中国政府派遣董兆乾(1966年毕业于山东海洋学院)和张青松两位科学家参加澳大利亚南极考察。1981年,直属于国务院的国家南极考察委员会成立,标志着我国极地事业正式起步。1983年,我国加入《南极条约》。1984年10月,我国组建了第一支南极科考队,乘"向阳红10"号科考船和海军"J121"打捞救生船首次登上了南极洲,由此拉开了我国极地科学考察的序幕。邓小平同志为我国首次南极考察题词:为人类和平利用南极作出贡献。

自1984年以来,我国每年都派出科考队前往南极,开展包括地质、气象、海洋、生物等在内的多学科考察。1985年2月,我国在南极的乔治王岛建立第一个南极考察基地——长城站。1985年10月,在布鲁塞尔举行的第十三届《南极条约》协商国会议召开特别会议,一致同意我国为《南极条约》协商国,从法律上确立了我国作为南极事务重要参与国的地位。1986年,南极研究科学委员会(SCAR,即Scientific Commission on Antarctic Research)正式接纳我国为成员国,为我国科学家参与科考、贡献知识、分享成果打开了大门。

1989年2月,我国在南极大陆拉斯曼丘陵上建成了第二个南极考察基地——中山站。1989年7月至1990年3月,冰川学家秦大河参加了由中国、法国、美国等六国六名队员组成的国际徒步横穿南极科学考察队,历时220天,徒步约6000千米,创造了人类征服自然的又一壮举。

1997年至1998年，我国开始对南极内陆冰盖进行考察，并第一次从南极带回陨石样品。1999年7月至9月，我国完成历史上首次北极科学考察。2002年，中国首次在南极埃默里冰架钻探成功，收集了大量陨石，在南极冰盖研究、地质研究、陨石研究和南大洋研究等方面取得了丰硕成果。2005年1月，我国第22次南极考察科考队登上了海拔4093米的南极内陆冰穹A，这是人类首次从冰盖表面登上南极内陆冰盖最高点。至此，南极的四个要点：极点（美国）、冰点（俄罗斯）、磁点（法国）、高点（中国），全部被人类征服。

中国海洋大学是我国最早开展极地科考研究的高校之一，至今已有将近40年的历史。海大学子在国家的极地科考事业中勇担使命，敢为人先，作出了卓越的贡献：我国第一个登上南极的科学家董兆乾、第一个徒步考察南极的科学家蒋家伦、第一个南、北两极都登上的科学家赵进平均出自中国海大，在我国第一次考察南极的75位科学家中，学校的毕业生有39位，超过了一半。

二、蹒跚起步，奋力开拓

（一）积极开展南极科考

1984年，学校派海洋系赵进平、物理海洋研究所张玉林和化学系李福荣三位老师参加了我国首次南极科学考察。此次考察中用于海洋观测的温盐深仪（CTD，即Conductivity-Temperature-Depth System，用于探测海水温度、盐度、深度等信息）及其配套绞车是由学校提供的。这台Mark Ⅲ型CTD是当时国际上最先进的调查设备，同类设备在国内只有三台。该设备原计划安装在学校的"东方红"实习科考船上，为了满足国家首次南极考察的迫切需求，便安装到了即将奔赴南极的"向阳红10"号科考船上。

出发前，赵进平他们做了大量的准备工作，全面熟悉了仪器系统，可以说是信心满满。谁知在第一次试航过程中，仪器就出了问题：仪器电缆内部断路。赵进平和队员们只好设法为仪器打上"夹板"，使其可以继续运转。在随后的考察过程中，仪器还是时常出问题，赵进平和队员们只得边干边修。有一天，绞车突然发出一阵轻微的异响，赵进平马上减速绞车并仔细检查，却一直找不到原因。忽然一声巨响，绞车排缆器轴的一个凸起崩断了，绞车再也无法开机了。这时，价值十几万元的探头还在水下470米处，天气状况在变坏，船在等待起航。赵进平凭借当工人时积累的经验，通过机器声音判断出马达没坏，可以把所有其他的辅助设备卸掉。于是，赵进平和队员们卸掉了链条、滑杠、排缆器，并用滑轮排缆，考察队领导们也加入了抢险的队伍。一米、两米……探头终于被提了上来。

从那以后，赵进平和队员们在考察时一直都使用小滑轮来进行人工排缆，直至考察结束。南极的测站很多都是1500多米深，探头在深水中钢缆绷得很紧，稍微移动一点儿都要费九牛二虎之力。大家拉开弓步，一排就是一个小时。在紧张的时候，队员们咬紧牙关，像一座座泥塑和木雕，更像一组优美的艺术形象，展示出极地人不畏艰险、团结奋斗的精神。

1989年至1993年，我国南大洋调查的重点海域转到了中山站所在的普里兹湾海域。学校先后派出侍茂崇教授在内的五名教师，乘"极地"号科学考察船，参加了第六次至第九次南极考察，主导了这个时期我国的物理海洋学调查和研究。

学校再次参与南极考察是在2001年至2002年的我国第18次南极考察，高郭平老师担任南大洋科学考察队队长，与他一同参加此次考察的王展坤是学校一名在读的本科生。此次考察中开展的物理海洋学观测，除了站位CTD观测之外，还有穿越西风带时开展的走航XBT（抛弃式温深仪）/XCTD（抛弃式CTD）观测。

之后，学校参加了第19、第21和第22次南极考察。参加人员主要是执行"863"计划项目"南大洋混合调查"，在普里兹湾开展湍流剖面观测。项目负责人田纪伟教授参加了第21次南极考察，同行的还有医药学院的朱天骄，他负责开展生物资源利用方面的现场采样。博士后李明军和硕士研究生康建军参加了第19次和第22次南极考察，是学校首次派遣博士后和研究生参加南极考察。

（二）主动参与北极科考

我国虽然不是地理意义上的环北极国家，但从地缘政治和全球治理的角度看，我国与北极有着密不可分的关系。作为近北极国家，我国在北极有着重大的利益关切，包括科研、气候、航运、资源等诸多方面，必然对北极战略产生重大影响。我国倡导构建人类命运共同体，应当成为北极事务的积极参与者、建设者和贡献者，努力为北极研究贡献中国智慧和中国力量。

我国参与北极事务由来已久。1925年，我国加入《斯匹次卑尔根群岛条约》，正式开启了参与北极事务的进程。此后，我国关于北极的探索不断深入，活动不断扩展，合作不断深化。

在北极科学考察方面，赵进平作为1995年我国民间北极点科学考察的七名队员之一，在北冰洋上度过了13个日夜，靠滑雪和狗拉雪橇到达北极点，完成了这项重大的科学使命。1999年7月，以"雪龙"号极地科考船为平台，我国组织了首次北极科学考察。高郭平作为学校代表负责此次科学考察的物理海洋学观测任务，沿日本海、宗谷海峡、鄂霍次克海、白令海，两次跨入北极圈，到达楚科奇海、加拿大海盆和多年海冰区，开展了海水温度、盐度和深度等要素的观测，获得了宝贵的数据资料。

1995年，我国首次民间北极考察队合影，左二为赵进平

参加第二次北极科学考察的中国海大校友

我国首次北极科学考察历时71天，安全航行14180海里，航时1238小时。这是继1984年首次南极考察之后，在极地事业发展上的又一次重大突破，极大地提高了我国在极地科学考察中的地位，使我国成为世界上少数几个能涉足地球两极进行考察的国家。

我国第二次北极科学考察于2003年7月15日至9月26日进行。高郭平再次成为北极科学考察队的队员，针对北冰洋环流、水体交换及海水结构变异机理研究北极中层水增暖的规律及其气候效应，太平洋入流水在北冰洋的输运过程，北极表层流和海冰淡水输运的多年变化，深层环流与海盆间水体交换，水团结构变化开展现场调查。

三、共建平台,崭露头角

2005年5月,赵进平教授牵头成立中国海洋大学极地海洋过程与全球海洋变化重点实验室(POGOC),并担任实验室主任。为了共同促进极地科学研究,国家海洋局极地考察办公室和中国海洋大学达成共建该实验室的合作协议。该实验室也成为国家海洋局极地考察办公室与高校共建的三个实验室之一,依托该实验室,学校的极地科学研究进入新的发展阶段。

极地海洋过程与全球海洋变化重点实验室的建设目标是:针对两极变化对全球海洋变化的深刻影响,建设一支科研与教学相结合的专业研究队伍,在极地物理海洋学、极地海洋生态过程、极地生物光学、极地海洋遥感、极地海冰气相互作用、全球海平面变化以及与极地过程有关的全球海洋变化等方向形成有特色的研究实力,成为我国在这些研究领域的中坚力量,并逐渐成为国际北极研究的骨干力量之一。

该实验室针对极地领域的国家需求,积极参加我国的极地考察与研究工作,广泛开展国际合作,拓展研究领域,推进极地科学研究的发展和科研水平的提升。通过研究工作,加强对研究生和博士后的培养,为国家培养高水平的极地科学研究人才。

2007年启动的第四次国际极地年(International Polar Year,以下简称IPY)被誉为国际南北极科学考察的"奥林匹克"盛会。国际极地年由全球科学家共同制订计划,采取联合行动,开展合作研究。每次都使人类对南北极和地球系统的认知上一个大台阶,同时IPY所倡导的合作精神成为人类和平开发与利用南北极行动指南。

开展极地考察20多年来,在数千名科考工作者的不懈努力下,我国的极地科研事业从无到有、从小到大,在许多方面取得了令世界瞩目的成绩,为全面参与IPY活动奠定了坚实基础。第四次IPY由国际科联和世界气象组织发起,有63个国家参加,共实施了1062项科学计划,其中我国科学家实施了11项,规模之大,前所未有。作为参加国之一,我国政府高度重视并积极参与,成立了IPY中国行动委员会。

中国海洋大学对IPY的极地考察和研究给予高度重视,提供启动资金,购买光学仪器设备,并成立专业实验室,初步具备了参与国际极地年活动的人员、设备和研究优势,成为中国极地科考研究的一支主力军。

在本次IPY活动中，中国海大在约三年的时间里，组织和参加了12个航次的南北极考察，先后有13名师生前往极地，拼搏在那片艰苦与危险的世界，为IPY作出了重要贡献。

在IPY期间，中国海洋大学广泛开展国际合作。赵进平教授提出的"北极海冰快速退缩及相关的气候、生态效应研究"被五个IPY计划接受，并参与了国际合作的考察与研究。在国家海洋局极地考察办公室、中国极地研究中心和中国极地年专项的支持下，学校极地海洋过程与全球海洋变化重点实验室满负荷参与国内组织的极地考察和国际合作北极考察，经常有两支考察队伍同时在外承担考察任务。

海冰的变化是北极变化的核心。北极海冰骤减、温度飙升，夏季冰封的北冰洋正在成为无冰的汪洋大海，对全球气候产生了严重影响，地球面临新的变化阶段。许多地球科学家把目光转向北极，探索着北极的巨变，评估着地球的未来。中国海大提出的战略目标明确，那就是研究北极海冰快速变化的机理。海冰变化涉及海洋、海冰、气候和生态问题，是复杂的多学科研究领域。学校充分发挥涉海学科齐全、科研资源丰富的优势，积极与国内同行合作，将北极海冰变化研究作为大科学战略来推动。

在物理海洋学研究领域，中国海大逐步发展和巩固已有的研究基础，在北极物理海洋学和海洋与海冰相互作用研究方面也达到较高水平。针对北极快速变化，学校逐步开展的研究有：北极中层水增暖和深层水增暖，北极次表层暖水及其形成机制，太平洋入流对北极海洋和海冰的影响，海洋生态过程对海洋热收支的影响，海冰光学衰减和热吸收，海洋混合和层化，北极双盐度跃层及其效应，北极涛动及其对北极变化的影响，北极环极边界流及其与全球海洋循环的关系。这些研究工作逐步奠定了北极研究的物理海洋学基础，并加强了对北极海洋与北极气候变化联系的研究。

在推进科学考察和研究的过程中，中国海大的科学家们发现，有许多重要的研究内容在国内一直没有开展，没有相应的研究队伍。于是，他们针对其中最关键的研究领域，提出了积极的发展对策，逐步组建队伍，开展相应的研究，并迅速提高研究水平。例如，他们注意到，海冰要吸收足够的能量才能融化，其中最重要的就是海冰融化的能量来源。太阳辐射是国内极地科学研究的短板，而海冰光学是问题的核心。为此，学校从2006年开始进行了海冰和海洋光学研究，获得了世界上最为丰富的北冰洋光学资料，逐步建立起海洋与海冰光热物理学理论，在理论和实践上对海冰的热源进行了全面的研究。此外，学校还推动了海冰遥感和海冰数值模拟方面的工作，初步具备了针对北极发展战略的全面研究能力。

中国海大极地科学研究的发展离不开国家的支持。国家海洋局极地考察办公室通过增加考察名额、提供专项资助等方式支持学校参加极地考察，国家极地科学中心也通过国际极地年项目支持学校的国际合作考察。学校积极组建研究团队，全力参加国家层面的极地

2008年，赵进平（左）在极地进行科考作业

科考活动，与国内同行通力合作，促进学科交融，推动数据共享，提高研究水平。

美国的"底栖生态系统对白令海海冰变化的响应（BEST）"计划集中力量进行白令海生态系统研究。中国海大积极参加了这个计划，了解这个复杂的生态系统演化过程，深入研究发生在北冰洋上游的事件。中国海大连续三年参加该计划的考察，实现了我国第一次对白令海海洋光学的考察。

北冰洋中海冰大范围减退主要发生在加拿大海盆，引起了人们对那里的极大兴趣。加拿大组织了海冰与海洋联合研究（简称JOIS），探索加拿大海盆正在发生的变化。中国海洋大学参加了2006年和2009年的考察，并代表中国第一次在极地开展光学观测，为该海域的研究作出了重要贡献。

从前的北极考察都是在夏季。北极的冬季是黑暗与严寒的世界，世界上极少有冬季考察的机会，人们对北极冬季的认识相当有限，绝大多数从事北极研究的科学家从未到过冬季的北冰洋。在国际极地年期间，加拿大组织了"环北极开放水道（CFL）"研究计划，进行了为期一年的北极考察。在一年间的八个考察航次中，中国海大参与了三次，其中第四、第五航次覆盖了极夜期间。

中国海大科学家开展的对不同厚度海冰衰减系数的人造光源试验在世界范围内尚属首次，他们还开展了世界上首例光在海冰中侧向衰减的试验，取得了大量的数据

和丰硕的研究成果,大大丰富了人们对海冰光学的认识。中国海大团队继续开展大量冰面光学观测,并对积雪进行了大量专门观测,深入研究了积雪对透射辐射的影响。

通过IPY期间的考察研究,中国海大在极地海洋、海冰、气候方面取得了系统的研究成果,获得国际同行的高度评价。此外,通过IPY的考察实践锻炼,一支高水平的极地研究队伍正在成长起来,逐渐理清了思路、明确了方向、确立了研究优势和国际地位,为未来的极地研究奠定了坚实的基础。

四、再接再厉,续创佳绩

(一)南极科考

2009年1月,我国建立第一个南极内陆考察站——昆仑站,实现了南极考察研究从南极大陆边缘向南极内陆的跨越,也是我国在从极地考察大国向极地考察强国迈进的过程中跨出的关键一步。昆仑站不仅是我国开展南极内陆考察的基地,同时也是各国科学家在该地区开展科学考察的共享平台。

2013年4月,在我国第29次南极考察中,考察队员在昆仑站科考区域钻取了南极深冰芯,使我国深冰芯科学钻探实现了零的突破,为我国开展全球气候变化研究创造了有利条件。

2014年2月,我国南极泰山站正式建成开站。泰山站是一座南极内陆考察的度夏站,它不仅是我国昆仑站科学考察的前沿支撑,还是南极格罗夫山考察的重要支撑平台,进一步拓展了我国南极考察的领域和范围。

从第30次南极考察开始,学校每年都在普里兹湾布放和回收1~3套潜标,积累了普里兹湾历时最长的周年连续观测数据。布放的潜标上部安装了由学校矫玉田高级工程师发明的防冰山碰撞的破断装置,潜标上端可以浅至100米,由此获得冰间湖内上层的周年实测数据,揭示了绕极深层水对普里兹湾冰间湖的重要作用。

国家海洋局项目"南大洋重要水团与主要环流监测方法研究(2017—2018)"和"南极重点海域对气候变化的响应和影响(2020—2022)"中增加了阿蒙森海域,中国海洋大学成为该海域物理海洋学观测的主导单位。自第34次南极考察开始,潜标观测拓展到阿蒙森海,史久新、孙永明等先后执行了阿蒙森海的观测。

（二）北极科考

我国第四次北极科学考察于2010年7月1日至9月23日进行,中国海大派出六位师生参加本次科学考察,是学校历史上北极科学考察参与人数最多的一次。其中赵进平教授在北极点进行了冰下海洋的温盐深参数观测。

我国第五次北极科学考察于2012年7月2日从青岛出发,中国海大的四位师生参与了本次调查,重点任务是在北极涛动核心区——北欧海布放我国首套海气耦合大型浮标,并应冰岛总统的邀请访问冰岛。

我国第六次北极科学考察始于2014年7月11日,是我国获得北极理事会正式观察员国身份后组织的首次北极科考。本次科考的时间为76天,总航程约11057海里,学校派出五位师生参加本次科学考察,李涛老师担任考察队海洋组组长。

我国第七次北极科学考察于2016年7月11日至9月26日实施,历时78天,总航程13000海里。学校派出五位师生参与本次科学考察,其中李涛老师任考察队大洋一队队长,负责物理海洋、海洋生物和海洋化学学科的调查统筹工作。

我国第九、第十、第十一次北极科学考察,学校先后派出了李涛、钟文理、王晓宇等几位老师参与了物理海洋、海冰和气象的观测任务,并成功布放由赵进平教授设计研发的冰基海洋剖面浮标。

参加第七次北极科考的中国海大调查人员布放冰基拖曳式浮标

截止到2022年,中国海洋大学物理海洋学方向共有105人次参加10次船基中国北极科学考察,3次站基海洋科学考察和25次国际北极科学考察,参与国际北极科学航次在国内研究机构中名列前茅。

2017年4月,中国极地考察表彰大会在北京举行。大会表彰了全国极地考察作出突出贡献的60个先进集体和59名先进个人。其中,10个先进个人享受省部级先进工作者和劳动模范待遇,中国海洋大学赵进平教授入选。

五、社科研究，特色凸显

人类最初的极地考察和理论研究主要集中在自然科学领域。伴随着极地考察和理论研究的不断深入，南北两极地区所蕴藏的巨大政治、经济、科技和军事价值引起了相关国家的重视。

2007年8月，俄罗斯科学考察船队出动深海潜水器，将一面用钛合金制成的俄罗斯国旗插在了4300米深的北冰洋洋底。插旗事件发生后，世界各国反响强烈，我国开始重视北极治理及国家战略研究。

中国海洋大学刘惠荣教授敏锐地捕捉到这一机遇，将自己的研究方向聚焦在极地法律和极地战略领域。2007年，我国设立了第一个研究北极战略问题的重大课题，刘惠荣承担其中的"国际有关北极的法律法规对我国开展北极考察与权益的影响分析及对策研究"课题。

当时国内极地社科研究领域几乎是一片空白，一切从零做起。在刘惠荣的带领下，团队成员攻坚克难，课题圆满结项，最终提交了数十万字的研究报告和我国第一部有关北极的专题法律法规汇编。研究报告中关于我国极地战略特别是国际法视角下开展国际合作的策略，成为我国极地考察"十二五"规划相关部分的重要参考。

紧接着，刘惠荣在2008年又主持了国家社科基金中关于北极法学研究的课题。同年，她指导的国内第一个以极地法作为专门研究方向的博士研究生毕业。

为了进一步促进社科领域的极地研究，学校在2009年设立极地法律与政治研究所，依托法政学院法学和政治学两个一级学科，开展南北极的国际法和国际关系的理论研究、应用研究和交叉研究。

自2011年始，刘惠荣团队应形势发展之需，将研究领域拓展到公海与国际海底区域，在学校确定十大重点研究团队之时，将团队名称定为"极地与深远海问题"研究团队，成为国家南极活动立法以及北极考察立法工作核心科研支撑团队，并出版了国内第一部全面研究北极法律问题的专著《海洋法视角下的北极法律问题研究》。

在2013年6月召开的第16届北极大学理事会会议上，郭培清代表学校进行答辩，中国海洋大学全票当选北极大学的准成员，成为国内第一家、亚洲第二家加盟北极大学联盟的高校。这是继中国被批准为北极理事会永久观察员之后，我国北极研究学术界的一项新进展。学校成为北极大学准成员，一方面可以开展更多北极领域的学术交流与合作，有利于充分利用北极国家的研究资源为我国北极事务培养后备人才，进一步提升北极研究水平；另一方面可作为我国学界参与北极事务的又一个平台和支点，有利于我国加强在北极地区"实质性存在"，更多参与北极治理，提高我国在北极的国际话语权。

郭培清是我国最早从事北极问题研究的学者之一。2007年，他主持了国家社科基金首个关于南极研究的课题，并参与了国家海洋局《北极问题研究》的编纂。2009年，出版了国内第一部专门研究北极航道的社科专著《北极航道的国际关系问题研究》。

在国家海洋局有关部门支持下，郭培清和同事于2012年策划并创办了国内第一个面向北极研究的中俄民间论坛——"中俄北极论坛"，至今已举办11届。该论坛对推动和促进中俄两国在北极领域的合作研究具有重大意义，受到了国内外的广泛关注。

在刘惠荣团队成员的共同努力下，学校于2013年成为国内唯一承担《北极地区发展报告》的主持单位，每年召开北极蓝皮书发布会，向各界公开发布北极研究最新成果，截至2023年已出版九卷，为国家北极事务管理和北极研究提供及时、客观、基础性的资讯及理

2017年，师生在中国南极长城站（后排右二为刘惠荣教授）

论公共产品。刘惠荣团队还是国家《海洋基本法》起草工作的核心科研团队。依托该团队，学校成为国内第一家加盟国际南极学院的大学。

2020年，中国海洋大学极地研究中心接受教育部评估，被评为高水平建设单位备案中心Ⅰ类，在全国378个备案中心中，只有16个被评为Ⅰ类。

2021年11月，刘惠荣团队依托国家重点研发计划课题，创建了国内首个极地法律数据库，旨在为广大极地领域研究者提供便利的法律法规数据检索服务，支持对南北

极法律和政策的演变及国别研究。人们可以从该数据库中获取各国关键法律与政策文件，对充分了解各国极地利益，认知南极事务的发展趋势有很大帮助。

中国海洋大学极地研究中心与北京的自然资源部海洋发展战略研究所、上海的中国极地研究中心极地战略研究室等单位，已经成为中国极地社科研究的三个中心，也是国家拟定极地战略与政策倚重的主要智库。

六、协同并进，共探极地

极地科考与研究具有很强的综合性特征，关乎国家、区域、全球等多层级国际治理，涉及政治、经济、安全、科技、气候、环境、资源、海洋等多领域问题，考验着我国处理全球问题的领导能力和运筹能力。极地事业是海洋强国战略的重要组成部分，既是中国和平发展的时代需求，也是全球治理的应有之义。

中国海洋大学极地海洋过程与全球海洋变化重点实验室汇聚学校相关研究力量，研究内容涵盖南北极海洋与海冰、天气与气候变化、物质循环与环境、生态与生物资源、政治与法律等研究领域，以及现场观测、冰雪遥感、特殊材料等技术领域。实验室成员来自海洋与大气学院、信息科学与工程学部海洋技术学院、海洋生命学院、医药学院、水产学院、国际事务与公共管理学院、法学院、工程学院、材料科学与工程学院以及物理海洋教育部重点实验室、海洋化学理论与工程技术教育部重点实验室。

除了前文介绍的极地战略与治理研究团队，实验室还拥有极地海洋与冰—海相互作用过程研究团队、极地气候与全球海洋变化研究团队、极地海洋物质循环与环境变化研究团队、极地生态学与生物资源研究团队和极地技术与应用研究团队。团队成员凝心聚力，协同共进，成为我国极地科学考察和研究的重要力量。

极地海洋与冰—海相互作用过程研究团队主要从事物理海洋学研究，是中国海洋大学历史最为悠久的极地研究方向。国家2012年开始设立极地专项，包括"南北极环境综合考察与评估专项（2012—2016）""南极重点海域对气候变化的响应和影响（2020—2022）"等。该团队按照国家专项的要求，将考察和研究拓展到北极航道、南极半岛、阿蒙森海等新海域，成为这些海域物理海洋学研究的主力。

该团队围绕国家开拓极地新疆域与构建人类命运共同体的发展理念,开展极地海洋与海冰过程研究。该团队科学研究和技术开发工作得到了国家各层面基金项目的支持,包括两项国家重点基础研究发展计划,其中学校赵进平教授主持的"北极海冰减退引起的北极放大机理与全球气候效应"是我国首个北极科学研究领域的"973计划"项目。由学校该领域的学者作为首席科学家,申请并完成了国家重点研发计划"全球变化及应对"重点专项"南大洋在全球热量分配中的作用及其气候效应(2018—2023)"项目。团队成员在国际高水平期刊发表文章百余篇,获得省部级以上科研奖励数十个,其中赵进平教授作为主要完成人取得的成果"系列海洋监测浮标研制及在国家海洋环境监测中的应用",荣获国家科技进步奖二等奖。

极地气候变化及其对全球的影响研究团队由气象学专家黄菲教授担任负责人。地球气候系统所包含的海洋、海冰的变化不仅仅是对气候变化的单纯响应,有些海洋、海冰的变化对气候变化有重要的反馈作用,甚至是支配性的作用,因此研究极地气候变化以及海—冰—气相互作用,是极地海洋过程和全球海洋变化研究中必不可少的研究方向。气象学研究团队的加入,大大拓展了极地实验室的科研领域和科研实力。

2022年,在学术委员会的建议下,实验室对极地气候变化及其对全球的影响研究团队的研究方向进行优化调整,将"极地气候变化及其影响"与"全球海洋变化"合并,建立极地气候与全球海洋变化研究团队,由陈显尧教授负责。该团队主要研究在全球变暖及变暖停滞、北极海冰快速减退的背景下,两半球极地大气涛动(北极涛动和南极涛动)动力学、中高纬度冰—海—气相互作用过程和机理、极地—中低纬度相互联系及气候影响、大气环流对北极海冰快速变化的响应及反馈、北极放大特征及其对东亚季风和中国极端天气气候的影响途径等。

通过主持国家重大科学研究计划、国家重点研发计划和国家自然科学基金等项目,极地气候与全球海洋变化研究团队深入研究北极海冰的快速变化机理,揭示北极放大的正反馈机制,对深入理解中纬度—极区大气相互作用机理,提高极区的天气预报水平很有帮助。同时,该团队研究成果预估了北极海冰的未来变化,对分析北极航道的通航条件,可提供有效的科学依据和准确的气象保障。另外,团队研究成果揭示了北极海冰的快速变化对中低纬度,特别是东亚极端天气气候的影响机理,对提高我

246

国中长期气候预测水平有重要意义。

极地海洋物质循环与环境变化研究团队在极地领域的研究成果主要包括：利用生物标志物技术研究极地古环境演变及其对气候变化的响应；利用天然放射性碳同位素（^{14}C）及稳定碳同位素（^{13}C）研究有机碳的来源、迁移及生物地球化学过程等。近年来，该团队对两极地区开展了海洋生物地球化学的综合研究，聚焦两极海冰演变与重建、有机碳循环及源汇格局，利用先进的碳同位素技术开展广泛研究，积累了丰富的极地知识，为南北极国际治理提供了理论和技术支撑。

极地生态学与生物资源研究团队分为生物与医药、水产两个研究方向。其中，生物与医药方向的团队成员，自2009年起一直参与国家海洋局"南北极环境综合考察与评估专项"这一多学科综合调查项目，并多次参加我国北极科学考察、北欧海考察、新西兰—澳大利亚—中国国际联合南极海冰微生物科考项目，获取了大量的极地数据和样品。近年来，该研究方向的团队成员连续获得极地生物海洋学领域国家重点年研发计划、国家自然科学基金国际（地区）合作重点项目、国家自然科学基金面上项目等资助，已在极地微生物生态、极地微生物药物资源挖掘等方向产出一系列高水平成果。

极地生态学与生物资源研究团队水产方向的成员致力于气候、海洋、渔业、生物等多科学交叉研究。在极地科考方面，该方向的团队成员先后参加了四次南极考察，获取了大量南大洋中层鱼、底层鱼和鱼卵仔稚鱼样品，研发和构建了一套基于海洋科考船的南大洋多种调查与观测手段的研究体系，包括鱼类采样（中层鱼类拖网，底层鱼类拖网，底层延绳钓，鱼卵资质鱼Bongo拖网）、鱼类监测（声学鱼探仪，鱼类环境DNA）、辅以物理海洋与海洋生态环境信息、室内鱼类耳石与组织微结构与微化学设备与实验分析方法等，为开展极地渔业和保护区管理政策研究奠定了重要基础。

通过积极参与极地科考调查，水产方向的团队成员取得了诸多标志性科研成果：一是首次对南极中层鱼类进行科考，获取了大量的中层鱼类样品，对于了解中层鱼类的种类组成、空间分布以及数量变动提供了科学数据。二是首次在南极海域进行了底层延绳钓、地笼等渔业调查，对于评估底层鱼类资源提供了新的方法。三是基于耳石微结构分析，对深海鲑、侧纹南极鱼等南极重要中上层鱼类生活史进行了研究，发现了阿蒙森海是大鳞雅南极鱼、侧纹南极鱼潜在的产卵场；阐明了罗斯海两种冰鱼的孵化日期、日龄、生长等早期生活史特性；基于耳石年龄以及胃含物分析，对深海鲑和鼠尾鳕的年龄和生长、摄食特性进行了研究。

2008年，随着我国第一个关于极区的遥感项目"极区海冰与海洋过程遥感监测技术"启动，实验室的极区遥感观测团队也开始组建，并在之后参与了国家首个极区"973计划"项目及重点研发计划项目，逐步发展壮大。

极区遥感观测团队的研究内容从最初的海冰密集度和积雪深度遥感观测发展为现在的覆盖海冰分类、海冰漂移速度、海冰厚度、海冰密集度、积雪深度、融池覆盖率、地表反照率、海冰温度和多种海洋动力环境参数的极区遥感观测算法开发以及对极区现有卫星遥感产品的评估等，并建立了包括海冰密集度、海冰漂移速度、积雪深度和积雪开始融化时间等在内的卫星数据平台，自2019年1月起对外发布准实时数据。

近年来，极区遥感观测团队主要致力于国产卫星的极区遥感产品评估及算法开发研究，有效拓展了国产卫星传感器在极区的遥感应用。极区遥感观测团队的主要研究成果包括海冰密集度产品验证及算法开发、基于国产卫星的北极海冰表面积雪深度反演研究、北极海冰漂移速度产品评估及算法开发、冰面融池的观测及反演、海洋卫星散射计反演北极地区多种海冰类型研究等。

2017年，学校与中国极地研究中心合作，率先开展极地环境下的材料适用性研究，并建成难言岛材料暴露试验场。2019年，中国海洋大学南极中山站材料腐蚀试验场建成。以此为基础，学校连续在南极中山站、难言岛站等站点建立暴露试验场并投放试样。在材料投放方面，学校参与了第34次至第39次南极科考，多次投放和回收试样，成为国内最早在极地进行投放并回收试样的单位。2022年，学校首次将具有自主知识产权的表面涂层等防护材料及承载材料在南极投放，实现了自有材料的极地环境适用性考核。

随着极地环境特种材料适用性研究方向的确立，极区遥感观测团队的名称也改为极地技术与应用团队。面向未来，该研究团队将继续积极参加南、北极科考，拓展极地自然环境试验材料暴露场，开展材料极地环境适用性的室内外研究，以此为基础开发极地环境用高性能海工装备材料。

七、广泛合作，蓄势期远

学校极地科研团队非常重视与国内外相关科研机构开展合作与交流，共同推动极地事业的发展。

多年以来，学校与崂山实验室深化耦合、互动发展，围绕国家海洋、极地发展战略，着力突破世界前沿的重大科学问题，攻克事关国家核心竞争力和经济社会可持续发展的关键技术。其中，极地考察及研究团队深度参与了崂山实验室主持的国家重点研发计划"三极环境与气候变化重大科学问题预研究"项目。

南极、北极和第三极（青藏高原及周边高地，是地球的高极）是全球环境、气候与生态系统的重要组成部分及驱动要素，其变异过程对地表能量平衡、大气—海洋环流、水循环和物质输送、海平面变化等物理过程，以及生物多样性资源、海洋酸化、冻土有机碳转化与储存等生物地球化学过程与海洋沉积过程都有着深远影响。

在全球变暖的大背景下，三极环境与气候发生着快速变化，包括北极和第三极地表温度快速上升，南大洋上层海洋温度迅速升高，三极地区海冰、陆地冰川和冰盖快速融化，多年冻土迅速退化等。但是，导致北极和第三极快速变化、南极整体地表温度上升速度较缓，但西南极冰盖损失速度较快的物理过程及其关联机制仍不清晰，三极环境与气候变化（以下简称三极变化）之间的相互关系及其对全球变化的响应与反馈过程也不明确，预测能力亟待提高。因此，揭示三极变化的关联机制、探索三极对全球环境与气候变化的响应与驱动作用，是深入理解三极变化特征与机制、认识地球系统变化规律、提升对未来预测能力的重要科学挑战之一，也是我国科学家逐步推进并引领地球科学国际合作计划、实施"一带一路"和"冰上丝绸之路"倡议的重要机遇与紧迫需求之一，具有重要的科学意义与社会经济价值。

面对上述科学挑战和紧迫需求，中国海洋大学极地科考研究团队与国内相关单位的科学家们一起，围绕"揭示三极环境与气候变化的关联机制，推进三极国际合作大科学计划"这一核心主题开展多学科交叉研究，取得以下主要进展：一是实施了三极环境与气候变化的协同观测；二是建立了三极协同观测平台和观测数据库，设计完成三极协同大数据中心建设方案；三是开展了三极环境与气候变化关联机制研究，从多个时间尺度、多个圈层的角度出发，初步揭示了南极、北极和第三极的环境与气候变化相互之间的异同与关联关系，提出了可能影响三极多圈层之间相互作用的关键机制；四是总结分析了我国三极科学研究国际合作的基础、现状和条件，梳理提出了推进三极国际大科学计划的关键步骤和需求，根据当前国际国内形势补充完善了《三极环境与气候变化国际大科学计划方案》。

MOSAiC是一次前所未有的大规模国际北极探险计划，来自17个国家的约300名研究人员参与了这次总预算达1.4亿欧元、四艘破冰船参与的为期一年的征程。此次考察中，Polarstern破冰船在北极中央区域随冰漂流一整年，使研究人员能够调查冬季几乎无法进入的地区，收集目前迫切需要的有关大气、海洋、海冰及生态系统的多种数据，并通过国际专业人员间的合作使北极的气候研究达到全新的水平。

依托MOSAiC计划组建的北极海洋环境实时监测网由崂山实验室支持，是我国首次对北冰洋海洋和大气环境进行长期的同步组网观测，弥补了单一观测浮标的时空不一致性，有利于进一步揭示北极快速变化的动力学和热力学机制问题。

中国海洋大学作为参加本次科学考察的国内五所高校之一，与合作单位共同布放七套冰基拖曳式海洋剖面浮标，对北冰洋上层海洋进行长期的连续观测，以及船基和冰基的海洋学现场调查。

在建站过程中，教师李涛及学生朱嘉良在北冰洋中心区布设了五套中国海洋大学自主研发的冰基拖曳式海洋剖面浮标，在北冰洋中心海域组成我国北极海洋环境实时监测网，对北冰洋气象和海洋环境进行长期连续的实时监测，为北极气冰海相互作用研究和业务化监测提供数据支撑。

李涛（右）与朱嘉良

2022年6月，由中国海洋大学发起设立的中国—挪威海洋大学联盟举行"北冰洋专题"研讨会。会议期间，挪威北极研究组织Nansen Legacy首席科学家、特罗瑟姆—

挪威北极大学的Marit Reigstad教授介绍了Nansen Legacy项目的概况，来自卑尔根大学、挪威气象研究所、挪威极地研究所、中国海洋大学等科教机构的专家学者就北极病毒、海冰与气候变化、海洋环流模型研究、极地遥感等方向作了专题报告。

2022年11月，中国海洋大学第一届极地海洋与全球变化国际学术研讨会召开。41所国内涉海高校与科研机构、14所国际合作单位共计300余位参会人员相聚"云端"，共话学术前沿。会议期间，瑞典、加拿大、法国、美国以及我国极地科考科学家，围绕北极快速变化条件下的海洋动力过程、海冰变化与再分布、生态系统和地球生物化学过程与机制等专题作了26个学术报告，显示了当今北极研究的国际水平。

地有极，学无涯；行致远，心如初。

中国极地人用艰苦奋斗和不懈探索，形成了"爱国、求实、创新、拼搏"的南极精神，它是我国极地事业的宝贵财富，也是一代又一代极地人的精神指引。近40年来，中国海大极地研究者舍小家、顾大局，横渡汪洋、奔波万里，奋战在冰雪极地，以实际行动践行着南极精神，以丰硕的成果回报国家。

当下，国际社会围绕极地、深海等战略"新疆域"的合作与竞争日益深入，极地成为各国拓展发展空间、谋求竞争优势的重要阵地，也成为国际关系博弈的新舞台。中国海大极地人面临着宝贵的机遇和严峻的挑战，可谓任重而道远。

新时代，新征程。中国海大极地人重任在肩，正向着苍茫的冰海雪原勇毅前行，续谱华章。

赓续"中国克隆"

——海洋生物遗传学研究传奇

冯文波

在历史悠久的中国海洋大学鱼山校区，别具一格、厚重典雅的建筑和雕像随处可见，在海风的吹拂和岁月洗礼中，它们巍然屹立，见证着学校事业发展的轨迹。

走进拥有90余年历史的"科学馆"，首先映入眼帘的便是两尊铜像，一位是我国著名生物学家、实验胚胎学奠基人、"克隆先驱"童第周先生，一位是著名海洋生物学家、海藻学奠基人曾呈奎先生，与2012年在馆前草坪上落成的著名生物学家、我国海洋生物遗传与育种研究奠基人方宗熙先生的塑像交相辉映。三位先生为中国海洋大学海洋生命学科的发展作出了突出贡献，他们在遗传学与育种领域的卓越建树，为后继者开辟了广阔的前景。一代代中国海大人沿着先贤的足迹，以蔚蓝大海为主战场，矢志不移，勇于追梦，为我国海洋牧场建设孕育出生生不息的蓝色希望。

一、"中国克隆"从这里起航

学校的海洋科学学科源远流长，源头可追溯至20世纪30年初校长杨振声倡导创设的海边生物学。学校聘任生物学家曾省担任生物学系首任系主任，他带领师生在青岛海滨进行了海洋生物采集调查、制作或收集动植物标本，发起组建青岛海洋生物所，并与新建立的青岛水族馆开展合作，研究海洋水产。后来，生物学家刘咸、海洋生物学家林绍文相继担任系主任，并成立了海产生物研究室，开展海产动物实验胚胎研究、海产动物生理问题研究等，使海洋生物遗传学研究初露端倪。童第周到校后，把海洋生物遗传学研究推向快速发展的轨道。

在我国近现代科学家群体中，童第周可谓家喻户晓。无论是小学课本中介绍他发愤求学的"一定要争气",还是他在国外留学期间完成剥离青蛙卵膜的高超操作,以及他所创造的生命科学奇迹"童鱼"等,都在人们心中留下了深刻印象。

作为著名生物学家、教育家,童第周既是我国实验胚胎学主要创始人,也是我国海洋科学研究奠基人之一,也是我国生物科学研究领域的杰出领导者。

童第周与中国海洋大学的渊源,始于20世纪30年代。1934年,童第周在比利时比京大学获得博士学位后,谢绝了导师的挽留,毅然回到祖国。国立山东大学(中国海洋大学前身)雄厚的学科基础以及青岛地处海滨的优越地理位置,吸引了致力于海洋生物研究的他。在蔡翘教授的举荐下,童第周举家北上抵达青岛,受校长赵太侔之聘成为国立山东大学生物系教授。从此,他与这所滨海的大学结下了不解之缘。

1935年,童第周在太平角和沙子口发现了文昌鱼。文昌鱼是一种介于脊椎动物和无脊椎动物之间的动物门类,在生物进化中占有重要地位,也是动物进化史上的活化石。童第周带领研究小组首先解决了文昌鱼的饲养、产卵和人工授精等技术,为系统研究文昌鱼的胚胎发育奠定了基础,并利用显微技术对文昌鱼胚胎发育机理进行了一系列研究。他绘制的文昌鱼胚胎发育预定器官图谱,多年来被世界各国的胚胎学著作广泛引用。

童第周于1936年又成功培养出双头青蛙蝌蚪,明确提出了胚胎发育的极性现象,从而证明这种感应能力是由一种未知的化学物质通过细胞间的渗透作用,诱导和决定胚胎纤毛的运动方向。其科研成果发表之后,再一次在国际生物学界引起了轰动。1936年5月出版的《国立山东大学周刊》还专门就这一研究做了重点报道。

七七事变爆发后,国立山东大学南迁,后被迫停办。童第周也辗转多所大学任教。1946年春,国立山东大学在青岛复校,赵太侔再次出任校长,向曾在该校任教的教授、学者们发出复聘邀请,希望他们尽快返回学校工作,童第周亦在被邀请之列。1946年至1948年,童第周再一次执教于山东大学动物学系并任系主任。

1952年,童第周被任命为山东大学副校长。童第周不断调整自己的研究方向,注重理论与实践相结合,为经济社会发展服务。20世纪50~60年代,他主持了诸如对虾、海带、紫菜、贻贝、扇贝的人工养殖以及船蛆、藤壶等船舶害虫的防治等研究项目和课题,紧密结合社会生产需求,为国家创造了巨大的经济效益。

在学科建设方面,由于童第周的胚胎学研究国内领先,学校在1947年就创建了海洋研究所,童第周担任所长。1952年,全国院系调整,厦门大学海洋系理化组的部分师生北上青岛,与山东大学的海洋物理研究所合并,组建了当时全国唯一的海洋学系,使山东大学的学科优势和办学特色日益明显。

1950年,根据国家科学事业发展的需要,中国科学院与学校商议调童第周和曾呈奎两位教授到中国科学院工作。校委会常委会研究后决定,童教授留山东大学,兼顾科学院;曾教授去科学院,兼顾山东大学。

一直以来,童第周倾心于细胞和发育生物学研究。20世纪60年代初,他潜心于鱼类细胞核移植研究,取得了卓越的成就。在此之前,欧美等发达国家学者的研究均是在同一物种中开展的,不同物种间比较困难,日本学者曾尝试对异种蛙进行核移植,以失败告终。面对这一重大科学难题,他迎难而上,向不同物种间的核移植发起挑战。童第周选择在鲤鱼和鲫鱼之间进行细胞核移植。他把鲤鱼的囊胚细胞核移入鲫鱼的去核卵,或者反过来将鲫鱼的囊胚细胞核移入鲤鱼的去核卵,终于培育出了第一尾属间核质杂种鱼。童第周在这一领域取得了重大创新,发现了脊椎动物远缘物种间的细胞核和细胞质之间的可配合性,并第一次用鱼类证明了异种克隆的可行性。在这一基础上,他的学生和助手们,围绕亲缘关系更远的物种间的核、质可配合性开展了广泛而深入的探究,并遵照童第周的科学思路,积极把这一研究成果应用于生产实践和社会发展。

伴随着现代生物科学的发展,童第周建立的鱼卵核移植研究和显微注射技术有了新的发展和应用。研究人员将培养30多天的成熟银鲫的肾细胞核连续核移植,获得一尾性成熟的成鱼。这成为脊椎动物体细胞克隆的典型范例,比体细胞克隆羊"多莉"问世早15年。这一系列研究成果至今仍然作为重要的文献资料被广泛引用,在国际学术界产生了深远影响,开创了我国克隆技术的先河,童第周自然是我国当之无愧的"克隆先驱"。

曾呈奎作为我国海藻学研究和海带栽培业的奠基人之一,对中国海洋大学海洋生命学科的发展作出了卓越贡献,每每提起曾老,中国海大人都肃然起敬,他献身海洋、创新报国的精神时刻激励着大家破浪前行。

1935年,赵太侔校长聘请曾呈奎任国立山东大学生物学系讲师,讲授海藻学与植物学。后来,又兼任海洋生物研究室主任。为了研究海藻,摸清我国海藻资源的家底,他沿着祖国的海岸线一点一点地考察。从海南至辽宁,沿海地区留下了他勤勉奋进的足迹。他采集了大量的海藻标本,形成了扎实的数据资料,为我国海藻研究打下了厚实基础。他撰写的论文"海南岛海产绿藻之研究",在当时海藻研究领域就有着重要的影响力。

1940年,为了系统学习海洋科学知识和先进的藻类研究技术,他前往美国深造,在密执安大学获得博士学位。1946年底,心怀报效祖国的志向,他回到国内,被聘任为国立山东大学植物系系主任兼海洋研究所副所长,边教书育人,边开展海洋科学研究。

海带,现在是大家再熟悉不过的海藻,也是深受人们喜爱的美味佳肴。在20世纪50年代,海带却是十分稀缺和珍贵的海产品。为了满足国民需要,国家每年要从苏联等国进口约15000吨干海带。曾呈奎把海带养殖原理研究作为重要探索方向,以解决我国海带供应不足的难题。

当时,许多海区海水营养匮乏,不能满足海带生长的需要。为此,曾呈奎和团队成员进行了大量的调查研究和观察,查明了多数海湾不能生长海带的原因,发明了海带"陶罐施肥法",解决了海带生长缺氮的关键性问题,为20世纪50年代后期和60年代初期黄海区域发展海带生产起到了积极的推动作用。

此外,曾呈奎细心观察,认真调研,提出了海带"夏苗培育法",进行海带密植试验、海带南移栽培试验,成功解决了我国海带养殖中的育苗、施肥和南移三项重大技术难题,使我国一跃成为世界上海带产量最多的国家,同时也带动我国的海藻学研究蓬勃发展起来。

20世纪50年代,紫菜生活史研究在国际藻类学研究领域热度高涨。曾呈奎考虑到国家海藻栽培业发展的需要,主动开始这方面的探索。他带领团队搞清楚了紫菜的生活史,培育出"壳孢子",与合作者完成了紫菜的半人工采苗养殖法和全人工采苗养殖法的研究,为紫菜的规模化栽培夯实了科学基础。

海带、紫菜等大型海藻在人工栽培技术方面的重大创新突破,带动了我国第一次海水养殖浪潮的兴起。

正是在曾省、童第周、曾呈奎所做奠基性工作的基础上,中国海洋大学成为我国海洋生物遗传学和育种学的重要策源地之一。

二、海带育种：幸福接力"带带"传

海带作为众多海洋植物的一种，全身都是宝。作为国际上最重要的海藻化工原料，从它身上提取的甘露醇和褐藻酸，被广泛地应用在食品、纺织印染、化妆品、海洋医药等领域。在中国海洋大学就有一批人把它当成"宝贝"进行研究，包括海带遗传育种研究。

20世纪50年代，应童第周教授邀请，方宗熙来校执教，开始了海藻遗传学研究，他是我国海洋生物遗传学和育种学的奠基人。

在山东海洋学院时期，方宗熙与科研人员一起，对海带的遗传育种进行研究，发现和揭示了海带经济性状的数量遗传规律，并建立了海带选择育种技术理论与方法，先后培育出"海青一号"宽叶品种、"海青二号"长叶品种、"海青三号"厚叶品种和"海青四号"海带新品种，使我国成功跻身国际上实现海洋生物良种培育的国家行列，开启了我国海水养殖业良种化养殖的序幕。

20世纪70年代，方宗熙带领的研究团队经过多年努力，首次发现了海带雌性生活史，成功培育了雌性孢子体。他指导完成的海带、裙带配子体克隆培育，解决了大型海藻不能实现长期保存的世界难题，使我国成为国际上唯一实现大型海藻种质资源长期保存的国家。他领导完成的"单海一号"海带单倍体新品种，是我国褐藻遗传育种的标志性成果。方宗熙实现了不同物种和种系海带配子体克隆间的杂交，建立了杂交育种和杂种优势利用技术，成功培育出了高产、高碘、抗病性强的"单杂十号"等优良品种。至今，上述海带遗传育种技术体系仍是国内外大型经济型褐藻育种研究沿用的技术手段，为我国海藻养殖业良种培育作出了卓越贡献，并且深远地影响和带动了我国海水养殖生物品种遗传改良工作。

方宗熙长期致力于遗传学的研究和教学，编写出版的《细胞遗传学》是我国自20世纪50年代以来第一本高等学校遗传学教科书，滋养了几代学子；先后翻译了《物种起源》等世界名著，撰写了《达尔文学说》《遗传工程》等科普图书，为推广普及科学知识与科学精神作出了重要贡献。

2012年5月，中国海洋大学在鱼山校区隆重举行方宗熙教授诞辰100周年纪念大会。学界同仁、学校领导、兄弟高校代表和方宗熙的学生等汇聚一堂,追忆先生生平事迹,缅怀他为发展我国海洋生物遗传学与育种学研究作出的突出贡献。

"先生对学校海洋生物学科的开创与发展厥功甚伟。1953年,先生应童第周教授邀请,来青授业,开启了学校海洋生物遗传学研究。山东大学大部迁往济南,先生留青筹建山东海洋学院生物系,先后建立世界上第一座大型海藻种质资源库和我国第一座海洋微藻种质库,奠定了学校乃至我国在国际海洋植物研究领域的重要学术地位;建立的学校第一个'海洋生物遗传育种'实验室已发展成'海洋生物遗传学与育种'教育部重点实验室,成为我国重要的教学与科研基地。""先生一生著书立说,教书育人,桃李满园。他的学生们如今秉承先生的科学精神,在我国海洋生物遗传育种领域作出了杰出贡献,有力地推动了学校海洋生物学科的发展壮大。"时任校长吴德星在致辞中如是评价。

三、薪火相传,生生不息

"带带"相传,一"带"更比一"带"强,是中国海大海带育种人一以贯之的使命和追求。

20世纪90年代,以崔竞进教授代表的育种人又接连培育出了"荣海一号"海带杂交品种和"远杂10号"海带远缘杂交品种。在满足提取褐藻胶工业原料成分含量的基础上,进一步提高了海带养殖产量。

2004年,在刘涛老师等海洋生物遗传育种工作者的努力下,又成功培育出"荣福"海带新品种。该品种是利用我国南方福建种海带雌配子体克隆和北方山东"远杂十号"海带的雄配子体克隆进行杂交选育而成的"混血"海带,具有经济性状稳定、增产效果明显、耐高温性状突出的特点,并成为南北方养殖户共同青睐的品种。"荣福"海带新品种的培育成功是对中国海大育种人多年辛勤付出的回报。2011年,刘涛团队潜心培育的"爱伦湾"海带获得国家水产新品种证书。该品种具有加工率高、产量大、增产效果明显等优点,在山东、辽宁地区近海进行了大规模养殖推广,平均每亩增产可达25%以上,创造经济效益近3亿元。"荣福""爱伦湾"海带新品种的培育和推广,标志着我国以优质、高产、抗逆为标志的第三次大规模海带品种更替工作的开始，并对支撑我国海带产业高效发展、改善近海养殖生态环境等具有重要应用价值。

海水温度、透明度、盐度、光照时数、氮磷营养物质、水流速度皆是影响海带生长的要素。我国海域面积辽阔，提高海带的环境广适性始终是新品种培育的主旋律。2013年，刘涛团队采用分子辅助选育技术培育出了"三海"海带新品种，不仅耐高温、高产，其养殖范围北起辽宁大连，南至海南临高，是当时国际藻类栽培范围纬度跨度最大的品种。作为中国海大人精心培育的第11个海带品种，"三海"海带标志着我国海带遗传改良技术已从群体选育、细胞工程育种正式迈入分子育种时代。

历经数十年的积淀，中国海大在海带遗传育种领域不仅培育了多个海带良种，还在海带基因组学研究领域取得了重大突破。

2013年10月，在青岛召开的2013年国际基因组学大会上，由中国海洋大学和中国科学院北京基因组研究所联合完成的海带全基因组测序成果引起了与会人员的强烈关注。海带全基因组测序主要依赖于中国科学院北京基因组研究所丰富的长片段基因组测序经验和方法，使基因组测序平均读长得到了最佳体现。同时，结合中国海洋大学长期的海带遗传学研究积累，在基因发掘和功能阐述方面得到了丰富的素材，较为完整和全面地描述了海带进化历程中的基因组特征及其演化过程。

我国是第一个完成海带基因组测序的国家，标志着我国的藻类基因组研究达到了国际先进水平，尤其是在大于500Mb碱基的复杂海洋植物基因组研究上已达到了国际领先水平。海带全基因组测序的完成，对解析海带重要产量性状，以及碘、褐藻胶、甘露醇、岩藻多糖、岩藻黄素等重要活性产物的功能基因发掘具有重要的现实意义，成为后续开展分子育种、基因工程开发、海洋多糖药物研制等工作的必要依据。另外，海带基因组图谱绘制完成后将有利于提高育种的效率和水平，培育出更多具有优良性状的海带新品种，进一步巩固和提升我国在全球海水养殖生物育种领域的科技地位和影响力。"随着海洋生物基因密码的不断破译，一场关于海水养殖业的基因革命正蓬勃而起，而海带基因组测序就是我们迈出的关键一步。未来我们可以像现代生活中的商品定制一样，根据养殖户的需求定制培育个性化的海带品种。"刘涛对未来的海带育种充满期待。

2023年，海洋生命学院科研团队培育的海带"海农1号"经全国水产原种和良种审定委员会审定通过。该品种在北方地区的相同栽培条件下，与普通养殖海带相比，5月中下旬产量平均提高11%；在南方地区相同的栽培条件下，与普通养殖海带相比，3月中下旬产量平均提高13%，增产效果明显。"海农1号"成为中国海大人运用海洋生物遗传学技术助推国家蓝色经济发展的又一贡献。

四、龙须菜育种：添丁加口家族旺

我国是海藻栽培大国，除了大家广为熟知的海带、紫菜以外，江蓠属海藻龙须菜因其既可以提取工业原料琼胶，又可以作为鲍鱼的饵料而成为备受沿海渔民青睐的第三大海藻栽培种类。对于这一海藻栽培界的宠儿，在人们更多地关注其经济价值、环保效益的时候，在中国海洋大学海洋生命学院的实验室里，却有一群人在为龙须菜的品种改良埋头苦干、默默耕耘。从"981"到"2007"再到"鲁龙1号"，这些不断涌现的新品种，不仅昭示着中国海洋大学在龙须菜遗传育种领域的优势地位，而且也记录着一串串鲜为人知的科研故事。

2000年以来，我国的龙须菜栽培业开始发展，但并未形成规模，其产量和产值也不高。因为适宜龙须菜生长的温度为10℃~23℃，所以夏季的高温和冬季的低温就成为阻碍其生长的瓶颈，甚至在北部沿海形成了两个自然分割的生长季节，即春夏之交和秋冬之交，这既不能有效地积累生物能量，也难以进行大面积栽培。如何提高龙须菜的适温范围，延长栽培期，并提升琼胶含量……这一系列疑问都曾是海洋生命学院张学成教授苦苦思索的难题。后来，这些难题都随着一个名为"981"的龙须菜新品种的诞生而破解了。

2007年获得国家海水养殖新品种证书的"981"龙须菜，是张学成教授和中国科学院海洋研究所的费修绠研究员采用化学诱变技术和选育技术，历时多年培育出的适合在南方海域养殖的新品种。新品种上限生存水温达到26℃，比野生种提高了3℃，使原来只能生长在北方低温海区的龙须菜实现了在福建省和广东省高温海区的大规模栽培，且秋冬春连续生长。与野生种相比，新品种生长速度提高了30%以上，亩产提高了3~5倍，琼胶含量提高了10%，凝胶强度增加了80%。"981"龙须菜的问世，促使龙须菜养殖规模从小到大，成为我国第三大海藻养殖种类，使我国的龙须菜养殖产量和琼胶产量双双跨入世界先进行列,改变了全世界江蓠养殖无良种的历史。

谈起当初为什么会选择龙须菜育种研究,张学成说,1985年他在曾呈奎院士的举荐下前往加拿大深造,临行前,曾呈奎院士和方宗熙教授为他选定了研究方向——龙须菜研究,从此他与龙须菜结下了不解之缘。在加拿大师从藻类遗传学家J.P. van der Meer学习新品种培育技术,1987年回国后又在曾呈奎的介绍下结识了中国科学院海洋研究所的费修绠,两人联手,一个搞品种培育,一个搞栽培试验,在他们的精诚合作下,"981"龙须菜应运而生。

任何生物品种都有其存续发展的规律,时间久了其优良性状就会退化,抗病性能变差,产量也会逐渐降低,"981"龙须菜也不例外。"培育龙须菜新品种,摆脱一个养殖品种单一化的局面,推动我国龙须菜养殖持续发展。"张学成说,自己责无旁贷。

张学成组建起藻类遗传育种研究团队,以"981"龙须菜四分孢子体为种藻,采用诱变结合L-羟脯氨酸抗性、高温筛选以及性状评价体系筛选等方式,选育了龙须菜新品种"2007",并在汕头大学陈伟洲教授等人的配合下,成功在南方海域进行了实验性栽培。历时七年的栽培试验,龙须菜"2007"以其优良的性状最终通过国家水产良种审定,成为水产新品种。

经过11个继代的栽培测试,龙须菜"2007"的优良性状显著。与"981"相比,它在外观上枝条更为粗壮,手感更加有弹性、抗拉力较强,耐高温能力从26℃提高到28℃,平均每亩年产量为鲜菜3189千克、干品为637千克,比"981"龙须菜提高了17.7%。从琼胶特性方面来比较,龙须菜"2007"的琼胶含量比野生型提高20.6%,比"981"提高14.2%;凝胶强度比"981"提高11.5%。龙须菜"2007"展露出明显的产量、质量和抗逆优势。

海洋生物遗传学和育种学发展只有进行时,没有完成时。

2015年4月,农业部公布的"鲁龙1号"龙须菜新品种,它是由中国海洋大学海洋生物遗传学与育种教育部重点实验室隋正红教授团队与福建省莆田市水产推广站历时六年培育的又一龙须菜家族新成员。

为解决龙须菜栽培产业发展过程中出现的品种结构单一、原品种性状退化等难题,作为张学成教授的首位博士生,隋正红沿着导师开辟的龙须菜遗传育种之路继续前行。自2009年起，她以速生、增产、高质这三大性状特征为改良突破点，开始了艰苦而又曲折的龙须菜新品种选育工作。

龙须菜新品种培育不仅要在实验室开展实验，还要前往栽培海区进行实地观测。福建莆田是我国最大的龙须菜栽培基地之一，每年隋正红都会去两三趟，了解养殖户的诉求，查看龙须菜的生长态势，观测气候和海水的变化等。"从事这一行，必须沉下心来，深入一线，了解养殖户需要什么，还要克服风浪、晕船等风险。仅在实验室里是培育不出新品种的。"隋正红说。

在常人眼里，所有龙须菜都长得一模一样，犹如一根根红色的丝线。在育种工作中，却经常要找出它的区别，最常做的就是雌雄识别，这一点待到龙须菜长大性成熟之后并不是很难，但如果是在其很小的幼苗时期进行辨别，就比较困难了。为了加速育种进程，节约时间，隋正红带领团队发明了独特的龙须菜性别鉴定分子标记技术，使育种进程缩短了半年以上。在加快龙须菜生活史循环、快速推进育种进程方面，他们还优化了让龙须菜释放孢子的技术方案，从而解决了以往只能坐等龙须菜自然释放孢子的尴尬局面。此外，针对育种过程中面临的在庞大群体中筛选特定个体的困难，他们发明了"采孢子育苗"专利技术，大大提高了筛选的精确度。为了规范龙须菜选育，隋正红带领研究生历时一年半，构建起了用以量化不同龙须菜个体特征的性状描述和数量性状回归模型，为育种工作的高效、精确推进打下了坚实基础。

六年时间里，历经群体选育、单株杂交育种与紫外线诱变高温胁迫、单株选育，以及对优良品系四个连续继代的培养，他们最终培育出了"鲁龙1号"龙须菜新品种。2014年7月，隋正红把这一凝聚着科研团队心血的成果上报农业部，经第五届全国水产原种和良种审定委员会审定通过后，2015年4月，农业部第2242号公告将这一品种公之于世。

谈及这一新品种的名字，隋正红说，最早将其命名为"海大长龙"，既体现出是中国海洋大学的成果，又契合这一新品种的习性特征，可是审定方说四个字太长，后来改为"鲁龙1号"。"鲁"指山东，"龙"指龙须菜，"1号"表示这只是该系列的第一个品种，后面还会有2号、3号等新品种不断推出，新品种培育是一项没有终点的事业。

2015年8月，在拥有20余年龙须菜栽培历史的福建省莆田市发生了一件令当地人民既觉新鲜又值得高兴的喜事。当地种植的"鲁龙1号"龙须菜，被来自欧盟的客户一次性订购了50吨。龙须菜出口欧盟不仅在莆田是第一次,在全国也是首例。

一时间,"鲁龙1号"名声大振,成为深受广大养殖户欢迎的栽培品种,并在山东的青岛、威海,福建的福州、莆田等地广为栽培。

龙须菜是我国特有的江蓠种类,也只有我国在进行大规模的栽培,关于它的遗传育种学研究,我国更是处于世界领先水平,中国海洋大学有责任守护、传承好这一领先优势。"在这一领域我们既要坚守阵地,做好传承,还要不断开拓创新,创造更多的科研成果服务社会,惠及广大养殖户"。隋正红表示。

在新品种选育中,中国海大的龙须菜研究团队还就目前龙须菜栽培中普遍采用的南北轮栽的模式进行研究,积极推动在福建宁德建立藻种中心,方便南北运输,进而降低养殖户的时间和运输成本。同时,在龙须菜的栽培中,沿海渔民不断改良创新,发明了太平洋牡蛎与龙须菜套养的模式,表层栽培龙须菜,下层养殖牡蛎,不仅大大提高了养殖效益,而且有效地净化了海水环境,俨然形成了一条绿色、环保、健康、可持续的蓝色农业发展新道路。

张学成说:"曾呈奎院士在世时,大力倡导海洋农牧化和蓝色农业,希望把藻类栽培业发扬光大。蓝色农业革命没有休止符,我们当尽心尽力做好继承与发扬工作。"

五、扇贝育种:一代更比一代"红"

在新中国海水养殖业的发展史上先后激荡起五次浪潮,每一次浪潮澎湃而起之时,中国海大人都是勇立潮头的弄潮儿。

在我国贝类学发展史上,张玺这个名字永远被人称颂和铭记。作为我国贝类学的创始人和奠基者,张玺教授于1953年在国立山东大学水产系和生物系开设了一门新课程——贝类学。他不在青岛的日子里,就由他的学生齐钟彦代他上课。1961年,张玺与齐钟彦合著的《贝类学纲要》问世,这是我国第一本系统论述贝类动物学的专著,为后续我国贝类学的发展提供了重要指导。张玺还研究了栉孔扇贝的繁殖周期和生长环境条件,并对扇贝的饵料、附着物等进行了探索,这些均为发展我国栉孔扇贝种苗繁育技术打下了基础。

20世纪70年代,我国海水养殖业由以海带为主渐次转向以对虾、扇贝为主。以中国海洋大学王如才教授为代表的贝类学家陆续攻克了栉孔扇贝半人工采苗技术、室内全人工育苗技术和筏式养殖技术，为海水养殖业第三次浪潮的兴起扫清了技术障碍。

20世纪90年代末，流行病害大规模暴发给我国扇贝养殖业带来致命打击，开展扇贝遗传学与育种研究势在必行。

那时，一位年轻人，已经按照前辈学人的指引，开启了这一领域的探究之路。他就是现在的贝类遗传学和育种学家、中国工程院院士包振民。

1982年春，在山东海洋学院海洋生物学专业读大四的包振民，来到方宗熙教授的海洋生物遗传学教研室做毕业论文设计。他说，之所以选择方先生的实验室做毕业论文，一是因为在遗传学课上聆听了方先生的授课，二是读了方先生编著的《细胞遗传学》，这使他对方先生的学识充满敬仰，并对遗传学研究产生了浓厚的兴趣。他的本科毕业论文选择的就是海带配子体发育条件的研究，由方宗熙先生的助手欧毓麟老师指导。

大学毕业后，包振民留校工作。一年后，又回到了方宗熙的海洋生物遗传研究室。1985年早春的一个星期天上午，他到方宗熙教授家帮助誊抄文稿。在方宗熙教授的家里，两人一边吃午饭一边交谈。方宗熙说："我们实验室不仅要做海带、紫菜的遗传育种，将来也要开展海洋动物的遗传育种研究，希望你多往海洋动物育种的方向努力，要瞄着国家和产业的发展需求开展工作。"温馨的场景、鼓励的话语使包振民信心倍增。"七五"期间，他又开展了中国对虾的育种工作，十年潜心探究，他在对虾的三倍体诱导、细胞工程育种等方面均做了许多创新性的工作。

为了进一步提升自己的科研能力和水平，1993年，包振民考取了水产学院王如才教授的博士生。王如才教授是我国著名的贝类学家，早期从事扇贝研究，后来，应国家需要又开展了牡蛎研究。"之前在青岛王家麦岛的扇贝育苗厂，我帮王老师做过一段时间的生产，他对我的工作态度和能力很认可，印象也很好。王老师平易近人，总是用商量的口吻与我们交谈，从来不强迫我们做工作。"包振民说："王老师听了我前期的工作，很支持，鼓励我按照自己的想法继续做下去，所以我的博士论文和鲍鱼的遗传育种有关。"

包振民多次谈起过自己走上扇贝研究道路的故事。有一次，王如才教授与学生们在实验室交流，叮嘱大家说："我们实验室起家的本门武功是做扇贝的，你们别忘了，希望你们将来有机会把扇贝育种做起来。"包振民把老师的嘱托默默记在心里。

针对20世纪90年代末发生在贝类养殖中的流行病害，包振民从导师王如才手中接过接力棒，重点对黄渤海地区普遍养殖的栉孔扇贝进行研究。

十多年的时间里，包振民和他的科研团队在扇贝的分子标记、选择育种、分子标记辅助育种等方面进行了深入研究，建立了以BLUP育种技术为核心的扇贝育种技术体系，并成功培育出扇贝新品种"蓬莱红"。谈起新品种的名字，他说，由于这一品种的研发最早是在烟台蓬莱进行的，且贝壳的颜色是红的，就给它起了个响亮的名字"蓬莱红"。该品种于2006年获国家新品种证书。"蓬莱红"具有生长速度快、产量高、肉柱大、抗逆性强、壳色鲜红、遗传性能稳定等特点，非常适合在我国黄渤海近海区域养殖。该成果先后于2005年、2007年、2008年获国家海洋局创新成果一等奖、教育部科技进步一等奖、国家科技进步奖二等奖。行业专家认为，"蓬莱红"的培育成功不仅改变了我国扇贝养殖无良种的局面，而且也给深受病害打击的扇贝养殖业带来了生机，标志着海水养殖动物育种技术实现了历史性突破。

科学没有终点，创新永无止境。2003年，包振民受大连獐子岛渔业集团的邀请，去探讨良种选育，在生产车间里发现了一只肉柱呈金黄色，在他人看来是次品的扇贝。后来包振民抓住这种扇贝研究，通过控制其基因，成功研发出了富含对人体有益的类胡萝卜素，且具有抗氧化、抗疲劳、抗肿瘤等健康保健功能的"海大金贝"，于2009年获得了国家新品种认定。同时，"海大金贝"表现出的高产、抗逆性也为正在遭受扇贝病害打击的养殖户带来了信心，在2009年夏季大连海域虾夷扇贝爆发大规模病害期间，"海大金贝"的表现优异。"海大金贝"因其肉柱金黄，色泽鲜艳，符合人们的饮食消费习惯，且比普通虾夷扇贝增产23.5%，死亡率降低30%，而产生了巨大的市场和广阔的应用前景。

"育种的道路上，没有最好，只有更好。"包振民乘胜追击，针对水产动物是变温动物，性状变异环境效应大、遗传评估精度低的问题，突破了低成本高通量的基因分型技术难关，开发了贝类全基因组选择技术系统，为扇贝品种的更新换代奠定了基础。

2014年，"蓬莱红"的升级版"蓬莱红2号"成功上市。作为国际上首个采用全基因组选育技术培育的水产良种，"蓬莱红2号"不仅延续了上一代的高产抗逆特性，而且产量较"蓬莱红"提高25.4%，成活率提高27.1%，引领了水产分子育种技术新潮流。

2022年，中国农村杂志社主办的"微观三农"，梳理出"十年来我国农业科技的30个标志性成就"，全基因组选择的栉孔扇贝"蓬莱红2号"作为水产领域的唯一代表成果入选。

除了上述三个品种，还有虾夷扇贝"獐子岛红"、海湾扇贝"海益丰12"、栉孔扇贝"蓬莱红3号"、海湾扇贝"海益丰11"、栉孔扇贝"蓬莱红4号"。40余年来，包振民和他的团队已培育出了10个水产新品种，累计推广养殖1000余万亩，创造产值数百亿元。

"做科研就要顶天立地，'顶天'就是要做最前沿的研究，解决行业里最棘手的难题，'立地'就是要与产业对接，用技术回馈社会。"包振民如是说。

"我们的目标是建立一个高效率、高水平的扇贝育种技术体系，使扇贝养殖业高效平稳健康地可持续发展。"包振民说。

全基因组选择是目前育种领域的前沿技术，包振民带领团队率先在水生生物育种领域开展了这一技术的研发。要进行全基因组选择，就要掌握高通量分型技术。在国际上，对畜牧动物进行高通量基因分型时，需要用基因芯片进行检测，但芯片价格昂贵，高昂的检测成本给水生生物全基因组选择育种技术的实际应用造成了阻力。

包振民直面挑战，打破惯性思维，带领团队开发出基于等长标签的简并基因组技术和基于液相杂交的新型高通量、低成本的液相芯片，大幅降低了检测成本，使检测一个样品的费用只相当于主流技术的1/10。这一全基因组分型技术的创新，不仅为扇贝的全基因组选择育种插上了腾飞的翅膀，而且还推广应用于水稻、土豆、蜜蜂、家猪等160余个物种的育种分析，成为引领种业创新发展的颠覆性技术，为国际同行所瞩目。

除了突破低成本、高通量的基因分型技术难关，包振民携团队还完成了多种扇贝的基因组图谱绘制，解析了扇贝重要经济性状的遗传基础与调控机理，为扇贝种质资源开发奠定了基础。在2019年国家科学技术奖励大会上，包振民领衔完成的成果"扇贝分子育种技术创建与新品种培育"获技术发明二等奖，成为该年度水产科学领域唯一的国家技术发明奖。

随着我国扇贝养殖技术和良种培育技术的创新，扇贝年产量已经从20世纪70年代初的20多吨，上升为如今年产近200万吨。产量的增长，带来的是价格的下行，市场上出售的鲜贝一般4至6元一斤，与牡蛎、蛤蜊相差不大，曾经的海珍品已变成"大众菜品"，成为寻常百姓家的餐桌"常客"。

"这也是令我们育种人员感到欣慰的地方，通过我们的努力，给中国老百姓提供了大量高品质的蛋白质。"包振民笑道。

在助力水产养殖业蓬勃发展的同时，包振民团队以扇贝为研究对象，在基础生物学领域亦取得了令人耳目一新的成就。

包振民团队率先在国际上完成了扇贝基因组图谱绘制，建立了全球最大、种类最多的基因组综合数据库，使我国成为掌握贝类基因资源最多的国家。美国著名贝类学家舒慕薇评价说，包振民团队开展的扇贝研究是贝类研究的典范。

研究中，他们发现虾夷扇贝基因组包含许多古老的基因，保留着动物原始祖先的特征，在几亿年的进化过程中竟然没有被重组打乱，《自然·生态与进化》的主编称其为"化石基因组"。进一步研究发现，扇贝躯体在发育过程中没有遵循普遍认为的宏观共线性的规律，而是分阶段表达的，包振民团队把它定义为"分段时间共线性"模式。刚发现这一现象时，他们既惊喜又忐忑，就虚心向国际上这一领域的知名专家请教、探讨。专家们不以为然，问的次数多了，就说："你们搞错了，好好检查你们的实验数据。"包振民对自己的工作很有信心，又把此前这一领域相关专家发表的成果拿来作对比分析，证明也遵循这一规律，即分段时间共线性在无脊椎动物发育中是普遍存在的。2017年，团队研究成果在《自然·生态与进化》发表，扇贝中藏着解开两侧对称动物的起源与进化的钥匙，分段时间共线性作为发育生物学领域的一大热点，成为竞相研究的对象。

包振民团队还在扇贝眼睛发生控制基因、单轮动物幼虫的起源和进化、同型染色体的演化机制等生命科学基础研究方面取得了突破，产生了国际影响力。

"科研是一种生活方式，其中有至美、至善、至乐，也有至艰。"包振民坦言，从事科研是一件很幸福的事。

谈及未来五年至十年的科研规划，包振民胸有成竹。一是通过与企业开展合作，把新的育种技术与种业密切结合，推动水产种业的发展，为水产养殖事业的健康发展服务,力争创造更大的经济效益。二是目前水生生物的基础研究还很薄弱,自己有责任把这个"研究洼地"填起来,通过搭建高端研究平台,为后来者的深入研究铺好道路。

"十四五"服务山东重点建设项目山东省海水高效种质创新与蓝色种业中心、青岛蓝色种业研究院、海南省热带水产种质重点实验室……在包振民的努力下,一个个高端水产种质创制创新平台搭建起来,成为推动我国"蓝色种业"和地方经济高质量发展的引擎。

以强海兴海、强农兴农为己任,加强原创性、引领性科技攻关,致力于打造"育繁推"一体化水产种业创新体系,为海水鱼类的深远海及工厂化养殖提供优良种质支撑,是他们不变的承诺。包振民说,"我们要认真贯彻落实习近平总书记重要指示精神,把远海深海养殖搞起来,把渔业'种子工作'这一篇文章做精做好,夯实粮食安全'压舱石',让'蓝色粮仓'更丰盈。"

六、文昌鱼的发育和进化: 脊椎动物起源破谜团

长期以来,包括人类自身在内的脊椎动物的起源与演化,一直是生命科学探究的重大命题之一。

19世纪,德国著名生物学家黑格尔说:"在所有古老的动物中,唯有文昌鱼能使我们勾画出志留纪最早的脊椎动物祖先。"

文昌鱼只有三五厘米长,因形状像条小鱼,而且能游泳,所以谓之"鱼"。但是,其身体前端没有脊椎动物样的眼睛、鼻子和耳朵等感觉器,也没有明显分化的脑,因而没有脊椎动物样的头部,属于无头类;加之文昌鱼又缺乏鱼类所具有的脊椎,因此,文昌鱼不是真正的"鱼"。其实,它是介于无脊椎动物和脊椎动物之间的过渡型动物,是最原始的脊索动物,于是被冠以一个很有意思的名字——"无脊椎脊索动物"。

文昌鱼五亿多年以前就有了,因其数量少,属国家二级水生保护动物,被学术界誉为"海中大熊猫"。因其对研究包括人类在内的脊椎动物的起源有较高的科研价值,又被称作动物进化的"活化石"。

20世纪50年代,童第周聚焦于实验胚胎学领域,在青岛开展了文昌鱼发生遗传学

研究。而在学校海洋生命学院,作为童第周先生学术传承人的张士璀教授继承了师爷的衣钵,几十年如一日,以文昌鱼为模式生物,在海洋动物发育和进化生物学研究领域潜心探索,获得了一批在国内外都具有前瞻性的创新性研究成果。

从1981年在中国科学院海洋研究所攻读研究生时开始,张士璀就与文昌鱼结下了缘分。此后的时间里,他一直从事文昌鱼演化和发育生物学的研究,并在文昌鱼神经内分泌系统、凝血系统和免疫系统等方面取得了一批成果。

由张士璀主持完成的"模式动物文昌鱼个体发育和系统发育"课题,从分子、亚细胞、细胞和组织多层次交叉水平开始,重点研究文昌鱼胚胎发育分化及其组织结构与功能,以进化生物学观点推测文昌鱼和脊椎动物起源的关系。该课题在国内外首次提出酚氧化酶参与文昌鱼胚胎免疫作用的观点,发现了文昌鱼体液存在类似脊椎动物替代途径激活的溶血活性以及凝集素与酚氧化酶;首次报告文昌鱼染色体带型以及性染色体的存在,发现了文昌鱼基因(组)具有脊椎动物祖先基因(组)的原始特征,同时又兼具自身特有的特征。基于此,提出了"文昌鱼是由棘皮动物样动物进化到脊椎动物的中间体类型(脊椎动物始祖)的代表,兼具特化特征"这一富有新意的假设。这一成果丰富和加深了人类对文昌鱼个体发育和系统发育的认识,有助于揭示包括人类自身在内的脊椎动物起源这一难解之谜。

肝脏是脊椎动物独特的器官,在系统演化过程中,其如何产生迄今还是一个未解之谜。多年来,张士璀一直围绕脊椎动物肝脏起源与演化开展科学研究,证明文昌鱼肝盲囊与脊椎动物肝脏具有同源性,发现文昌鱼存在脊椎动物样垂体-肝脏轴和甲状腺-肝脏轴;发现肝脏特异性蛋白卵黄蛋白原及其衍生的卵黄蛋白具有免疫功能,被国外同行认为是新发现和新观察。这些成果极大地提升和丰富了对包括人类自身在内的脊椎动物起源与进化的认识,推动了进化生物学学科的发展。

在解释文昌鱼系统演化地位时会反复遇到的一个问题是,区分一些组织结构到底是脊索动物祖先原有的特征,还是演化形成的次生结构。毫无疑问,解决这一问题,需要整合、分析各个不同学科的研究成果和知识。历经多年,在系统整合、分析各个不同学科的研究成果和知识的基础上,张士璀于2020年编著了《文昌鱼演化生物学:追溯脊椎动物起源》一书。该书全面总结了30多年来他在文昌鱼演化和发育生物学方面的研究成果,全面梳理了文昌鱼演化生物学研究的历史和现状,系统阐述了文昌鱼与脊椎动物起源和演化的关系。著名古生物学家、中国科学院院士舒德干称赞该书"系统阐述了文昌鱼是脊椎动物祖先的'活化石'这一观点，很好地兼顾了专业性与通俗性，是非常值得向广大从事生物学研究的专家学者和生物学爱好者推荐的一本好书"。

张士璀不但深入开展文昌鱼发育与进化创新性研究，而且率先在国际上开展全人工条件下文昌鱼繁殖生物学研究，首次在室内把文昌鱼受精卵培育成成体文昌鱼，使文昌鱼的人工培育取得了突破性进展，为更好地繁衍和呵护这一国家二级保护动物作出了贡献。

张士璀在遗传学研究领域的系列研究成果形成了200余篇论文发表在SCI源期刊上，并获得了国家技术发明二等奖、山东省自然科学一等奖、教育部自然科学一等奖和国家海洋局海洋创新成果一等奖等奖项。他曾三次应邀在国际会议作大会报告，还应邀评审欧洲合作研究项目和空间科学委员会（生物）项目，产生了广泛的国际影响，使中国海洋大学成为举世瞩目的文昌鱼研究前沿中心。

结语

"这份荣誉不仅是对我个人和团队的充分肯定，也属于我的单位，属于全省广大科技工作者。"2023年6月，山东省科技创新大会在济南召开。作为2022年度山东省科学技术最高奖获得者，包振民院士代表获奖人员在会上发言时说："我有两个愿望，一是希望一艘艘满载山东培育的优良品种的养殖工船游弋在东海、南海和大洋远海；二是希望老百姓的餐桌上摆满我们养殖的名贵海鲜。"

时间是最忠实的记录者，也是最客观的见证者。代代中国海大人将一以贯之，心怀"国之大者"，赓续中国克隆，孕育出生生不息的蓝色希望，书写下海洋生物遗传学研究的新传奇。

勤勉致新　行稳致远

——中国海洋大学会计学学科成长记

王明舜

2019年8月，中国企业营运资金管理研究中心成立十周年暨金融服务实体经济专题研讨会在人们的期盼中如约而至，来自相关高校、企业和研究机构的150位专家学者和财会从业者齐聚一堂，把脉金融服务实体经济，用思想碰撞智慧之光，为研究中心开启新征程汇聚起磅礴力量。

中国企业营运资金管理研究中心是中国会计学会设立的首个政产学研合作研究基地，以中国海大为依托，成立十多年来，已发展成为我国财会界的"新地标"、高校界的"金摇篮"、资本界的"风向标"。2018年12月，中国企业营运资金管理研究中心入选中国智库索引（CTTI）高校百强智库（A级），是全国高校会计与财务类科研机构唯一入选单位，被公认为我国资金管理领域的"思想库""文献库""信息库"和"案例库"。由于在营运资金管理科教融合方面的突出特色，2019年5月，中国海大通过全国会计专业学位教育质量A级认证，成为山东省当时唯一通过认证的高校。成绩的背后，是中国海大会计学人几十载的默默耕耘。

宝剑锋从磨砺出，梅花香自苦寒来。回顾30多年来中国海大会计学学科的发展历程，山东省首个会计学专业博士点、首批山东省普通高等教育品牌专业、国家特色专业、山东省首个会计硕士专业学位（MPAcc）授权点、教育部综合改革试点专业、山东省强化建设的特色重点学科、首批国家级一流本科专业等，这一系列成绩的取得，承载着几代中国海大会计学人勤勤恳恳、追求卓越的治学精神，记录着中国海大会计学学科一步一个脚印、行稳致远的成长轨迹。

一、中国海大会计学学科设立与初期发展

学科的兴起源于社会生活的需要。改革开放以后，我国急需建立中国特色的会计学学科体系，1978年国务院颁发《会计人员职权条例》，1984年中共十二届三中全会通过《中共中央关于经济体制改革的决定》，1985年第六届全国人大常委会制定实施《中华人民共和国会计法》，1985年中共中央政治局通过《中共中央关于教育体制改革的决定》，明确提出"高等教育的结构，要根据经济建设、社会发展和科技进步的需要进行调整和改革。改变高等教育科类比例不合理的状况，加快财经、政法、管理等类薄弱系科和专业的发展，扶持新兴、边缘学科的成长"。

（一）设立财务会计专科

为落实国家教育体制改革提出的要求和满足社会需求，结合学校专业设置的实际情况，1989年，学校决定在管理学院管理科学系设立财务会计专科（当年共设置有25个本科专业、19个专科专业），同年开始招生。在一个以海洋、水产等特色学科为主的院校发展会计学学科，既有一定的优势，但更多的是困难。最大的问题是没有会计学专业毕业的教师，已有的师资大部分是从数学、经济管理、经济学等专业转来，虽说有良好的素质和知识面宽的优势，但毕竟没有系统学习过会计学专业，通过自学掌握的多半是不系统的会计知识，缺乏对会计原理的深刻理解和深厚的会计理论功底。没有学科积累，一切就要从头开始，而最紧迫的任务就是组建专业教师队伍。

（二）设立会计学本科

面对会计学专业教师紧缺的困境，学校求贤若渴。罗福凯老师回忆起来校时的情景，感触颇深。当年他来青岛求职的单位是青岛大学，并且已经和对方谈好了工作事宜，来海大校园只是顺路逛逛。时任学院党总支书记得知消息后，便邀请他来到院里，苦口婆心地与他谈了一个下午，希望他能来青岛海大任教。最终，罗老师经过比较后选择了青岛海大，并一直任教至今，为学校会计学学科的发展作出了重要贡献。

在学校上下的共同努力下，会计学学科专业教师队伍建设逐渐得到了改善。1994年1月，国家教委同意学校增设会计学专业，是同年增设的四个本科专业之一，学制四年。

（三）成立会计学系与获批硕士学位授予点

1994年，学校增补了国际贸易本科专业，在原来管理学院的基础上成立了经济贸易学院。1995年1月，经济贸易学院所属系调整为应用数学系、经济管理系、会计学系、经济贸易系、法律研究所。会计学系的成立为会计学专业的发展提供了坚实的土壤。学校任命林鸿洲教授为会计学系主任，卫建国副教授为副系主任。

专业和学科的发展固然需要长期的积累和沉淀来实现质变到量变的过程，但是如果能够抓住机遇，就可以缩短这一进程。学校的会计学专业恰恰做到了这一点。1996年1月，国务院学位委员会第14次会议批准青岛海洋大学设立会计学硕士学位授予点。刚刚设立两年本科专业的会计学专业有了自己的硕士学位授予点，既是对青岛海大会计学专业发展的认可，也是鼓励。这一成绩的获得，林鸿洲教授功不可没。正是由于林鸿洲教授抓住了机遇，在他的积极宣传、推荐下，使学校的会计专业得到了国务院学位委员会的认可，实现了专业建设的第一次跨越式发展。

（四）会计学学科的初期发展

成功的道路并不总是一帆风顺的。1996年至1998年上半年是会计学学科发展最艰难的时期。这两年多的徘徊，表面上是会计学学科发展方向之争所致。兹事体大，当然也应该通过学术讨论乃至争鸣达成共识。但之所以久拖不决，从根本上说，是高水平专业教师尤其是权威性、专家型人才的缺失所致。

1996年上半年，会计学系系主任林鸿洲教授退休，学校调数学系副主任陈铮教授来会计学系担任系主任，卫建国副教授、倪均援副教授担任副系主任。陈铮教授给会计专业学生主讲统计学，熟悉会计学系的老师和学生。

此时，社会上对管理学、法学、计算机科学等知识的需求远大于对会计知识需求。会计学专业的学科建设、课程设置以及教研室如何组建等问题，在系里出现了较大分歧。有教师认为，应多关注社会需求，如经济法、税法、企业管理、统计学、财经英语、税务会计这些热门课程,都应列入会计专业主干课程,而非辅助课程、选修课。一些教师则认为,会计学有自身理论体系,应优先考虑会计学原理、财务会计、成本会计、管理会计、审计、计算机会计和财务管理等主干课程的设置与资源配置,在此基础上,还应重视国际会计、国际财务管理课程建设。这些分歧和争论是学科发展中遇到的问题,实属正常。然而,当时会计学系缺少足够的会计专业科班出身的教师,系主任是数学专业背景,两位副主任分别毕业于管理学和统计学专业,约三分之一的老师专业背景是数学和经济管理等专业。课程和学科建设以及教研室组建等分歧持续了一年多未有结果。

　　1997年11月,罗福凯晋升为教授,也是当时会计学系唯一的会计学学科教授。1998年4月,学校任命罗福凯为会计学系副主任,主持日常工作。为了推进会计学系的建设和发展,罗福凯建议学校从校外引进一位会计学教授担任系主任,并推荐时任青岛大学会计学系副主任徐国君教授,承诺在新系主任到来之前代行系主任职务。1998年5月,山东省唯一的会计学博士徐国君教授调入青岛海大。同年7月,学校任命徐国君为会计学系主任。

　　以此为标志,青岛海大会计学学科的发展进入了新的阶段。

二、基于人本管理的全方位专业建设模式与实践

　　学科建设既是学校的重点任务之一,也是一项系统工程,需要学校各级组织的参与和密切配合。专业建设需要学院的支持,更需要学校的重视,尤其是在以理工科见长的高校,建设会计学专业会面临更多的困难。其中,人才的引进是最迫切也是最关键的难题。徐国君说,他之所以最后选择来青岛海大,与时任校长管华诗的支持有直接的关系。为了能够引进徐国君,管校长专门召集了主要行政部门的工作会议,在这次会议上,管校长说了让徐国君印象深刻且颇受感动的一席话:"国君,以后你有关于会计学系要发展的事情,你可以直接找他们。"然后管校长回过头对着各个部门的负责人说,"你们各个部门一定要支持会计学系徐国君同志的工作。"紧接着,管校长又对徐国君说:"他们解决不了的,你可以直接找我,我的电话是2628。"

不同的学校、不同的学科，学校各级组织在学科建设中的地位和作用可能存在一定程度的差别，但是，系级组织在学科建设中的作用都是举足轻重的。搞好学科建设，必须高度重视并充分发挥系级组织的作用。

（一）专业建设背景

到1998年5月，会计学系的专任教师为15人，其中会计学专业毕业的教师仅有7人，而且5人为本科、2人为硕士。在全部教师中，有教授1人、副教授6人、讲师6人、助教2人；学历结构为在读博士1人（经济学专业）、硕士7人、本科7人。可以说师资力量相当薄弱。加上学校夜大、函授招生人数多，会计职称考试、注册会计师培训等工作让老师们忙于应付教学，既没有时间从事科研，也大大冲击了正规的本科教育。当时会计学系所面临的专业建设任务是异常繁重的，而专业建设的基础和条件又十分薄弱。

面对这种状况，摆在会计学系面前的路有两条：一是强调客观不利条件，把专业建设的责任推给学校和学院，等待上级的政策倾斜和扶持；另一种是克服"等、靠、要"的思想，在积极争取学校和学院政策支持的同时，发挥系级组织在专业建设中的主导作用，依靠自身力量，走超常规发展的道路，加快学科建设和发展的步伐。

徐国君担任会计学系主任后，积极发动全体教师参与研讨。大家在认真分析了会计学专业建设的形势、任务及各种发展模式的可行性和利弊之后，初步达成了主要依靠自身力量加快专业建设发展的共识。之后，又经过了两个多月时间的酝酿和讨论，形成了以系为主导的加快会计学专业建设发展的基本思路——在体制上，建立系级民主管理组织，发挥教师在专业建设中的决策和监督作用，形成科学、民主的专业建设决策体制和有序、高效的运行机制，以保障专业建设的长期、健康发展；在建设模式上，实行人本管理，以教学改革研究和专业学科建设规划为指导，以师资队伍建设为中心，以制度建设为保障，带动专业建设全面发展。

于是，从1998年11月开始，会计学系开始按照上述思路启动会计学专业的建设和教学改革，并在实践中不断发展和完善。

（二）专业建设模式的初期探索与实践

会计学系专业建设和教学改革初期的主要任务是理顺关系、建章立制、确立秩序，对专业建设和教学改革进行深入系统的论证和全面规划。

首先是建立系级民主管理组织和管理制度，为学科建设营造良好的环境。一个组织体没有规矩就没有秩序。会计学系从1998年9月开始，通过建立六个民主管理组织（系务会、系学术委员会、教学指导委员会、研究生教学管理委员会、成人教育管理委员会、民主监督委员会），让教师成为自主管理的主体，共同制定教学、科研、财务管理等各项管理制度。

为保证教学工作有序、高效地开展，会计学系将教学管理制度建设作为专业建设和学科建设的先导，先后制定了《专业课教师主辅讲制度》《教学基本规范指南》《三重教学评价制度》等教学基本管理制度。其中，《专业课教师主辅讲制度》主要是针对当时存在的"每个老师同时讲多门课、每门课都深入不下去"的现象而制定的。该制度规定：每位老师可根据自己的知识结构和专业特长，书面申报一门主讲课程和两门辅讲课程，然后由系里统一协调后确定下来。主讲教师为该门课程的首席教师，应是经过长期摸索和积累成为该门课程的专家或最有水平的人。同时，每位老师的两门辅讲课程，不仅起到扩展知识面、完善知识结构的作用，也能调剂授课兴趣，有利于课程教学研讨；此外，还能在主讲教师进修、生病等情况下冲上去"补台"。这样，基本上做到每门课程有"一主两辅"的教师组成的三人课程小组，每位教师有"一主两辅"的努力方向。

除教学管理制度外，会计学系还由教师民主制定了《会计学系财务管理办法》《会计学系科研奖励和科研经费匹配办法》《会计学系业绩管理办法》，以及《会计学系民主监督制度》等10多项管理制度。特别是在财务收支管理方面，会计学系自1998年9月开始建立核算账簿，由一名教师兼任会计，一位教学辅助人员兼任出纳，定期编制会计报表，向全系教师公开，同时接受系民主监督委员会的审计。上述制度和措施使得系务透明化、监督民主化、执行责任化。全系教师普遍认为，自我管理是最好的管理，只有建立在自我约束基础上的民主化制度，才能营造规范、和谐的发展环境，形成团结互信的人际关系。

其次是组织教学改革研究,为专业建设提供理论支持。专业建设虽然离不开理论的指导,但每个专业的建设都有自己的特殊性,不能去照搬别人的经验和做法。为了使专业建设坚持正确的方向,必须结合本专业的实际情况,加强对教育教学改革的研究。在这方面,系级组织具有不可替代的重要作用。

1998年9月至10月,会计学系组织教师对本专业的办学理念和办学特色进行了认真、充分的讨论,初步形成了具有自己特色的办学理念。即:贴近社会实践,应用能力强;强化财务管理与信息分析能力;提高专业计算机应用水平;加强专业外语教学,熟悉国际会计惯例;提高沟通表达能力和礼仪修养。在这一理念指导下,最终目标是通过对学生个性、特长的培养形成人才优势,在"到社会上有用"上下功夫,培养出符合国际化进程的高级会计人才。

最后是以课程体系改革与教材建设为突破口,突出培养特色。如果以同质化的教育模式培养学生,中国海大会计专业培养出来的学生与一般财经院校培养出的学生相比,就不会有任何竞争优势。在"用我的绝活儿、特别能力来取代同类学生的普遍能力"策略的指导下,会计学系进行了会计学专业课程体系的改革和教材建设。

1998年10月,会计学系对教学计划进行了全面修订,在一般财经院校会计学专业课程体系基础上进行了具有特色的设计。

增设会计学学科概览课程,并将其作为第一门会计课程。这在当时乃至此后均很少有学校开设这门课。这门课程主要是在大一上学期或下学期开设,旨在让学生一入学便能认同这个专业、喜欢这个专业,建立起对会计专业的学习兴趣,掌握专业学习方法,初步形成职业认同和职业理想,为后续专业课程的学习做好铺垫。

增设管理咨询课程,增强学生的实战能力。增设这门课程从表面上看是解决会计专业"职业病"问题——"算小账"与"死板",但又不限于此,核心问题是让学生在遵守法律、法规及会计准则的前提下,要有策划的理念,尽可能增加对不确定性事项的把握,"兵来将挡、水来土掩",应对各种变化。促使学生形成正确的思维观念,锻炼学生分析问题、解决问题的实战能力,同时开阔视野、完善知识结构、提高综合技能。

加大计算机课程的比重,以提高学生计算机操作技能。在全部八个学期的课程学习中,会计学系在其中的七个学期里开设了与计算机专业相关的课程,在当时,其他学校同类专业大部分只开设一学期的课程,这使得中国海大会计学系的学生在应用性最为广泛的工作技能上先人一着。由于当时全国与计算机相关的会计专业课教材很少,除了《计算会计》《电算化会计》以外几乎没有别的教材,所以会计学系在提交教学计划时出现令人瞠目的一幕:计算机会计Ⅰ、计算机会计Ⅱ、计算机会计Ⅲ……最后的实践证明,中国海大会计学专业毕业生在计算机操作能力上远远超过其他高校同专业的毕业生,得到用人单位的一致好评。

开设国际会计课程与国际会计准则课程,以开拓学生的国际视野。当时,会计学系的教师们已经意识到,将来会计的发展趋势一定是朝着国际会计准则的方向发展。于是,国际会计课程开始采用全英文的教学模式;国际会计准则等一些课程(例如财务管理)则采取双语教学模式。这两种教学模式既提高了学生的专业外语水平,也使老师和学生体会到了国外优秀原版教材的原汁原味,吸收和掌握了国外本领域先进的思想和方法。

开设财务分析课程和注册会计师审计实务课程。前者将财务分析从财务管理中分离出来,单独开设财务分析课程,大大提高了学生的信息分析和整合能力;后者则使学生在掌握审计的基本理论与方法的基础上,进一步了解注册会计师审计的实务操作程序,对于将来从事注册会计师审计的学生来说,可以大大提高他们在工作中的动手能力,对将来从事会计工作的学生也大有助益。

将社交礼仪作为一门必修课程,以提高学生的综合素质。社交礼仪这门课程旨在提高学生的人际交往能力、沟通表达能力和礼仪修养,从而提高学生的综合素质,便于学生在未来工作中能够游刃有余。

为适应特色课程体系的需要,会计学系还组织编写了独具特色的会计学系列教材,并于1999年11月由中国商业出版社出版。系列教材包括三门专业基础课程教材和13门核心课程教材,同时组织编写了涵盖12门专业课的《会计学学科学习指导》和《理财学科学习指导》两部配套教材。

特色课程体系与特色系列教材相结合,为特色办学思想的贯彻和实施提供了保障,也得到了国内众多兄弟院校的赞同和认可。

这一时期会计学系取得的主要成果有，徐国君教授主持的教学改革研究课题"面向21世纪的会计高等教育"由山东省教委1999年立项，其研究成果2000年12月获学校优秀教学成果一等奖、2001年获山东省教学优秀成果二等奖，并为《会计学系"十五"发展建设规划》的制订提供了理论指导；与特色课程体系配套的会计学系列教材2000年获得学校第四届优秀教材特别奖，同年获青岛市人文社科成果集体二等奖；2000年5月，山东省教委专家组到学校听取会计学专业建设试点方案的汇报，此后经专家审核、山东省教委批准，确定学校会计学专业为山东省教学改革试点专业。

（三）专业建设模式的巩固与发展

明确了教学改革的目标和方向，能否实现关键看是否有一支强有力的师资队伍和良好的教学支撑条件。因此，会计学系提出了下一阶段的主要任务是强化师资队伍建设和教学基本条件建设，全面深化和完善专业教学改革。

一是制订学科发展建设规划，为师资队伍建设提供基本依据。学科发展建设规划是师资队伍建设的基本依据。会计学系通过制定"十五"发展规划，确立了发展目标和步骤，并通过实施主辅讲制，基本弄清了专业教学的师资需求。同时，通过研究方向整合以及科研团队建设，弄清科研工作对人才的需求。在此基础上，制订会计学系师资培养和人才引进计划，使人才引进和内部培养方向明确、定位清晰。

二是做好引进与培养的有机衔接，实现师资队伍有序发展。为缓解系里教师攻读博士学位与教学任务繁重之间的矛盾，同时考虑到会计学学科人才缺乏的实际情况，会计学系特别注意人才引进与培养的有机衔接。不是一味地追求引进具有博士学位的人才，而是在引进急需的具有博士学位的高水平人才的同时，有计划地引进具有发展潜质的年轻教师，实现师资队伍整体有序发展。

1998年至2002年，在人才引进方面，会计学系共从国内外知名大学引进9名教师，其中具有博士学位的3人、具有硕士学位的6人（其中5名为年轻教师），王竹泉教授正是在该期间被引进学校，并自2001年12月起被任命为管理学院副院长兼会计学系主任。在人才培养方面，2000年，罗福凯考取西南财经大学博士研究生；2001年，于卫兵到中国人民大学进行为期半年的进修学习，王成秋考取天津财经学院博士研究生，刘秀丽考取西南财经大学博士研究生，孙建强考取西安交通大学博士研究生，李雪考取天津大学博士研究生；2002年，房巧玲考取中国人民大学博士研究生，张世兴、王茌、倪均援考取青岛海洋大学博士研究生，刘敬东在挪威考取统计学专业博士研究生。

由于引进的年轻教师具有较强的发展潜质，所以，既缓解了现有教师攻读博士学位引起的师资短缺状况，又使年轻教师在经过较短时间的教学锻炼后，能够很快取得深造机会。

三是集中资金，加强教学基本条件建设。良好的硬件设施是搞好学生培养、科学研究和学科建设的重要保障。会计学系在经费有限的情况下，坚持办公室不搞高档装修、领导房间不装空调、不搞无谓的消费，将有限的资金集中于师资队伍水平提高和办学条件建设，使教学条件大为改观。

这一时期会计学系取得的主要成果有，2002年7月，会计学专业省级教学改革试点项目顺利通过由山东省教委组织的专家评审，正式批准立项；师资队伍素质和结构明显改善，到2002年10月，会计学系已拥有专任教师24人，具有博士学位3人、在读博士10人、教授5人、副教授8人；教学条件明显改善，集中系里创收积累的资金用于教学手段改善，除投资40多万元为每位教师配备笔记本电脑外，还投入30多万元完善实验教学条件；教学效果明显提高，在学校的教学评估中，2000—2002年，会计学系共有3名教师参评，全部获得优秀（在学校每学期的教学评估中，获得优秀的只有1～3名）。

（四）专业建设模式的改善与提升

随着师资队伍和教学基本条件的不断改善，会计学系开始重点加强科研组织规划和研究团队建设，大力支持具有显示度的高水平研究。同时扩大对外学术交流，提高会计学专业在国内学术界的知名度和影响力。

一是整合科研方向，组建科研梯队。针对过去教师科研方向不稳定，科研成果数量不多、水平不高的情况，会计学系在分析自身优劣势的基础上，对科研方向进行整合，逐渐形成了"人力资源会计研究""公司财务战略研究""会计监督与财务报告改革研究""企业环境会计与环境审计研究"四个稳定的科研方向。之后，将研究方向和教师个人特长充分结合，组建相应科研团队。2003年，以徐国君教授为带头人的研究团队获得了学校科研资助。2004年，王竹泉教授作为负责人的"利益相关者结构特征与财务披露监管研究"获得国家自然科学基金项目立项，成为学校会计学专业发展史上的首个国家级项目。

二是实行政策倾斜，支持和奖励高水平研究和成果。为鼓励教师积极申报并高质量完成研究课题、发表高质量研究成果，会计学系建立了高水平科研课题经费匹配办法和高质量研究成果的再奖励制度。

三是积极开展学术交流。一个组织如果不与外界进行经常性的交流，那它将是死水一潭，不会有太大的发展。会计学系秉承"海纳百川，取则行远"的校训，将与兄弟院校和企事业单位的学术交流作为发展建设的重要手段和对外宣传的窗口。通过积极承办和参加大型学术会议、聘请兼职教授、举办学术讲座等多种形式，加强与学术界的联系与交流。2002年5月，第三届全国无形资产理论与实务研讨会在武汉召开，会议由中南财经政法大学承办，时任学校管理学院副院长兼会计系主任王竹泉与会。会议期间，王竹泉代表学校作承办第四届全国无形资产理论与实务研讨会的竞办报告，获得大会批准，会议确定第四届全国无形资产理论与实务研讨会于2003年8月在青岛召开，由青岛海洋大学承办。在聘请兼职教授方面，2002年7月，美国南加州大学林文雄教授（博士生导师）受聘青岛海洋大学管理学院兼职教授；2003年7月，学校聘请阎达五、郭道扬、席酉民、曲晓辉、孙铮、罗飞、赵德武、刘永泽、于玉林、蔡春、盖地、李玉环12位国内著名的管理学、会计学专家为中国海大兼职教授；2004年5月，中国人民大学博士生导师黄泰岩、贺耀敏教授受聘中国海大兼职教授。

这一时期会计学系取得的主要成果有，在中国会计理论权威刊物《会计研究》上发表论文5篇、在中国审计理论权威刊物《审计研究》上发表论文4篇，均居同期山东省内各高校之首，在国内各高校也位居前20名；出版学术专著6部，5部在国内财经、经济管理权威出版社出版。获得国家自然科学基金、山东省社会科学规划项目、教育部人文社科项目等资助课题9项，是建系之后至这一时期之前获得项目资助数的2倍；获得省级及中国会计学会等国家级学会科研成果奖励10多项，获得资助课题及研究成果获奖的数量和档次均居同期山东省高校首位。成功举办第四届全国无形资产理论与实务研讨会,并取得中国会计学会财务成本分会(原中国中青年财务成本研究会)2005年年会的承办权,管理学院会计学系成为同期山东省内高校在全国会计专业学术交流中影响最大的院系。

三、柔性人才培养模式的探索与实践

人才培养是高等学校的基本职能,不断提升人才培养质量是高校专业建设的核心目标。而人才培养质量高低的标志在于所培养出的专业人才对社会需求的适应性。从专业人才培养过程来看,人才培养质量的高低取决于培养模式的科学性。因此,以人才培养质量提升为中心的专业建设,应当以人才培养模式的打造和完善为重心。"社会需求适应性"培养原则和培养对象、社会需求的动态性决定了人才培养模式应当在保持相对稳定性的同时,在课程设置、教学内容、师资配备、教学条件等方面应具备一定的柔性,从而更好地适应不断变化的社会需求对人才培养的要求。在这一观念的指导下,中国海大会计学专业为适应学校大类招生制和人才市场不断细分的新形势,经过四年的探索和实践,形成了一套具有显著特色的柔性人才培养模式,使得专业建设水平和人才培养质量显著提高。

(一)柔性人才培养模式改革背景

2005年4月,学校任命王竹泉为会计学系主任,张世兴为分管教学工作的副系主任,樊培银为分管科研工作的副系主任。其实,早在2001年4月,王竹泉作为学校引进人才已来到会计学系工作,并于2001年12月受聘为青岛海洋大学管理学院副院长兼任会计学系主任,组织实施了山东省教学改革试点专业的主要建设任务和改革探索。再次挂帅全面负责会计学系工作,任重而道远。

实践证明,从1998年至2002年的中国海大会计学专业人才培养模式的改革是卓有成效的,取得了预期的效果。但客观地讲,上述人才培养模式本质上仍属于传统"品型单一、大批量"的人才培养模式。随着人才培养环境的变化,此类培养模式的弊端也逐渐显现出来。

大类招生对传统人才培养模式的冲击。自2003年起,中国海大试行按学科大类招生的做法，会计学专业所在的工商管理大类是其中之一。按大类招进的学生在第三学期才开始选择专业，进而明确个人专业发展方向。这种招生和专业划分模式给专业人才培养带来了较大的影响，传统人才培养模式的不足开始显现，主要表现为培养对象的不确定和集中定向专业培养期的缩水。

培养对象的不确定是大类招生给专业人才培养带来的问题之一。在按专业招生的传统模式下，学生一经录取就开始按照各自专业的培养计划进行集中专业化培养。但在大类招生模式下，学生未选专业之前，各专业无法确定哪些学生将来会在本专业下发展，即前三个学期无法定向开展专业基础课和专业核心课程教育。对于大部分专业（特别是会计学专业）而言，集中定向的专业课授课时间被严重压缩，要在不到5个学期上完过去需在7~8个学期上完的专业课。这会造成两种结果：其一，压缩各科课时数；其二，砍掉部分课程。不论哪种选择，都会导致学生学到的专业知识在广度和深度上的缩水，严重影响人才培养的质量。

知识经济时代下，社会分工日益细化的结果是行业划分的深化，各行业之间在业务特点和业务重点上差异越来越大，从而导致其财务、会计工作在内容和重心上出现巨大的差异，直接表现为对财会人员专业知识和业务能力要求的差异性。简言之，随着行业划分的深化，会计学专业人才市场出现了不断细分的趋势。在任何时代、任何地域环境下，社会上都会存在系列主流行业引领社会经济发展的潮流，而这些行业恰恰是对会计学专业人才的主要需求者，当然也是高校会计学专业人才就业的主要去向。可见，客观上的社会分工细化和社会经济结构（产业结构）的动态变化，决定了社会对会计学专业人才需求的多样性和动态性。在这一背景下，传统会计学专业人才培养模式暴露出明显的不适应，主要表现为以下几点。

一是人才培养同质化。在传统会计学人才培养模式下，对学生按照统一的课程体系进行培养，具有明显的"同一化""批量化"特点。一个专业所培养出的学生知识面相同、知识结构相同、专业技能基本相同，甚至不同学校所培养出的专业人才也差异不大，这显然无法适应细分的人才市场对会计学专业人才的需求。

二是教学资源单一。在传统人才培养模式下，专业知识和技能全部由校内专职教师讲授。他们长期致力于理论研究和知识传授，而对于实践中的实务操作和新鲜经验掌握不多，由此导致所培养出的专业人才"理论强、实践弱"。这是传统专业人才培养模式下单纯依靠校内专职教师而没有有效整合社会教育资源的必然结果。另外，财务、会计工作比较敏感的特点决定了各单位均不愿意接收课程实习或毕业实习的学生，或勉强接收但限制其对实际业务的接触、参与程度，在缺乏社会教育资源参与的情况下，必然使学校面临实习单位难找、实习效果不佳的困境。

三是人才社会竞争力弱。"同一化""批量化"的培养模式决定了学生所学的专业知识必然仅局限于通用理论和技能层面。学生在就业时以单一的知识结构面对多样化、行业特点浓重的市场需求，其结果就是"上手慢""动手能力差""适应期长"，这也正是用人单位都愿意招收有实际工作经验的财会人员的原因。在当时激烈的人才竞争环境下，这种缺乏个性的人才培养模式严重影响了学生的社会竞争力。

由此可见，大类招生模式和日益细分的会计学人才市场从根本上动摇了传统会计学专业人才培养模式的环境适应性。探索科学的人才培养模式以适应内外部环境已迫在眉睫。

（二）大类招生和市场细分背景下柔性人才培养模式改革

面对上述问题，中国海大会计学专业自2005年下半年起，在总结前期会计学专业人才培养模式改革的成功经验、保持和强化科学做法的基础上，以大类招生和会计人才市场细分为背景，着手人才培养模式的改革，探索出一套柔性人才培养模式。这里的"柔性"，其含义主要是对刚性计划、方式或模式的适度调节，进而使其在一定范围内具备有限的动态性、适应性。

人才培养模式改革的基本思路是，以适应会计学专业人才市场不断细分的要求、实现大类生源与特色专业人才之间有机衔接为目标，以专业建设规划的完善和培养体系调整为切入点，以师资队伍建设、教育资源整合、课程和教材建设为中心，以组织管理和制度建设为保障，通过柔性化的人才培养过程全面提升专业建设水平和人才培养质量。

基于大类招生和人才市场细分的柔性人才培养模式内在机理如下图所示。

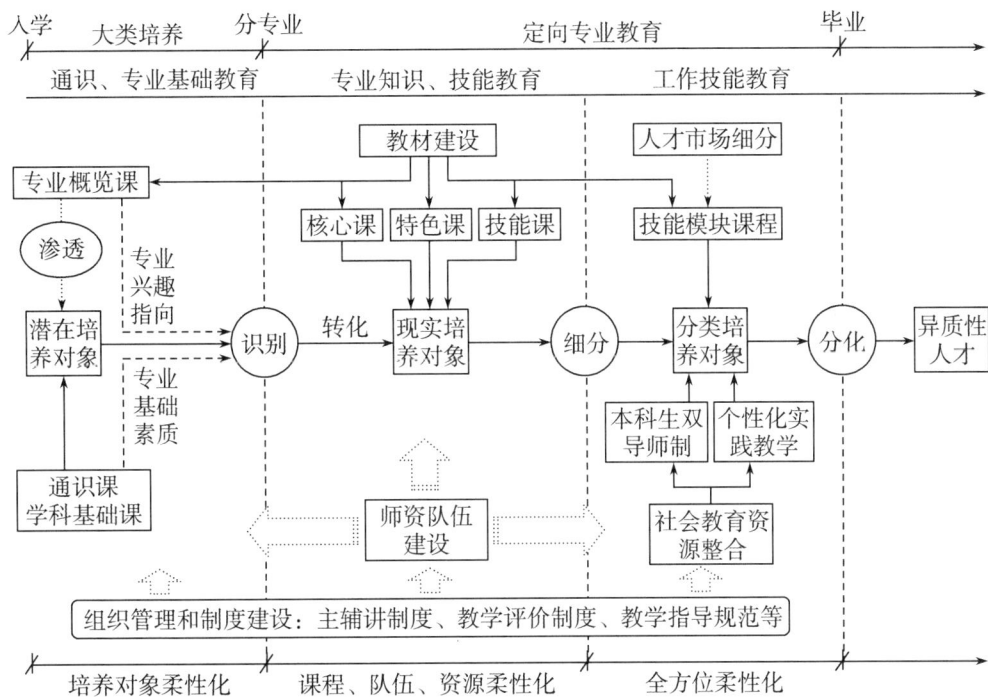

中国海洋大学会计学专业柔性人才培养模式示意图

在该模式下，会计学专业人才的培养分为三个阶段。

第一阶段为通识课和专业基础课教育阶段。该阶段针对大类招生模式下专业培养对象不确定的特点，对潜在的培养对象实施专业渗透，为未来的专业划分奠定基础，体现为培养对象的柔性化。

第二阶段为专业知识和专业技能教育阶段。该阶段对分专业后的现实培养对象实施统一、定向化专业通用理论和技能教育。通过教学内容、教学过程和教育资源的柔性化安排，实现专业基本理论、通用理论和技能教育的阶段性目标，为后续工作技能和业务特长的培养奠定基础。

第三阶段为工作技能教育阶段。该阶段以提高学生工作技能和社会竞争力为目标，结合会计人才市场需求多样化特征，以教学资源整合为基础，通过模块化课程体系的运行实现专业人才的分类培养，体现出培养对象、教学内容和教育资源整合等全方位柔性化特征。

通过上述三个相互贯通的人才培养阶段的依次推进，客观上形成一条"潜在培养对象——大类培养——集中培养——分类培养——异质性人才"的会计学专业人才培养路径。最终在夯实专业理论和基本技能的基础上,实现专业人才的技能属性和业务特长分化,培养出真正适应于细分市场的异质化会计学专业人才。

（三）大类招生和市场细分背景下柔性人才培养的实践

2005年初,中国海大会计学专业成立了由系主任王竹泉为组长的会计学专业建设领导小组,组织全体教师对管理学院大类招生给会计学专业人才培养带来的影响进行了深入的分析探讨,对国家及区域经济结构对会计人才需求特点进行了分析和预测,在此基础上,对会计学专业人才培养计划进行了修订。适应于大类招生和选课制,新的会计学专业人才培养计划包含通识教育、学科基础教育、专业知识教育和工作技能教育四个层面的课程。与2005年以前形成的特色课程体系相比,新的课程体系在保留了概览性课程、计算机应用课程、综合技能课程等基础上,新增了按专业方向设置的工作技能模块化课程,从而在本科生教育层面实现按专业方向的分类培养。工作技能模块化层面的课程分为五个模块,分别是管理控制模块（包含预算管理、绩效管理、成本管理控制和薪酬制度体系设计四门课）、财务管理模块（包含财务制度设计、营运资金管理、财务管理案例和资本运营实务四门课）、非营利组织模块（包含公共部门管理、政府审计、非营利组织财务管理和公共部门专题研究四门课）、金融企业模块（包括金融企业会计、商业银行经营管理、国际结算和金融企业内部控制四门课）和审计模块（包括政府审计、内部审计、效益审计和其他鉴证业务四门课）。模块化课程设置的依据是人才市场对会计学专业人才的专业技能要求或主要就业方向的专业技能要求。

为适应学校大类招生和人才市场多样化需求,按照新的人才培养计划,2006年,中国海大会计学专业柔性人才培养模式启动实施。其运行主要经历了以下三个阶段。

在通识和专业基础教育阶段,针对大类招生制度下通识和基础教育阶段"培养对象不确定"和因延迟划分专业而导致的"集中定向专业培养周期缩水"问题,会计学专业在第二学期开设了一门学科概览性课程——会计学学科概览,在第三学期开设了会计学基础性课程——簿记,全体工商管理类学生均可选修。将会计学专业概览性和基础性课程嵌入通识和专业基础教育阶段开设的目的在于,首先,通过专业概览性课程的开设,向潜在的专业培养对象进行渗透、影响,使课程选修者对会计学专业产生兴趣并树立会计职业理想,从而在大类培养阶段就初步明确专业培养对象,为第三学期的最终专业识别打好基础。其次,可以缓解后续专业课学习压力,使学生有充足的时间全面、深入学习专业知识和技能。

在第三学期的专业划分过程中,会计学专业采取学生自愿选择和专业选拔相结合的做法,即为保证会计学专业人才培养质量,在预选会计学专业的人数超过计划规模的情况下,对于优先取得会计学学科概览课程学分并在第三学期成功选择簿记课程的学生,按外语、西方经济学、管理学原理和会计学学科概览四门课平均成绩排序,择优录取到会计学专业进行后续培养,从而实现培养对象的最终识别,使得潜在的培养对象由“半隐蔽”状态转化为现实的培养对象。通过这一专业化分析机制,一方面能将优质生源吸引至本专业,另一方面鼓励学生尽早修习专业概览课和基础课,缓解后续学习专业核心课的压力。

这一阶段最为明显的特征就是会计学专业培养对象形成的柔性化,即通过专业渗透和学生自主选择相结合的办法形成相对明确的培养对象,有效地解决了大类招生模式下“培养对象不确定”和“培养期缩水”问题。

在专业知识和专业技能教育阶段,围绕会计学专业人才培养目标和特色定位,结合中国海大师资特点、生源特点和大类招生的教学运行体系特点,中国海大会计学专业在课程体系、师资整合、选课方式等方面进行了改革,并形成了自己的特色。这一阶段是培养学生专业基本理论、专业通用理论和专业基本技能的核心阶段,也是打好专业基础以提升工作技能的重要环节。

在柔性化的课程体系设置上,继承和强化了2005年之前培养计划的合理内核,即继续开设专业核心课、专业特色课和专业技能课三类课程,以区别于一般财经院校的课程体系,形成中国海大会计学专业自己的特色。

继续开设“管理咨询”“财务分析”等课程,培养社会急需的复合型人才。通过强化注册会计师审计实务课程建设,增强学生对审计基本原理的感性认识,并掌握先进的审计技能和方法,为实践工作的开展奠定扎实的专业技能基础;通过强化管理咨询课程建设,让学生在广泛学习专业基础课和专业核心课的基础上,在训练学生思维能力、策划能力的同时,开阔学生的视野、扩大其专业知识面,并培养其综合运用所学专业知识解决实际问题的能力，以更好地适应实际工作的需要；通过强化财务分析课程建设，培养和提高学生综合财务分析和诊断的能力，以更好地开展财务管理工作。

继续加大计算机类课程的比重，提高学生现代化工作手段应用能力。从第三学期开始直至毕业的每个学期，都结合会计学专业的特点开设相关计算机类课程，如计算机操作基础与网络技术、Foxpro与程序设计、管理信息系统、计算机会计Ⅰ（基础理论）、计算机会计Ⅱ（商品财务软件应用）、计算机会计Ⅲ（计算机财务管理）等课程，将计算机技术深度融合到专业课程中，通过三年时间对专业计算机课程不间断地学习，学生一毕业就能轻松适应工作的需要。

不断拓展双语教学的深度和广度。继续强化财务管理、国际会计准则、高级财务会计等课程的双语教学建设，提高学生的专业外语水平，使其了解、吸收和掌握国外先进的思想和方法。

同时，为更好地实现本专业的培养特色，加强专业核心课、特色课和技能课教材建设，与立信会计出版社合作再版中国海大会计学系列教材。这些教材在编写方式上，除了依靠本校专职教师的力量外，还整合了青岛市其他部分高校的优质会计教师的力量，进一步提高了教材的质量。

为适应中国海大大类招生模式下选课制的需要，会计学专业将全部专业课划分为专业必修课和专业限选课两大类。学生可以根据个人的兴趣和爱好在专业限选课课程中选修部分或全部课程。同时，在修课时间安排上，学生可以根据自己的学习计划，在满足先修课程的前提下自由安排必修课和限选课的修习时间，系内不做硬性规定。这样，即使分专业前没有获得会计学学科概览课程学分或没有选上簿记课程，学生也可以根据自身实际情况在适当的时机选课补修，以适应在会计学专业学习、发展的需要。这种选课制度既给了学生自主安排专业课学习过程的自由，又初步实现了培养对象知识结构和专业特长的差异化，充分体现了专业课学习内容和学习过程的柔性化。

在专业课授课组织上，继续实行"主辅讲制度"，并使之不断完善。尽最大可能调动教师教学积极性，使其将自己在该领域最拿手的专业知识传授给学生，也能使学生接受多种教学风格，提高专业知识学习积极性。主辅讲制度的推行实现了教学队伍和教学组织的柔性化,使得专业课的讲授不拘一格,有利于提升专业课的讲授效果,提升人才培养质量。

实践证明,在专业知识和专业技能教育阶段,柔性化的课程体系、选课方式和教学队伍有效地适应了大类招生模式下的选课制和生源特点,充分发挥出了会计学专业师资队伍的优势。通过柔性化培养过程的推进,使学生奠定扎实的专业理论和专业技能功底,实现了通识教育、学科基础教育阶段与工作技能教育阶段的有效衔接。

在工作技能教育阶段,根据会计学专业人才市场需求特点,结合学生个人兴趣和未来就业意向,实施分类培养、实现人才类型分化,造就异质性人才。本阶段人才培养的核心思想在于以模块化教学和分类培养为手段,以社会教育资源整合为保障,培养适应细分市场需要的异质性会计专业人才,全面提高学生的社会竞争力。具体做法如下。

根据会计人才市场细分情况、会计学专业学生就业主要去向及对工作技能的要求,设置必修工作技能课程和限选工作技能课程,其中限选类工作技能课程分五个模块开设,分别是管理控制模块、财务管理模块、非营利组织模块、金融企业模块和审计模块,每个模块开设四门核心工作技能课程。模块化课程在保持相对稳定性的前提下,随人才市场细分情况和学生就业形势的变化进行动态调整,从而体现出工作技能教学内容的柔性化,保证学生所掌握的工作技能贴近社会实际需要,从而使专业人才培养更具针对性。

会计学专业学生除了修习必修类工作技能课外,还必须选修完至少一个模块化工作技能课程方可毕业。这完全由学生根据个人兴趣、特长和未来就业去向自主选择;在满足先修课程规定的前提下,模块内课程修习时间由学生自己决定。学生也可以在时间和精力能够保证的前提下修习多个模块的课程。

在这一柔性化选课机制下,会计学专业人才培养对象在本阶段开始细分,分散到各个工作技能模块当中去分类、定向培养,从而实现人才培养的"准定制化",为后续异质性人才的成功分化创造条件。这是符合会计人才市场细分背景下人才培养规律的。

模块化分类培养的初衷和工作技能课程的特点决定,仅仅依靠校内专职会计学教师的力量，模块化课程不可能取得预期的效果。因此，中国海大会计学专业在充分挖掘校内教师和其他教学资源的基础上，对社会教育资源进行整合。采取了三项重大措施：一是聘请国内外会计学及相关领域著名学者任中国海大兼职教授，既弥补了校内师资在工作技能层面的不足，也扩展了学生的视野。二是聘请政府部门、行业监管部门、大中型企业、财税部门、审计部门、海关等实务界知名专家任学校或管理学院兼职教授，依靠他们的实务经验弥补校内专职教师在工作技能和经验方面的欠缺。三是建设会计学专业校外实践基地，切实解决学生课程实习和毕业实习难题。会计工作的特殊性决定，实习单位不好找，实习单位接收学生的意愿及主动性不足。为解决这一难题，中国海大会计学系与海尔、海信、四方车辆厂等大中型企业、会计师事务所等中介机构联合成立多个校外教学实践基地。

通过聘请国内同行专家和实务界专家任兼职教授、建设校外实习实践基地等举措，有效地整合了优质社会教育资源。在工作技能教育阶段的人才培养过程中，根据具体培养方式的需要对校内外教学资源进行动态调动、整合，从而实现教育资源整合的柔性化。柔性化的教育资源有效地支持了模块化、分类培养模式的实施。

为了更好地实现分类培养的目标，中国海大会计学专业在工作技能教育阶段，采取多种培养方式相结合的形式对学生进行培养。

实行"动态课程组"制。在课程组织上，模块化课程改变过去"一门由校内教师（或课程组）全程负责到底"的做法，实行"动态课程组"教学模式，即每门课程指定一位系内具有高级职称的教师作为总负责人，总负责人根据系内教师的专业特长选择课程组成员，同时根据课程内容的需要，随时聘请来自实务界的兼职教授和其他专家组成课程组。课程组成员各自发挥专业特长，将自己最拿手的理论研究成果、实战经验传授给学生。从而使各模块下的学生在吃透基本理论和方法的基础上，掌握先进、成熟、适用的专业技能，大大提高了学生的实际动手能力。在授课方式上，由课程组根据课程内容特点采取传统讲授、专题报告、案例讨论、沙盘模拟、企业模拟对抗、学术沙龙、实地参观等，教学形式不拘一格。

实行"本科生双导师制"。学生进入工作技能教育阶段后，根据其所选择的模块方向，在从事该模块教育的全部课程组成员范围内为其配备校内指导教师和校外指导教师各一名，实行双导师制。校内教师和校外实务专家共同指导该学生进行工作技能学习、训练，以及学位论文创作。双导师制既促进了培养对象对模块化方向课的学习，又为学生社会实习、就业创造了便利的条件。

开展个性化实践教学。与模块化课程和双导师制相配合，以校外实务界专家为主、校内专职教师为辅，为学生安排个性化的实践教学。实践教学地可能是正式的教学实践基地，也可能是根据具体实践内容及目的由导师组临时联系的企事业单位、金融机构、中介机构或政府部门。每个实践教学周期根据实际需要由导师组决定，可长可短。

为更好地开展模块化分类培养，中国海大会计学专业还在加强专业基础课、核心课及特色课教材建设的同时，加强模块化课程的教材建设。在教材的编写方式上，以模块化课程的课程组为责任单位，由校内教师和实务界专家共同执笔编写，以保证教材内容贴近实践，简明实用，满足工作技能教育的要求，体现工作技能教育的特点。在出版时机尚不成熟的情况下，首先印制校内发行本。

显而易见，柔性化的教学内容、选课方式、培养方式和教育资源整合方式，充分利用了学校大类招生模式下选课制提供的便利，有效地适应了人才市场细分对会计学专业人才培养提出的特殊要求。

通过会计学专业柔性人才培养模式的具体运行可以看出，这种三阶段柔性人才培养模式克服了大类招生模式下传统人才培养模式所固有的诸如"培养对象不确定""集中定向培养期缩水"等弊端。同时，也克服了会计人才市场细分背景下传统人才培养模式所无法回避的"人才培养同质化""人才竞争力弱"等问题，能够培养出市场竞争力和动手能力强的异质性、实用型会计专业人才。

为保证上述柔性人才培养模式的健康、高效运行，会计学系还从组织建设、师资队伍建设和制度建设三方面入手，加强柔性人才培养模式的基础保障。

以组织建设为抓手。一是成立会计学专业建设领导小组。2005年初，为适应大类招生，会计学系成立了以系主任王竹泉教授为组长、系教学副主任张世兴教授为副组长的会计学专业建设领导小组。负责学科和专业建设规划的论证和制定、人才培养模式改革方案的论证、专业建设方案的组织实施和效果评估等。2006年，中国海大会计学专业被批准为山东省首批普通高等教育品牌专业之后，专业建设领导小组又专门设置了"品牌专业建设项目主任"一职，由马广林博士担任，主要协助系主任组织实施专业建设的各项具体任务，积累和总结专业建设的数据和资料。二是注重发挥教学管理委员会的作用。继续作为会计学系民主管理组织之一，在讨论和制定教学及人才培养政策、制定教学管理制度和文件、负责校外兼职教授的选聘等事务上履职尽责。三是成立系级教学评估委员会。为提高系内教师教学水平，本着以评促建的原则，成立以教学副主任为组长的系级教学评估委员会。该委员会的职责在于定期对系内教师（特别是年轻教师）进行教学效果评估，帮助年轻教师改进教学、提高教学水平。该委员会的成立对提高会计学专业整体教学水平、增强专业吸引力发挥了重要作用。

以教师队伍建设为重点。在以人为本的观念指导下，会计学系始终将师资队伍建设作为专业发展和人才培养的头等大事。经过1998年至2005年间的建设，会计学系的师资队伍已经得到明显改善。在2006年至2009年的新的教学改革过程中，会计学系继续坚持在职培养与外部引进相结合、专职教师与兼职教师互补的原则，大力加强师资队伍的建设。至2009年，会计学专业教师全部具有硕士研究生以上学历，其中博士和在读博士的比例高达73%，具有高级职称教师的比例达到77%。有多名教师担任中国会计学会、中国会计学会教育分会、中国会计学会财务成本分会、山东省会计学会等省级以上专业学会的理事或常务理事，多名教师担任《会计研究》等杂志的审稿人和国家自然科学基金项目的通讯评议专家。王竹泉成为山东省内唯一入选教育部新世纪优秀人才支持计划的会计学专业教师，2006年、2009年，王竹泉、房巧玲先后入选财政部全国会计领军人才（后备）计划。此时，会计学系师资队伍的整体水平已进入国内先进行列。

同时，为了配合模块化分类培养机制，与山东省注册会计师协会、海尔集团等知名会计师事务所和大型企业密切合作，聘请了一大批专家作为学校或学院的兼职教授，有效地充实了师资队伍，改善了师资队伍的知识结构，为柔性人才培养模式的健康运行提供了师资保障。

以制度建设为保障。制度建设是专业发展和人才培养的重要软件条件，为了提高专业教学质量，会计学系一如既往地重视教学管理制度的建设。一是继续实施主辅讲制度，教师的教学水平不断提高。二是实行双向教学评价制度。为促进教师认真备课、授课，不断提高教学质量，会计学系建立双重教学评价制度，即在接受系教

中国海洋大学会计学系教师合影（2005年）

学评估委员会定期评价（每位教师每三年至少接受一次评估）的同时，还在每学期末由学生匿名打分，对教师教学水平进行评价。这一评价机制对于督促教师提高教学质量发挥了重要的作用。三是制定和实施"会计学系教学基本规范"。为将教育部《关于加强本科教育的12条意见》落到实处，规范教学活动，会计学系制定了《中国海洋大学会计学系教学基本规范指南》。针对备课、授课、作业、辅导答疑和考试等各教学环节均制定出富有指导意义和规范作用的行为规范，既作为教师开展教学工作的基本遵循，又是开展教学评价、考核教师教学工作的重要依据。

教学管理组织建设、师资队伍建设和教学管理制度建设，为会计学专业柔性人才培养模式提供了有力的基础保障，为其高效运行营造了健康的组织环境、制度环境和人才环境。

（四）实施柔性人才培养模式的效果

柔性人才培养模式自2006年起正式运行以后，中国海大会计学系人才培养和专业建设均取得了阶段性成果。

柔性教学体系运行稳定。经过近四年的运行，柔性人才培养模式的教学体系日臻完善，到2009年已经达到稳定运行的状态。特别是工作技能教育阶段模块化选课秩序井然，且学生在模块间的分布情况比较符合近期会计学专业人才市场需求现状，以2006级会计学专业学生模块化课程选择情况为例,在160名学生中,72人选择财务管理模块,占总人数的45%;10人选择非营利组织模块,占总人数的6%;22人选择金融企业模块,占总人数的14%;13人选择审计模块,占总人数的8%;43人选择管理控制模块,占总人数的27%。

专业吸引力增强。到2009年,会计学专业已成为工商管理类优秀学生优先选择的专业,2008届的学生分专业统计情况显示,在学习成绩排名前200名的学生中,50%以上学生的第一志愿选择为会计学专业。

人才培养社会认可度提高。会计学专业建设取得的成绩不仅得到了学生和家长的认可,而且得到了社会的广泛认可。2006年以后,会计学专业毕业生就业竞争优势日益突出,学生一次就业率均在95%以上,而且总体上保持着稳中有升的态势。2003年至2008年学生一次就业率对比情况如下图所示。

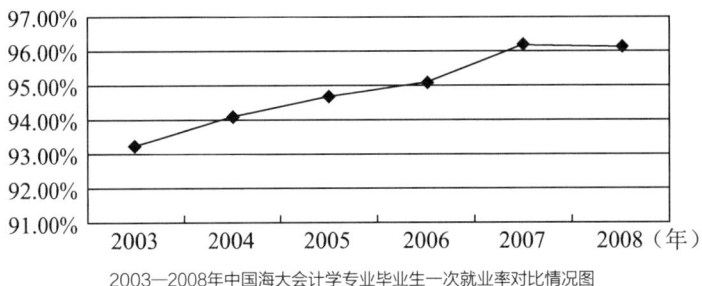

2003—2008年中国海大会计学专业毕业生一次就业率对比情况图

四、躬耕不辍,专业建设实现新突破

(一)专业建设的第二次跨越:博士学位授予权获批

2005年12月,国务院学位委员会授予中国海大会计学博士研究生培养资格,由此中国海大成为山东省首家具有会计学博士学位授予权的单位。成功获批博士点,中国海大会计学学科建设的成效得到了国家层面的认可,标志着会计学学科办学层次和办学水平迈上了新台阶,实现了本、硕、博层次全覆盖,更意味着在国家高层次、高水平会计人才培养方面,学校和院系所承担的责任更加重要。从1996年获批会计学硕士学位授予点到2006年获批会计学博士学位授权点,仅仅用了十年的时间,这在当时创了全国的纪录。

　　对于一个非财经类的院校来说,申报会计学博士学位授权点的难度是非常大的。与全国财经类院校相比,中国海大的会计学学科只能说是才刚起步。在2004年申报会计学博士学位授权点时,系里有不同的看法。有些人顾虑,虽然我们具备了申报条件,但与兄弟院校相比,尤其是与财经类院校相比,我们没有竞争优势,申报成功的机会十分渺茫。但是,时任系主任王竹泉主张要积极申报。他的观点是,不申报,没有任何机会;申报不成功,也不是坏事,至少让业内了解了中国海大会计学系。在他的坚持和劝说下,最终大家统一了认识,全系上下群策群力,积极进行博士点申报工作。

　　坦率地说,与同时申报博士点的江西财经大学、北京工商大学等高校会计师资队伍相比,学校会计学系的教师队伍较为薄弱,申请博士点确实是一件十分困难的事情。而且,招收博士生设立什么研究方向,开设哪些课程,博士生导师小组如何组建,这些问题不是十分明确,申报书的编写并非信心十足。好在学校和学院大力支持,系主任王竹泉作了充分调查研究和分析,系里的教授们也为王竹泉的激情和敢为人先的精神所打动。在王竹泉的主持下,徐国君、王竹泉、罗福凯、李雪四位教授一起合成了申报材料。

　　会计学博士研究生的招生及其研究方向的确立,标志会计学系学科建设的优势和未来学科发展的方向。根据当时系里老师的学术论文和著作情况,徐国君的人力资源会计研究、王竹泉的财务会计研究、罗福凯的财务研究和李雪的审计理论研究等领域的成果比较集中和显著,他们不仅在《会计研究》《财务与会计》和著名大学学报发表过论文,而且都在中国财政经济出版社和经济管理出版社出版了学术专著。这些论文和著作已在学界产生了一定的影响力。在学校和管理学院时任院长权锡鉴教授的领导下,王竹泉组织教师充分讨论后,决定在申报书中设置人力资源会计、财务会计理论、财务管理基础理论和审计理论四个研究方向,预设分别由徐国君、王竹泉、罗福凯、李雪四位教授招收博士研究生,并将申报书呈给著名会计学家郭道扬、罗飞等教授,请其指导、修改和完善。招生博士研究生极大地激发了全系教师建设和发展会计学学科的热情。

　　2005年12月,经通讯评议、国务院学位委员会学科评议组专家审核并报国务院学位委员会批准同意,第十次学位授权审核中国海大会计学博士学位授权点复审通过。同时获批会计学一级学科博士点的还有另一个高校。在外界看来,中国海大能够获批会计学一级学科博士点在意料之外,但在会计学系的老师看来,这却是意料之中。跻身博士学位授予单位,是中国海大会计学系办学实力、办学水平、办学特色和学术地位的集中体现,对于进一步增强会计学学科的核心竞争力具有十分重要的意义。

(二)从会计理论到会计实务拓展:MPAcc

2004年3月,国务院学位委员会、教育部下发《关于成立全国会计硕士专业学位教育指导委员会的通知》,提出在我国设立会计硕士(MPAcc)专业学位,探索我国应用型高层次会计人才的培养模式,推动我国会计硕士专业学位教育的发展与提高。在专业学位研究生教育方面,学校2007年获得MPAcc授权资格,是全国第二批、山东省首个具有该项资格的院校,成为全国25个MPAcc授权单位之一。

自2007年以来,中国海大MPAcc学位点立足山东半岛城市群,面向我国东部经济发达地区,坚持以需求为导向,以质量为根本,充分利用山东省首个会计学专业博士点、山东省首批工商管理一级学科博士学位授权点和山东省强化建设的会计学省级特色重点学科等优势学科平台和中国企业营运资金管理研究中心等协同创新平台,积极整合社会优质资源,将科研创新能力、管理实践能力和职业胜任能力培养有机融合,实现协同创新和协同培养的互动,协力提升MPAcc项目的品牌声誉。截至2022年底,已为社会培养出1200多名毕业生。他们主要就职于大中型企业、会计师事务所、金融机构以及政府有关部门,受到用人单位的普遍好评。MPAcc通过山东省研究生教育创新计划(全日制会计硕士专业学位研究生培养模式创新研究)、山东省专业学位研究生案例库建设项目"内部控制制度设计案例库""营运资金管理案例库"、山东省研究生教育优质课程"营运资金管理""管理信息系统"、山东省研究生教育联合培养基地"中国企业营运资金管理研究中心"等的建设,创建了独具特色的科教融合、产学互动、理实一体的资金管理研究生教育资源整合模式,构筑了内容丰富、开放共享的资金管理特色研究生教育资源共享平台。"营运资金管理创新研究、特色人才培养与社会服务的协同与互动""科教融合、产学协同,联合打造资金管理特色研究生教育资源共享平台""持续推进会计学专业综合改革,培养具有全球胜任力的卓越人才"三项成果获得山东省优秀教学成果一等奖，"政产学研协同的营运资金管理创新与人才培养模式"获得山东省研究生教育优秀教学成果二等奖。"科教融合，产学协同，理实一体，构筑财会专业研究生教育特色资源共享平台"获国家教学成果二等奖。2019年，中国海洋大学会计硕士教育项目通过会计专业学位教育质量认证（AAPEQ），并获得A级。

国家级教学成果奖证书

全国会计专业学位教育质量A级认证证书

　　王竹泉教授作为山东省最早获得会计学专业博士学位的学科带头人和山东省唯一的全国会计领军人才特殊支持计划入选者、财政部会计名家工程入选者，以多种方式为山东、青岛高校的会计学专业和学科建设提供支持。受聘首届山东省本科教育教学指导委员会副主任委员，为山东省高校会计学专业的教学改革提供指导；多次参与山东财经大学等博士点建设的评审和验收等工作；作为山东省最早获得会计硕士专业学位（MPAcc）授予权的项目负责人，为中国石油大学、山东财经大学等高校的会计硕士项目的申报提供咨询、指导和帮助。受聘山东财经大学、济南大学等高校的兼职教授，为上述学校的学科建设提供指导。受聘青岛市财经商贸类专业教学指导委员会主任委员，对青岛多所学校的会计学品牌专业建设项目提供指导；将国内的优质会计教育资源引入青岛并与其他高校共享，主办中国会计学会会计基础理论专业委员会首次专家论坛、会计名家公益大讲堂和营运资金管理高峰论坛暨混合所有制改革与资本管理高峰论坛、中国资金管理智库高峰论坛等，邀请省内高校师生参加，有力地促进了相关高校会计学专业学科发展。

（三）学科建设多点开花：品牌专业、特色专业

2000年5月经山东省教育厅专家组审核、教育厅批准，中国海大会计学专业作为省级教学改革试点专业拟滚动项目，2002年正式立项为省级教学改革试点专业，2005年12月，"会计学教学改革"项目顺利通过山东省教育厅验收，鉴定意见为"指导思想明确，方案科学合理，执行有力，经过5年的扎实建设，圆满完成了立项书中提出的预期目标，取得了具有显著特色和示范作用的改革成果，同意结项"。2006年11月，中国海大会计学专业被批准为山东省首批普通高等教育品牌专业。

特色专业是高等学校本科教学质量与教改工程的重要内容，也是高校办学水平和教学质量的综合体现。开展特色专业建设，是为了适应国家经济、科技、社会发展对高素质人才的需求，引导不同类型高校根据自己的办学定位和发展目标，发挥自身优势，办出专业特色，为同类型高校相关专业建设和改革起到示范和带动作用。2008年，中国海大会计学专业柔性人才培养模式由于特色显著、效果明显，具有较强的示范效应，被教育部立项为国家特色专业建设点。

五、国际化、特色化和职业化的专业综合改革

"强化发展特色、协调发展综合，以特色带动综合、以综合强化特色"是中国海大的学科发展理念，也是会计学专业发展的遵循和指引。为构筑全新的国际先进与本土特色有机融合的会计人才培养模式，中国海大会计学系开展了教育部质量工程——会计学专业综合改革，将全球公认的ACCA核心课程与本校品牌特色专业的分方向模块化课程有机结合，充分发挥研究型大学的研究优势、中国企业营运资金管理研究中心（中国资金管理智库协同创新中心）的协同优势以及ACCA品牌的平台优势，科教融合、产学协同，以创新能力、沟通能力与专业实践能力培养为目标，形成了"两大体系""三方优势""三大能力"的卓越财会人才培养体系。

（一）学界标杆：中国企业营运资金管理研究中心

中国企业营运资金管理研究中心由中国会计学会与中国海大合作创立，依托中国海洋大学会计学系管理运营。研究中心成立以后，紧扣时代主题，瞄准国家经济发展、地方经济社会发展和企业管理的重大需求，积极推进协同创新。在王竹泉教授带领下，研究中心秉承"理实一体、合作共赢"的理念，强化资金管理理论创新、特色人才培养和高质量服务社会的协同与互动，积极强化智库功能，持续打造国内外资金管理领域具有重要影响的学术高地和高端智库，为推动我国经济高质量发展和智能资本配置提供创新性思路和可行性方案。

会计和财务实践具有广泛性、复杂性和动态性的特征，会计和财务理论的研究需要以全面、系统、持续的调查分析为基础，这意味着会计和财务理论的研究不能单打独斗，必须团队合作和协同创新。

2007年，王竹泉申请了国家自然科学基金项目"基于渠道关系管理的营运资金管理研究与中国上市公司营运资金管理数据平台建设"，研究内容涉及对中国上市公司营运资金管理的持续调查，由于调查的工作量巨大，王竹泉开始带领团队并指导研究生合作开展研究。

2009年8月，本着搭建平台、整合资源、共享信息、服务社会的理念，中国海大营运资金管理研究团队与中国会计学会合作设立了中国企业营运资金管理研究中心，吸引了一大批理论和实务界的会计领军人才参与，并作为财政部全国会计领军人才的合作研究基地，为会计领军人才培养机制创新提供示范模式。研究中心在提供营运资金管理动态、营运资金管理专题数据、营运资金管理案例、营运资金管理绩效排行榜等信息的同时，组织营运资金管理的专题研讨会和相关培训、咨询，搭建一个资金管理理论与实务研究和交流的高端平台，实现科学研究、信息支持、专题研讨和服务社会的有机结合，从而切实推进我国企业营运资金管理理论研究和实践水平的不断提升。研究中心以独创的基于渠道管理的营运资金管理理论为支撑，持续开展中国上市公司营运资金管理调查，每年在《会计研究》发布"中国上市公司营运资金管理调查"，按年度发布"中国上市公司营运资金管理绩效排行榜"，并成功开发"中国上市公司营运资金管理数据库"，持续编撰《营运资金管理发展报告》丛书，持续举办全国性的营运资金管理高峰论坛，促进了营运资金管理领域理论与实践的交流和互动。每年的调查有60位以上研究人员参与到从数据采集校对、资料分析、调查报告到发展报告撰写的全过程,前后历时6个多月,是大规模团队合作和协同创新的集中体现。

2013年5月,中国企业营运资金管理研究中心联合南京大学会计与财务研究院、中山大学管理学院、中南财经政法大学会计学院、浙江大学财务与会计研究所等十家单位共同组建营运资金管理协同创新中心,各方一致同意利用各自的学科、科研、平台、人才等优势资源以及国家、地方政府和行业等方面的政策,积极吸纳政府、企业以及国内外社会的支持与投入,以共同编撰《营运资金管理发展报告系列丛书》和共同举办"营运资金管理高峰论坛"为纽带,带动"营运资金管理数据库""营运资金管理案例库"等的建设,以期集聚和培养一批拔尖创新人才,产出一批重大标志性成果,使"营运资金管理协同创新中心"成为具有重要影响的营运资金管理学术高地和权威智库。

2016年12月,中国企业营运资金管理研究中心入选中国智库索引（CTTI）首批来源智库,成为我国高校财务与会计类专业唯一入选的研究机构。在前期与南京大学、浙江大学、中山大学等高校、中国会计学会、中国企业财务管理协会等行业协会以及政府部门、著名企业等协同创新基础上,又邀请山东大学、中国石油大学（华东）、江西财经大学、首都经济贸易大学、北京工商大学、山东财经大学、山西财经大学等十多所高校,以及中国石油天然气集团有限公司等著名企业共20多家单位加入,协力打造"中国资金管理智库"（CMTTC）品牌,共同推动我国资金管理理论和实践的创新和发展。2017年10月,中国资金管理智库协同创新中心获得山东省高等学校协同创新中心立项建设。2018年和2022年,中国企业营运资金管理研究中心连续两届入选中国智库索引（CTTI）高校百强智库（A级）,是山东省入选的两家高校智库之一,是全国高校会计和财务类研究机构唯一入选机构,2020年被评为山东省高等学校示范协同创新中心。

近十年里,围绕"资本效率与风险分析"研究领域,中国企业营运资金管理研究中心研究团队先后承担了6项国家自然科学基金项目、6项国家社科基金、2项国家软科学规划研究项目、1项教育部新世纪人才支持计划项目、1项财政部全国会计领军人才特殊支持计划项目、1项财政部会计名家工程项目以及20多项省部级以上项目。完成的科研教学成果获得国家自然科学基金绩效评估优秀、山东省社科优秀成果二等奖、财政部和中国会计学会优秀成果二等奖、山东省软科学研究优秀成果二等奖和国家教学成果二等奖、山东省优秀教学成果一等奖等20多项奖励。王竹泉主持完成的国家自然科学基金项目"基于渠道关系管理的营运资金管理研究与中国上市公司营运资金管理数据平台建设"（70772024）、国家自然科学基金项目"利益相关者集体选择视角的企业价值管理研究"（71172099）均获得国家自然科学基金结题项目绩效评估优秀，完成的财政部全国会计领军人才特殊支持计划项目"利益相关者视角的营运资金管理管理研究"被评为优秀，并以第一名的成绩获得首批全国会计领军人才特殊支持计划毕业证书。在《管理世界》《会计研究》《中国工业经济》等重要学术期刊发表论文60多篇，主持编撰出版《资本效率发展报告2018》和《财务风险发展报告2018》等系列发展报告11部，累计近2000万字。成功主办"营运资金管理高峰论坛""营运资金管理高峰论坛暨混合所有制与资本管理高峰论坛""中国资金管理智库高峰论坛"等系列高峰论坛，吸引了200多所高校、企业的2000多人参加研讨，编撰的系列高峰论坛论文集刊载了100多所高校、近2000名教师、研究生的成果和团队活动成果。完成的"中国上市公司资本效率与财务风险调查：2016"被收入"光明日报思想理论成果数据库"，并获光明日报社颁发的"2017中国智库治理暨思想理论传播高峰论坛二等奖"。论文《国内外营运资金管理研究的回顾与展望》成为我国营运资金管理领域被引量最高的论文之一。多项成果被人大报刊复印资料全文转载，开发的"中国上市公司营运资金管理数据库"产生了广泛的影响。

（二）一席难求：火热的ACCA

ACCA在国内称为"国际注册会计师"，是特许公认会计师公会（The Association of Chartered Certified Accountants）的缩写。1904年成立于英国，是目前世界上领先的专业会计师团体。ACCA作为最早进入中国的国际专业会计师组织，截至2020年在中国拥有2.3万名会员、4.8万名学员，ACCA在全国主要城市设有30多个考点，中国海大作为山东省首家举办ACCA方向班的院校，ACCA的考试中心就设在会计学系。

2012年8月起，作为会计学学科国际化发展的突破口，中国海大每年面向全校新生公开选拔50名左右学生，组建会计学专业（ACCA方向班）进行综合改革试点。第一年招生全校共有600多名大一学生报考，录取比例大约为1∶10，可谓一席难求。

作为山东省第一个成建制的会计学专业（ACCA方向），ACCA方向班为有志于成为国际化财会高端人才的学生提供进入会计学专业学习的机会。在课程设置上，会计学专业（ACCA方向）将国际先进的ACCA全球统考核心课程（共13门）与以"营运资金管理""智能财务共享"为代表的本土特色课程融合，形成国际先进与本土特色相融合的课程体系，着力提升人才培养的国际化水平和全球专业胜任能力。连续多年报名人数均在300人以上，其火热程度可见一斑。

截至2020年12月，ACCA方向班所培养的学生10人次获得ACCA全球考试中国大陆单科第一名，获得海峡两岸大学会计辩论赛亚军2次、季军1次，获得ACCA就业力大比拼华北赛区冠、亚、季军各1次。在中国科教评价中心发布的2016—2017、2017—2018中国大学会计学专业排行榜中，中国海大在全国480所开设该专业的本科院校排名第17位，专业综合改革的经验受邀在教育部高等学校会计学专业教学指导分委员会2015年年会、第七届高校国际化人才培养与ACCA教学研讨会（2016年）等全国性大会作主题报告。2014年7月，"营运资金管理特色研究、创新性人才培养与社会服务的互动与协同"教学成果获得山东省省级教学成果奖一等奖；2018年1月，"持续推进专业综合改革，培养具有国际竞争力和专业特长的卓越财会人才"和"科教融合、产学协同，联合打造资金管理特色研究生教育资源共享平台"两项教学成果获得山东省高等教育优秀教学成果一等奖，为非财经类院校会计学专业综合改革提供了良好的示范和借鉴。2018年，"营运资金管理"课程被评为国家级精品在线开放课程；2019年，中国海大会计学专业顺利入选首批国家级一流本科专业。2020年，"营运资金管理"课程入选首批国家级一流本科课程（线上课程）和国家级一流课程（线上线下混合）。

（三）全国重点建设职教师资培养培训基地

为进一步加强职教师资培养体系建设，提高职教师资培养质量，"十二五"期间，中央财政支持全国重点建设职教师资培养培训基地，开发100个职教师资本科专业的培养标准、培养方案、核心课程和特色教材。2012年10月，经严格遴选、评审，确定43个全国重点建设职教师资培养培训基地作为项目牵头单位，中国海大王竹泉教授作为项目负责人的"财务管理职教师资本科专业培养标准、培养方案、核心课程与特色教材开发"（VTNE074）获批立项，并获得150万元经费支持。在研究过程中，项目负责人组织中国海大、中国石油大学（华东）等院校的专家学者40多人形成了较为密切的协同创新团队，开发完成的"职教师资财务管理专业培养指导标准""中等职业学校财务管理类专业教师指导标准"和以"营运资金管理"为特色的五部配套教材得到教育部采纳；所开发的全套成果在教育部、财政部组织的课题验收中得到了专家组的高度肯定，在全国财经商贸类专业17个专业项目中被评为最高分，为财会职教师资的培养提供了坚实的资源保障。其间，每年接受教育部、财政部的委托，负责会计学专业中职学校骨干教师的培训，2015年起又接受教育部、财政部委托，负责会计学专业中职学校专业带头人的培训，共培训骨干教师和专业带头人200多人，在财会职教师资教育研究、课程开发、教学方法等方面进行了富有成效的探索，积累了较为丰富的职业教育师资培养培训的经验。2015年，适应国家和区域经济发展对具有良好专业背景和较强的职业教育能力的职业教育人才的迫切需求，在前期高质量完成系列开发成果基础上，中国海大会计学专业研究创建了财会职业教育本硕连读的人才培养模式，将本科教育层面与研究生教育层面的会计硕士专业学位研究生教育综合改革有机衔接，进一步增强了会计学专业本科生分类培养体系的先进性，进一步提升了学校会计学专业和学科的影响力和竞争力。

六、结语：路漫漫其修远兮

涓涓细流汇成大海，点点星光映照银河。中国海洋大学会计学系在过去30多年的发展历程中取得了耀眼的成就，在山东、在全国都具有典型的示范效应。"问渠那得清如许，为有源头活水来"，正是中国海大一代代会计学人源源不断地注入清冽的甘流，使得会计学系的活力越发充沛，战斗力越发强大，取得了中国海大会计学人引以为豪的成就。

在学科点建设方面，中国海大会计学系2006年获批会计学专业博士学位授权点，是山东省首个会计学博士点；2007年获批山东省首个会计硕士（MPACC）专业学位授权点；2010年获批山东省首批资产评估硕士（MV）专业学位授权点，2011年，会计学被立项为山东省强化建设的特色重点学科，2019年，成为山东省首个通过会计专业学位教育质量认证（AAPEQ）A级的高校，直至2023年，学校一直是山东省内唯一通过该项认证的高校。学科点建设所取得的突出成就为高层次人才培养搭建了优良平台。

在专业建设方面，中国海大会计学专业2006年被山东省教育厅批准为首批普通高等教育省级品牌专业，2007年被山东省教育厅批准为首批成人高等教育省级品牌专业，2008年被教育部批准为国家特色专业，2019年被评为首批国家级一流本科专业。品牌专业建设所取得的成就，有效地推进了人才培养模式改革工作的开展，为人才培养质量的提高打下了良好的基础。

在人才培养方面，积极开展人才培养模式改革工作，与时俱进，人才培养质量显著提高。中国海大会计学系教师上课学生满意度高，赢得了社会和学校师生的一致好评。王竹泉教授被评为全国模范教师、山东省教书育人楷模、山东省教学名师、山东省优秀研究生导师等。7位教师获得学校教学评估优秀，3位教师分获学校本科教学优秀奖一等奖、二等奖和三等奖。所培养的学生社会认可度高，近五届学生累计大学英语四级通过率90.5%，六级通过率54.3%；新生第一志愿报考率平均96.9%；学士学位获得率96.5%；学生考研录取率22.8%；毕业生一次性就业率96.6%。

造就了一批工作敬业、学术严谨、研究成果丰富的教师队伍。至2023年，会计学学科共有专职教师28人，约80%以上有博士学位，其中教授10人、副教授10人、讲师7人；硕士研究生导师27人，博士研究生导师5人。徐国君教授和王竹泉教授先后获得国务院政府特殊津贴奖励；王竹泉教授入选国家"万人计划"哲学社会科学领军人才、中宣部文化名家暨"四个一批"人才、财政部会计名家、财政部首批全国会计领军人才特殊支持计划、财政部首批学术类全国会计领军人才、教育部新世纪优秀人才等，并荣获评全国模范教师、山东省教书育人楷模、山东省教学名师、山东省优秀研究生导师、青岛高校名师、中国海洋大学最美教师等荣誉称号；房巧玲教授入选财政部全国会计领军人才。数位教授入选中国会计学会专业委员会、财政部企业会计准则咨询专家、内部控制标准委员会咨询专家、政府与非营利组织会计准则咨询专家等。

春去秋来，岁月不居。中国海大会计学专业从小到大、由弱到强，一步一个脚印地走出了一条探索、提高、壮大的道路。成绩属于过去，希望更在未来。中国海大会计学学科将在新的起点上，迎接新的挑战，为中国会计研究与教育事业贡献自己的力量。

参考文献

［1］管华诗. 管华诗教育文集——高水平特色大学的探索与实践［M］. 青岛：中国海洋大学出版社, 2007.

［2］张静. 中国海洋大学大事记［M］. 青岛：中国海洋大学出版社, 2014.

［3］翟广顺. 山东（青岛）大学史：1929—1958［M］. 青岛：中国海洋大学出版社, 2021.

［4］魏世江. 走进海大园［M］. 青岛：中国海洋大学出版社, 2007.

［5］宋文红. 交流与对话：中国海洋大学首届本科教育教学讨论会报告文集［M］. 青岛：中国海洋大学出版社, 2008.

［6］李巍然. 探索与行动：中国海洋大学首届本科教育教学讨论会研究文选［M］. 青岛：中国海洋大学出版社, 2009.

［7］宋文红, 曾名湧. 建构与行动：中国海洋大学新世纪第二届本科教育教学讨论会文集［M］. 青岛：中国海洋大学出版社, 2013.

［8］段善利. 切问与笃行：中国海洋大学本科教育教学研究文集［M］. 青岛：中国海洋大学出版社, 2018.

［9］宋文红, 马勇. 质量之本　孜孜以求——中国海洋大学教学评估和督导回顾与展望［M］. 青岛：中国海洋大学出版社, 2007.

［10］段善利. 底·器：中国海洋大学教学督导工作建制20周年［M］. 青岛：中国海洋大学出版社, 2020.

［11］中国海洋大学党委宣传部. 八关山下：中国海洋大学的文脉延承［M］. 青岛：中国海洋大学出版社, 2012.

［12］张静. 海阔扬帆：中国海洋大学校友访谈录［M］. 青岛：中国海洋大学出版社, 2014.

［13］魏世江.走在特色之路上：中国海洋大学校外媒体新闻作品选（2000—2004）［M］.青岛：中国海洋大学出版社，2005.

［14］杨洪勋.文学家与海大园［M］.北京：中国国际广播出版社，2010.

［15］周广璜，李扬眉.继绝开新：作者读者编者回忆《文史哲》［M］.北京：商务印书馆，2011.

［16］刘文忠.四大师：陆侃如、冯沅君、高亨、萧涤非［J］.新文学史料，2015（3）：92-99.

［17］周融.洪深在青岛：西风卷尽桃花梦［N］.中国海洋大学报，2017-04-06.

［18］郭戈.方宗熙：从人教社走出去的著名生物学家［N］.中华读书报，2020-06-24.

［19］《方宗熙文集》编委会.方宗熙文集［M］.北京：海洋出版社，2012.

［20］刘宜庆.向海而生——方宗熙［M］.青岛：中国海洋大学出版社，2023.

［21］侍茂崇，纪玉洪.传奇教授侯国本［M］.青岛：中国海洋大学出版社，2019.

［22］彭克慧.新中国海洋战略发展史［M］.北京：人民出版社，2017.

［23］史贵全.中国近代高等工程教育研究［M］.上海：上海交通大学出版社，2004.

［24］上海理工大学校史研究室.上海理工大学工程教育百年［M］.上海：上海交通大学出版社，2011.

［25］周家伦.同济大学百年卓越工程教育图史［M］.上海：同济大学出版社，2012.

［26］赵瑞红.科研成果背后的故事［M］.青岛：中国海洋大学出版社，2015.

［27］李勋祥.“战风斗浪”，为海洋工程“保驾护航”［N］.青岛日报，2020-12-23.

［28］陈聪诚.新中国高等工程教育改革发展历程与未来展望［J］.中国高教研究，2019（12）：42-48，64.

［29］范其伟，何培英，刘中华，等. 套餐+单点：构建本科教学运行新体系［J］. 中国高等教育，2005（18）：36-36.

［30］于志刚，宋文红，李巍然，等. 教学质量保障的新模式探索［J］. 中国大学教育，2009（3）：59-61.

［31］刘骏. 服务经济与政策效应：百年中国会计学科的变迁——兼述江西财经大学会计学科的发展［J］. 教育学术月刊，2015（9）：68-75.

后　记

在学校领导和各单位的大力支持下，校史各卷编写团队历经六个寒暑，数易其稿，反复审修，精心打磨，《中国海洋大学史》（六卷）在百年校庆到来之际面世了。这是中国海洋大学第一次官方修史，是编写人员竭尽所能，敬呈于国家、社会、校友和师生的一份答卷。同时，也期望它能对中国海大继往开来有所裨益。

《现象卷》属于单篇式结构，所收录文稿或以记人为主，或以记事为主，或记人记事不分主次，皆为报告文学体裁，讲述的是学校百年史上主题鲜明的"海大故事"。其中，有引领和主导中国蓝色养殖浪潮的群英，也有为中国海洋科教事业作出杰出贡献的"大先生"；有在高教界立一时之标、影响深远的"海大方案"，也有经百年积淀、享誉海内外的办学经验；有勇闯南北极开辟学校科研领域的翘楚，也有孜孜以求、赓续延展学脉的英才；有几代人接续奋斗把学科带入一流或先进行列的领军人才，也有为普及海洋知识、传播海洋文化而辛勤耕耘的普通团队。

本卷由冯文波、梁纯生、曾洁、宋宇然、李华昌、纪丽真、张华、王俊玲、王明舜执笔。在他们创作的过程中，魏世江、王明舜对主题确定、文稿结构、资料取舍、初稿审修等环节投入了很大精力，付出了辛勤劳动。

撰稿人在创作过程中，查阅了大量历史资料。初稿形成后，又请主人公或当事人以及熟悉情况的教师，对所记人物、史实、评论等进行审核，对改善文稿质量助益颇多。在此，向受访教师、评审专家一并表示谢忱。

由于编著者水平所限，书中疏漏、失当乃至错误之处在所难免。恳望读者批评指正，方家不吝赐教，殊为欣幸。

本卷编写组

2024年6月